Le Royaume

DU MÊME AUTEUR

Chez le même éditeur

BRAVOURE, Prix Passion 1984, Prix de la Vocation 1985
LA MOUSTACHE, 1986
LE DÉTROIT DE BEHRING, Grand Prix de la science-fiction 1987, Prix Valery Larbaud 1987
HORS D'ATTEINTE ?, Prix Kléber Haedens 1988
LA CLASSE DE NEIGE, Prix Femina 1995
L'ADVERSAIRE, 2000
UN ROMAN RUSSE, 2007
L'AMIE DU JAGUAR, 2007 (première édition : Flammarion, 1983)
D'AUTRES VIES QUE LA MIENNE, 2009
LIMONOV, Prix Renaudot, Prix des prix, Prix de la langue française, 2011

Chez d'autres éditeurs

WERNER HERZOG, Edilig, 1982
JE SUIS VIVANT ET VOUS ÊTES MORTS : Philip K. Dick, 1928-1982, Le Seuil, 1993

Emmanuel Carrère

Le Royaume

Le Grand Livre du Mois

© P.O.L éditeur, 2014
ISBN : 978-2-286-11232-5

PROLOGUE
(Paris, 2011)

1

Ce printemps-là, j'ai participé au scénario d'une série télévisée. En voici l'argument : une nuit, dans une petite ville de montagne, des morts reviennent. On ne sait pas pourquoi, ni pourquoi ces morts-là plutôt que d'autres. Eux-mêmes ne savent pas qu'ils sont morts. Ils le découvrent dans le regard épouvanté de ceux qu'ils aiment, qui les aimaient, auprès de qui ils voudraient reprendre leur place. Ce ne sont pas des zombies, ce ne sont pas des fantômes, ce ne sont pas des vampires. On n'est pas dans un film fantastique mais dans la réalité. On se pose, sérieusement, la question : supposons que cette chose impossible arrive *pour de bon*, que se passerait-il ? Si en entrant dans la cuisine vous trouviez votre fille adolescente, morte trois ans plus tôt, en train de se préparer un bol de céréales en craignant de se faire engueuler parce qu'elle est rentrée tard, sans aucun souvenir de ce qui s'est passé la nuit précédente, comment réagiriez-vous ? Concrètement : quels gestes feriez-vous ? Quelles paroles prononceriez-vous ?

Je n'écris plus de fiction depuis longtemps mais je sais reconnaître un dispositif de fiction puissant quand on m'en propose un, et celui-ci était de loin le plus puissant qu'on m'ait proposé dans ma carrière de scénariste. Pendant quatre mois, j'ai travaillé avec le réalisateur Fabrice Gobert tous les jours, du matin au soir, dans un mélange d'enthousiasme et, souvent, de sidération devant les situations que nous mettions en place, les sentiments que nous manipulions. Ensuite, pour ce qui me concerne, les choses se sont gâtées avec nos commanditaires. J'ai presque vingt ans de plus que Fabrice, je supportais moins bien que lui de passer constamment des examens devant des petits jeunes gens à barbe de trois jours qui avaient l'âge d'être mes fils et faisaient des moues blasées devant ce que nous écrivions. La tentation était grande de dire : « Si vous savez si bien ce qu'il faut faire, les gars, faites-le vous-mêmes. » J'y ai cédé. Contre les sages conseils d'Hélène, ma femme, et de François, mon agent, j'ai manqué d'humilité et claqué la porte à mi-chemin de la première saison.

Je n'ai commencé à regretter mon geste que quelques mois plus tard, très précisément au cours d'un dîner auquel j'avais convié Fabrice avec le chef opérateur Patrick Blossier, qui avait fait l'image de mon film *La Moustache*. J'étais sûr qu'il serait l'homme idéal pour faire celle des *Revenants*, sûr que Fabrice et lui s'entendraient à merveille, et c'est ce qui s'est passé. Mais en les écoutant ce soir-là, à la table de la cuisine, parler de la série en gestation, de ces histoires que nous avions imaginées à deux dans mon bureau et qui devenaient déjà des choix de décors, d'acteurs, de techniciens, je sentais presque physiquement se mettre en branle cette énorme et excitante machine qu'est un tournage, je me disais que j'aurais dû être de l'aventure, que par ma faute je n'en serais pas, et j'ai tout à coup commencé à être triste, aussi triste que ce type, Pete Best, qui a été deux ans le batteur d'un petit groupe de Liverpool appelé les Beatles, qui l'a quitté juste avant qu'il ne décroche son premier contrat d'enregistrement et qui a dû passer le reste de sa vie, j'imagine, à s'en mordre les doigts. (*Les Revenants* ont connu un succès planétaire et, à l'heure où j'écris, viennent d'obtenir l'*International Emmy Award* récompensant la meilleure série du monde.)

J'ai trop bu, au cours de ce dîner. L'expérience m'a appris qu'il vaut mieux ne pas s'étendre sur ce qu'on écrit tant qu'on n'a pas fini de l'écrire, et surtout pas quand on est soûl : ces confidences exaltées se paient à tous les coups d'une semaine de découragement. Mais ce soir-là, sans doute pour combattre mon dépit, montrer que moi aussi, de mon côté, je faisais quelque chose d'intéressant, j'ai parlé à Fabrice et Patrick du livre sur les premiers chrétiens auquel je travaillais depuis déjà plusieurs années. Je l'avais mis de côté pour m'occuper des *Revenants*, je venais de m'y remettre. Je le leur ai raconté comme on raconte une série.

Cela se passe à Corinthe, en Grèce, vers l'an 50 après Jésus-Christ – mais personne, bien sûr, ne se doute alors qu'il vit « après Jésus-Christ ». Au début, on voit arriver un prédicateur itinérant qui ouvre un modeste atelier de tisserand. Sans bouger de derrière son métier, celui qu'on appellera plus tard saint Paul file sa toile et, de proche en proche, l'étend sur toute la ville. Chauve, barbu, terrassé par de brusques attaques d'une maladie mystérieuse, il raconte d'une voix basse et insinuante l'histoire d'un prophète crucifié vingt ans plus tôt en Judée. Il dit que ce prophète est revenu d'entre les morts et que ce retour d'entre les morts est le signe avant-coureur de quelque chose d'énorme : une mutation de l'humanité, à la fois radicale et invisible. La contagion opère. Les adeptes de l'étrange croyance qui se répand autour de Paul dans les bas-fonds de Corinthe en viennent bientôt à se voir eux-mêmes comme des mutants : camouflés en amis, en voisins, indétectables.

Les yeux de Fabrice brillent : « Raconté comme ça, on dirait du Dick ! » Le romancier de science-fiction Philip K. Dick a été une référence majeure pendant notre travail d'écriture ; je sens mon public captivé, je renchéris : oui, on dirait du Dick, et cette histoire des débuts du christianisme, c'est aussi la même chose que *Les Revenants*. Ce qu'on raconte dans *Les Revenants*, ce sont ces jours derniers qu'étaient persuadés de vivre les adeptes de Paul, où les morts se relèveront et où se consommera le jugement du monde. C'est la communauté de parias et d'élus qui se forme autour de cet événement sidérant : une résurrection. C'est l'histoire de quelque chose d'impossible et qui pourtant advient. Je m'excite, je me ressers verre sur verre, j'insiste pour resservir aussi mes hôtes, et c'est alors que Patrick dit quelque chose d'au fond assez banal mais qui me frappe parce qu'on sent que ça lui est venu à l'esprit sans crier gare, qu'il n'y avait pas pensé et que d'y penser l'étonne.

Ce qu'il dit, c'est que c'est une chose étrange, quand on y pense, que des gens normaux, intelligents, puissent croire à un truc aussi insensé que la religion chrétienne, un truc exactement du même genre que la mythologie grecque ou les contes de fées. Dans les temps anciens, admettons : les gens étaient crédules, la science n'existait pas. Mais aujourd'hui ! Un type qui aujourd'hui croirait à des histoires de dieux qui se transforment en cygnes pour séduire des mortelles, ou à des princesses qui embrassent des crapauds et quand elles les embrassent ils deviennent des princes charmants, tout le monde dirait : il est fou. Or, un tas de gens croient une histoire tout aussi délirante et ces gens ne passent pas pour des fous. Même sans partager leur croyance, on les prend au sérieux. Ils ont un rôle social, moins important que par le passé, mais respecté et dans l'ensemble plutôt positif. Leur lubie cohabite avec des activités tout à fait sensées. Les présidents de la République rendent visite à leur chef avec déférence. C'est quand même bizarre, non ?

2

C'est bizarre, oui, et Nietzsche, dont je lis quelques pages chaque matin au café après avoir conduit Jeanne à l'école, exprime dans ces termes la même stupeur que Patrick Blossier :

« Par un matin de dimanche, quand nous entendons bourdonner les vieilles cloches, nous nous demandons : mais est-ce possible ? Tout cela pour un Juif crucifié il y a deux mille ans et qui disait être le fils de Dieu – encore qu'il n'y ait pas de preuve de cette affirmation. Un dieu qui engendre avec une femme mortelle. Un sage qui recommande de ne plus travailler, de ne plus rendre la justice, mais de guetter les signes de la fin du monde imminente. Une justice qui accepte de prendre un innocent comme victime suppléante. Un maître qui ordonne à ses disciples de boire son sang. Des prières pour obtenir des miracles. Des péchés commis contre un dieu, expiés par un dieu. La peur d'un au-delà dont la mort est la porte. La figure de la croix pour symbole, à une époque qui ne sait plus rien de la fonction ni de l'ignominie de la croix. Quel frisson d'horreur nous vient de tout cela, comme un souffle exhalé par le sépulcre d'un passé sans fond ? Qui peut croire que l'on croie encore une chose pareille ? »

On la croit pourtant. Beaucoup de gens la croient. Quand ils vont à l'église, ils récitent le *Credo* dont chaque phrase est une insulte au bon sens, et ils le récitent en français, qu'ils sont censés comprendre. Mon père, qui m'emmenait à la messe le dimanche, quand j'étais petit, regrettait qu'elle ne soit plus en latin, à la fois par passéisme et parce que, je me rappelle sa phrase, « en latin, on ne se rendait pas compte que c'est si bête ». On peut se rassurer en disant : ils n'y croient pas. Pas plus qu'au père Noël. Cela fait partie d'un héritage, de coutumes séculaires et belles auxquelles ils sont attachés. En les perpétuant, ils proclament un lien dont il y a lieu d'être fier avec l'esprit d'où sont sorties les cathédrales et la musique de Bach. Ils marmonnent ça parce que c'est l'usage, comme nous autres bobos pour qui le cours de yoga du dimanche matin a remplacé la messe marmonnons un mantra, à la suite de notre maître, avant de commencer la pratique. Dans ce mantra, cependant, on souhaite que les pluies tombent à point nommé et que tous les hommes vivent en paix, ce qui relève sans doute du vœu pieux mais n'offense pas la raison, et c'est une différence notable avec le christianisme.

Quand même, parmi les fidèles, à côté de ceux qui se laissent bercer par la musique en ne se souciant pas des paroles, il doit y en avoir qui les prononcent avec conviction, en connaissance de cause, en y ayant réfléchi. Si on le leur demande, ils répondront qu'ils croient *réellement* qu'un Juif d'il y a deux mille ans est né d'une vierge, ressuscité trois jours après avoir été crucifié, qu'il va revenir juger les vivants et les morts. Ils répondront qu'eux-mêmes placent ces événements au cœur de leur vie.

Oui, décidément, c'est bizarre.

3

Quand j'aborde un sujet, j'aime bien le prendre en tenailles. J'avais commencé à écrire sur les premières communautés chrétiennes quand l'idée m'est venue de faire, en parallèle, un reportage sur ce que leur croyance est devenue deux mille ans plus tard, et pour cela de m'inscrire à l'une de ces croisières « sur les traces de saint Paul » qu'organisent des agences spécialisées dans le tourisme religieux. Les parents de ma première femme, de leur vivant, rêvaient de faire ça, autant que d'aller à Lourdes, mais Lourdes ils y sont allés plusieurs fois alors que la croisière saint Paul est restée pour eux un rêve. Il me semble que ses enfants ont à un moment parlé de se cotiser pour offrir à ma belle-mère, devenue veuve, ce voyage qui, avec son mari, l'aurait enchantée. Sans lui, le cœur n'y était plus : on a mollement insisté, puis laissé tomber.

Pour ma part, bien sûr, je n'ai pas les mêmes goûts que mes ex-beaux-parents, et je me représentais avec un amusement mêlé d'effroi les escales d'une demi-journée à Corinthe ou Éphèse, le groupe de pèlerins suivant leur guide, un jeune prêtre qui agite un petit drapeau et enchante ses ouailles par son humour. C'est un thème récurrent, je l'ai observé, dans les foyers catholiques : l'humour du prêtre ; les blagues de prêtre : rien que d'y penser j'en ai le frisson. J'avais peu de chances, dans un tel cadre, de tomber sur une jolie fille – et, à supposer que cela arrive, je me demandais quel effet me ferait une jolie fille inscrite de son plein gré dans une croisière catholique : étais-je assez pervers pour trouver ça sexy ? Mon projet, cela dit, n'était pas de draguer mais de considérer les participants à cette croisière comme un échantillon de chrétiens convaincus et, pendant dix jours, de les interroger méthodiquement. Fallait-il procéder à cette sorte d'enquête incognito et en prétendant partager leur foi, comme font les journalistes qui s'infiltrent dans des milieux néonazis, ou plutôt jouer cartes sur table ? Je n'ai pas longtemps hésité. La première méthode me déplaît et la seconde, à mon avis, donne toujours de meilleurs résultats. Je dirais la stricte vérité : voilà, je suis un écrivain agnostique qui essaie de savoir ce que croient, *au juste*, des chrétiens aujourd'hui. Si vous avez envie d'en parler avec moi, j'en serai heureux, sinon je ne vous ennuie pas davantage.

Je me connais, je sais que cela se serait bien passé. Au fil des jours, des repas, des conversations, j'en serais venu à trouver attachants, émouvants, des gens qui a priori m'étaient très étrangers. Je me voyais, au milieu d'une tablée de catholiques, les cuisinant avec gentillesse, reprenant par exemple le *Credo* phrase par phrase. « Je crois en Dieu, le père tout-puissant, créateur du ciel et de la terre. » Vous y croyez, mais vous le voyez comment ? Comme un barbu sur son nuage ? Comme une force supérieure ? Comme un être à l'échelle de qui nous serions ce que sont des fourmis à la nôtre ? Comme un lac ou une flamme au fond de votre cœur ? Et Jésus-Christ, son fils unique, « qui reviendra dans la gloire pour juger les vivants et les morts, et dont le règne n'aura pas de fin » ? Parlez-moi de cette gloire, de ce jugement, de ce règne. Pour nous en tenir au nœud de l'affaire : croyez-vous qu'il est *vraiment* ressuscité ?

C'était l'année saint Paul : le clergé, à bord du paquebot, brillerait de tous ses feux. Monseigneur Vingt-Trois, l'archevêque de Paris, figurait parmi les conférenciers prévus. Les pèlerins étaient nombreux, beaucoup venaient en couple et les personnes isolées consentaient pour la plupart à partager leur cabine avec un inconnu de même sexe – ce dont je n'avais aucune envie. Avec l'exigence supplémentaire d'une cabine individuelle, la croisière n'était pas donnée : pas loin de 2 000 euros. J'ai réglé la moitié près de six mois à l'avance. Il ne restait déjà presque plus de places.

L'échéance approchant, j'ai commencé à me sentir mal à l'aise. Cela m'embêtait qu'on puisse voir, au-dessus de la pile de courrier, sur le meuble de l'entrée, une enveloppe à en-tête des croisières saint Paul. Hélène, qui me soupçonnait déjà d'être, selon son expression, « un peu catho », considérait ce projet avec perplexité. Je n'en parlais à personne et me suis aperçu qu'en fait j'en avais honte.

Ce qui me faisait honte, c'est le soupçon que j'y allais plus ou moins pour me moquer, en tout cas mû par cette curiosité condescendante qui est le ressort des émissions de reportage où on montre des lancers de nains, des psychiatres pour cochons d'Inde ou des concours de sosies de Sœur Sourire, cette malheureuse bonne sœur belge, à guitare et couettes, qui chantait « Dominique nique nique » et après une brève heure de gloire a fini dans l'alcool et les barbituriques. À vingt ans, j'ai fait quelques piges pour un hebdomadaire qui se voulait branché et provocateur et, dans son premier numéro, a publié une enquête intitulée « Les confessionnaux au banc d'essai ». Déguisé en fidèle, c'est-à-dire aussi vilainement habillé que possible, le journaliste était allé piéger les prêtres de diverses paroisses parisiennes en confessant des péchés de plus en plus fantaisistes. Il le racontait sur un ton amusé, impliquant comme une évidence qu'il était mille fois plus libre et intelligent que les malheureux prêtres et leurs fidèles. Même à l'époque, j'avais trouvé ça débile, choquant – d'autant plus débile et choquant que le type qui se serait permis une chose pareille dans une synagogue ou une mosquée aurait immédiatement soulevé, provenant de tous les bords idéologiques, un concert de protestations indignées : les chrétiens sont les seuls dont il semble qu'on ait le droit de se moquer impunément, en mettant les rieurs de son côté. J'ai commencé à me dire que, malgré mes protestations de bonne foi, mon projet de safari chez les cathos était un peu de ce tonneau.

Il était encore temps d'annuler mon inscription et même de me faire rembourser les arrhes, mais je n'arrivais pas à me décider. Quand est arrivée la lettre m'invitant à payer la seconde moitié, je l'ai jetée. D'autres relances ont suivi, que j'ai ignorées. Pour finir, l'agence m'a téléphoné et j'ai répondu que non, j'avais un empêchement, je n'irais pas. La dame de l'agence m'a poliment fait observer que j'aurais dû le faire savoir plus tôt, car un mois avant le départ plus personne n'occuperait ma cabine : même si je ne partais pas, je devais la somme entière. Je me suis énervé, j'ai dit que la moitié c'était déjà beaucoup pour une croisière que je ne ferais pas. Elle m'a opposé le contrat, qui ne laissait aucun doute. J'ai raccroché. Pendant quelques jours, j'ai pensé faire le mort. Il devait bien y avoir une liste d'attente, un pieux célibataire serait ravi de récupérer ma cabine, de toute façon ils n'allaient pas me faire un procès. Mais peut-être que si : l'agence avait certainement un service contentieux, ils allaient m'envoyer lettre recommandée sur lettre recommandée et si je ne payais pas ça se finirait au tribunal d'instance. J'ai eu soudain une bouffée paranoïaque à l'idée que, même si je ne suis pas très connu, cela pourrait faire l'objet d'un petit article railleur dans un journal et qu'on associerait désormais à mon nom une affaire ridicule de grivèlerie dans une croisière pour bigots. Si je suis honnête, mais ce n'est pas forcément moins ridicule, je dirais qu'à cette peur d'être pris la main dans le sac se mêlait la conscience d'avoir projeté quelque chose qui de plus en plus m'apparaissait comme une mauvaise action, et qu'il était juste de payer pour ça. Je n'ai donc pas attendu la première lettre recommandée pour envoyer le second chèque.

4

À force de tourner autour de ce livre, je me suis aperçu qu'il est très difficile de faire parler les gens de leur foi et que la question « vous croyez quoi, *au juste*? » est une mauvaise question. Par ailleurs, il m'a fallu un temps surprenant pour le reconnaître, mais j'ai quand même fini par reconnaître qu'il était saugrenu de ma part de chercher des chrétiens à interroger comme j'aurais cherché des gens qui ont été otages, frappés par la foudre ou uniques rescapés d'une catastrophe aérienne. Car un chrétien, j'en ai eu un sous la main pendant plusieurs années, aussi proche qu'on peut l'être puisque c'était moi.

En quelques mots : à l'automne 1990, j'ai été – « touché par la grâce », c'est peu dire qu'il me gêne de formuler ainsi les choses aujourd'hui, mais c'est ainsi que je les formulais à l'époque. La ferveur résultant de cette « conversion » – partout, j'ai envie de mettre des guillemets – a duré presque trois ans, durant lesquels je me suis marié à l'église, ai fait baptiser mes deux fils, suis allé à la messe régulièrement – et par « régulièrement » je n'entends pas toutes les semaines mais tous les jours. Je me confessais et communiais. Je priais, et exhortais mes fils à le faire avec moi – chose que, devenus grands, ils aiment bien me rappeler avec malice.

Au cours de ces années, j'ai commenté chaque jour quelques versets de l'Évangile selon saint Jean. Ces commentaires occupent une vingtaine de cahiers, jamais rouverts depuis. Je n'ai pas de très bons souvenirs de cette époque, j'ai fait de mon mieux pour l'oublier. Miracle de l'inconscient : j'y ai si bien réussi que j'ai pu commencer à écrire sur les origines du christianisme sans faire le rapprochement. Sans me rappeler que cette histoire à laquelle je m'intéresse tant aujourd'hui, il y a eu un moment de ma vie où j'y ai *cru*.

Maintenant ça y est, je me le rappelle. Et même si cela me fait peur, je sais que le moment est venu de relire ces cahiers.

Mais où sont-ils ?

5

La dernière fois que je les ai vus, c'était en 2005 et j'allais mal, très mal. C'est, à ce jour, la dernière des grandes crises que j'ai traversées, et l'une des plus sévères. On peut, par commodité, parler de dépression mais je ne pense pas qu'il s'agissait de cela. Le psychiatre que je consultais à l'époque ne le pensait pas non plus, ni que les antidépresseurs pourraient m'être d'aucun secours. Il avait raison, j'en ai essayé plusieurs qui n'ont eu d'autre effet que les effets secondaires indésirables. Le seul traitement qui m'ait apporté un peu de soulagement est un médicament pour psychotiques qui, d'après la notice, remédiait aux « croyances erronées ». Peu de choses à cette époque me faisaient rire, mais ces « croyances erronées », si, d'un rire pas vraiment gai.

J'ai raconté, dans *D'autres vies que la mienne*, la visite que j'ai alors rendue au vieux psychanalyste François Roustang, mais je n'en ai raconté que la fin. Je raconte ici le début – cette séance unique a été dense. Je lui ai déballé mon affaire : la douleur incessante au creux du ventre, que je comparais au renard dévorant les entrailles du petit Spartiate dans les contes et légendes de la Grèce antique ; le sentiment ou plutôt la certitude d'être échec et mat, de ne pouvoir ni aimer ni travailler, de ne faire que du mal autour de moi. J'ai dit que je pensais au suicide et comme, malgré tout, j'étais venu dans l'espoir que Roustang me propose une autre solution, comme à ma grande surprise il ne semblait disposé à rien me proposer, je lui ai demandé s'il accepterait, à titre de dernière chance, de me prendre en analyse. J'avais déjà passé dix ans sur les divans de deux de ses confrères, sans résultats notables – c'est du moins ce que je pensais à ce moment. Roustang a répondu que non, il ne me prendrait pas. D'abord parce qu'il était trop vieux, ensuite parce qu'à son avis la seule chose qui m'intéressait dans l'analyse était de mettre l'analyste en échec, que j'étais visiblement passé maître dans cet art et que si je voulais démontrer pour la troisième fois ma maîtrise il ne m'en empêcherait pas, mais, a-t-il ajouté, « pas avec moi. Et si j'étais vous, je passerais à autre chose. – À quoi ? », ai-je demandé, fort de la supériorité de l'incurable. « Eh bien, a répondu Roustang, vous avez parlé du suicide. Il n'a pas bonne presse de nos jours, mais quelquefois c'est une solution. »

Ayant dit cela, il est resté silencieux. Moi aussi. Puis il a repris : « Sinon, vous pouvez vivre. »

Par ces deux phrases, il a fait exploser le système qui m'avait permis de tenir en échec mes deux précédents analystes. C'était audacieux de sa part, c'est le genre d'audace que devait s'autoriser Lacan, sur la base d'une semblable clairvoyance clinique. Roustang avait compris que, contrairement à ce que je pensais, je n'allais pas me suicider et, petit à petit, sans que je l'aie jamais revu, les choses ont commencé à aller mieux. Je suis néanmoins rentré chez moi dans les mêmes dispositions que j'en étais sorti pour le voir, c'est-à-dire pas vraiment décidé à me suicider mais convaincu que j'allais le faire. Il y avait au plafond, juste au-dessus du lit sur lequel je restais prostré toute la journée, un crochet dont j'ai testé la résistance en montant sur un escabeau. J'ai écrit une lettre à Hélène, une autre à mes fils, une troisième à mes parents. J'ai fait le ménage de mon ordinateur, effacé sans hésiter quelques fichiers dont je ne voulais pas qu'on les trouve après ma mort. J'ai hésité, par contre, devant un carton qui m'avait suivi sans que je l'ouvre dans plusieurs déménagements. Ce carton, c'est celui où j'avais rangé les cahiers datant de ma période chrétienne : ceux où j'écrivais, chaque matin, mes commentaires sur l'Évangile selon saint Jean.

Je m'étais toujours dit qu'un jour je les relirais, et peut-être que j'en tirerais quelque chose. Il n'est pas si fréquent, après tout, de disposer de documents de première main sur une période de sa vie où on était totalement différent de celui qu'on est devenu, où on croyait dur comme fer quelque chose qu'à présent on trouve aberrant. D'un côté je n'avais aucune envie de laisser ces documents derrière moi si je mourais. De l'autre, si je ne me suicidais pas, je regretterais certainement de les avoir détruits. Miracles de l'inconscient, suite : je ne me rappelle pas ce que j'ai fait. Enfin, si : j'ai quelques mois encore traîné ma dépression, puis je me suis mis à écrire ce qui est devenu *Un roman russe* et m'a tiré du gouffre. Mais pour ce qui concerne ce carton, la dernière image que j'en ai, c'est qu'il est devant moi, sur le tapis de mon bureau, que je ne l'ai pas ouvert et que je me demande quoi en faire.

Sept ans plus tard, je suis dans le même bureau, dans le même appartement, et je me demande ce que j'en ai fait. Si je l'avais détruit, il me semble que je m'en souviendrais. Surtout si je l'avais détruit théâtralement, par le feu, mais il est possible que j'aie procédé de façon plus prosaïque, en le descendant à la poubelle. Et si je l'ai gardé, où l'ai-je mis ? Dans un coffre à la banque, c'est comme le feu : je m'en souviendrais. Non, il a dû rester dans l'appartement, et s'il est resté dans l'appartement...

Je sens que je brûle.

6

Ouvrant sur mon bureau, il y a une penderie où nous rangeons des valises, du matériel de bricolage, des matelas en mousse qui servent quand des amies de notre fille Jeanne restent dormir : des choses dont nous avons assez souvent besoin. Mais c'est comme dans ce livre pour enfants, *Une histoire sombre, très sombre,* où dans le château sombre, très sombre, il y a un couloir sombre, très sombre, qui conduit à une chambre sombre, très sombre, meublée d'un placard sombre, très sombre, et ainsi de suite : au fond de cette penderie, il y en a une autre, plus petite, plus basse, pas éclairée, évidemment plus difficile d'accès, où nous rangeons des choses dont nous ne nous servons jamais et qui resteront là, pratiquement hors d'atteinte, jusqu'à ce qu'un prochain déménagement nous oblige à statuer sur leur sort. Pour l'essentiel, c'est l'assortiment habituel à tous les débarras : vieux tapis roulés, matériel hi-fi hors d'usage, valise de cassettes audio, sacs-poubelle contenant des kimonos, des pattes d'ours, des gants de boxe, témoignant des passions successives que mes deux fils et moi avons portées à des sports de combat. Une bonne moitié de l'espace, cependant, est occupée par quelque chose de moins habituel : le dossier d'instruction de Jean-Claude Romand, qui en janvier 1993 a tué sa femme, ses enfants et ses parents après avoir pendant plus de quinze ans fait croire qu'il était médecin alors qu'en réalité il n'était rien : il passait ses journées dans sa voiture, sur des aires d'autoroute, ou alors à marcher dans les sombres forêts du Jura.

Le mot « dossier » est trompeur. Il ne s'agit pas d'*un* dossier mais d'une quinzaine, cartonnés et sanglés, chacun très épais et contenant des documents qui vont d'interrogatoires-fleuves à des rapports d'experts en passant par des kilomètres de relevés bancaires. Tous les gens qui ont écrit sur un fait divers ont eu comme moi, je pense, l'intuition que ces dizaines de milliers de feuillets racontent une histoire, et qu'il faut en extraire cette histoire comme un sculpteur extrait une statue d'un bloc de marbre. Durant les difficiles années que j'ai consacrées à me documenter puis à écrire sur cette affaire, ce dossier a été pour moi un objet de convoitise. Tant que le procès n'a pas eu lieu, il est en principe inaccessible au public, je n'ai donc pu le consulter que par faveur spéciale de l'avocat de Romand, à son cabinet de Lyon. On me laissait une heure ou deux avec, dans une petite pièce sans fenêtre. J'avais le droit de prendre des notes, pas de faire de photocopies. Il est arrivé, alors que je venais de Paris spécialement pour ça, que l'avocat me dise : « Non, aujourd'hui ça ne sera pas possible, et demain non plus, il vaudrait mieux que vous reveniez dans quinze jours. » Je pense qu'il prenait plaisir à me tenir la dragée haute.

Après le procès, à l'issue duquel Jean-Claude Romand a été condamné à perpétuité, c'était plus simple : il est devenu comme c'est la règle le propriétaire de son dossier et m'a autorisé à en disposer. Ne pouvant le garder avec lui en détention, il l'avait confié à une visiteuse de prison catholique, qui était devenue son amie. C'est chez elle, près de Lyon, que je suis allé le récupérer. J'ai rempli de ces cartons le coffre de ma voiture et, de retour à Paris, les ai entreposés dans le studio où je travaillais alors, rue du Temple. Cinq ans plus tard est paru *L'Adversaire*, mon livre sur l'affaire Romand. La visiteuse de prison m'a téléphoné pour me dire qu'elle en avait apprécié l'honnêteté mais qu'un détail lui avait fait de la peine : c'est que je raconte qu'elle semblait soulagée de me refiler ce macabre mistigri et qu'au lieu d'être sous son toit il soit désormais sous le mien. « Ça ne me gênait pas du tout de le garder. Si ça te gêne, toi, tu n'as qu'à me le rapporter. On a toute la place qu'il faut, à la maison. »

J'ai pensé que je le ferais, à la première occasion, mais cette occasion ne s'est pas trouvée. Je n'avais plus de voiture, pas de raison particulière d'aller à Lyon, ce n'était jamais le bon moment, en sorte que j'ai transbahuté de la rue du Temple à la rue Blanche, en 2000, puis de la rue Blanche à la rue des Petits-Hôtels, en 2005, les trois énormes cartons où j'avais rangé les dossiers. Il n'était pas question de les bazarder : Romand me les a confiés en dépôt, je dois pouvoir les lui rendre, s'il les réclame, le jour de sa sortie. Puisqu'il a pris une peine de vingt-deux ans de sûreté et se montre un prisonnier modèle, elle aura probablement lieu en 2015. D'ici là, le meilleur emplacement pour accueillir ces cartons que je n'avais aucun motif ni désir d'ouvrir à nouveau était l'arrière-placard de mon bureau, qu'Hélène et moi avons fini par appeler la chambre de Jean-Claude Romand. Et le meilleur emplacement pour accueillir les carnets de ma période chrétienne, si je ne les avais pas détruits au temps où je pensais me suicider, il m'a tout à coup paru évident que c'était, à côté du dossier d'instruction, dans la chambre de Jean-Claude Romand.

I

UNE CRISE
(Paris, 1990-1993)

1

Il y a dans les mémoires de Casanova un passage que j'adore. Enfermé dans la sombre et humide prison des Plombs, à Venise, Casanova forme un plan d'évasion. Il a tout ce qu'il faut pour réaliser ce plan, sauf une chose : de l'étoupe. L'étoupe doit lui servir à tresser une corde, ou une mèche pour un explosif, je ne sais plus, la chose importante à comprendre c'est que s'il en trouve il est sauvé, s'il n'en trouve pas il est perdu. Cela ne se trouve pas comme ça, de l'étoupe, en prison, mais Casanova tout à coup se rappelle que lorsqu'il s'est fait faire la jaquette de son habit il a demandé au tailleur, pour absorber la transpiration sous les bras, de garnir la doublure avec, devinez quoi ? *De l'étoupe* ! Lui qui maudissait le froid de la prison, contre quoi le protège si mal sa petite jaquette d'été, il comprend que c'est la Providence qui a voulu qu'il soit arrêté en l'ayant sur le dos. Elle est là, devant lui, suspendue à un clou fiché dans le mur lépreux. Il la regarde, le cœur battant. Dans un instant, il va déchirer les coutures, fouiller dans la doublure, et à lui la liberté. Mais alors qu'il va se jeter sur elle, une inquiétude le retient : si le tailleur, par négligence, n'avait pas obéi à sa demande ? En temps normal, ce ne serait pas grave. À présent, ce serait tragique. L'enjeu est si énorme que Casanova tombe à genoux et se met à prier. Avec une ferveur oubliée depuis son enfance, il prie Dieu pour que le tailleur ait bien mis de l'étoupe dans la jaquette. En même temps, sa raison ne reste pas inactive. Elle lui dit que ce qui est fait est fait. Soit le tailleur a mis l'étoupe, soit il ne l'a pas mise. Soit elle y est, soit elle n'y est pas, et si elle n'y est pas ses prières n'y changeront rien. Dieu ne va pas l'y mettre, ni faire rétroactivement que le tailleur ait été consciencieux s'il ne l'a pas été. Ces objections logiques n'empêchent pas Casanova de prier comme un perdu, et il ne saura jamais si sa prière y a été pour quelque chose mais pour finir l'étoupe est bien dans la jaquette. Il s'évade.

L'enjeu était moins grand, je n'ai pas prié à genoux pour qu'elles y soient, mais les archives de ma période chrétienne se trouvaient bien dans la chambre de Jean-Claude Romand. Une fois sortis de leur carton, j'ai tourné avec circonspection autour de ces dix-huit cahiers à reliure cartonnée, verts ou rouges. Quand je me suis enfin résolu à ouvrir le premier, il s'en est échappé deux feuillets dactylographiés, pliés en deux, sur lesquels j'ai lu ce qui suit :

Déclaration d'intention d'Emmanuel Carrère pour son mariage, le 23 décembre 1990, avec Anne D.
« Depuis quatre ans, Anne et moi vivons ensemble. Nous avons deux enfants. Nous nous aimons et de cet amour sommes certains autant qu'on peut l'être.

Nous ne l'étions pas moins, il y a quelques mois encore, quand la nécessité du mariage religieux ne nous apparaissait pas. En l'éludant, je ne crois pas que nous refusions, ou différions un engagement. Nous nous considérions au contraire comme engagés l'un vis-à-vis de l'autre, voués, pour le meilleur et pour le pire, à vivre, grandir et vieillir ensemble, et l'un de nous, de ce fait, à supporter la mort de l'autre.

Hors de toute foi, j'étais convaincu que l'enjeu de la vie commune consiste à se découvrir soi-même en découvrant l'autre, et à favoriser chez l'autre la même découverte. Je pensais que la croissance de l'un était la condition de celle de l'autre, que vouloir le bien d'Anne revenait à travailler pour le mien – et, certes, je ne le perdais pas de vue. Je commençais même à deviner que cette croissance commune s'opère selon des lois particulières, qui sont celles de l'amour telles que l'a décrit Jean Baptiste : "Il faut qu'il (en l'occurrence : qu'elle) croisse et que je diminue."

J'avais cessé de voir dans cette formule la trace d'une sorte de masochisme, incapable d'élever l'autre sans s'abaisser, pour comprendre qu'il me fallait penser à Anne, à son bonheur, à son accomplissement, davantage qu'à moi-même, et que plus je penserais à elle, plus je ferais pour moi. Je découvrais en somme l'un des paradoxes qui tissent le christianisme et convainquent de folie la sagesse du monde, savoir qu'on a tout intérêt à dédaigner son intérêt, et pour s'aimer soi-même à se perdre de vue.

Cela m'était difficile. Toutes nos misères ont leur racine dans l'amour-propre, et le mien, encouragé par l'exercice de mon métier (j'écris des romans, une de ces "professions délirantes", disait Valéry, où l'on fait fonds sur l'opinion qu'on a et donne de soi), est particulièrement tyrannique. Je m'efforçais, bien sûr, de m'arracher à ce marécage de peur, de vanité, de haine et de souci de soi, mais je ressemblais dans mes efforts au baron de Münchausen qui pour se désembourber se tire lui-même par les cheveux.

J'avais toujours cru ne pouvoir compter que sur moi. La foi, dont j'ai reçu la grâce voici seulement quelques mois, m'a délivré de cette harassante illusion. J'ai compris tout à coup qu'il nous est donné de choisir entre la vie et la mort, que la vie, c'est le Christ, et que son joug est léger. Depuis, j'éprouve constamment cette légèreté, j'attends qu'Anne en subisse la contagion et garde, comme je voudrais le garder, le commandement de saint Paul d'être toujours joyeux.

Je croyais autrefois que notre union ne reposait que sur nous : notre libre choix, notre bon vouloir. Que sa pérennité ne dépendait que de nous. Je ne désirais rien accomplir que cela : une vie d'amour avec Anne, mais je ne comptais pour cela que sur nos forces, et bien sûr m'effrayais de leur faiblesse. Je sais à présent que ce que nous accomplissons, ce n'est pas nous qui l'accomplissons, mais le Christ en nous.

C'est pourquoi il m'importe aujourd'hui de remettre notre amour entre ses mains et de lui demander la grâce de le faire croître.

C'est pourquoi aussi je considère notre mariage comme mon entrée véritable dans la vie sacramentelle, dont je me suis éloigné depuis une première communion reçue, disons distraitement.

C'est pourquoi enfin j'attache de l'importance à ce que notre mariage soit célébré par un prêtre rencontré au moment de ma conversion. C'est en assistant à sa messe, la première pour moi depuis vingt ans, que l'urgence de se marier m'est apparue, et j'ai pensé alors qu'il serait harmonieux de recevoir par lui, au Caire, la bénédiction nuptiale. Je suis très reconnaissant à la paroisse, à l'évêché dont je dépends désormais, pour leur compréhension à l'égard d'un projet qui, bien que sentimental, est autre chose qu'un caprice. »

2

Cela m'a évidemment secoué de relire cette lettre. La première chose qui me frappe, c'est qu'elle me semble de la première à la dernière ligne sonner faux, et que je ne peux pourtant douter de sa sincérité. C'est aussi que, si l'on fait abstraction de la ferveur religieuse, celui qui l'a écrite il y a plus de vingt ans n'est pas si différent de celui que je suis aujourd'hui. Son style est un peu plus solennel mais c'est encore le mien. Si on me donnait le début d'une de ses phrases, je la terminerais de la même façon. Surtout, le désir d'engagement amoureux, de pérennité amoureuse, est le même. Il a seulement changé d'objet. Son objet actuel me convient mieux, je dois moins me faire violence pour croire qu'Hélène et moi vieillirons ensemble dans la douceur et la paix, mais enfin ce que je crois ou veux croire aujourd'hui, qui est la colonne vertébrale de ma vie, je le croyais ou voulais le croire il y a vingt ans, dans des termes presque identiques.

Il y a tout de même une chose que je ne dis pas dans cette lettre et qui en est le fond, c'est que nous étions très malheureux. Nous nous aimions, c'est vrai, mais nous nous aimions mal. Nous avions aussi peur de la vie l'un que l'autre, nous étions tous les deux affreusement névrosés. Nous buvions trop, faisions l'amour comme on se noie, et chacun d'entre nous tendait à rendre l'autre responsable de son malheur. Depuis trois ans, je n'arrivais plus à écrire – ce que je considérais à cette époque comme mon unique raison d'être sur terre. Je me sentais impuissant, exilé dans cette banlieue de la vie qu'est un mariage malheureux, voué à un long et morose enlisement. Je me disais qu'il aurait fallu partir, mais je craignais en le faisant de provoquer une catastrophe : de détruire Anne, de détruire nos deux petits garçons, de me détruire moi-même. Je me disais aussi, pour justifier ma paralysie, que ce qui m'arrivait était une épreuve, et que la réussite de ma vie, de notre vie, dépendait de ma capacité à persévérer dans cette situation apparemment sans issue au lieu de jeter l'éponge comme le conseillait le bon sens. Le bon sens était mon ennemi. Je lui préférais cette intuition mystérieuse dont je me disais qu'un jour elle révélerait un sens tout autre, et bien meilleur.

3

Il faut maintenant que je parle de Jacqueline, ma marraine. Peu d'êtres ont eu autant d'influence sur moi. Veuve très jeune, et très belle, elle ne s'est jamais remariée. Dans les années soixante, elle a publié chez des éditeurs prestigieux plusieurs volumes de poésie mi-amoureuse mi-mystique qui pouvaient faire penser à Catherine Pozzi – si vous ne connaissez pas Catherine Pozzi, qui fut la maîtresse de Paul Valéry et une sorte de croisement entre Simone Weil et Louise Labé, trouvez et lisez un poème qui s'appelle *Ave*. Par la suite, ma marraine a abandonné ce lyrisme profane pour n'écrire plus que des hymnes liturgiques. Une partie non négligeable des cantiques chantés dans les églises françaises depuis Vatican II est de sa main. Elle habitait un bel appartement rue Vaneau, dans l'immeuble où avait vécu Gide, et il restait quelque chose autour d'elle de l'atmosphère studieuse, presque austère, qui a dû être celle de la NRF entre les deux guerres. À une époque où c'était moins courant qu'aujourd'hui, elle était très versée dans les sagesses orientales et pratiquait le yoga – grâce à quoi, jusque dans son grand âge, elle a gardé une souplesse de chat.

Un jour, je devais avoir treize ou quinze ans, elle m'a ordonné de m'étendre de tout mon long sur le tapis de son salon, de baisser les paupières et de me concentrer sur la racine de ma langue. C'était une injonction très déroutante pour moi, presque choquante. J'étais un adolescent trop cultivé, obsédé par la crainte d'être dupe. J'avais pris tôt le pli de juger « amusant » – c'était mon adjectif préféré – tout ce qui en réalité m'attirait et me faisait peur : les autres, les filles, l'élan vers la vie. Mon idéal était d'observer l'absurde agitation du monde sans y participer, avec le sourire supérieur de celui que rien ne peut atteindre. En réalité, j'étais terrorisé. La poésie et le mysticisme de ma marraine offraient de bonnes prises à ma perpétuelle ironie mais je sentais aussi qu'elle m'aimait et, autant qu'il m'ait été alors possible d'avoir confiance en quelqu'un, j'avais confiance en elle. Sur le moment, bien sûr, je me suis arrangé pour trouver hautement ridicule de m'allonger par terre pour penser à ma langue. Il n'empêche que j'ai obéi, essayé comme elle me le demandait de laisser aller mes pensées sans les retenir ni les juger, et fait ce jour-là le premier pas sur le chemin qui plus tard m'a conduit aux arts martiaux, au yoga, à la méditation.

C'est une des nombreuses raisons de la gratitude qu'aujourd'hui encore j'éprouve à l'égard de ma marraine. Quelque chose, qui venait d'elle, m'a protégé des pires errements. Elle m'a appris que le temps était mon allié. Il me semble parfois que ma mère, à ma naissance, a deviné qu'elle pourrait me donner beaucoup d'armes, de l'ordre de la culture et de l'intelligence, mais que pour toute une dimension de l'existence, qu'elle savait essentielle, il faudrait qu'elle s'en remette à quelqu'un d'autre, et ce quelqu'un d'autre était cette femme plus âgée qu'elle, à la fois excentrique et totalement centrée, qui l'avait prise sous sa protection quand elle avait vingt ans. Ma mère a perdu tôt ses parents, grandi dans la pauvreté et craint par-dessus tout de n'être rien dans le monde. Jacqueline a été pour elle une sorte de mentor, l'image d'une femme accomplie, et surtout le témoin de cette dimension, comment dire ? Spirituelle ? Le mot me déplaît, peu importe : chacun voit à peu près ce qu'il désigne. Ma mère savait que ça existait – ou plutôt non, elle *sait* que ça existe, que ce royaume intérieur est le seul vraiment désirable, le trésor pour lequel l'Évangile conseille de renoncer à toutes les richesses. Mais sa difficile histoire personnelle a fait que ces richesses – la réussite, l'importance sociale, l'admiration du plus grand nombre – étaient pour elle infiniment désirables et qu'elle a employé sa vie à les conquérir. Elle y a réussi, elle a tout conquis, jamais elle ne s'est dit : « Ça suffit. » Je serais mal venu de lui jeter la pierre : je suis comme elle. Il me faut toujours plus de gloire, occuper toujours plus de place dans la conscience d'autrui. Mais je crois qu'il y a toujours eu, dans la conscience de ma mère, une voix pour lui rappeler qu'un autre combat, le vrai combat, se joue ailleurs. C'est pour entendre cette voix qu'elle a toute sa vie lu saint Augustin, presque en cachette, et qu'elle allait voir Jacqueline. C'est pour que je l'entende aussi qu'elle m'a, en quelque sorte, confié à Jacqueline. Elle en plaisantait, par pudeur. Elle me disait : « Tu es allé voir Jacqueline récemment ? Elle t'a parlé de ton âme ? » Je répondais, sur le même ton d'affection moqueuse : « Bien sûr, de quoi veux-tu parler avec Jacqueline ? »

C'était son rôle : elle vous parlait de votre âme. On venait la voir – quand je dis « on », ce n'était pas seulement ma mère et moi, mon père aussi parfois, mais des dizaines de personnes, très différentes par l'âge et le milieu, pas forcément croyantes, qui lui rendaient visite rue Vaneau, toujours en tête-à-tête, comme on vient voir un psychanalyste ou un confesseur. En sa présence, toute pose tombait. On ne pouvait lui parler qu'à cœur ouvert. On savait que pas un mot ne sortirait de son salon. Elle vous regardait, vous écoutait. Vous vous sentiez regardé, écouté comme jamais vous ne l'aviez été, et ensuite elle vous parlait de vous comme personne, jamais, ne vous en avait parlé.

Ma marraine a versé, les dernières années, dans des lubies apocalyptiques qui ont fait plus que m'attrister. La logique de sa vie aurait voulu que sa fin soit une apothéose de lumière, or elle s'est abîmée dans les ténèbres : c'est quelque chose à quoi je n'aime pas penser. Mais jusqu'à l'âge de quatre-vingts ans elle a été l'une des personnes les plus exceptionnelles que j'ai connues, et sa façon de l'être bouleversait tous mes repères. En ce temps-là, j'admirais et enviais une seule catégorie d'humanité : les créateurs. Je n'imaginais pas d'autre accomplissement dans la vie que d'être un grand artiste – et je me haïssais parce que je pensais que dans le meilleur des cas j'en serais un petit. Les poèmes de Jacqueline ne m'en imposaient guère, mais si je cherchais autour de moi quelqu'un que j'aurais pu considérer comme un être humain accompli, c'était elle. Les quelques écrivains ou cinéastes que je connaissais ne faisaient pas le poids auprès d'elle. Leur talent, leur charisme, leur place enviable dans l'existence étaient des avantages spécialisés, étroits, et, même si je ne savais pas au juste sur quel chemin, il sautait aux yeux que Jacqueline était quelqu'un de plus *avancé*. Je ne veux pas seulement dire qu'elle leur était supérieure sur le plan moral, mais surtout qu'elle en savait plus long, qu'il s'établissait dans sa conscience des connexions plus nombreuses. Oui, je ne vois pas comment le dire mieux : elle était plus avancée – comme on peut dire, en biologie, qu'un organisme est plus évolué et par conséquent plus complexe qu'un autre.

Cela rendait d'autant plus troublant à mes yeux qu'elle soit une catholique fervente. Non seulement je n'étais pas croyant, mais la plus grande partie de mon existence s'est déroulée dans un milieu où ne pas l'être allait de soi. Enfant, je suis allé au catéchisme, c'est vrai, j'ai fait ma première communion, mais cette éducation chrétienne était si formelle, si distraite, qu'il n'y aurait pas de sens à dire que j'ai, à un moment quelconque, perdu la foi. Les choses de l'âme, pour ma mère, étaient aussi peu un sujet de conversation que celles du sexe, quant à mon père j'ai déjà dit que tout en respectant les formes il ne se gênait pas pour se moquer du fond. C'est un homme de la vieille école, un peu voltairien, un peu maurrassien, le contraire d'un marxiste, mais voltairiens et maurrassiens sont sur ce point d'accord avec les marxistes : la religion, c'est l'opium du peuple. Par la suite, avec aucun de mes amis, aucune des femmes que j'ai aimées, aucune de mes relations même lointaines, je n'ai jamais abordé ce sujet. Il se situait au-delà du rejet, totalement hors du champ de nos pensées et de notre expérience. Je pouvais m'intéresser à la théologie, mais, selon le mot de Borges, comme à une branche de la littérature fantastique. Quelqu'un qui aurait cru à la résurrection du Christ, je l'aurais jugé bizarre – aussi bizarre, selon la remarque de Patrick Blossier, que quelqu'un qui, en plus de s'y intéresser, aurait *cru* aux dieux de la mythologie grecque.

Mais alors, que faisais-je de la foi de Jacqueline ? Je n'en faisais rien. Ce qui était le noyau de sa personne et de sa vie, j'ai pris le parti de le considérer comme une bizarrerie que je pouvais ignorer en prenant par ailleurs, dans sa conversation, ce qui m'arrangeait. J'allais la voir pour qu'elle me parle de moi, et elle m'en parlait assez bien pour que je tolère qu'au passage elle me parle de mon Seigneur – ainsi appelait-elle Dieu. Je le lui ai dit un jour, et elle m'a répondu que c'était la même chose. Me parlant de moi, elle me parlait de Lui. Me parlant de Lui, elle me parlait de moi. Un jour, je comprendrais. Je haussais les épaules. Je n'avais pas envie de comprendre. Un de mes amis, enfant, avait entendu parler d'un garçon de son âge qui, touché par la grâce, était plus tard devenu prêtre. Cette histoire édifiante terrifiait mon ami. Il avait si peur qu'il lui arrive la même chose qu'il priait chaque soir le bon Dieu pour n'être pas touché par la grâce et ne pas devenir curé. J'étais comme lui et je m'en félicitais. Ça ne démontait pas Jacqueline. « Tu verras », disait-elle.

Adolescent, puis jeune homme, je pense avoir été très malheureux mais je ne voulais pas le savoir et, de fait, ne le savais pas. Mon système de défense, fondé à la fois sur l'ironie et sur l'orgueil d'être écrivain, fonctionnait assez bien. C'est après la trentaine que ce système s'est grippé. Je ne pouvais plus écrire, je ne savais pas aimer, j'avais conscience de n'être pas aimable. Être moi m'est devenu littéralement insupportable. Quand je me suis montré à elle dans cet état de détresse aiguë, Jacqueline n'a pas été autrement étonnée. Elle l'a considéré comme un progrès. Je crois même qu'elle a dit : « Enfin ! » Privé des représentations qui m'avaient permis de tenir tant bien que mal, mis à nu, écorché, je devenais accessible à mon Seigneur. Quelque temps plus tôt, j'aurais protesté avec véhémence. J'aurais dit que je n'en avais rien à foutre, de mon Seigneur, que je ne voulais pas de consolations pour impuissants et pour vaincus. À présent, je souffrais tellement, chaque instant de plus passé dans ma peau m'était devenu une telle torture que j'étais mûr pour entendre les phrases de l'Évangile adressées à tous ceux qui ploient sous un fardeau trop lourd, qui n'en peuvent plus.

« Essaie de le lire, maintenant », m'a dit Jacqueline. En disant cela, elle m'a offert le Nouveau Testament de la Bible de Jérusalem – celui que j'ai toujours sur mon bureau, que j'ouvre vingt fois par jour depuis que j'ai commencé ce livre. « Essaie aussi, a-t-elle ajouté, de n'être pas trop intelligent. »

4

Jacqueline m'a fait un autre cadeau, au début de l'été 1990. Depuis longtemps, elle me parlait de son autre filleul, en disant que ce serait bien si nous faisions un jour connaissance. Mais dès qu'elle avait prononcé ces mots elle secouait la tête, se ravisait. Est-ce que ce serait si bien ? Est-ce que vous auriez des choses à vous dire ? Sans doute pas. C'est trop tôt.

Cet été d'agonie, elle a jugé qu'il n'était plus trop tôt et m'a conseillé de l'appeler. Deux jours plus tard sonnait à la porte de notre appartement, rue de l'École-de-Médecine, un garçon un peu plus âgé que moi, les yeux bleus, les cheveux roux tirant sur le blanc – ils sont tout à fait blancs aujourd'hui, Hervé vient d'avoir soixante ans. Le genre d'homme qui a longtemps l'air d'un petit garçon, tôt celui d'un vieillard, et jamais vraiment d'un adulte. Le genre d'homme qui au premier abord ne fait pas spécialement impression : passe-muraille, sans éclat apparent. Nous avons commencé à parler – c'est-à-dire que j'ai commencé à parler, de moi et de la crise que je traversais. J'étais volubile, fiévreux, confus, ricanant. Je fumais cigarette sur cigarette. Avant même de commencer une phrase je la corrigeais, la nuançais, prévenais qu'elle serait inexacte, que ce que j'avais à dire était en fait beaucoup plus vaste et plus complexe. Hervé, lui, parlait peu et sans crainte. J'ai appris par la suite à connaître son humour, mais ce qui m'a dérouté lors de notre première rencontre, c'est son absence totale d'ironie. Tout ce que je disais et pensais alors, même l'expression de la détresse la plus sincère, baignait dans une marinade d'ironie et de sarcasme. Ce trait me semble avoir été très répandu dans le petit monde où je vivais, celui du journalisme et de l'édition à Paris, vers la fin des années quatre-vingt. Nous ne parlions jamais qu'avec un petit sourire en coin. C'était épuisant et stupide mais nous ne nous en rendions pas compte. Je ne m'en suis rendu compte qu'en me liant d'amitié avec Hervé. Il n'était pas ironique, pas médisant. Il ne faisait pas le malin. Il ne se souciait pas de l'effet qu'il produisait. Il ne jouait aucun jeu social. Il essayait de dire précisément, calmement, ce qu'il pensait. Je ne voudrais pas qu'en lisant cela on se le représente comme un sage, planant au-dessus des vicissitudes terrestres. Il a eu, et a toujours, un lot largement suffisant de misères, d'empêchements et de secrets. Enfant, il a voulu mourir. Jeune homme, il a pris beaucoup de LSD, et sa perception de la réalité en a pour toujours été affectée. Il a eu la chance de rencontrer une femme qui l'aime tel qu'il est, pour ce qu'il est, de fonder avec elle une famille, et celle aussi de trouver un métier – il a toute sa vie travaillé à l'Agence France Presse. Sans ces deux chances-là, qui n'étaient pas gagnées d'avance, il aurait pu devenir un complet inadapté social. Il est adapté *a minima*. L'unique souci de sa vie est d'ordre... encore une fois, je bute sur ce terrible mot : « spirituel », avec tout ce qui y adhère de niaiserie pieuse et d'emphase éthérée. Disons qu'Hervé fait partie de cette famille de gens pour qui être ne va pas de soi. Depuis l'enfance, il se demande : qu'est-ce que je fais là ? Et c'est quoi, « je » ? Et c'est quoi, « là » ?

Beaucoup de gens peuvent vivre toute leur vie sans être effleurés par ces questions – ou s'ils le sont, c'est très fugitivement, et ils n'ont pas de mal à passer outre. Ils fabriquent et conduisent des voitures, font l'amour, discutent près de la machine à café, s'énervent parce qu'il y a trop d'étrangers en France, ou trop de gens qui pensent qu'il y a trop d'étrangers en France, préparent leurs vacances, se font du souci pour leurs enfants, veulent changer le monde, avoir du succès, quand ils en ont redoutent de le perdre, font la guerre, savent qu'ils vont mourir mais y pensent le moins possible, et tout cela, ma foi, est bien assez pour remplir une vie. Mais il existe une autre espèce de gens pour qui ce n'est pas assez. Ou trop. En tout cas, ça ne leur va pas comme ça. Sont-ils plus sages ou moins que les premiers, on peut en débattre sans fin, le fait est qu'ils ne se sont jamais remis d'une espèce de stupeur qui leur interdit de vivre sans se demander pourquoi ils vivent, quel est le sens de tout cela s'il y en a un. L'existence pour eux est un point d'interrogation et même s'ils n'excluent pas qu'à cette interrogation il n'y ait pas de réponse, ils la cherchent, c'est plus fort qu'eux. Comme d'autres l'ont cherchée avant eux, comme certains, même, prétendent l'avoir trouvée, ils s'intéressent à leurs témoignages. Ils lisent Platon et les mystiques, ils deviennent ce qu'on appelle des esprits religieux – hors de toute Église, dans le cas d'Hervé, même s'il était comme moi, à l'époque où je l'ai connu, marqué par l'influence de notre marraine et pour cette raison orienté vers le christianisme.

À la fin de ce premier déjeuner, Hervé et moi avons décidé de devenir amis et nous le sommes devenus. Cette amitié, à l'heure où j'écris, dure depuis vingt-trois ans et sa forme, étrangement, n'a pas varié en vingt-trois ans. C'est une amitié intime : j'écrivais tout à l'heure qu'Hervé a comme tout un chacun ses secrets mais je pense qu'il n'en a pas pour moi et ce qui me le fait penser c'est que je n'en ai pas pour lui. Rien n'est honteux au point que je ne puisse le lui dire, sans en éprouver devant lui la moindre honte : il peut sembler ahurissant de dire cela, mais je sais que c'est vrai. C'est une amitié calme, qui n'a connu ni crise ni éclipse, et qui s'est développée à l'abri de toute interférence sociale. Nous menons des vies aussi différentes que nos caractères sont différents et ne nous voyons qu'en tête-à-tête. Nous n'avons pas d'amis communs. Nous n'habitons pas la même ville. Hervé depuis que nous nous connaissons a été correspondant, puis chef de bureau de l'AFP à Madrid, Islamabad, Lyon, La Haye et Nice. Je suis allé lui rendre visite dans chacun de ces postes, il vient quelquefois me voir à Paris, mais le vrai lieu de notre amitié est un village du Valais où sa mère possède un appartement dans un chalet et où, dès notre première rencontre, il m'a proposé de le rejoindre à la fin de l'été.

5

Il y a donc vingt-trois ans qu'Hervé et moi, chaque printemps, chaque automne, nous retrouvons dans ce village qui s'appelle Le Levron. Nous connaissons tous les sentiers qui sillonnent les vallées avoisinantes. Autrefois nous quittions le chalet avant l'aube et faisions de très longues marches, avec des dénivelées de plus de mille mètres qui nous prenaient toute la journée. Aujourd'hui nous sommes moins ambitieux, quelques heures nous suffisent. Les amateurs de tauromachie désignent sous le nom de *querencia* la portion d'espace où, dans le terrifiant tumulte de l'arène, le taureau se sent en sécurité. Au fil du temps, Le Levron et l'amitié d'Hervé sont devenus la plus sûre de mes *querencias*. Je monte là-haut inquiet, j'en redescends apaisé. Cet été-là, qui était le premier, je suis arrivé hagard. Les vacances avaient été catastrophiques. Conseillé par Jacqueline, j'avais pris la résolution d'abandonner tout projet d'écriture et, à la place, de me consacrer pleinement à ma femme et mon fils. D'employer toute l'énergie habituellement investie dans mes travaux littéraires à me montrer disponible, attentif, prévenant – à vivre bien, en somme, au lieu de mal écrire : ça me changerait. Pour m'aider, je lirais chaque jour un peu de l'Évangile. J'ai essayé, ça n'a pas marché. Anne était enceinte, aussi tendre qu'elle pouvait mais dolente et inquiète, avec d'excellentes raisons de l'être car je ne pouvais cacher ma panique devant la venue prochaine de notre deuxième enfant. Ç'avait été pareil pour le premier, ce serait pareil quinze ans plus tard, avant la naissance de Jeanne. Je ne pense pas, tout compte fait, être un mauvais père, mais l'attente d'un enfant m'épouvante. Nous nous enfoncions, tous les deux, dans de longues siestes dont Gabriel, qui avait trois ans, essayait de nous sortir à grand bruit. Je n'émergeais de cette torpeur dépressive que pour ressasser ma misère, opposer une fois de plus les termes du conflit entre, d'un côté, l'évidence qu'Anne et moi étions malheureux ensemble, de l'autre, la conviction que mon choix était fait et que la réussite de ma vie dépendait de ma persévérance dans ce choix. Avant l'été, j'avais vu plusieurs fois une psychanalyste et décidé de commencer une cure, au retour des vacances. Cette perspective aurait dû me donner espoir. Au contraire, elle ne faisait que m'angoisser davantage car j'avais peur d'être obligé d'admettre que mon désir réel allait à l'opposé de ma résolution. Quant à l'Évangile, je m'astreignais à le lire, comme je l'avais promis à Jacqueline. Je trouvais ça assez beau, mais je pensais présomptueusement être beaucoup trop malheureux pour qu'un enseignement philosophique et moral, pour ne rien dire d'une croyance religieuse, puisse m'être d'un quelconque secours. J'ai failli annuler le voyage prévu au Levron, fin août. L'idée d'aller retrouver en Suisse, chez sa mère, un type avec qui je n'avais fait que déjeuner une fois me semblait une absurdité. L'autre possibilité était de me faire interner dans un hôpital psychiatrique et abrutir de médicaments. Je dormirais, je ne serais plus là : qu'espérer de mieux ?

Je suis allé au Levron, en fin de compte, et contre toute attente m'y suis trouvé presque bien. Hervé ne me jugeait pas, ne me conseillait pas. Il sait si intimement que nous sommes tous boiteux, désaccordés, faisant ce que nous pouvons mais pouvant peu, et vivant mal, qu'en sa présence je cessais de me justifier, de m'expliquer sans fin. Du reste, nous parlions peu.

6

Un chemin, au-dessus du village, conduisait à un minuscule chalet de bois noir, appartenant à un vieux prêtre belge. Il venait s'y reposer chaque été, fuyant la fournaise du Caire où il était curé d'une paroisse misérable et tout le reste de l'année usait ses dernières forces au service des indigents. Il a fini par mourir, récemment, mais quand je l'ai connu il paraissait déjà très vieux et très malade. Son visage raviné avait pris tout entier la couleur bistre des cernes qui entouraient ses yeux noirs, étincelants, scrutateurs, presque sardoniques. Il n'y avait que deux pièces dans le chalet, et celle du bas, l'ancienne réserve à foin, était aménagée en chapelle, les murs couverts d'icônes. Le père Xavier était un prêtre melkite, obédience qui combine le dogme catholique et le rite byzantin et survit, de façon de plus en plus marginale, au Proche-Orient. Comment l'héritier d'une grande famille wallonne s'était retrouvé prêtre melkite, on me l'a dit, je l'ai oublié. Tous les matins, tôt, il disait sa messe, à laquelle assistaient quatre ou cinq personnes du village, dont un garçon mongolien – on disait mongolien, à l'époque, pas trisomique – qui tenait le rôle d'enfant de chœur. Par sa mère, qui l'accompagnait, j'ai su combien ce garçon, Pascal, était fier de la responsabilité que le vieux prêtre lui avait confiée. Il attendait son retour, chaque été, avec impatience, et c'était beau de le voir, suspendu à son regard, guetter le battement de paupières qui lui faisait signe d'agiter la clochette ou de manier l'encensoir.

 Les messes de mon enfance ne m'avaient laissé qu'un souvenir de contrainte et d'ennui. Celle-ci, célébrée par un homme épuisé pour une poignée de montagnards valaisans et un mongolien dont chaque geste disait qu'il était à sa place, qu'il ne l'aurait échangée pour aucune autre, m'a ému à tel point que je suis revenu les jours suivants. Je me sentais à l'abri dans cette remise à foin transformée en chapelle. Je rêvassais, j'écoutais. Je me rappelais ma dernière conversation avec Jacqueline, avant l'été. Je n'en étais plus à dire que je ne voulais pas de sa foi. Je voulais bien de tout ce qui m'aurait permis d'aller moins mal. Seulement, je disais qu'elle n'était pas à ma portée. « Demande, m'avait-elle dit. Demande, et tu verras. C'est un mystère, mais c'est la vérité : tout ce que tu demanderas te sera accordé. Frappe à la porte. Ose le geste de frapper. » Qu'est-ce que cela me coûtait d'essayer ?

Le père Xavier a lu un passage de l'Évangile selon saint Jean. Tout à la fin. Cela se passe après la mort de Jésus. Pierre et ses compagnons ont repris leur métier de pêcheurs sur le lac de Tibériade. Ils sont découragés. La grande aventure de leur vie a mal tourné et même son souvenir se décolore. Ils ont lancé leurs filets toute la nuit mais n'ont rien pris. Du rivage, au petit matin, un inconnu les hèle. « Les enfants, vous n'avez pas pris de poisson ? – Non. – Jetez le filet à droite du bateau, vous en trouverez. » Ils le jettent. Ils doivent s'y mettre à trois pour le remonter tellement il est rempli de poissons. « C'est le Seigneur », murmure le disciple que Jésus aimait, celui qui a écrit l'Évangile. « C'est le Seigneur », répète Pierre, médusé, et il fait alors une chose charmante, une chose qu'aurait pu faire Buster Keaton : il était nu, il met sa tunique et saute tout habillé dans l'eau pour rejoindre Jésus sur le rivage. Jésus dit : « Venez déjeuner. » Ils font griller quelques poissons, les mangent avec du pain. « Aucun d'entre eux, dit l'évangéliste, n'osait lui demander : qui es-tu ?, sachant que c'était le Seigneur. » Trois fois, Jésus demande à Pierre s'il l'aime, Pierre jure que oui, et Jésus lui enjoint de faire paître ses agneaux, ses brebis – injonction qui me touche peu car je n'ai pas la vocation de pasteur. Mais pour finir il dit quelque chose de mystérieux :

« En vérité, je te le dis
Quand tu étais jeune, tu ceignais toi-même ta ceinture
et tu allais où tu voulais.
Quand tu auras vieilli, tu étendras les mains
et un autre te ceindra,
et il te conduira là où tu ne voulais pas aller. »

Derrière toute conversion au Christ, je pense qu'il y a une phrase et que chacun a la sienne, faite pour lui, qui l'attend. La mienne a été celle-ci. Elle dit d'abord : laisse-toi faire, ce n'est plus toi qui conduis, et ce qui peut être considéré comme une démission peut l'être aussi, une fois franchi le pas, comme un immense soulagement. Cela s'appelle l'abandon, et je n'aspirais qu'à m'abandonner. Mais elle dit encore : ce à quoi tu t'abandonnes – Celui à qui tu t'abandonnes – te conduira là où tu ne voulais pas aller.

C'est cette partie de la phrase qui m'était le plus personnellement adressée. Je ne l'ai pas bien comprise – qui pourrait la comprendre ? –, mais j'ai compris d'une certitude obscure qu'elle était pour moi. Ce que je voulais le plus au monde, c'était cela : être conduit là où je ne voulais pas aller.

7

Du Levron, j'envoie cette lettre à ma marraine :

« Chère Jacqueline,
Tu as prié, je le sais, pour ce qui m'arrive, et cette lettre va te causer une grande joie. J'ai tâché de me convaincre cet été qu'à force de frapper on m'ouvrirait – sans être bien certain de vouloir entrer. Et tout à coup, à la montagne, auprès d'Hervé, les mots de l'Évangile ont pris vie pour moi. Je sais à présent où sont la Vérité et la Vie. Depuis bientôt trente-trois ans, ne me reposant que sur moi, je n'ai cessé d'avoir peur et je découvre aujourd'hui qu'on peut vivre sans peur – sans souffrances, non, mais sans peur – et je n'en reviens pas de cette bonne nouvelle. Je me fais l'effet d'une nappe couverte de plis, de miettes, de reliefs plus ou moins ragoûtants, et qu'on a secouée tout à coup, et qui claque joyeusement dans le vent. Je voudrais que cette joie demeure, en sachant bien que ce n'est pas si simple, qu'il y aura de nouveau de l'obscurité, que l'écorce racornie du vieil homme s'enroulera à moi, mais j'ai confiance :

c'est le Christ qui me conduit à présent. Je suis bien malhabile à me charger de sa croix, mais rien que d'y penser, qu'on se sent léger ! Voilà. Je voulais que tu le saches vite, et quelle reconnaissance je t'ai de m'avoir si patiemment montré le chemin. Je t'embrasse. »

J'avais complètement oublié cette lettre, dont un brouillon se trouve dans mon premier cahier. Relue aujourd'hui, elle m'embarrasse. Elle aussi, je trouve qu'elle sonne faux. Cela ne veut pas dire que je n'étais pas sincère en l'écrivant – bien sûr, je l'étais –, mais j'ai du mal à croire que quelqu'un au fond de moi ne pensait pas ce que je pense maintenant : que tout cela n'est qu'autosuggestion, méthode Coué, langue de bois catholique, et que cette débauche de points d'exclamation et de majuscules, cette nappe qui claque joyeusement dans le vent, cela ne me ressemble pas. Mais c'est ce qui m'enchantait, justement : que cela ne me ressemble pas. Que le petit bonhomme inquiet et ricaneur que je n'en pouvais plus d'être soit réduit au silence, qu'une autre voix s'élève de l'intérieur de moi. Plus elle serait différente de la mienne, plus elle serait, pensais-je, *vraiment* la mienne.

Je redescends de la montagne heureux, persuadé d'entrer dans une vie nouvelle. Le lendemain de mon retour, je dis à Anne qu'il faut que je lui parle, sans dire de quoi, et l'emmène dîner au restaurant thaï où nous avons nos habitudes, près de la place Maubert. Je dois paraître changé, un peu bizarre, mais pas embarrassé comme un homme s'apprêtant à annoncer à sa compagne qu'il a, comme on dit, « rencontré quelqu'un ». Pourtant si, j'ai rencontré quelqu'un, mais pour ce quelqu'un-là, je ne vais pas la quitter, au contraire : il est son allié, notre allié. Anne est surprise, c'est le moins qu'on puisse dire, mais tout compte fait le prend bien. Certainement mieux que je ne le prendrais si, aujourd'hui, la femme que j'aime venait un beau matin me dire, les yeux brillants, le sourire pénétré d'une alarmante douceur, qu'elle a compris où sont la Vérité et la Vie et que nous allons désormais nous aimer dans Notre Seigneur Jésus-Christ. Il me semble, si une telle chose arrivait, qu'elle m'affolerait complètement, et Anne pour s'affoler a de plus solides raisons que la plupart des gens. Contrairement à moi, elle a grandi dans une famille catholique jusqu'à la bigoterie, le plus cher espoir de ses parents étant qu'elle devienne religieuse et, idéalement, meure très jeune comme Thérèse de Lisieux, sa sainte patronne – le premier prénom d'Anne est Thérèse. Elle a tout connu de la névrose religieuse : l'horreur du sexe, le scrupule torturant, la tristesse couvrant tout. Dès qu'elle a eu l'âge de la révolte, elle a fui ce cauchemar à toutes jambes, été baba cool dans son adolescence, night-clubbeuse dans sa vie de jeune adulte. Quand je l'ai connue, la plupart de ses amis étaient des habitués du Palace ou des Bains-Douches dont les rapports avec le christianisme se résumaient à s'être tordus de rire en voyant *La Vie de Brian*, la merveilleuse parodie des Monty Python. Depuis que nous vivons ensemble, elle a beaucoup de choses à me reprocher, mais certainement pas de l'attirer vers les lugubres sacristies de son enfance. De ce côté-là, a priori, elle peut être tranquille avec moi. Eh bien non. Tout peut arriver, y compris que l'égocentrique et moqueur Emmanuel Carrère se mette à parler de Jésus, avec cette bouche en cul-de-poule qu'on est obligé de faire pour émettre la seconde syllabe (essayez de dire *zu* autrement) et qui, même au temps de ma plus grande dévotion, m'a toujours rendu ce nom vaguement obscène à prononcer. Je pense, avec le recul, qu'il fallait qu'elle tienne beaucoup à moi, et à une chance même infime de sauver notre couple, pour accueillir autrement que par des sarcasmes l'annonce de ma conversion. Elle a dû faire le pari qu'il en sortirait quelque chose de bon. C'est ce qui s'est passé au début.

8

Pour affirmer ma foi commençante, le père Xavier m'a conseillé de lire chaque jour un verset de l'Évangile, de le méditer et, puisque je suis écrivain, de résumer en quelques lignes le fruit de cette méditation. Chez Gibert Jeune, boulevard Saint-Michel, j'achète un gros cahier, plusieurs gros cahiers, je veux en avoir d'avance – le fait est qu'en deux ans j'en remplirai dix-huit. Quant à l'Évangile, je choisis de m'attaquer à celui de Jean parce que le passage où il est question d'aller où on ne veut pas aller se trouve chez Jean. J'ai la vague idée, aussi, que de la bande des quatre c'est le plus mystique, le plus profond. Dès le premier verset, je suis servi : « Au commencement était le Verbe, et le Verbe était Dieu, et le Verbe était avec Dieu. » C'est raide, surtout pour quelqu'un qui cherche moins des éclairs métaphysiques que des règles de conduite, et je me demande s'il ne vaudrait pas mieux changer de monture avant de quitter l'écurie. Comparé à ce pur-sang qui m'accueille d'une ruade, Marc, Matthieu et Luc font l'effet de robustes percherons, plus recommandés pour un débutant. Cependant je ne cède pas à ce qui m'apparaît comme une tentation. Je ne veux plus suivre ma préférence, je ne veux plus aller vers ce qui m'attire a priori. Mon mouvement de recul devant Jean, je l'interprète comme la preuve que je dois m'en tenir à Jean.

Un verset par jour, pas davantage. Certains brillent d'un éclat extraordinaire, justifiant la phrase des soldats romains chargés d'arrêter Jésus : « Personne n'a parlé comme cet homme. » D'autres, à première vue, semblent pauvres de sens : simples chevilles narratives, petits os sur lesquels il n'y a pas grand-chose à ronger. On les négligerait volontiers pour passer au suivant, or c'est là qu'au contraire il faut s'attarder. Exercice d'attention, de patience et d'humilité. D'humilité surtout. Car si on admet, comme je décide cet automne de l'admettre, que l'Évangile n'est pas seulement un texte fascinant d'un point de vue historique, littéraire et philosophique, mais la parole de Dieu, alors il faut admettre aussi que rien n'y est accessoire ou fortuit.

Que le fragment de verset le plus banal en apparence recèle plus de richesses qu'Homère, Shakespeare et Proust réunis. Si Jean nous dit, mettons, que Jésus s'est rendu de Nazareth à Capharnaüm, c'est tout autre chose qu'une simple information anecdotique : un viatique précieux dans ce combat qu'est la vie de l'âme. Ne resterait-il de l'Évangile que ce modeste verset-là, une vie de chrétien entière ne suffirait pas à l'épuiser.

À côté de ces versets qui se contentent de ne pas payer de mine, je ne tarde pas à en rencontrer d'autres qui me rebutent carrément, contre quoi se révoltent ma conscience et mon esprit critique. Ceux-là aussi, ceux-là surtout, je fais le vœu de ne pas m'en détourner. De les scruter jusqu'à ce que leur vérité m'apparaisse. Je me dis : beaucoup de choses que je crois à présent vraies et vitales – non, pas « que je crois » : que je *sais* vraies et vitales –, beaucoup de ces choses m'auraient quelques semaines plus tôt paru grotesques. C'est une bonne raison de suspendre mon jugement et, pour tout ce qui me reste fermé ou même me choque, de me dire que je comprendrai plus tard, si la grâce m'est donnée de persévérer. Entre la parole de Dieu et ma compréhension, c'est la parole de Dieu qui compte, et il serait absurde de ma part de n'en retenir que ce qui agrée à ma petite jugeote. Ne jamais l'oublier : c'est l'Évangile qui me juge, pas le contraire. Entre ce que je pense, moi, et ce que dit l'Évangile, je gagnerai toujours à choisir l'Évangile.

9

Jacqueline, quand je vais la voir, ne perd pas de temps à se réjouir de ma conversion. Tout de suite, elle me met en garde. Elle me dit : « Ce que tu vis maintenant, c'est le printemps de l'âme. La glace craque, les eaux ruissellent, les arbres bourgeonnent, tu es heureux. Tu vois ta vie comme tu ne l'as jamais vue. Tu sais que tu es aimé, tu sais que tu es sauvé, et tu as raison de le savoir : c'est la vérité. Elle t'apparaît maintenant en pleine lumière, profites-en. Mais sache que cela ne durera pas. Que tôt ou tard, et certainement plus tôt que tu ne penses, cette lumière se voilera, s'obscurcira. Aujourd'hui, tu es comme un enfant que son père tient par la main et qui se sent en totale sécurité. Un moment va venir où ton père te lâchera la main. Tu te sentiras perdu, seul dans le noir. Tu appelleras au secours, personne ne répondra. Autant t'y préparer, mais tu auras beau t'y préparer tu seras surpris et tu flancheras. Cela s'appelle la croix. Aucune joie n'existe sans que l'ombre de la croix se profile derrière elle. Derrière la joie, il y a la croix, tu t'en rendras vite compte, d'ailleurs tu le sais déjà. Ce que tu mettras plus de temps à découvrir, peut-être toute ta vie mais cela en vaut la peine, c'est que derrière la croix il y a la joie, et une joie imprenable. Le chemin est long. N'aie pas peur, mais attends-toi à avoir peur. Attends-toi à douter, à désespérer, à accuser le Seigneur d'être injuste et de t'en demander trop. Quand tu penseras cela, rappelle-toi cette histoire : c'est un homme qui se révolte, qui se plaint comme tu t'en es plaint, comme tu t'en plaindras encore, de porter une croix plus lourde que celle des autres. Un ange l'entend, et l'emporte sur ses ailes jusqu'à l'endroit du ciel où sont stockées les croix de tous les hommes. Des millions, des milliards de croix, de toutes les tailles. L'ange lui dit : choisis celle que tu veux. L'homme en soupèse quelques-unes, compare, prend celle qui lui paraît la plus légère. L'ange sourit et dit : c'était la tienne. Personne, conclut ma marraine, n'est jamais tenté au-delà de ses forces. Mais il faut que tu t'armes. Il faut que tu connaisses les sacrements.»

Du salon où nous nous tenons, elle va chercher dans son bureau un livre sur l'eucharistie. Je la suis jusqu'à cette pièce un peu sombre, confortable, où elle travaille souvent tard la nuit et qu'il me semble avoir toujours connue. Je m'y sens bien. Je m'assieds sur le divan tandis qu'elle fouille dans les bibliothèques qui tapissent les murs, du sol au plafond. Les objets changent peu de place chez elle. J'ai vu pendant trente ans la même coupe, dans l'entrée, qui doit être un ciboire, le même coffret des *Vêpres de la Vierge*, de Monteverdi, posé à côté de l'électrophone, et sur les rayonnages du bureau les mêmes reproductions de Madones italiennes et flamandes. Cette permanence est rassurante, comme sa présence dans ma vie. Mais ce jour-là mon regard est aimanté par une image qui ne m'est pas familière. Des taches, noires sur fond blanc, irrégulièrement distribuées, et qui me semblent dessiner un visage. Ou non : cela dépend de l'angle sous lequel on regarde, comme dans ces dessins-devinettes où il faut trouver le chasseur caché dans le paysage.

Je ferme et rouvre les yeux, deux ou trois fois. Je demande à Jacqueline : « C'est quoi, ça ? » Elle regarde ce que je regarde et, après un silence, dit : « Je suis contente. » Puis elle me raconte l'histoire de cette image.

Deux femmes, l'une très croyante, l'autre non, marchaient dans la campagne. L'incroyante dit à son amie qu'elle aimerait elle aussi avoir la foi mais que c'est ainsi, hélas : elle ne l'a pas. Pour croire, il lui faudrait un signe. Soudain, quelques instants après avoir dit cela, elle tombe en arrêt, montre du doigt le feuillage d'un arbre. Son regard devient fixe, son expression oscille entre effroi et extase. L'autre promeneuse la regarde sans comprendre. Comme elle a avec elle un appareil photo, elle pense, Dieu sait pourquoi, à appuyer sur le déclencheur, dans la direction qu'indique son amie. Quelques mois plus tard, celle-ci entre au Carmel.

La photo, développée, capte les jeux de la lumière dans le feuillage de l'arbre. Taches très contrastées, presque abstraites, dans lesquelles certaines personnes voient ce qu'a vu la femme si soudainement touchée par la grâce. Jacqueline le voit, certains de ses visiteurs le voient. Les autres non. La reproduction de la photo est là, sur ce rayon de la bibliothèque, depuis vingt ans. Je suis entré vingt fois dans cette pièce sans la remarquer, mais maintenant ça y est, les écailles me sont tombées des yeux. J'ai vu le visage d'homme qui se cache dans les feuilles. Il est maigre et barbu. Il ressemble beaucoup à son autre portrait quasi photographique : celui qu'on voit sur le suaire de Turin.

« C'est bien », dit simplement Jacqueline.
Dans un murmure presque effrayé, je dis : « Une fois qu'on l'a vu, on ne peut plus ne pas le voir.
– Détrompe-toi, répond-elle. On peut très bien. Mais on peut aussi prier pour continuer à le voir, pour ne plus voir que lui. »
Je demande : « Comment prier ?
– Comme tu veux, comme ça te vient. La plus grande des prières, à laquelle tu reviendras toujours, c'est celle que le Seigneur lui-même nous a donnée : le Notre Père. Et puis il y a le livre des Psaumes, qui est dans la Bible et qui contient toutes les prières possibles, pour toutes les situations, pour tous les états de l'âme. Par exemple... »
– elle ouvre le livre et lit :

« Ne me cache pas ton visage,
Car je suis de ceux qui tomberaient dans la fosse. »

Je hoche la tête, je me reconnais. Je suis de ceux qui tomberaient dans la fosse. La fosse, à vrai dire, est mon habitat naturel.

Mais Dieu, dans un autre psaume, dit à l'homme ceci :

« C'est quand tu ne me voyais plus que j'étais le plus près de toi. »

10

Je sors de chez Jacqueline avec la photo mystérieuse dont elle garde toujours quelques reproductions en réserve, au cas où. Je la place, comme sur un autel, sur une étagère du studio qui me sert de bureau, rue du Temple.

C'est là que je passe le plus clair de mes journées. J'ai toujours vécu de ma plume, d'abord comme journaliste puis comme auteur de livres et de scénarios pour la télévision, et je tire une certaine fierté de gagner ma vie et celle de ma famille en ne dépendant de personne, en étant seul maître de mon temps. Tout en espérant être un artiste, j'aime me voir comme un artisan, rivé à l'établi, livrant ce qu'on lui commande en temps et en heure, donnant satisfaction aux clients. Les deux dernières années, cette représentation de soi plutôt acceptable s'est dégradée. Je n'arrivais plus à écrire de roman, je pensais ne jamais plus y arriver. Même si, grâce aux scénarios, je faisais encore bouillir la marmite, ma vie était passée sous le signe de l'impuissance et de l'échec. Je me voyais comme un écrivain raté, j'en rendais responsable mon mariage malheureux, je me répétais la phrase terrible de Céline : « Quand on n'a plus assez de musique en soi pour faire danser la vie... » Je ne l'avais jamais fait danser bien gracieusement, la vie, mais il était sorti de moi un peu de musique quand même, une musique grêle, pas enivrante, la mienne, et à présent c'était fini. La boîte était cassée. Les journées dans le studio s'étiraient interminablement. Travail alimentaire, abattu sans y croire. Longues plages de torpeur, coupées de masturbations. Romans lus comme on se drogue, pour s'anesthésier, n'être pas là.

Tout cela, c'était avant mon séjour au Levron. Avant ma conversion. À présent, je me lève joyeux, j'emmène Gabriel à l'école, je vais nager une heure à la piscine et me voilà, ayant gravi mes sept étages, dans le studio tranquille où, comme Colbert d'après une imagerie que ma génération a dû être la dernière à connaître, je me frotte les mains d'aise devant le travail qui m'attend.

La première heure est vouée à saint Jean. Un verset à la fois, en prenant garde à ce que mon commentaire ne tourne pas au journal intime, avec introspection psychologique et souci de garder trace. Je veux avancer hardiment, me laisser guider par la parole de Dieu sans penser comme ç'a toujours été mon obsession que de ce qui m'arrive il sortira un livre. De mon mieux, je chasse l'idée du livre à venir, je me concentre résolument sur l'Évangile. Même si le Christ m'y parle de moi, c'est à lui et non à moi que je veux désormais m'intéresser.

(Quand je relis ces cahiers aujourd'hui, je saute ces réflexions théologiques auxquelles j'attachais tant d'importance comme on saute, dans Jules Verne, les exposés de géographie. Ce qui m'intéresse et souvent m'effare, c'est évidemment ce que je dis de moi.)

Ensuite vient la prière, dont je me suis souvent demandé s'il valait mieux la faire après la lecture de l'Évangile ou avant – comme je me demanderai quelques années plus tard s'il vaut mieux s'exercer à la méditation avant ou après les postures de yoga. La prière, d'ailleurs, ressemble beaucoup à la méditation. Même attitude : en tailleur, dos bien droit. Même souci, avant tout, de fixer l'attention. Même effort, généralement vain mais c'est l'effort qui compte, pour dompter le vagabondage incessant des pensées et atteindre ne serait-ce qu'un instant de calme. La différence, s'il y en a une, c'est que dans la prière on s'adresse à quelqu'un – celui dont j'ai placé la mystérieuse photo sur l'étagère, en face de moi. Selon l'humeur, je récite à son intention ces mantras qu'on appelle les psaumes et que m'a fait découvrir ma marraine, ou alors je lui parle librement. De Lui, de moi – dans mon cahier, j'emploie pour Lui la majuscule. Je Lui demande de m'apprendre à Le connaître davantage. Je lui dis que je veux faire Sa volonté et que si elle va à l'opposé de la mienne c'est très bien. Je sais que c'est ainsi qu'Il s'y prend pour former ceux qu'Il s'est choisi.

Avant, je déjeunais souvent dehors, avec l'un ou l'autre de mes amis. L'ordinaire de ces déjeuners, c'était des discussions sur la littérature, allant du commentaire des grandes œuvres aux ragots d'édition, et à tous les coups trop de vin. On le commande au verre pour être raisonnable, de verre en verre on se dit qu'on aurait mieux fait de prendre tout de suite une bouteille. L'exaltation d'ivrogne, à la sortie du déjeuner, se transformait dès que j'avais regagné mon studio en déprime angoissée. Je passais l'après-midi à me promettre de ne plus jamais recommencer, et je recommençais deux jours plus tard. À cette habitude consternante, j'ai renoncé du jour au lendemain. Je décline désormais toute proposition de déjeuner et me contente, dans mon ermitage, d'un bol de riz complet que je mange lentement, en m'appliquant à mâcher sept fois chaque bouchée, et en lisant avec non moins de concentration, moi le lecteur boulimique, quelque livre édifiant : les *Confessions* de saint Augustin, le *Récit d'un pèlerin russe*, l'*Introduction à la vie dévote* de saint François de Sales. Certaines phrases d'Augustin font courir un frisson sur mon échine. Je les murmure pour moi-même, comme si je me parlais à l'oreille : « À quoi pensais-je, Seigneur, quand je ne pensais pas à toi ? Où étais-je, quand je n'étais pas avec toi ? » Ce livre, le devancier de Montaigne et de Rousseau, le premier où un homme s'efforce de dire ce qu'il a été, ce qui fait qu'il a été lui et nul autre, est tout entier écrit au vocatif, et pour moi qui depuis des années pressens confusément qu'il me faudra un jour passer de la troisième à la première personne du singulier, cet usage fulgurant de la seconde est une révélation. Enhardi par cet exemple, je n'écris plus dans mes cahiers qu'en m'adressant au Seigneur. Je le tutoie, l'apostrophe. Il en résulte que mes réflexions journalières sur l'Évangile se confondent de plus en plus avec la prière – mais aussi, quand on voit les choses d'un point de vue de mécréant, un ton à la fois emphatique et artificiel qui, à la relecture, m'embarrasse affreusement.

L'après-midi, je m'occupe du scénario en cours. Je ne considère plus cela comme une tâche subalterne, à laquelle on se résigne faute de mieux, mais comme mon devoir d'état, que j'accomplis avec soin et bonne humeur. Si Dieu me redonne la grâce d'écrire un jour des livres, très bien. Cela ne dépend pas de moi. Ce qui dépend de moi, puisqu'il veut que je sois scénariste de télé, c'est d'être un bon scénariste de télé. Quel soulagement !

11

En réalité, ce n'est pas tout à fait aussi simple. Quelques pages de mon second cahier en témoignent, pages assez savoureuses, tranchant sur mes sempiternelles oraisons, qui racontent une visite à la librairie la Procure. Les librairies, pour un écrivain qui ne peut plus écrire, sont un terrain dangereux. Conscient de ce danger, je les évite depuis ma conversion – au même titre que les cocktails d'éditeurs, les suppléments littéraires des journaux, les conversations sur les romans de la rentrée, toutes ces choses qui me font du mal. Mais la Procure, en face de l'église Saint-Sulpice, est une librairie religieuse, je souhaite acheter un livre sur saint Jean, je m'y risque donc. Je passe un moment au rayon Bible, exégèse, Pères de l'Église. Je parcours de gros ouvrages sur « le milieu johannique ». Mon regard, par-dessus la table, croise celui d'un prêtre qui feuillette le même genre de trucs et je me sens en lieu sûr, j'aime être ce type fervent et grave qui, discrètement, sans la ramener, s'intéresse au « milieu johannique ». En plus d'un commentaire de saint Jean, je choisis les lettres et journaux de Thérèse de Lisieux, que Jacqueline m'a recommandés. Spontanément, je serais plutôt allé vers Thérèse d'Avila, que je me figure le comble du chic mystique, alors que j'associe Thérèse de Lisieux à mes beaux-parents, aux bondieuseries du XIXe siècle finissant, à tout ce que recouvre l'adjectif « saint-sulpicien », mais le jour où j'ai dit ça devant elle Jacqueline m'a regardé de l'air apitoyé qu'elle prenait quelquefois : « Mon pauvre petit, c'est effrayant d'en être à dire des choses pareilles. Sainte Thérèse de Lisieux, c'est ce qu'il y a de plus beau. » Je ne voudrais pas qu'on croie que Jacqueline n'aimait pas Thérèse d'Avila, elle l'adorait au contraire, au point, dans ses prières, de s'entretenir familièrement avec elle, en castillan. Mais Thérèse de Lisieux, « la petite voie », l'obéissance et l'humilité les plus pures, c'est selon elle l'ordonnance idéale pour rabattre mon caquet d'intellectuel porté à tout juger de haut. Thérèse et peut-être aussi un pèlerinage à Lourdes. Ça me ferait du bien, au lieu de m'extasier sur Rembrandt et Piero della Francesca qui sont à la portée du premier esthète venu, de découvrir tout ce qu'il y a de splendeur et d'amour de Dieu dans la plus tarte des saintes vierges en plâtre. Bref. Sainte Thérèse de Lisieux et saint Jean sous le bras, je me dirige vers la caisse. Le problème est que pour l'atteindre il faut traverser le rayon non religieux et affronter une table couverte de romans de la rentrée. Je n'avais pas prévu ça. Je voudrais passer très vite, comme un séminariste travaillé par la chair passe devant une affiche de cinéma porno, mais c'est plus fort que moi : je ralentis le pas, jette un œil, tends la main, et me voilà feuilletant, lisant des quatrièmes de couverture, précipité en un instant dans cet enfer d'autant plus infernal qu'il est ridicule. Mon enfer personnel : ce mixte d'impuissance, de ressentiment, d'envie dévorante, humiliante, à l'égard de tous ceux qui font ce que j'ai passionnément désiré faire, que j'ai su faire, que je ne peux plus faire. J'y passe une heure, deux heures, hypnotisé. L'idée du Christ, de la vie dans le Christ, devient irréelle. Et si la réalité, c'était ça ? Cette agitation vaine, ces ambitions déçues ? Si l'illusion, c'était le grand Tu des *Confessions* et la ferveur de la prière ? Pas seulement la mienne, si chétive, mais celle des deux Thérèse, d'Augustin, du pèlerin russe ? Si l'illusion, c'était le Christ ?

Je sors de la Procure hagard. En marchant dans la rue, j'essaie de me rassembler, de colmater. La parade consiste à me dire, d'abord que la plupart des livres qui viennent de me faire tant de mal sont mauvais, ensuite que si je ne peux plus en écrire c'est que je suis appelé à autre chose.

À quelque chose de plus haut. Ce quelque chose de plus haut, je me le représente comme un grand livre, fruit de ces cruelles années de jachère et qui épatera tout le monde, renversa à leur insignifiance les produits de saison que j'en suis réduit à jalouser aujourd'hui. Mais ce n'est peut-être pas le plan de Dieu pour moi. Peut-être veut-il que je cesse vraiment d'être écrivain, que je devienne pour mieux le servir, je ne sais pas, brancardier à Lourdes. Ce qui nous est demandé, tous les mystiques s'accordent là-dessus, c'est ce que nous désirons le moins donner. Il faut chercher en nous ce qu'il nous serait le plus pénible de sacrifier : c'est ça. Pour Abraham, son fils Isaac. Pour moi, l'œuvre, la gloire, la rumeur de mon nom dans la conscience d'autrui. Ce pour quoi j'aurais volontiers vendu mon âme au diable, mais le diable n'en a pas voulu et il ne me reste plus qu'à l'offrir gratuitement au Seigneur.

Quand même, je renâcle.

Je trouve refuge à l'église Saint-Séverin, dernière station de ma journée avant le retour à la maison. J'y assiste tous les soirs à la messe de sept heures. Comme elle n'attire pas beaucoup de monde, elle n'a pas lieu dans la grande nef mais dans une chapelle latérale. Public d'habitués, très fervent, très différent de celui des messes dominicales. Presque tous communient, pas moi. Jacqueline m'a pourtant assuré qu'en participant au mystère eucharistique on entre dans l'intimité du Seigneur infiniment plus vite et plus profondément. Tu en seras stupéfait, me promet-elle. Je la crois, mais je ne me sens pas prêt. Ce scrupule l'agace : s'il fallait attendre d'être prêt pour s'ouvrir à Lui, personne ne le serait jamais. On le reconnaît, d'ailleurs, en célébrant le mystère : « Seigneur, je ne suis pas digne de te recevoir mais dis seulement une parole et je serai guéri. » N'empêche, je préfère attendre d'en éprouver vraiment le désir. Je sais qu'il me viendra, à son heure. Je me tiens en retrait, près d'un pilier. Je me demande comment, autrefois, j'ai pu trouver ça ennuyeux. Aujourd'hui, je trouve ça, ou je me persuade que je trouve ça, mille fois plus passionnant que n'importe quel livre, que n'importe quel film. Ça semble être toujours la même chose, c'est chaque fois différent.

12

Avant de rencontrer Mme C., sur le divan de qui il est convenu que je m'allongerai à la rentrée, j'ai vu plusieurs de ses confrères et relevé chez chacun au moins un trait rédhibitoire. L'un avait à l'entrée de son immeuble une plaque avec son nom de famille suivi de son prénom – Dr L., Jean-Paul –, l'autre des croûtes consternantes au mur de son cabinet, un troisième laissait traîner dans son salon d'attente des livres dont j'aurais rougi qu'on les voie chez moi. On peut penser que ces fautes de goût ou d'éducation ne préjugent en rien de la compétence d'un analyste, pour ma part je ne le pensais pas et me voyais mal développer un transfert positif sur quelqu'un qu'à part moi je considérerais comme un plouc. Je n'ai trouvé à redire ni au décor dont s'entoure Mme C., ni à sa façon de parler, ni à son aspect physique. C'est une femme d'une soixantaine d'années, douce, rassurante, d'une agréable neutralité. Mais plus se rapproche le jour de notre première *vraie* séance, plus je suis tenté de me décommander. Si je ne le fais pas, c'est un peu par politesse, beaucoup parce qu'Hervé m'en a dissuadé. Pourquoi, me dit-il, se priver sans l'avoir essayé de quelque chose qui pourrait être utile ?

Au lieu de prendre place sur le divan, comme il était prévu que je le fasse, je m'assieds en face de Mme C., dans le fauteuil que j'ai occupé pendant nos entretiens préliminaires. Elle ne relève pas ce geste de défi, me laisse venir. Je me lance. Je lui dis que voilà, depuis la dernière fois il m'est arrivé quelque chose. J'ai rencontré le Christ.

Ayant lâché cela, j'estime que la balle est dans son camp. J'attends, je surveille son expression. Elle reste neutre. Après un moment de silence, elle émet un petit « mmm ? », un typique petit « mmm ? » d'analyste, que je commente assez agressivement.

Je dis : « C'est ça le problème, avec la psychanalyse. Saint Paul lui-même pourrait venir vous raconter ce qui lui est arrivé sur le chemin de Damas, vous ne vous demanderiez pas si c'est vrai ou non, seulement de quoi c'est le symptôme. Parce que c'est cela, bien sûr, que vous vous demandez ? »

Pas de réponse. C'est dans l'ordre. Je poursuis. Je lui explique que pendant tout l'été j'ai eu peur que l'analyse, au lieu d'améliorer ma vie de couple, m'oblige à en reconnaître l'échec. À présent, c'est autre chose. Je n'en vois plus l'utilité parce que je m'estime guéri. Enfin, guéri, non : je ne suis pas si présomptueux. Disons en voie de guérison. Avant de venir à ce rendez-vous, je lisais comme tous les jours l'Évangile de Jean et je suis tombé sur une phrase qui m'a plu. C'est Jésus qui la lance à un certain Nathanaël, venu par curiosité l'écouter : « Quand tu étais sous le figuier, je t'ai vu. » On ne sait pas ce que Nathanaël faisait sous le figuier. Peut-être qu'il se branlait, peut-être que ce qu'il faisait sous le figuier résume tous ses secrets, toutes ses hontes, tout ce qu'il a de la peine à porter. Tout cela, Jésus l'a vu, et Nathanaël se réjouit qu'il l'ait vu : c'est ce qui le décide à suivre Jésus.

« Moi, dis-je à Mme C., je suis comme Nathanaël. Le Christ m'a vu sous le figuier. Il en sait sur moi bien plus que moi, bien plus que ne pourra jamais m'apprendre l'analyse. Alors à quoi bon ? »

Mme C. ne dit rien, même pas « mmm ? ». Elle a l'air un peu triste, mais c'est son expression habituelle, et c'est un peu tristement que je me surprends à parler, moi aussi. Toute mon agressivité du début est retombée.

« Vous ne dites rien, bien sûr. Vous ne devez pas me laisser voir ce que vous pensez mais je m'en doute, de ce que vous pensez. Moi, je crois que le Christ est la vérité et la vie. Vous, vous croyez que c'est une illusion consolante.

Et ce que vous essayerez de faire si je reste ici, avec les meilleures intentions du monde, peut-être avec beaucoup d'habileté professionnelle, c'est me guérir de cette illusion. Mais je ne veux pas de votre guérison, vous comprenez. Même si vous me prouviez que c'est une maladie, je préférerais rester avec le Christ.

– Qu'est-ce qui vous oblige à choisir ? »

Je ne m'attendais plus à ce qu'elle parle. Ce qu'elle dit me surprend, et me surprend en bien. Je souris, comme on salue aux échecs un coup habile de l'adversaire. Je pense à une anecdote, que je lui raconte. C'est Thérèse de Lisieux, petite fille, à qui on demande de choisir entre plusieurs cadeaux pour Noël, et qui répond – ce qui peut paraître une phrase d'enfant gâtée mais que les commentateurs catholiques interprètent comme le signe de son inextinguible appétit spirituel : « Je ne veux pas choisir. Je veux tout. »

« *Je veux tout ?* », répète pensivement Mme C.

Du geste, elle me désigne le divan.

Je m'allonge.

Cinq ans plus tard, au terme de ce que plus tard encore j'appellerai ma première tranche d'analyse, Mme C. évoquera la règle d'expérience selon lequel toute cure est résumée dans sa séance inaugurale. La mienne, dit-elle, en a été une illustration éclatante. J'ai dû la reconstituer de mémoire car dans les dix-huit cahiers remplis durant les deux premières années de cette analyse il n'est, de cette analyse, pratiquement jamais question. Au long de ces années, je suis allé deux fois par semaine villa du Danube, dans le XIXe arrondissement, pour pendant trois quarts d'heure d'horloge – Mme C. était une freudienne de la vieille école – raconter tout ce qui me passait par la tête. Dans le même temps, j'ai écrit au moins une heure chaque jour sur l'Évangile et sur les mouvements de mon âme. Ces deux activités étaient vitales pour moi mais je me suis arrangé pour dresser entre elles une cloison étanche et avec le recul je vois très bien pourquoi. Je me dis que j'aurais dû le voir sur le moment, que cela crevait les yeux, le fait est que je ne l'ai pas vu. J'avais une peur bleue que l'analyse détruise ma foi, et j'ai fait ce que j'ai pu pour la mettre à l'abri. Je me rappelle une fois avoir dit très explicitement à Mme C. qu'il n'était pas question, lors de nos séances, de parler de ma conversion. Tout le reste, oui, mais pas ça. J'aurais aussi bien pu dire : tout ce que vous voudrez, mais je souhaite rester discret sur ma vie privée.

Si on envisage l'affaire de son point de vue à elle, j'imagine que je lui ai donné du fil à retordre – et cela d'autant que je suis redoutablement intelligent. Qu'on ne se méprenne pas : je ne pèche pas par orgueil en disant cela. Au contraire, je l'entends en mauvaise part, comme l'entendait ma marraine et comme je l'ai entendu le jour où, assise dans son fauteuil derrière moi, Mme C. a lâché sur un ton accablé : « Mais pourquoi faut-il à tout prix que vous soyez si intelligent ? » Elle voulait dire par là incapable de simplicité, tortueux, coupeur de cheveux en quatre, allant au-devant d'objections que personne ne songeait à me faire, ne pouvant penser quelque chose sans penser en même temps son contraire, puis le contraire de son contraire, et dans ce manège mental m'épuisant sans profit.

13

Notre second fils, Jean Baptiste, est né cet automne-là. Anne ne tenait pas vraiment à ce que nous lui donnions le prénom d'un imprécateur hirsute, essentiellement connu pour ses mœurs farouches, sa vie ascétique au désert, son séjour dans les prisons du cruel roi Hérode et, pour finir, sa décapitation. En plus, ça faisait terriblement catho. L'intéressé, devenu adulte, a donné raison à sa mère : sauf par sa famille, il se fait appeler Jean. Mais je n'en ai pas démordu. J'étais arrivé pile, dans ma lecture de Jean l'Évangéliste, au témoignage de Jean le Baptiste, qui est à la fois le dernier des prophètes d'Israël et le précurseur de Jésus. Le plus grand dans l'ancienne alliance, le plus petit dans la nouvelle. Celui qui a ramassé l'amour selon le Christ dans cette formule fulgurante, presque inadmissible : « Il faut qu'il croisse et que, moi, je diminue. » J'ai voulu que, le jour de son baptême, Hervé, son parrain, lise l'action de grâces entonnée le jour de la circoncision de Jean Baptiste par son père, le vieux Zacharie. C'est dans l'Évangile selon Luc, on appelle ça le *Benedictus* :

« Et toi, petit enfant,
Tu seras appelé prophète du Très-Haut
car tu marcheras devant le Seigneur
pour préparer ses voies,
pour illuminer ceux qui demeurent
dans les ténèbres et l'ombre de la mort
afin de guider nos pas
sur le chemin de la paix. »

14

Quelques jours après ce baptême, notre jeune fille au pair nous lâche. C'est une tuile. Anne travaille beaucoup, à ma façon moi aussi, nous passons tous les deux nos journées hors de la maison. Il faut absolument quelqu'un pour aller chercher Gabriel à l'école maternelle, et maintenant s'occuper de Jean Baptiste. Fébrilement, nous passons des annonces et commençons à recevoir des candidates. L'année scolaire étant commencée, nous ne pouvons nous montrer trop exigeants. Les étudiantes charmantes et dynamiques sont toutes casées, seules restent sur le marché celles qui n'ont pas trouvé preneur : traînant les pieds, n'envisageant de s'occuper d'enfants que faute de mieux, à l'affût de la première occasion pour disparaître sans préavis. C'est une procession décourageante et nous croyons toucher le fond, c'en est presque comique, quand un après-midi lugubre de décembre nous ouvrons notre porte à Jamie Ottomanelli.

Les autres postulantes à l'emploi de jeune fille au pair ont au moins pour elles d'être des jeunes filles. Celle-ci a cinquante ans passés, elle est grande et grosse, les cheveux gras, vêtue d'un vieux jogging qui ne sent pas très bon. Pour tout dire, elle a l'air d'une clocharde. Nous avons, Anne et moi, mis au point une sorte de code pour échanger discrètement nos impressions et ne pas prolonger les entretiens inutiles. Pour cette visiteuse-là, le verdict est clair – jamais de la vie – mais nous ne pouvons pas la renvoyer sous la pluie sans un semblant de conversation. Nous lui offrons une tasse de thé. Elle prend place dans un fauteuil près de la cheminée, ses grosses jambes largement écartées, comme si elle se disposait à passer là le reste de la journée. Après un moment de silence, elle avise un livre posé sur la table basse et dit, en français mais avec un fort accent américain : « Oh, Philip K. Dick... »

Je hausse les sourcils : « Vous le connaissez ?

– Je l'ai connu, dans le temps, à San Francisco. J'ai fait baby-sitting pour sa petite fille. Il est mort, maintenant. Souvent, je prie pour son pauvre âme. »

J'ai lu Dick avec passion, adolescent, et, à la différence de la plupart des passions adolescentes, celle-ci ne s'est jamais émoussée. J'ai relu régulièrement *Ubik, Le Dieu venu du centaure, Substance mort, Glissement de temps sur Mars, Le Maître du Haut Château*. Je tenais leur auteur – et le tiens toujours – pour quelque chose comme le Dostoïevski de notre temps. Comme la plupart de ses fans, cependant, j'étais plutôt embarrassé par les livres de sa dernière période – comme les fans de Dostoïevski le sont par le *Journal d'un écrivain*, ceux de Tolstoï par *Résurrection* et ceux de Gogol par les *Passages choisis de ma correspondance avec mes amis*. Dick, pour le dire vite, a vers la fin de sa vie chaotique connu une sorte d'expérience mystique, dont il ne savait pas si c'était une *vraie* expérience mystique ou l'expression ultime de sa légendaire paranoïa. Il a essayé d'en rendre compte dans des livres bizarres, remplis de citations de la Bible et des Pères de l'Église, dont je n'ai longtemps su que faire mais que depuis quelques mois je relis d'un œil neuf. Je m'attendais à tout, cela dit, sauf à ce qu'une audition de jeune fille au pair se transforme en discussion sur Dick.

Au fil de cette discussion il se révèle que, née à Berkeley comme lui, Jamie a grandi dans une communauté de hippies, expérimenté tous les trips des années soixante et soixante-dix : sexe, drogues, rock'n'roll et surtout religions orientales. À la suite d'épreuves sur quoi elle préfère ne pas s'étendre, elle s'est convertie au christianisme. Elle a voulu devenir nonne, fait de longs séjours dans des couvents, découvert qu'elle n'avait pas la vocation, et mène depuis vingt ans une vie errante, guidée par la phrase de l'Évangile sur les oiseaux du ciel qui ne bâtissent pas de maisons, n'engrangent pas de provisions et font confiance au Père pour pourvoir à leurs besoins. Le Père, à vrai dire, y pourvoit chichement. Jamie est très pauvre, au bout du rouleau même. C'est d'ailleurs pour cela qu'elle vient nous voir : notre annonce dit qu'il y a une chambre à la clé, ça l'intéresse. Cet aveu ingénu incite Anne à recadrer la conversation, qui depuis déjà une heure tourne autour de Dick, du *Yi-King* et de saint François d'Assise. Est-ce qu'en dehors du fait qu'elle a un pressant besoin d'un toit, Jamie s'est déjà occupée d'enfants ?

Oh oui, bien sûr, souvent. Tout récemment de ceux d'un diplomate américain. « Eh bien c'est parfait, ça ! », dis-je avec entrain. Je suis prêt à l'engager sur-le-champ mais Anne, fermement, demande à réfléchir, obtient de Jamie le téléphone du diplomate américain et, après son départ, nous passons la soirée à discuter – moi conquis, elle reconnaissant que certes Jamie est attachante, originale, mais qu'elle a tout de même l'air *très* perdue. Je suis assez prudent pour ne pas révéler crûment le fond de ma pensée, savoir que cette femme qui prie pour *le* pauvre âme de Philip K. Dick nous est envoyée par Dieu. En revanche, je parle à Anne de la *niania* qui s'est occupée de moi et de mes sœurs dans notre enfance. La *niania*, chez les Russes, est tout autre chose qu'une domestique : une nourrice, une gouvernante qui fait partie de la famille et y reste en général jusqu'à la fin de ses jours. J'adorais la nôtre – mes sœurs moins, car elle me favorisait éhontément. Je suis sûr que cette Jamie cabossée par la vie, mais candide et sans détour, avec son bon regard bleu, deviendra pour nos fils ce que ma *niania* a été pour moi. Qu'elle nous donnera à tous de précieuses leçons de joie et de détachement. Ébranlée par ma conviction, Anne appelle le diplomate américain, qui ne tarit pas d'éloges. Jamie est une femme merveilleuse. Bien plus qu'une employée, une amie de longue date. Les enfants en sont fous, ils pleurent tous les soirs depuis qu'elle est partie. Mais alors, pourquoi est-elle partie ? Parce qu'en fait, répond le diplomate américain, ce sont eux qui partent. Après quatre ans en poste à Paris, il retourne aux États-Unis.

15

Jamie n'habite plus chez le diplomate américain mais elle y a laissé ses affaires, que je vais chercher avec elle. La concierge d'un bel immeuble haussmannien, dans le VIIe arrondissement, nous accueille de façon extrêmement revêche et nous accompagne sans nous lâcher d'une semelle, comme si elle nous soupçonnait d'être des cambrioleurs, jusqu'à la cave où sont entreposées les possessions de Jamie. Elles tiennent dans une énorme cantine de fer, que nous chargeons dans la voiture puis montons jusqu'à notre chambre de bonne, non sans peine car elle est extrêmement lourde. Avant que je me retire pour la laisser s'installer, Jamie ouvre la cantine, qui contient très peu de vêtements mais surtout des piles de paperasses, des photos déchirées et jaunies, du matériel de peinture – car elle peint, m'apprend-elle, des icônes. Elle en sort un épais manuscrit : puisque je suis écrivain, il pourrait m'intéresser.

Je passe l'après-midi, pendant qu'elle emménage, à jouer avec Jean Baptiste et, quand il s'endort, à parcourir *Tribulations of a child of God (by Jamie O.)*. Ce n'est pas exactement une autobiographie, plutôt un journal coupé de poèmes, illustré par toutes sortes de dessins, montages photographiques et détournements de publicités, typiquement *seventies*. Les dessins, dans le style pochette de disque psychédélique, sont à la fois mièvres et hideux, mais Jacqueline m'a chapitré sur l'importance en matière d'art de la pureté du cœur et l'étroitesse d'esprit des prétendus connaisseurs : elle assure en souriant que leur châtiment en enfer sera d'être entourés par les croûtes qu'ils ont méprisées ici-bas et de s'extasier, l'éternité durant, sur leur merveilleuse beauté. Une série de photomatons montre Jamie, plus jeune mais déjà grosse, faisant des grimaces avec un squelettique barbu à lunettes rondes. Je comprends que le barbu était son mari et qu'il est mort. L'ensemble, chaotique, extrêmement indigeste, est empreint d'une colère sourde, dirigée contre la terre entière, qui m'alarme légèrement.

La veille, recevant des amis à dîner, nous avons parlé de notre nouvelle nounou, si originale, et comme j'ai eu le malheur de dire qu'elle ressemble de façon frappante à Kathy Bates, l'actrice qui joue dans *Misery*, tout le monde s'est amusé à imaginer la version Stephen King de l'histoire : l'adorable grosse dame qui, à force d'attentions et de gentillesse, étend peu à peu sur le jeune couple une emprise tyrannique, monstrueuse, et le détruit. Tout en participant de bon cœur à l'élaboration de ce scénario d'épouvante, je soutenais avec plus de sérieux – un sérieux que nos invités ont dû prendre au second degré, car ils ne savent rien de ma conversion – que Jamie était une sorte de sainte, quelqu'un que les circonstances de la vie et sans doute une secrète vocation ont, de dépouillement en dépouillement, conduit à abdiquer son ego et à remettre son sort, pour le meilleur et pour le pire, entre les mains de la Providence. En réalité il suffit d'un coup d'œil à son pathétique manuscrit pour se rendre compte que la pauvre n'a pas du tout abdiqué son ego, qui au contraire se débat comme un beau diable. Que, loin d'avoir atteint la joie franciscaine que je lui prête, elle ressent cruellement les humiliations dont la vie n'a cessé de l'abreuver, le rejet de ses tentatives littéraires et photographiques, le choc de se voir dans un miroir si épaisse, si peu désirable. Mais décidé que je suis à considérer sa vie et son entrée dans la nôtre sous un angle spirituel, je préfère reconnaître dans ses vaticinations amères et revanchardes l'écho de ces psaumes, si nombreux, où Israël tout en se plaignant de l'injustice présente exprime sa confiance dans la venue du Messie qui remettra les puissants à leur place et, au contraire, élèvera les pauvres, les humiliés, les éternels éconduits. En même temps, je suis embêté. Elle m'a confié son manuscrit, d'auteur à auteur, elle attend une réaction, et je me demande ce que je vais bien pouvoir lui dire qui, sans être trop hypocrite, la réconforte.

16

Le premier jour où nous laissons Jamie s'occuper seule des enfants, nous trouvons en rentrant l'appartement tendu de guirlandes multicolores, découpées avec le concours de Gabriel qui a l'air très content de sa journée. C'est bien. Ce qui est moins bien, c'est que toutes les pièces, pas seulement la chambre des enfants, sont dans un désordre indescriptible et que Jean Baptiste hurle parce qu'il n'a, depuis des heures, pas été changé. Nous avons prévu, le soir, une sorte de dîner de bienvenue et dit à Jamie de ne s'occuper de rien. Elle prend cette instruction au pied de la lettre en se laissant servir sans faire un geste pour nous aider. Nos – « reproches » serait un mot beaucoup trop fort, et même « observations », disons nos suggestions discrètes quant à l'état dans lequel nous aimerions trouver la maison à notre retour, elle les accueille avec un sourire bienveillant, bouddhique, un peu trop détaché pour le goût d'Anne et même le mien des contingences de ce monde. Quand elle monte se coucher, nous laissant la vaisselle à faire, nous commençons à nous engueuler. Embêté, me sentant responsable, je concède qu'il faut trouver un ton plus juste. La traiter en amie mais pas trop. Ne pas lui demander, bien sûr, de servir à table, mais ne pas nous retrouver non plus dans cette situation absurde consistant à la servir, nous – quoi que dise Jésus à ce sujet. Je promets de lui parler, et passe la journée du lendemain à répéter mon petit discours. À cinq heures, je reçois à mon studio un coup de téléphone de l'école maternelle : sa nounou n'est pas venue chercher Gabriel.

Je fronce les sourcils, ne comprends pas. Le matin même, j'ai fait un repérage avec Jamie, je l'ai présentée au personnel de l'école, tout devait bien se passer. Tout devait bien se passer mais le fait est là : elle n'est pas venue. J'appelle à la maison, personne ne décroche. Anne, à son bureau, ne répond pas non plus – je rappelle que cette histoire se passe aux temps lointains d'avant le portable. Je cours jusqu'à l'école récupérer Gabriel, puis regagne avec lui la maison. Jean Baptiste et Jamie n'y sont pas. Il fait trop mauvais pour qu'elle l'ait emmené au jardin, cela devient inquiétant.

Je monte jusqu'à l'étage des chambres de bonnes, où je trouve grande ouverte la porte de la nôtre. Jean Baptiste dort paisiblement dans son couffin – je respire : c'est l'essentiel. Jamie, quant à elle, est occupée à barbouiller le mur d'une sorte de fresque qui doit représenter le Jugement dernier : le paradis dans sa chambre, l'enfer et son cortège de damnés débordant sur le couloir. Je ne suis pas coléreux, peut-être pas assez, mais cette fois j'explose. Le petit discours ferme et souriant que j'ai prévu se transforme en torrent de reproches. Oublier comme un colis en souffrance un des enfants qu'on lui a confiés ! Dès le premier jour ! Je n'ai pas le temps de passer au grief secondaire, savoir que ni nous ni surtout le propriétaire de l'immeuble ne lui avons confié le soin d'en décorer les parties communes, car à ma grande surprise, au lieu de baisser la tête, de reconnaître ses torts ou de bafouiller une excuse, Jamie se met à crier beaucoup plus fort que moi, m'accusant d'être un méchant homme, et pire que cela : quelqu'un dont le plaisir dans la vie est de rendre les gens fous. Dressée de toute sa taille et de toute sa corpulence dans son vieux jogging, postillonnant, les yeux jetant des éclairs, elle attrape sur la table et brandit un exemplaire de mon roman *La Moustache* en criant : « Je sais ce que vous faites ! J'ai lu ce livre ! Je sais à quels jeux pervers ça vous amuse de jouer ! Mais ça ne marchera pas avec moi. J'ai connu de plus grands diables que vous, et vous n'arriverez pas à me rendre folle ! »

Comme dit Michel Simon dans *Drôle de drame* : « À force d'écrire des choses horribles, les choses horribles finissent par arriver. »

17

La sagesse, évidemment, serait de s'en tenir là et, après cet essai désastreux, de nous séparer le moins mal possible. Le problème est que Jamie, ayant trouvé quelques mètres carrés pour sa cantine et pour elle-même, n'a aucune intention de s'en aller. Elle ne descend plus chez nous, c'est Anne et moi qui montons. Derrière sa porte désormais verrouillée, dans le couloir décoré de diablotins, nous tentons en vain de la fléchir. Nous faisons appel à son bon sens, nous lui représentons la nécessité où nous sommes de lui trouver une remplaçante et de la loger, nous proposons un mois, deux mois, trois mois de salaire. Peine perdue. Le plus souvent, elle ne répond pas. Nous ne savons même pas si elle est dans sa chambre ou non. D'autres fois, elle nous crie d'aller nous faire foutre. Elle précise que celui à qui elle en veut le plus, ce n'est pas Anne mais moi. Anne se comporte comme une patronne consciente de ses intérêts : je paie, je veux être servie, c'est cohérent. De nous deux, c'est moi la véritable ordure. Le faux gentil, le pharisien, celui qui veut le beurre et l'argent du beurre : non seulement foutre les gens dehors en plein hiver, mais en plus jouir à gros bouillons des tourments que lui inflige sa conscience délicate.

C'est frapper juste, et mes cahiers sont remplis d'examens de conscience accablés. J'y recopie des phrases de l'Évangile comme : « Pourquoi m'appelez-vous en disant : Seigneur ! Seigneur ! et ne faites-vous pas ce que je dis ? » Je me sens de ceux que Jésus condamne en leur disant : « J'ai eu faim et vous ne m'avez pas donné à manger. J'ai eu soif et vous ne m'avez pas donné à boire. J'étais étranger et vous ne m'avez pas accueilli. Nu et vous ne m'avez pas vêtu. Malade, en prison, et vous ne m'avez pas visité. – Comment ? Comment ?, s'écrient les honnêtes gens. Quand t'avons-nous vu avoir faim, avoir soif, être nu, être en prison ? » Réponse de Jésus : « Ce que vous n'avez pas

fait aux plus petits de ces petits, c'est à moi que vous ne l'avez pas fait. Et ce que vous avez fait aux plus petits de ces petits, c'est à moi que vous l'avez fait. »
Logique évangélique imparable. J'essaie pourtant de me justifier : nous avons besoin de quelqu'un sur qui compter, la situation est devenue intenable, de surcroît c'est sur Anne qu'elle pèse plus que sur moi, il faut donc, pour protéger ma femme, que je sache me montrer ferme et s'il le faut brutal. Mais cela, c'est la sagesse du monde, celle du patron qui entend être servi et en avoir pour son argent. Le Christ demande autre chose. Qu'on voie l'intérêt de l'autre et non le sien. Qu'on le reconnaisse, lui le Christ, en Jamie Ottomanelli, avec sa pauvreté, sa confusion, sa folie de plus en plus menaçante. Je sais qu'elle prie, trois étages au-dessus de nous, barricadée dans sa chambrette, et je me dis que dans sa prière elle est plus proche du Christ que moi. « Cherchez le Royaume de Dieu, dit Jésus, et tout le reste vous sera donné par surcroît. » Chercher le Royaume de Dieu, dans cette affaire, n'est-ce pas rester fidèle à l'élan de confiance qui nous a fait engager Jamie, plutôt que de le trahir au nom de la raison ? Peut-on, quand on veut vivre selon l'Évangile, être *trop* confiant ?

Tandis que j'agite mes scrupules, Anne s'agite plus concrètement. Elle serait prête, en désespoir de cause, à demander main-forte à la police mais nous n'avons pas de contrat de travail avec Jamie, nous pensions la payer au noir, bref c'est délicat. Elle essaye de joindre le diplomate américain, qui est injoignable. Elle laisse des messages de plus en plus pressants, à son domicile, à son secrétariat, il ne rappelle jamais. Serait-il déjà reparti aux États-Unis ? Légère surprise à l'ambassade : il n'est nullement question qu'il reparte aux États-Unis. Finalement, la femme du diplomate rappelle, donne rendez-vous à Anne dans un café, arrive avec des lunettes noires – on est en décembre, il pleut – et lâche la vérité.

Jamie est une sorte d'amie, c'est vrai. Roger, son mari, l'a connue au collège. Ils sont tombés sur elle par hasard à Paris. Elle était complètement à la dérive mais singulière, touchante, alors Roger a voulu la dépanner en souvenir du bon vieux temps. Ils l'ont accueillie dans le studio qui leur sert à héberger les amis de passage, en échange de quoi elle devait aider leur fille à faire ses devoirs. « C'est quelqu'un d'instruit, vous savez, elle aurait pu très bien se débrouiller dans la vie, ce qu'il y a c'est qu'elle a eu des malheurs. Au bout de quelques jours, c'est devenu absolument insupportable. Inutile que je vous raconte, ç'a été pareil avec vous, ça doit l'être avec tout le monde. » Susan a mis Roger en demeure de virer Jamie, à n'importe quel prix, et n'importe quel prix, ç'a été de faire cette chose dégueulasse : quand Jamie a répondu à une annonce, accepter de la recommander. « C'était dégueulasse », répète Susan avec l'accent américain, et sans qu'Anne puisse savoir si elle est consciente d'imiter Jean Seberg dans *À bout de souffle*. Ils étaient prêts à tout pour se débarrasser de Jamie, maintenant ils s'en veulent d'avoir mis dans cette situation un jeune couple qui a l'air sympathique. Enfin, Susan s'en veut. Roger est un peu lâche, comme tous les hommes − Anne, je suppose, opine. Susan va demander à Roger de faire quelque chose, de se débrouiller. Si quelqu'un, malgré tout, a de l'autorité sur Jamie, c'est lui.

Anne rentre à la maison sceptique, quoique touchée par l'honnêteté de Susan. Trois jours plus tard, on ne sait pas comment Roger s'y est pris mais quand je monte pour, une fois encore, essayer de parlementer, la chambre est vide, balayée, la clé sur la porte. Seule trace du passage de Jamie : le Jugement dernier sur le mur, que nous passons le week-end à lessiver. Nous recrutons une Capverdienne apathique, traînant la savate, ne parlant pas français et à peine anglais. Après le cauchemar dont nous sortons, elle nous fait l'effet d'une perle. Anne appelle Susan pour la remercier. Susan ne répond pas, ne rappelle pas − comme ces agents du FBI qui, leur mission accomplie, disparaissent sans laisser de traces, et je prédis en plaisantant à demi que si nous téléphonons à l'ambassade on nous répondra qu'il n'existe pas, n'a jamais existé de diplomate nommé Roger X.

18

Pendant les vacances de Noël, Anne et moi partons nous marier au Caire, dans la pauvre paroisse du père

Xavier. J'ai choisi la plus classique des lectures en pareille circonstance : l'hymne à l'amour de la première lettre de saint Paul aux Corinthiens. Pour des raisons que j'ai longuement et plutôt vainement agitées en analyse, je ne veux pas que nos familles soient présentes à la cérémonie. Elle se déroule sans autres témoins que le sacristain de l'église et un balayeur. Comme nous n'avons même pas apporté une bouteille de vin pour leur offrir un verre, le père Xavier va dans sa chambre chercher un porto éventé dont lui a fait cadeau une paroissienne. C'est triste, quasi clandestin : on se marie comme si on en avait honte. Anne, le soir, pleure. Nous traversons en voiture le désert du Sinaï, regardons le soleil se lever au monastère Sainte-Catherine. Je lis l'Exode. J'imagine le peuple d'Israël, sorti d'Égypte mais encore loin de la terre promise, errant dans cette caillasse pendant quarante ans, et je rapproche cette épreuve de la mienne. Les mots « traversée du désert » me réconfortent. En dépit de ma soumission à la volonté divine, je ne cesse de me demander si et quand il me sera donné d'écrire un nouveau livre. Une vague, très vague idée se dessine. Ce serait de faire le portrait d'une sorte de mystique sauvage qui tiendrait à la fois de Philip K. Dick et de Jamie Ottomanelli : un vieux hippie, une vieille hippie plutôt, abîmée par les drogues et le malheur, qui a un jour une illumination mystique et se demande jusqu'à la fin de sa vie si elle a rencontré Dieu ou si elle est folle, et s'il y a une différence entre les deux.

Juste après notre retour d'Égypte, un type me refile sur le boulevard Saint-Michel un tract mal imprimé sur ce qu'il appelle la Révélation d'Arès. Bouillie sectaire, dont je lis quelques lignes avec le dédain apitoyé de celui qui fréquente Maître Eckhart et les Pères de l'Église. Un argument me fait sourire : « Si cet homme n'était pas le prophète envoyé aux hommes du XXe siècle, l'égal d'Abraham, Moïse, Jésus, Mahomet, alors tout ce que contient la Révélation d'Arès serait faux. C'est impossible. » Je hausse les épaules, puis m'avise que c'est, à la lettre, un argument de saint Paul : « Si l'on proclame que le Christ est ressuscité, comment certains parmi vous peuvent-ils dire qu'il n'y a pas de résurrection des morts ? S'il n'y a pas de résurrection des morts, le Christ n'est pas ressuscité. Et si le Christ n'est pas ressuscité notre message est vide et ce que vous croyez est une illusion. » Cela me trouble. Je me raisonne : si on croit comme moi que Dieu existe, il est hors de doute qu'un abîme sépare ce que disait saint Paul de ce que disent le type de la Révélation d'Arès ou même Dick lorsqu'il pédalait dans la choucroute mystique de ses dernières années. Paul était inspiré, les deux autres manifestement fourvoyés. L'un a eu affaire au vrai truc, les deux autres à de piteuses contrefaçons. *Mais s'il n'y a pas de vrai truc ?* Si Dieu n'existe pas ? Si le Christ n'est pas ressuscité ? On peut tout au plus dire que l'entreprise de Paul a mieux réussi, qu'elle a plus de crédit culturel et philosophique – mais au fond c'est exactement la même connerie.

19

Anne, un soir, rentre très agitée. Elle a croisé Jamie dans l'escalier de l'immeuble. Oui, Jamie, dans son jogging informe, portant un sac de supermarché. Que fait-elle ici ? Troublée comme quelqu'un qui a vu un fantôme, Anne n'a pas eu la présence d'esprit de le lui demander, l'autre a filé en détournant le regard. Gabriel, qui assiste à notre conversation, intervient. Lui aussi, il a vu Jamie. « Dans la maison ? – Oui, dans la maison. Est-ce qu'elle va revenir habiter avec nous ? », demande-t-il avec espoir, car le découpage de guirlandes lui a laissé un excellent souvenir.

Je vais inspecter l'étage des chambres de service. Tout au bout du couloir, après les toilettes que nous avons repeintes quelques mois plus tôt afin d'offrir à notre employée les commodités les moins ingrates possible, je découvre une sorte de réduit mansardé. Pas une chambre, plutôt un débarras dont j'ignorais l'existence, tout simplement parce que je n'étais jamais allé jusque-là : personne dans ce vieil immeuble peu fonctionnel n'a aucune raison d'aller jusque-là. Il n'y a même pas de porte, seulement un bout de tissu fixé par des punaises. Dans un film adapté de Stephen King, la musique se ferait de plus en plus oppressante, on voudrait crier à l'imprudent visiteur de s'enfuir à toutes jambes au lieu de tirer le rideau comme, évidemment, il va le faire, comme je le fais, et dans ce galetas minuscule, semblable à celui où les Thénardier font dormir Cosette dans *Les Misérables*, il y a, vous l'avez deviné, la cantine de Jamie. Sur cette cantine, une barquette en carton contenant les restes d'un repas à emporter. Une bougie, heureusement éteinte, devant une des icônes de Jamie. Son matériel de peintre et déjà, sur le mur lépreux, une de ses immondes fresques psychédéliques en cours d'exécution.

Travelling avant sur un démon ricanant. La caméra s'enfonce dans sa bouche d'ombre tandis que roulent les timbales du *Dies Irae*. Fin de la séquence : normalement, le public a son compte.

Nous n'avons jamais eu le fin mot de l'histoire. Est-ce que Jamie, ayant de longue date repéré cette solution de repli, est partie sur l'ordre de Roger puis revenue en douce ? Ou est-ce que Roger, ayant promis à sa femme de libérer notre chambre, a entendu cet engagement dans le sens le plus restrictif et conseillé à Jamie de se planquer quinze mètres plus loin, dans ce trou à rats qui ne sert à personne – et après ça, basta, j'ai fait ce que j'ai pu, qu'on ne me demande plus rien ? Quoi qu'il en soit, elle squatte trois étages au-dessus de nous, elle est folle à lier, aux abois, elle nous en veut à mort, c'est terriblement angoissant. Que faire ? Appeler la police ? Prévenir le propriétaire ? Comme c'est nous qui l'avons introduite dans l'immeuble, cela risque de se retourner contre nous. Pire : elle aussi, elle risque de se retourner contre nous. De vouloir se venger. De s'en prendre aux enfants. De voler Jean

Baptiste dans son berceau. D'attirer Gabriel, qui l'adore, dans son antre. De s'enfuir en l'emmenant, et nous ne le reverrons jamais. Notre pauvre petit garçon grandira Dieu seul sait où, élevé par cette folle, fouillant avec elle les poubelles, disputant leur nourriture aux chiens, retournant à l'état sauvage. Nous donnons à la Capverdienne des instructions de prudence dignes de grands paranoïaques. Nous faisons promettre à Gabriel de ne pas parler à Jamie, de ne rien accepter d'elle, de ne la suivre nulle part.

« Mais pourquoi ? demande-t-il. Elle est méchante ?
– Non, elle n'est pas méchante, pas vraiment, mais tu comprends, elle est très malheureuse, et quelquefois les gens très malheureux font des choses... comment dire ?... des choses qu'il ne faut pas faire... – Quel genre de choses ?
– Je ne sais pas, moi... des choses qui te feraient du mal.
– Alors il ne faut pas parler aux gens très malheureux ? Il ne faut rien accepter d'eux ? »

Je voulais élever notre fils dans la confiance et l'ouverture aux autres : chaque mot de cette conversation m'est un supplice.

Après ce *climax*, le film tourne court. Je suppose que c'est décevant pour le lecteur : pour nous qui nous attendions à une escalade d'épouvantes, c'est un soulagement. Loin de nous harceler, Jamie nous évite. Sans doute profite-t-elle pour aller et venir des heures de plus faible passage, quittant l'immeuble à l'aube, y revenant à la nuit tombée. Malgré sa corpulence, c'est un fantôme furtif, si discret que nous nous demandons si nous ne l'avons pas rêvé. Non, sa cantine est toujours là. J'ai l'impression que le malheur rôde dans la maison, qu'une menace pèse sur nous, mais peu à peu cette impression se dissipe. Alors qu'elle était devenue pour nous une obsession, nous pouvons passer plusieurs heures et bientôt plusieurs jours de suite sans penser à elle. Un soir, je l'aperçois à la messe, à Saint-Séverin. J'ai peur qu'elle m'agresse, mais quand nos regards se croisent je lui fais un signe de tête et elle y répond. Je vois qu'elle va communier, ce que je ne fais pas encore. Je pense à la parole du Christ : « Quand tu présentes ton offrande à l'autel, si tu te souviens que ton frère a quelque chose contre toi, laisse là ton offrande et va te réconcilier avec ton frère. » À la sortie, je vais vers elle. Nous échangeons quelques mots, sans animosité. Je lui demande si ça va, elle répond que c'est dur. Je soupire : je comprends. Est-ce que nous pouvons faire quelque chose pour elle ? Je ne sais plus bien comment cela s'est fini, j'ai le vague souvenir que nous avons fait appel à la paroisse pour l'aider, que nous lui avons donné un peu d'argent et même qu'avant de partir elle est venue nous embrasser. Je ne l'ai jamais revue, j'ignore si elle est encore en vie.

20

Passé le moment de crise ouverte, il n'est plus question d'elle dans mes cahiers. Ou bien si, mais ce n'est plus vraiment elle, Jamie Ottomanelli, c'est le personnage du livre auquel j'ai songé tout cet hiver. J'ai fait plus qu'y songer, en fait, je m'y suis mis, le problème est qu'il ne m'en reste aucune trace. Aujourd'hui que nous écrivons et même lisons de plus en plus sur un écran, de moins en moins sur du papier, j'ai un argument de poids en faveur du second de ces supports : depuis plus de vingt ans que j'utilise des ordinateurs, tout ce que j'ai écrit à la main est encore en ma possession, par exemple les cahiers dont je tire la matière de ce mémoire, alors que tout ce que j'ai écrit directement sur l'écran a disparu, sans exception. J'ai fait, comme on m'en conjurait, toutes sortes de sauvegardes, et de sauvegardes de sauvegardes, mais seules celles qui étaient imprimées sur papier ont surnagé. Les autres étaient sur des disquettes, des clés, des disques externes, réputés beaucoup plus sûrs mais en réalité devenus obsolètes les uns après les autres, et désormais aussi illisibles que les cassettes audio de notre jeunesse. Bref. Il a existé, dans les entrailles d'un ordinateur depuis longtemps défunt, un premier jet de roman qui, si je le retrouvais, compléterait utilement mes cahiers. J'avais emprunté le titre au cinéaste Billy Wilder, pourvoyeur de bons mots aussi prolifique aux États-Unis que Sacha Guitry en France. À la sortie du film tiré du *Journal d'Anne Frank*, on demande à Wilder ce qu'il en a pensé. « Très beau, dit-il, la mine grave. Vraiment très beau... Très émouvant. (Un temps.) Mais tout de même, on aimerait connaître le point de vue de l'adversaire. »

Le Point de vue de l'adversaire, tel que je me le rappelle, mettait en scène Jamie monologuant dans son galetas comme Job sur son tas d'ordures, comme lui grattant ses plaies purulentes et développant obsessionnellement les mêmes thèmes : l'iniquité du sort, accablant de malheurs l'homme de bonne volonté tandis que les méchants triomphent et se gobergent ; la révolte contre Dieu, dont on loue la justice et qui pourtant tolère ces injustices horribles ; l'effort pour se soumettre, malgré tout, à sa volonté, pour croire qu'il y a un sens à ce chaos et qu'un jour ce sens se révélera : alors enfin les justes se réjouiront et les méchants grinceront des dents.

J'avais, pour composer ce monologue, monté ce que je me rappelais de l'autobiographie de Jamie, *Tribulations of a child of God*, avec des citations des Psaumes et des Prophètes. Ce montage fonctionnait assez bien car les supplications du psalmiste sont universelles et les prophètes, objet après coup de la vénération d'Israël, ont dû être en leur temps des énergumènes encombrants dans le genre de Jamie, râlant sans cesse, exhibant leurs plaies de façon indécente, emmerdant le monde avec leur exigence et leur misère – ce n'est pas pour rien si le nom de Jérémie a dans le langage courant donné le mot « jérémiade ». Ma grande idée, cela dit, celle qui justifiait le titre, n'était pas seulement de représenter Jamie comme un de ces pauvres, de ces humiliés, de ces pleureurs à qui Jésus promet le Royaume des cieux, mais aussi de me peindre moi-même, vu par elle, et même si j'ai perdu ce texte, même si je ne m'en rappelle pratiquement rien, j'imagine sans peine que dans cet exercice mon goût de l'autoflagellation a dû donner toute sa mesure. Bien que tissé de références bibliques, c'était un récit réaliste, reconstituant la lente dégringolade de Jamie entre la Californie des années soixante – où, bien sûr, elle croisait Philip K. Dick – et le Paris des années quatre-vingt-dix où elle se retrouvait au service d'un couple de jeunes intellectuels aussi odieux que bien intentionnés. La femme était fébrile, jamais en repos, la proie d'un perpétuel souci. Rien que se trouver dans la même pièce qu'elle était épuisant, mais ce n'était rien à côté du mari. Ah ! Le mari ! Le jeune écrivain à la mèche romantique, penché sur son nombril, dorlotant ses névroses, imbu de son importance et depuis peu, c'était le pire de tout, de son humilité. Ayant trouvé ce nouveau truc pour se rendre intéressant à ses propres yeux : être chrétien, commenter dévotement l'Évangile, prendre l'air doux et bénin et compréhensif, et là-dessus, avec sa bonne femme, complotant d'appeler la police pour au milieu de l'hiver faire foutre à la porte de leur chambre de huit mètres carrés avec les chiottes sur le palier une pauvre grosse vieille routarde en déroute, et renonçant à le faire non par charité mais parce que cela pourrait attirer l'attention du propriétaire et que leur joli appartement plein de livres, ils le sous-louent, alors pas de scandale, pas de vagues. À se demander ce qu'ils auraient fait, tous les deux, si elle avait été juive pendant l'Occupation...

« Combien de temps, Seigneur, vas-tu m'oublier ?
Combien de temps me cacher ton visage ?
Combien de temps aurai-je l'âme révoltée
et le cœur en peine jour et nuit ?
Combien de temps mon ennemi sera-t-il le plus fort ?

Mon âme est rassasiée de malheur,
ma vie est au bord de l'abîme.
Ma place est parmi les morts.
Pourquoi me rejeter, Seigneur ?
Pourquoi me cacher ta face ?
Malheureux que je suis, frappé à mort depuis l'enfance,
Je n'en peux plus d'endurer tes fléaux,
Ma compagne, c'est la ténèbre.

Je n'ai pas le cœur fier, Seigneur,
ni le regard ambitieux.
Je ne poursuis ni grands desseins
ni merveilles qui me dépassent.
Non, mais je tiens mon âme égale et silencieuse,
mon âme est en moi comme un enfant
comme un petit enfant contre sa mère. »

21

Mes cahiers de l'année 1991 tournent principalement autour de l'eucharistie, à laquelle je me prépare avec ferveur. Je suis arrivé, dans l'Évangile de Jean, au récit de la multiplication des pains et au grand discours de Jésus sur « le pain de vie ». On y lit des phrases aussi stupéfiantes, et à vrai dire aussi choquantes, que « Celui qui me mange vivra en moi » ou « Si vous ne mangez pas ma chair et ne buvez pas mon sang, vous n'aurez pas la vie en vous ». Avoir la vie en soi, qu'est-ce que cela veut dire ? Je ne sais pas, mais je sais que j'y aspire. J'aspire sans la connaître à une autre manière d'être présent au monde, à autrui, à moi-même, que ce mélange de peur, d'ignorance, de préférence étroite pour soi, d'inclination au mal quand on voudrait le bien, qui est notre maladie à tous et que l'Église désigne d'un seul mot, générique : le péché. Au péché je sais depuis peu qu'il existe un remède, aussi efficace que l'aspirine contre les maux de tête. Le Christ l'assure, au moins dans l'Évangile de Jean. Jacqueline ne cesse de me le répéter. Il est curieux, si c'est bien vrai, que tout le monde ne se rue pas dessus. Pour ma part, je suis preneur.

On sait comment cela se passe. Cela a commencé il y a deux mille ans et ne s'est jamais interrompu. Autrefois, et encore aujourd'hui dans certains rites, cela se pratiquait vraiment avec du pain : le pain le plus banal, celui que pétrit le boulanger. Aujourd'hui, chez les catholiques, ce sont ces petites rondelles blanches, à la consistance et au goût de carton, qu'on appelle des hosties. À un moment de la messe, le prêtre déclare qu'elles sont devenues le corps du Christ. Les fidèles font la queue pour en recevoir chacun une, sur la langue ou dans le creux de la main. Ils retournent à leur place les yeux baissés, pensifs et, s'ils y croient, intérieurement transformés. Ce rite invraisemblablement bizarre, qui se réfère à un événement précis survenu vers l'an 30 de notre ère et qui est le cœur du culte chrétien, est aujourd'hui encore célébré dans le monde entier par des centaines de millions de gens qui, comme dirait Patrick Blossier, ne sont *par ailleurs* pas fous. Certains, comme ma belle-mère ou ma marraine, s'y adonnent tous les jours sans exception, et si par hasard ils sont malades au point de ne pouvoir aller à l'église se font apporter le sacrement chez eux. Le plus bizarre, c'est que l'hostie, chimiquement, n'est rien d'autre que du pain. Il serait presque rassurant que ce soit un champignon hallucinogène ou un buvard imprégné de LSD, mais non : c'est seulement du pain. En même temps, c'est le Christ.

On peut évidemment donner à ce rituel un sens symbolique et commémoratif. Jésus lui-même a dit : « Vous ferez cela en mémoire de moi. » C'est la version *light* de l'affaire, celle qui ne scandalise pas la raison. Mais le chrétien *hard* croit à la *réalité* de la Transsubstantiation – puisque c'est ainsi que l'Église nomme ce phénomène surnaturel. Il croit à la présence *réelle* du Christ dans l'hostie. Sur cette ligne de crête s'opère le partage entre deux familles d'esprits. Croire que l'eucharistie n'est qu'un symbole, c'est comme croire que Jésus n'est qu'un maître de sagesse, la grâce une forme de méthode Coué ou Dieu le nom que nous donnons à une instance de notre esprit. À ce moment de ma vie, je suis contre : je veux faire partie de l'autre famille.

À un moment de la sienne, assez comparable – il avait le même âge, était marié à une femme qui portait le même prénom, ne pouvait plus écrire et craignait de devenir fou –, Philip K. Dick s'est lui aussi tourné vers la foi chrétienne, et lui aussi de façon maximaliste. Il a convaincu son Anne à lui de l'épouser religieusement, fait baptiser leurs enfants, entrepris des lectures dévotes – avec une prédilection pour les évangiles apocryphes, alors qu'il connaissait à peine les canoniques. J'ai par la suite écrit sa biographie, et je suis aujourd'hui incapable de dire ce qui vient vraiment de lui et ce que j'ai projeté de ma propre expérience dans le chapitre consacré à ces années. Il contient en tout cas une scène que j'aime beaucoup, c'est celle où il explique ce que c'est que l'eucharistie.

Les filles d'Anne, sa femme, n'en comprennent pas bien le principe. Il les choque. Quand Jésus exhorte à manger son corps et boire son sang, elles trouvent cela affreux : une forme de cannibalisme. Leur mère, pour les rassurer, dit qu'il s'agit d'une image, un peu comme dans l'expression « boire les paroles de quelqu'un ». Entendant cela, Phil proteste : ce n'est pas la peine de se faire catholique pour rationaliser platement tous les mystères.

« Ce n'est pas non plus la peine, réplique aigrement Anne, de se faire catholique pour traiter la religion comme une de tes histoires de science-fiction.

— Précisément, dit Phil, j'allais y venir. Si on prend au sérieux ce que raconte le Nouveau Testament, on est obligé de croire que depuis un peu plus de dix-neuf siècles, depuis la mort du Christ, l'humanité subit une sorte de mutation. Ça ne se voit peut-être pas mais c'est comme ça et si tu ne me crois pas, tu n'es pas chrétienne, voilà tout. Ce n'est pas moi qui le dis, c'est saint Paul, et je n'y peux rien si ça ressemble en effet à une histoire de science-fiction. Le sacrement de l'eucharistie est l'agent de cette mutation, alors ne va pas le présenter à tes pauvres gamines comme une espèce de commémoration bêtasse. Écoutez-moi, les filles : je vais vous raconter l'histoire de l'entrecôte. C'est une maîtresse de maison qui reçoit à dîner. Elle a posé une superbe entrecôte de cinq livres sur le buffet de la cuisine. Les invités arrivent, elle bavarde avec eux dans le salon, on boit quelques martinis, puis elle s'excuse, file dans la cuisine pour aller préparer l'entrecôte... et s'aperçoit qu'elle a disparu. Qui voit-elle alors dans un coin, en train de se pourlécher tranquillement les babines ? Le chat de la maison.

— Je devine ce qui s'est passé, dit la plus grande des filles.

— Oui ? Que s'est-il passé ?

— Le chat a mangé l'entrecôte.

— Tu crois ça ? Tu n'es pas bête, mais attends. Les invités accourent. Ils discutent. Les cinq livres d'entrecôte se sont volatilisés, le chat a l'air parfaitement satisfait et repu. Tout le monde en conclut la même chose que toi. Un invité suggère : et si on pesait le chat, pour en avoir le cœur net ? Ils ont tous un peu bu, l'idée leur paraît excellente. Ils emportent le chat dans la salle de bains, le mettent sur la bascule. Il pèse exactement cinq livres. L'invité qui a suggéré de peser le chat dit : c'est bien ça, le compte y est. On est certains maintenant de savoir ce qui s'est passé. C'est alors qu'un autre invité se gratte la tête et dit : D'accord, on voit bien où elles sont, les cinq livres d'entrecôte. Mais alors, *où est le chat*? »

Blaise Pascal, agacé : « Que je hais ces stupides qui se posent des problèmes pour croire à l'Eucharistie ! Si Jésus-Christ est bien le fils de Dieu, où est la difficulté ? »

(On pourrait appeler ça l'argument « au point où on en est... ».)

Et Simone Weil : « Les certitudes de cette espèce sont expérimentales. Mais si on n'y croit pas avant de les avoir éprouvées, si du moins on ne se conduit pas comme si on y croyait, on ne fera jamais l'expérience qui conduit à de telles certitudes. Il en est ainsi, à partir d'un certain niveau, pour toutes les connaissances utiles au progrès spirituel. Si on ne les adopte pas comme règles de conduite avant de les avoir vérifiées, si on n'y reste pas pendant longtemps attaché seulement par la foi, une foi d'abord ténébreuse, on ne les transformera jamais en certitudes. La foi est la condition indispensable. »

Simone Weil, que je lis beaucoup à cette époque, dont je recopie des pages entières dans mes cahiers, éprouvait un désir violent de l'eucharistie. Mais alors que le plus petit des chrétiens s'estime convié à la table du Seigneur, et d'autant plus chaleureusement qu'il est petit, alors que je me prépare moi-même à m'en approcher sans scrupule, en priant simplement pour le faire avec un vrai désir au cœur, cette femme de génie qui était aussi une sainte a estimé jusqu'à sa mort que sa vocation était d'en rester écartée. Pour rester du côté de ceux qui n'y ont pas accès. Avec – c'est ainsi qu'elle le dit – « l'immense et malheureuse foule des incroyants ».

22

Quand même... On est d'abord saisi par certaines paroles fulgurantes de Jésus. On reconnaît, comme les gardes chargés de l'arrêter, que « personne n'a jamais parlé comme cet homme ». De là, on en vient à croire qu'il est ressuscité le troisième jour, et pourquoi pas né d'une vierge. On décide d'engager sa vie sur cette croyance folle : que la Vérité avec un grand V a pris chair en Galilée il y a deux mille ans. On est fier de cette folie, parce qu'elle ne nous ressemble pas, parce qu'en l'adoptant on se surprend et s'abdique, parce que personne ne la partage autour de nous. On écarte comme une impiété l'idée que l'Évangile contient des bricoles contingentes, qu'il y a à boire et à manger dans l'enseignement du Christ et la relation qu'en donnent les quatre inspirés. Va-t-on, dans la foulée – *au point où on en est* –, croire aussi à la Trinité, au péché originel, à l'Immaculée Conception, à l'infaillibilité pontificale ? C'est à quoi je m'emploie cette saison, sous l'influence de Jacqueline, et je retrouve avec effarement dans mes cahiers des réflexions aussi gratinées que :

« Le seul argument qui puisse nous faire admettre que Jésus est la vérité et la vie, c'est qu'Il le dit, et comme Il est la vérité et la vie, il faut Le croire. Qui a cru croira. À qui a beaucoup, il sera donné davantage. »

« Un athée *croit* que Dieu n'existe pas. Un croyant *sait* que Dieu existe. L'un a une opinion, l'autre un savoir. » (Note en marge, de mon écriture, et dont je serais curieux de savoir de quand elle date : « hé bé... ».)

« La foi consiste à croire ce que l'on ne croit pas, à ne pas croire ce que l'on croit. » (Cette phrase-là n'est pas de moi, mais de Lanza del Vasto, disciple chrétien de Gandhi que je lisais beaucoup alors. Je l'ai recopiée respectueusement. Aujourd'hui je m'avise qu'elle ressemble en à peine moins drôle à celle de Mark Twain : « La foi, c'est croire quelque chose dont on sait que ce n'est pas vrai. »)

Allez, un dernier pour la route : « Je dois apprendre à être vraiment catholique, c'est-à-dire à ne rien exclure : même les dogmes les plus rebutants du catholicisme ; même la rébellion contre ces dogmes. » (Le troisième membre de cette phrase est vicieux. Il me ressemble davantage que le reste, et me rassure un peu.)

Je lis un livre d'Henri Guillemin, chrétien fervent doublé d'un vieux libertaire. Le genre à dire, comme Bernanos : « Être devenu la bête noire des pauvres et des hommes libres avec un programme comme celui de l'Évangile, convenez qu'il y a de quoi rigoler. » Par amour pour le Christ, il ferraille contre Rome, le catholicisme figé, tous les catéchismes. Pour ne s'en tenir qu'à cet exemple, écrit-il, le dogme de la Trinité est une invention tardive, tarabiscotée, sans aucune espèce de fondement évangélique, et dont la valeur spirituelle n'est pas tellement plus grande que celle d'une motion de synthèse laborieusement votée à l'issue d'un congrès du Parti socialiste. Spontanément, je suis d'accord. Je suis même content d'être d'accord. Mais je lis quelques jours plus tard un texte d'une carmélite du XXe siècle que m'a recommandée Jacqueline, Élizabeth de la Trinité, et je conclus gravement de cette lecture que Guillemin et moi, nous avons tort. J'écris : « C'est comme la dame qui déclare : "Moi, l'art moderne, je vais vous dire : c'est tout zéro, sauf Buffet et Dalí." Elle ne dit rien sur l'art moderne, elle ne fait que dire ingénument : "Je ne sais pas de quoi je parle." C'est à peu près ce que disent beaucoup d'esprits prétendument critiques qui au nom du bon sens et de la liberté de pensée aplatissent tous les mystères. Ils ne savent pas de quoi ils parlent. Élizabeth de la Trinité savait de quoi elle parlait. Tous les mystiques. Et, je veux le croire, l'Église. »

Quand je me fais l'avocat du dogme devant Hervé, il ne se moque pas, ne hausse pas les épaules : ce n'est pas son genre. Non, il m'écoute, soupèse mes paroles, essaye de dégager de sa gangue d'intolérance ce qu'il peut y avoir de vivant dans ce que je dis. Il n'a pas le goût de la critique pour la critique, encore moins de la polémique, mais devant mes transports quasi fondamentalistes ce véritable ami de Dieu se retrouve quand même à tenir le rôle du sceptique. Il pourrait faire sienne la phrase de Husserl à son élève Édith Stein – carmélite elle aussi, mystique, morte à Auschwitz : « Promettez-moi, ma chère enfant, de ne jamais rien penser parce que d'autres l'ont pensé avant vous. » Quand, dans l'exaltation de ma conversion, j'ai voulu décommander le rendez-vous pris de longue date avec l'analyste, c'est lui qui m'en a dissuadé : pourquoi rejeter quelque chose qui pourrait t'être utile ? Si c'est bien la grâce qui agit en toi, l'analyse n'y fera certainement pas obstacle. Et si elle t'affranchit d'une illusion, tant mieux. C'est avec le même calme, très suisse, qu'il me freine sur ma pente dogmatique. Lui ne s'aime pas comme moi au point de se haïr, et ne se hait pas au point de désirer croire ce qu'il ne croit pas. C'est le moins fanatique des hommes, le plus dépourvu de préventions. Ça ne le gêne pas du tout de prendre dans l'Évangile ce qui lui convient, de se composer un viatique où les phrases de Jésus voisinent avec celles de Lao-tseu et de la *Bhagavad-Gita* – que je le vois depuis vingt ans glisser dans son sac avant de partir en montagne, qu'il sort chaque fois que nous faisons halte pour en lire quelques lignes. C'est toujours le même petit livre bleu, de format presque carré. Quand son exemplaire tombe en lambeaux, il va en prendre un autre sur le rayon de l'armoire où il en a stocké une vingtaine, comme il stocke des kleenex parce qu'il souffre de sinusite.

Jacqueline, notre marraine, nous tanne depuis un moment avec Medjugordjé. Medjugordjé est une bourgade de Yougoslavie, la Yougoslavie existe encore à cette époque, il commence à s'y passer des choses terribles mais pour ce qui me concerne je n'en ai cure : que Serbes, Croates, Bosniaques s'entre-tuent tant qu'ils veulent, moi je lis saint Jean. La Vierge passe pour être apparue à Medjugordjé dans les années soixante-dix et, par la voix des petits paysans qui ont eu la primeur de son apparition, elle avertit le monde qu'il va à sa perte. Ces petits paysans sont entre-temps devenus des prédicateurs très recherchés, très prospères, qui donnent des conférences dans le monde entier. Une de ces conférences est annoncée à Paris, Jacqueline insiste pour que nous y assistions. Mon premier mouvement est celui du préjugé – ou de la raison ? Je veux bien lire l'Évangile, pas donner dans ce genre de bondieuseries. Il faut quand même marquer une limite, sans quoi, de fil en aiguille, on se retrouve à fouiller les librairies ésotériques à la recherche de livres sur Nostradamus et le mystère des Templiers. Donc, halte-là ! Second mouvement : et si par hasard c'était vrai ? Est-ce que ce ne serait pas, alors, immensément important ? Est-ce qu'il ne faudrait pas s'y ruer toutes affaires cessantes, laisser tomber tout le reste, consacrer sa vie à diffuser le message de Medjugordjé ?

Une bonne dizaine de pages de mon cahier enregistrent ces oscillations. Hervé n'y est pas sujet le moins du monde. Il est a priori réservé, mais curieux : qu'est-ce que cela nous coûte, après tout, de passer une heure à cette conférence ? En cela, il ressemble à cette curieuse figure qui apparaît seulement dans l'Évangile de Jean : Nicodème. Nicodème est un pharisien, qui comme tel a de fortes préventions contre Jésus. Ce qu'on lui en a dit sent la superstition à plein nez, la secte douteuse, peut-être l'arnaque. N'empêche, Nicodème ne se satisfait pas de ce qu'on lui dit, il préfère se rendre compte par lui-même. Il va voir Jésus, de nuit. Une note de la Bible de Jérusalem insinue qu'il est lâche de sa part d'y être allé de nuit, pour ne pas compromettre sa réputation : moi, cette discrétion ne me choque pas, au contraire. C'est l'ouverture d'esprit qui m'impressionne chez ce notable. Il questionne Jésus, l'interrompt, lui fait répéter ce qu'il n'a pas compris – ce que Jean fait dire à Jésus est, il faut l'avouer, difficile à comprendre. Nicodème retourne chez lui pensif, sinon converti. « Venez, voyez », dit souvent Jésus. Lui au moins est allé voir.

Hervé et moi aussi, finalement, sommes allés voir le

porte-parole yougoslave de la Vierge. Ce qu'il disait de sa part nous a paru à la fois menaçant et plat.

23

Afin d'entrer dans ce que Jacqueline appelle la vie sacramentelle, je dois faire une confession générale, et avant la confession générale un examen de conscience approfondi. Par une de ces coïncidences qui se mettent à proliférer comme des lapins quand on a décidé de voir la grâce à l'œuvre dans sa vie, Gabriel me demande : « Qu'est-ce que tu as fait de plus mal, depuis que tu es né ? » Il ne me semble pas, en fait, avoir fait énormément de mal, si on entend par mal des méchancetés délibérées. Le mal que j'ai fait, je l'ai surtout fait contre moi, malgré moi, à moi, en sorte que je me sens malade plus que coupable. Cette façon de voir les choses n'emballe guère le prêtre à qui Jacqueline m'a adressé : ce n'est que mon point de vue à moi, étroitement psychologique, et l'enjeu de la confession générale est justement d'échapper à ce point de vue pour se placer sous le regard de Dieu. Pour cela, il faut revenir au Décalogue. Au Décalogue, oui, aux dix commandements, à la lumière desquels, pendant une semaine, j'examine toute ma vie.

Je l'examine aussi sous l'angle des trois vertus théologales : la foi, l'espérance et la charité. La première, par une grâce inattendue, m'a récemment été accordée. Ce n'est pour l'instant qu'une graine minuscule, fragile, risquant à tout moment de se perdre dans les ronces. Pourtant, je crois que cette graine deviendra un grand arbre et que dans les branches de cet arbre les oiseaux du ciel viendront faire leur nid. Croire à la possibilité de cette croissance, est-ce que ce n'est pas l'espérance ? Si oui, je n'en manque pas. J'en suis si bien pourvu que c'est suspect. Il se peut que je me trompe en donnant ce beau nom d'espérance à ce qui est seulement de l'espoir : la conviction vague que, quels que soient les désagréments que je traverse, tout finira par tourner à mon avantage. Qu'après l'épreuve de la sécheresse je finirai par porter du fruit – c'est-à-dire, concrètement, par écrire un livre qui vaille la peine. Peut-être faudrait-il déraciner en moi ce vil espoir pour qu'y naisse l'espérance véritable. Reste la charité, dont saint Paul dit qu'elle est la plus importante des trois, et là, que dalle. Pas de charité. Pas la moindre inclination à faire ne serait-ce que ces petits gestes d'attention qui valent mieux que déplacer les montagnes. La rencontre avec Dieu a changé mon esprit et mes opinions, pas mon cœur. Je continue à n'aimer que moi – et bien mal. Mais le cas est prévu. La prière dont j'ai besoin est comme toutes les prières dans les Psaumes. Je la répète sans cesse :

« Seigneur, remplace mon cœur de pierre par un cœur de chair. »

J'écris : « Seigneur, je ne suis pas digne de te recevoir,

pourtant je te demande d'établir en moi ta demeure. Pour t'y faire place, il faut que je diminue, je le sais. Je résiste à cela autant que j'y aspire. Je n'y arriverai pas seul, on ne diminue pas seul. Nous ne tendons jamais, de nous-mêmes, qu'à prendre toute la place. Aide-moi à diminuer pour que tu grandisses en moi.

Seigneur, tu ne veux peut-être pas que je devienne un grand écrivain, ni que j'aie une vie facile et heureuse, mais je suis certain que tu veux me donner la charité. Je te la demande avec mille arrière-pensées, mille pesanteurs et réticences que je perds trop de temps à analyser, mais je te la demande. Donne-moi les épreuves et les grâces qui, peu à peu, m'ouvriront à la charité. Donne-moi le courage de supporter les unes et de saisir les autres, de savoir que le même événement peut être à la fois l'une et l'autre. Je ne peux pas dire que je ne désire rien d'autre, ce ne serait pas vrai. Je désire bien plus l'objet de mes convoitises. Je désire être grand plutôt que petit. Mais je ne te demande pas ce que je désire. Je te demande ce que je désire désirer, ce dont je désire que tu me donnes le désir.

D'avance, j'accepte tout. Disant cela, je sais que je parle comme ton disciple Pierre, qui était si certain de ne pas te renier et qui l'a pourtant fait. Je sais qu'en disant cela on ne fait que creuser la place où on te reniera mais je le dis quand même. Donne-moi ce que tu veux me donner, retire-moi ce que tu veux me retirer, fais de moi ce que tu veux. »

Simone Weil : « En matière spirituelle, toutes les

prières sont exaucées. Celui qui reçoit moins, c'est qu'il a moins demandé. »

Et Ruysbroeck, le mystique flamand : « Vous êtes aussi saints que vous désirez l'être. »

Je dresse la liste de ceux à qui j'ai fait du mal. Le premier dont je me souvienne est un camarade de lycée : un garçon noueux, trop grand, pas vraiment retardé mais bizarre, dont tout le monde se moquait, moi avec plus de raffinement que les autres. J'ai écrit à son sujet des petits textes assortis de caricatures, que je faisais circuler. Il l'a su. Il a quitté le lycée au bout du premier trimestre, j'ai entendu dire qu'on l'avait envoyé dans une maison de repos. Le don que j'ai pour écrire est à l'origine de la première mauvaise action dont j'ai le souvenir et, si j'y réfléchis, de beaucoup d'autres par la suite. Dans le dernier roman que j'ai publié, *Hors d'atteinte ?*, j'ai tracé d'une femme qui m'a aimé, que j'ai aimée, un portrait cruel et mesquin, et je ne peux m'empêcher de penser que mon impuissance créatrice depuis trois ans est une punition pour le mauvais usage que j'ai fait de mon talent. Avant de m'approcher de la sainte table, je voudrais faire la paix avec mes victimes. Mon souffre-douleur de quatrième, il serait sans doute possible de retrouver sa trace. Il portait un nom à rallonge, bizarre comme lui et qui ne doit pas courir l'annuaire, mais c'est trop loin maintenant – et puis, confusément, j'ai trop peur d'apprendre qu'il est mort, mort à l'asile peu de temps après avoir quitté le lycée, mort par ma faute. Caroline, par contre, j'ai son adresse. J'écris pour lui demander pardon une longue lettre à laquelle elle ne répond pas – mais je la reverrai des années plus tard et elle me dira avec quel effarement mêlé de pitié elle a lu « cette tartine de culpabilité catho » – ce sont ses termes – que je regrette de ne pouvoir verser au dossier.

Un soir, celui de la fête de la conversion de saint Paul, j'assiste comme d'habitude à la messe de sept heures à l'église Saint-Séverin et, cette fois, je m'avance entre les bancs avec ceux qui désirent communier. Je suis distrait, mais pas étonné de l'être. Je ne sens rien. C'est normal : le Royaume est comme un grain de sénevé qui croît dans l'obscurité de la terre, en silence, à notre insu. Ce qui compte est que, désormais, cela fait partie de ma vie. Pendant plus d'un an, je communierai tous les jours, comme deux fois par semaine je vais chez l'analyste.

24

Malgré l'eucharistie, malgré la joie qu'elle est supposée me procurer, je souffre sur le divan de Mme C. Je me plains, j'accuse, je renâcle. Je n'en dis rien dans mes cahiers, comme si celui qui les écrivait était au-dessus de cela. Il y a une exception, cependant. Un matin, j'arrive à ma séance après avoir lu dans *Libération* un bref article qui m'a, plus que frappé – littéralement dévasté. C'est un petit garçon de quatre ans, l'âge que vient d'atteindre Gabriel. Il est entré à l'hôpital pour une opération bénigne mais il s'est produit un accident d'anesthésie qui l'a laissé paralysé, sourd, muet et aveugle, à vie. Il a six ans maintenant. Depuis deux ans il est dans le noir. Emmuré vivant. Ses parents, au désespoir, se tiennent autour de son lit. Ils lui parlent, ils le touchent. On leur a dit qu'il n'entend rien mais que peut-être il sent quelque chose, que peut-être le contact de leurs mains sur sa peau lui fait du bien. Aucune autre communication n'est possible. Tout ce qu'on sait, c'est qu'il n'est pas dans le coma. Il est conscient. Personne ne peut imaginer ce qui se passe à l'intérieur de sa conscience, comment il interprète ce qui lui arrive. Les mots manquent pour se figurer cela. Ils me manquent. Moi si articulé, si raisonneur, je ne sais comment exprimer ce que remue en moi cette chose que j'ai lue. Je commence d'une voix tremblante des phrases que je n'achève pas, un énorme sanglot gonfle sous mon plexus solaire, roule, éclate, et je me mets à pleurer comme jamais je n'ai pleuré de ma vie. Je pleure, pleure, sans pouvoir m'arrêter. Il n'y a aucune douceur dans ces pleurs, aucune consolation, aucune détente, ce sont des pleurs d'effroi et de désespoir. Cela dure, je ne sais pas, dix minutes, un quart d'heure. Puis les mots reviennent. Je ne me calme pas, ce que je bredouille est entrecoupé de sanglots. Je demande ce que peut être la prière de quelqu'un qui comme moi veut croire en Dieu et vient de lire cela. Ce qu'il peut demander à ce Père dont son fils Jésus dit : « Tout ce que vous lui demanderez, Il vous le donnera. »

Un miracle ? Que cela ne soit pas arrivé ? Ou qu'il emplisse entièrement de sa présence tendre, aimante, rassurante, cet enfant emmuré ? Qu'il illumine ses ténèbres, qu'il fasse de cet enfer inimaginable son Royaume ? Sinon, quoi ? Sinon, il faut admettre que la réalité de la réalité, le fond du sac, le dernier mot de toutes choses, ce n'est pas son amour infini mais l'horreur absolue, l'épouvante innommable d'un petit garçon de quatre ans qui reprend conscience dans le noir éternel.

« On va s'arrêter là », dit Mme C.

Trois jours passent. Je me rappelle, j'allais villa du Danube le mardi et le vendredi, et le vendredi suivant est le vendredi saint. Je suis certain que pendant ces trois jours Mme C. a beaucoup pensé à moi. Nous revenons sur ma crise de larmes, sur ce qu'éveille en moi cette terrible histoire d'enfant emmuré, mais ce qui l'intéresse le plus, c'est ce que j'ai dit du Père. Je suis réticent, j'aimerais refermer cette porte imprudemment ouverte la dernière fois. Elle insiste. Bon, je parle du Père, mais en parler dans ce cadre me paraît presque obscène. D'un accord tacite, nous n'avons depuis notre étrange séance inaugurale jamais remis ma foi sur le tapis. Mme C. n'a jamais dit ni laissé deviner ce qu'elle en pensait. Cette fois elle m'invite, avec beaucoup de précautions, à considérer cette hypothèse : ce Père tout-puissant, tout-aimant, tout-guérissant, qui est entré dans ma vie au moment précis où j'entamais la cure, que j'ai apporté à la première séance comme une sorte de joker encombrant dont je refusais de me défausser, n'est-il pas possible qu'il soit une simple figure, passagère, nécessaire en son temps, dans le travail de l'analyse ? Une béquille dont je me sers dans le voyage qui me conduit à cerner la place, dans ma vie, de mon propre père ?

Cette idée me met mal à l'aise mais je ne peux la repousser avec autant de conviction que je l'aurais fait six mois plus tôt. Elle a dû faire son chemin, à mon insu. Je m'en tire en haussant les épaules, comme si j'avais déjà pensé cent fois à tout cela, comme si c'était une affaire depuis longtemps réglée et sur laquelle, vraiment, il était fastidieux de revenir. Je dis : et alors ? Bien sûr, que la foi a des soubassements psychiques. Bien sûr que la grâce, pour nous atteindre, se sert de nos manques, de notre faiblesse, de notre désir enfantin d'être consolés et protégés. Qu'est-ce que cela change ?

Mme C. ne dit rien.

Dans le métro, après la séance, je n'en mène pas large.

Je suppose qu'à beaucoup de ceux qui me lisent les doutes que je décris là semblent totalement abstraits, spéculatifs, déconnectés des vrais problèmes de l'existence. Moi, ils m'ont déchiré, et j'écris ce mémoire pour me le rappeler. Je suis tenté d'être ironique à l'égard de celui que j'étais, mais je ne veux pas être ironique. Je veux me rappeler mon trouble et mon effroi quand j'ai senti menacée cette foi qui changeait ma vie, à quoi je tenais par-dessus tout. Ce n'est pas pour rien qu'on est vendredi saint, le jour

où Jésus s'est écrié : « Père, père, pourquoi m'as-tu abandonné ? »
Intellectuellement, rien de nouveau. Je ne suis pas tombé de la dernière pluie. J'ai lu Dostoïevski, je sais ce que dit Ivan Karamazov, et que Job a dit avant lui, sur la souffrance des innocents, ce scandale qui interdit de croire en Dieu. J'ai lu Freud, je sais ce qu'il pense et que pense certainement Mme C. : qu'il serait certes très beau qu'il existe un Père tout-puissant et une Providence qui prenne soin de chacun de nous, mais qu'il est tout de même curieux que cette construction corresponde si exactement à ce que nous pouvons désirer quand nous sommes enfants. Que la racine du désir religieux est la nostalgie du père et le fantasme enfantin d'être le centre du monde. J'ai lu Nietzsche, et je ne peux pas nier que je me suis senti visé quand il dit que le grand avantage de la religion est de nous rendre intéressants à nous-mêmes et de nous permettre de fuir la réalité. Cependant, je pensais : oui, bien sûr, on peut dire que Dieu est la réponse que nous donnons à notre angoisse, mais on peut dire aussi que notre angoisse est le moyen dont il se sert pour se faire connaître de nous. Oui, bien sûr, on peut dire que je me suis converti parce que je désespérais, mais on peut dire aussi que Dieu pour me convertir m'a accordé la grâce du désespoir. C'est ce que je veux penser, de toutes mes forces : que l'illusion, ce n'est pas la foi, comme le *croit* Freud, mais ce qui fait douter d'elle, comme le *savent* les mystiques.

Je veux penser cela, je veux le croire, mais j'ai peur

de cesser de le croire. Je me demande si vouloir tellement le croire, ce n'est pas la preuve que, déjà, on n'y croit plus.

25

Nous allons passer le week-end de Pâques chez ma belle-mère, en Normandie. Tard le soir, la télévision passe un documentaire sur Beatrix Beck, un écrivain que j'aime beaucoup et dont j'ai adapté le roman *Léon Morin, prêtre*. C'est un livre autobiographique sur sa conversion. Melville en a déjà tiré un film, avec Belmondo et Emmanuelle Riva. Il était excellent mais ça ne fait rien, on a recommencé, et tant mieux car j'ai aimé écrire cette adaptation. J'aime rétrospectivement considérer ce travail, effectué plus d'un an avant ma propre conversion, comme une étape d'un cheminement souterrain, et le producteur qui me l'a proposé comme un agent de la grâce dans ma vie. Le livre date des années cinquante. Tout y sonne juste. Le bouleversement que vit l'héroïne est d'autant plus convaincant qu'elle le décrit prosaïquement, sans langue de bois chrétienne, de façon souvent très drôle. Beatrix Beck, aujourd'hui, est une très vieille dame, libre et déroutante. À un moment, on lui demande si elle est toujours croyante et elle répond que non. C'était un moment de sa vie, il est passé. Elle en parle comme pourrait parler de son engagement quelqu'un qui a été communiste, ou comme on parle d'un grand amour de sa jeunesse. Une passion orageuse qu'on est heureux, somme toute, d'avoir connue. Mais c'est loin. Elle aborde la question parce qu'on la lui a posée, en réalité elle n'y pense plus.

Je trouve ça terrible. Elle pas, visiblement, mais moi je trouve terrible l'idée que la foi puisse passer et qu'on ne s'en porte pas plus mal. Je pensais : la grâce qu'on laisse filer détruit la vie. Si elle ne la change pas du tout au tout, elle la ravage. La refuser, s'éloigner d'elle quand on l'a entrevue, c'est se condamner à vivre en enfer.

Mais peut-être pas.

Le lendemain est le dimanche de Pâques. Nous chercherons avec les enfants les œufs cachés dans le jardin. Nous irons à la messe, dans la grande et belle abbaye où va tout ce que le coin compte de familles nombreuses catholiques, en blazers bleu marine et robes pastel. J'irai, pas question de me dérober, mais ce christianisme bourgeois, provincial, exempt de doutes, ce christianisme de pharmaciens et de notaires que j'ai appris à regarder avec une ironie indulgente, me répugne tout à coup. À l'aube, je me glisse hors du lit où, à côté d'Anne endormie, je me suis tourné et retourné sans fermer l'œil de la nuit. Je sors de la maison sans réveiller personne. Je me dirige vers la communauté de bonnes sœurs chez qui ma belle-mère assiste souvent à la messe, parce que c'est à côté. Je l'y accompagne, quelquefois. À sept heures, on dit les matines. La chapelle est grise, laide, la lumière livide, la pierre épaisse des murs ruisselle d'humidité normande. La communauté ne compte plus qu'une dizaine de sœurs, toutes vieilles et branlantes. Une d'entre elles est naine. Leurs chants chevrotent, déraillent, et le bêlement du jeune prêtre au faciès d'idiot de village qui vient leur apporter la communion ne vaut pas mieux. Dans sa bouche, même le texte grandiose de saint Jean racontant comment Marie de Magdala, le matin de Pâques, prend pour le jardinier le Christ ressuscité a l'air, c'est terrible à dire, bête. Personne ne semble vraiment écouter. La rêverie morne qui embue les regards, les filets de salive aux commissures des lèvres, ce doit être l'attente du petit déjeuner. Comme le reconnaît presque gaiement ma pieuse belle-mère : la messe chez les sœurs, ce n'est pas bien gai. C'est même d'une tristesse qui serre le cœur et m'aurait autrefois, à supposer que j'y aie mis les pieds, fait m'enfuir à toutes jambes. Anne, qui a grandi à l'ombre de ce mouroir, me trouve pervers d'aller en renifler l'odeur de couches et de désinfectant. Mais je me dis : voilà, c'est cela le Royaume. Tout ce qui est faible, méprisé, déficient, et qui est la demeure du Christ.

Tandis que l'office se traîne, je me répète comme un mantra ce verset d'un psaume :

« Seigneur, je veux habiter ta maison
pour la durée de mes jours. »

Mais si j'en étais chassé ? Si, pire encore, j'étais content de la quitter ? Si un jour, ce temps où je voulais habiter la maison du Seigneur pour la durée de mes jours et ne trouvais rien plus beau que d'assister à la messe parmi de vieilles bonnes sœurs aux trois quarts retombées en enfance, j'y repensais comme à un épisode de ma vie, embarrassant, lugubre par certains côtés et par d'autres un peu comique ? Une lubie dont je me serais par bonheur libéré ? Ou non, pas une lubie : une expérience intéressante, à condition d'en sortir. Je parlerais de ma période chrétienne comme un peintre de sa période rose ou bleue. Je me féliciterais d'avoir su évoluer, passer à autre chose. Ce serait affreux, et je ne le saurais même pas.

C'est drôle : en écrivant ce chapitre, je suis tombé dans la bibliothèque d'une maison de campagne sur un livre que j'aurais pu lire à cette époque. Cela s'appelle *Une initiation à la vie spirituelle*, c'est paru en 1962 chez l'éditeur catholique Desclée de Brouwer, c'est revêtu du *Nihil obstat* par quoi l'autorité ecclésiastique dit qu'elle ne s'oppose pas à la publication. On comprendrait mal qu'elle s'y soit opposée car c'est une longue tartine sur l'infinie sagesse de l'Église en qui s'exprime infailliblement l'Esprit-Saint, et qui par conséquent a toujours raison. L'auteur, un jésuite, s'appelle François Roustang. J'ai d'abord cru à une coïncidence, puis vérifié : c'est le même François Roustang que j'ai consulté avec tant de profit quarante-trois ans après la parution de ce livre, et qui était devenu dans l'intervalle le plus hétérodoxe des psychanalystes français. Cette *Initiation à la vie spirituelle* ne figure pas sur la page « du même auteur » de ses livres récents. J'imagine que le vieux Roustang en a un peu honte, qu'il n'aime pas qu'on lui rappelle cette période de sa vie. J'imagine aussi le jeune Roustang qui a écrit ce livre si dogmatique, si certain de détenir la vérité. On l'aurait bien surpris en lui montrant le sceptique qu'il deviendrait. Pas seulement surpris : horrifié. Il aurait prié de toutes ses forces, j'en suis sûr, pour que cela n'arrive pas. Et aujourd'hui, il doit se féliciter que ce soit arrivé. Comme les gens qui dans leur âge mûr continuent toutes les nuits à repasser le bac, ce vieux maître taoïste doit quelquefois rêver qu'il est toujours jésuite, qu'il parle toujours gravement du péché et de la Trinité, et quand il se réveille se dire : ouf ! Quel horrible cauchemar !

26

Au lendemain de ma conversion, j'ai écrit ceci, dans le cahier que je venais d'acheter : « Que le Christ est la vérité et la vie, cela crève les yeux – les yeux crevés pour voir, c'est parfois nécessaire. Seulement à beaucoup de gens ça ne les crève pas. Ils ont des yeux et ne voient pas. Je le sais, j'ai été l'un d'entre eux, et je voudrais dialoguer avec ce petit moi d'il y a quelques semaines, qui s'éloigne. J'espère en scrutant son ignorance mieux voir la vérité. »

Je me sentais alors en position forte. Le petit moi incroyant qui s'éloignait sans demander son reste n'était pas à mes yeux un adversaire bien redoutable. Mais c'est un adversaire redoutable qui s'annonce : non plus un moi passé et dépassé, mais un moi à venir, un moi peut-être tout proche, qui ne croira plus et sera très content de ne plus croire. Qu'est-ce que je pourrais lui dire pour le mettre en garde ? L'empêcher de quitter le chemin de la vie pour le chemin de la mort ? Comment faire qu'il m'écoute, alors que je le sais, déjà, tellement certain de sa supériorité sur moi ?

À partir de ce week-end de Pâques, j'estime ma foi en grand péril – je dis volontiers, alors, « péril » plutôt que « danger », « opiniâtre » plutôt qu'« obstiné » : cette foi ne va pas sans pompe, ni affectation de grand style. Pour la protéger, je décrète l'état de siège. Couvre-feu et bourrage de crâne. Je fais retraite une semaine au monastère bénédictin de la Pierre-qui-Vire, en Bourgogne. Vigiles à 2 heures du matin, laudes à 6, petit déjeuner à 7, messe à 9, yoga dans ma cellule à 10, lecture et commentaire de Jean à 11, déjeuner à 13, promenade dans la forêt à 14, vêpres à 18, dîner à 19, complies à 20, coucher à 21. En bon obsessionnel, je suis ravi. Je ne saute rien. Très vite, je n'ai plus besoin de mettre le réveil pour me lever à deux heures moins le quart, prêt pour les vigiles. De retour à Paris, je m'efforce d'adapter la règle de Saint Benoît à ma vie citadine. Plus de journal au café après avoir conduit Gabriel à l'école : je considère que le journal, c'est une perte de temps. Sitôt arrivé rue du Temple, une heure de yoga, trente minutes de prière, une heure de saint Jean, une heure de lecture (pieuse) avec mon riz complet et mon yaourt. Cinq heures de travail soutenu l'après-midi – je vais bientôt dire à quoi. Messe de 7 heures à Saint-Séverin, retour à la maison à 8. Là, c'est le plus difficile, j'essaie de mettre en pratique mes bonnes résolutions. Ne jamais faire deux choses à la fois. Laisser mes soucis au studio, pour être avec les miens disponible et de joyeuse humeur. Voir la vie quotidienne comme une suite d'occasions de choisir entre les deux voies : vigilance ou distraction, charité ou égoïsme, présence ou absence, vie ou mort. Et, comme je suis sujet à l'insomnie, suivre l'exemple de Charles de Foucauld qui sautait hors du lit dès qu'il se réveillait pour se mettre au travail, quelle que soit l'heure.

Je ne suis pas certain que ces programmes draconiens m'aient rendu spécialement plus agréable comme mari et comme père. Je suis même certain du contraire. D'inquiétantes notations, identifiant ma vie de famille à une croix dont je dois courageusement me charger, me font penser qu'à mon échelle j'ai dû me comporter comme ces sombres puritains des romans de Hawthorne qui avec une implacable bénignité font vivre aux leurs, pour le bien de leur âme, un véritable enfer domestique.

Je lis beaucoup, avec une prédilection pour des auteurs du Grand Siècle français comme Fénelon, saint François de Sales, le jésuite Jean-Pierre de Caussade. Stylistes accomplis, directeurs de conscience suaves et retors, ils disent tous que ce qui m'arrive est prévu, répertorié, fait partie du programme. C'est rassurant, et pas si éloigné de la psychanalyse. Si je crois perdre la foi, c'est que ma foi s'affine. Si je ne sens plus du tout la présence de Dieu qui à l'automne précédent me donnait l'impression d'avancer dans la vie spirituelle comme ces mages tibétains dont parle Alexandra David-Néel, par bonds de cinq cents mètres au-dessus des montagnes, c'est parce que Dieu m'éduque. La sécheresse de l'âme est un signe de progrès. L'absence, une présence au carré. J'ai recopié des dizaines de variations sur ce thème, en voici un petit florilège.

« Dieu ne laisse point l'âme en repos qu'il ne l'ait rendue souple et maniable en la pliant de tous côtés. Plus on craint ces dépouillements, plus c'est qu'on en a besoin. La répugnance qu'ils donnent à notre sagesse et à notre amour-propre montrent qu'ils viennent de la grâce. » (Fénelon, *Remèdes contre la tristesse*.)

« C'est une heureuse condition pour nous, en ce combat de l'âme, que nous soyons toujours vainqueurs pourvu que nous voulions combattre. » (Saint François de Sales, *Introduction à la vie dévote*.)

« Dieu donne aux âmes de foi des grâces et des faveurs par cela même qui en paraît la privation. Il instruit le cœur non par des idées, mais par des peines et des traverses. Il déconcerte nos vues et permet qu'au lieu de nos projets nous ne trouvions en tout que confusion, que trouble, que vide, que folie. Les ténèbres servent alors de conduite et les doutes d'assurance. » (Jean-Pierre de Caussade, *L'Abandon à la Providence divine*.)

Je suis partagé en relisant ces textes, mais je l'étais aussi au temps où je les lisais. Je les trouve toujours magnifiques, je les trouvais déjà délirants. Il me semble évident qu'ils sont inspirés par l'expérience, je veux dire que les hommes qui les ont écrits ne disent pas n'importe quoi : ils savent de quoi ils parlent. En même temps, ils enseignent un dédain de l'expérience, du témoignage des sens et du bon sens aussi radical que la phrase immortelle du bolchevik Piatakov : « Un vrai communiste, si le Parti le lui ordonne, doit être capable de voir le blanc à la place du noir et le noir à la place du blanc. »

27

Puisqu'il plaît à Dieu de mettre ma foi à l'épreuve, je décide de ne pas me dérober à cette épreuve. Je veux la vivre pleinement. Je veux que se répète en moi, à nouveaux frais, l'affrontement du Christ et du Tentateur.

Nietzsche est très bon dans le rôle du Tentateur. C'est le meilleur. On a envie d'être avec lui. Il m'horrifie et m'enchante en murmurant à mon oreille que vouloir, comme je me le reproche, être glorieux ou puissant, vouloir être admiré de ses semblables, ou être très riche, ou séduire toutes les femmes, ce sont peut-être des aspirations grossières mais elles visent au moins des choses réelles. Elles se déploient sur un terrain où on peut gagner ou perdre, vaincre ou être vaincu, alors que la vie intérieure sur le modèle chrétien est surtout une technique éprouvée pour se raconter des histoires que rien ne risque de contredire et se rendre en toutes circonstances intéressant à ses propres yeux. Naïveté, lâcheté, vanité de penser que tout ce qui nous arrive a un sens. De tout interpréter en termes d'épreuves, ménagées par un dieu qui organise le salut de chacun comme une course d'obstacles. Les esprits, dit Nietzsche, sont jugés – et, contrairement à ce que dit Jésus, il *faut* juger – par leur capacité à ne pas se raconter d'histoires, à aimer le réel et pas les fictions consolantes dont ils le doublent. Ils sont jugés *par la dose de vérité qu'ils sont capables de supporter.*

Mais Simone Weil : « Le Christ aime qu'on lui préfère la vérité, car avant d'être le Christ il est la vérité. Si on se détourne de lui pour aller vers la vérité, on ne fera pas un long chemin avant de retomber dans ses bras. »

Très bien. Je prends le pari. Je cours le risque. J'ouvre un nouveau fichier, perdu comme le premier, en reprenant ce titre auquel décidément je tiens : *Le Point de vue de l'adversaire*. C'est à lui que je consacre cinq heures, chaque après-midi.

Un an plus tôt, parlant avec mon ami Luc Ferry, je soutenais qu'il est impossible de prévoir non seulement ce que l'avenir nous réserve, mais encore ce qu'on deviendra, ce qu'on pensera. Luc m'a opposé qu'il était certain, par exemple, de ne jamais devenir membre du Front national. J'ai répondu que ça me semblait douteux pour moi aussi mais que je ne pouvais pas en être certain et que, si déplaisant que soit l'exemple, je considérais cette incertitude comme le prix de ma liberté. La foi chrétienne ne m'inspirait pas la même hostilité que le Front national, mais on m'aurait presque autant étonné en me disant que je m'y convertirais un jour. C'est pourtant arrivé. Tout se passe comme si j'avais attrapé une maladie – alors que, vraiment, je n'appartenais pas à un groupe à risques –, et que son premier symptôme est que je la prenne pour une guérison. Alors, ce que je me propose, c'est d'observer cette maladie. D'en tenir la chronique, aussi objectivement que possible.

Pascal : « Voici la guerre ouverte entre les hommes, où il faut que chacun prenne son parti et se range nécessairement ou au dogmatisme ou au pyrrhonisme. Celui qui pensera rester neutre sera pyrrhonien par excellence. »
Pyrrhonien, disciple du philosophe Pyrrhon, cela veut dire sceptique. Comme on dit aujourd'hui : relativiste. Cela veut dire, quand Jésus assure qu'il est la vérité, hausser les épaules comme Ponce Pilate et répondre : « Qu'est-ce que la vérité ? » Autant d'opinions, autant de vérités. Eh bien d'accord. Je ne prétendrai pas être neutre. Je poserai sur mon dogmatisme un regard pyrrhonien. Je raconterai ma conversion comme Flaubert a décrit les aspirations de Madame Bovary. Je me mettrai dans la peau de celui que je redoute par-dessus tout de devenir : celui qui, revenu de la

foi, l'examine avec détachement. Je reconstituerai l'entrelacs de défaites, de haine de soi, de peur panique devant la vie qui m'a conduit à croire. Et peut-être qu'alors, alors seulement, je ne me raconterai plus d'histoires. J'aurai peut-être le droit de dire comme Dostoïevski : « Si on me prouve par a plus b que le Christ a tort, je reste avec le Christ. »

28

François Samuelson, mon agent, me dit un jour : « Tu n'écris plus depuis trois ans, tu as l'air malheureux comme les pierres, il faut faire quelque chose. Pourquoi pas une biographie ? C'est ce que font tous les écrivains en panne. Il y en a que ça débloque, et bien sûr ça dépend du sujet mais je peux certainement t'obtenir un bon contrat. »

Pourquoi pas ? Une biographie, c'est un projet plus humble que le grand roman dont je ne parviens pas à faire le deuil, plus exaltant que des scénarios de télé à la chaîne. Peut-être une bonne façon d'employer le talent que le Seigneur m'a donné, et qu'il préfère encore nous voir dilapider que thésauriser. Dans mon cahier, je note cette sentence biblique : « Ce que tu peux faire avec ta main, fais-le » (cela peut aussi se lire, je m'en avise aujourd'hui, comme une invite à la masturbation), et je charge François de trouver un éditeur intéressé par une vie de Philip K. Dick.

J'écris une note d'intention, qui se termine ainsi : « Il est tentant de considérer Philip K. Dick comme un exemple de mystique fourvoyé. Mais parler de mystique fourvoyé sous-entend qu'il existe de vrais mystiques, et donc un véritable objet de connaissance mystique. C'est un point de vue religieux. Si, inquiet d'en arriver là, on préfère adopter un point de vue agnostique, on doit admettre qu'il y a peut-être une différence d'élévation humaine et culturelle, d'audience, de respectabilité, mais non de nature entre d'une part saint Paul, Maître Eckhart ou Simone Weil, de l'autre un pauvre hippie illuminé comme Dick. Lui-même était d'ailleurs parfaitement conscient du problème. Écrivain de fiction, et de la fiction la plus débridée, il était persuadé de n'écrire que des *rapports*. Les dix dernières années de sa vie, il a peiné sur un *rapport* interminable, inclassable, qu'il appelait son *Exégèse*. Cette *Exégèse* visait à rendre compte d'une expérience qu'au gré de l'humeur il interprétait comme la rencontre de Dieu (« C'est une chose terrible, dit saint Paul, de tomber entre les mains du Dieu vivant »), l'effet-retard des drogues qu'il avait absorbées dans sa vie, l'invasion de son esprit par des extraterrestres ou une pure construction paranoïaque. Malgré tous ses efforts, il n'est jamais parvenu à tracer la frontière entre le fantasme et la révélation divine – à supposer qu'il en existe une. Est-ce qu'il en existe une ? C'est un point à proprement parler indécidable, dont il va de soi que je ne déciderai pas.

Mais raconter la vie de Dick, c'est s'obliger à approcher ce point. À rôder autour, le plus attentivement possible. Ce que j'aimerais faire. »

J'ai mis un peu plus d'un an à écrire ce livre, ce qui compte tenu de son épaisseur et de l'énorme masse d'informations qu'il brasse me semble rétrospectivement un exploit. J'ai travaillé comme une brute, et je me rappelle avoir adoré le faire. Travailler, pouvoir travailler, il n'y a rien de mieux au monde, surtout quand on en a été longtemps empêché. Tout ce que j'avais en vain essayé de faire durant cette pénible jachère prenait sens. J'ai perdu les deux fichiers appelés *Le Point de vue de l'adversaire*, celui sur la vie de Jamie, celui sur ma conversion racontée par un moi futur qui aurait perdu la foi, mais je les avais de toute façon abandonnés, et toutes les questions autour desquelles tournaient ces essais avortés ont très naturellement trouvé leur place dans la biographie de Dick. Au lieu de m'angoisser, elles me passionnaient et quelquefois même m'amusaient. La vie de Dick, en dépit ou à cause de son encombrant génie, a été catastrophique, une suite ininterrompue d'excès, de séparations, d'internements et de déraillages psychiques, mais je n'ai jamais cessé d'avoir de l'affection pour lui. Je n'ai jamais cessé de me dire que là où il était, dix ans après sa mort, il regardait ce que je faisais par-dessus mon épaule et qu'il était content que quelqu'un parle de lui de cette façon-là.

Un autre conseiller avisé m'a accompagné tout au long de ce travail, c'est le *Yi-King* : l'antique livre de sagesse et de divination chinois, si aimé de Confucius et des babas de ma génération – de la génération précédente, plutôt, mais j'ai toujours été du côté des gens plus vieux que moi. Dick s'en est lui-même servi pour composer un de ses romans, *Le Maître du Haut Château*. Quand il était coincé dans son intrigue, il consultait le *Yi-King* et le *Yi-King* le tirait d'affaire. J'ai fait pareil, avec profit. Un jour où, débordé par tout ce que j'avais à faire tenir ensemble, je pensais ne jamais m'en sortir, le *Yi-King* m'a fait cadeau de cette phrase qui aujourd'hui encore me tient lieu d'art poétique : « La grâce suprême ne consiste pas à orner extérieurement des matériaux mais à leur donner une forme simple et pratique. »

29

Mes cahiers de commentaire évangélique se ressentent, évidemment, de cette percée. Je ne les ai pas vraiment laissés tomber mais le rythme faiblit. J'en ai rempli quinze dans l'année suivant ma conversion, trois seulement dans celle que j'ai passée à faire le livre sur Dick, et quand on parcourt ces trois-là on sent bien que le cœur n'y est plus, que je suis occupé ailleurs. Je prends, dans l'Évangile, ce qui peut me servir pour mon livre. Je vais encore à la messe, pas tous les soirs. Je communie encore, en me forçant un peu. Les bons jours, je pense que ce n'est pas grave. Le Père n'est pas un père Fouettard. Quand j'emmène Gabriel et Jean Baptiste au Luxembourg, je suis content de les regarder courir, grimper, glisser sur les toboggans. Je trouverais inquiétant qu'au lieu de faire cela ils restent toujours avec moi, tournés vers moi, à se demander ce que je pense et si je suis content d'eux. J'aime qu'ils m'oublient, qu'ils vivent leurs vies de petits garçons. Si moi, qui suis mauvais, je peux donner à mes fils cette tendre attention, quelle doit être celle du Père à mon égard ? Mais il y a des jours de doute et de scrupule, où je me dis que travailler à ma biographie de Dick avec plaisir et même avec enthousiasme, c'est une illusion de suffisance qui m'éloigne de la vérité. Une richesse, donc un malheur : c'est ce que semble dire Jésus dans les Béatitudes, qui sont le cœur du cœur de son enseignement. Je ne suis plus si sûr de la vérité des Béatitudes. Je ne vois plus à quoi rime cette inversion systématique de tout. Se convaincre, quand on est au fond du trou, que c'est la meilleure chose qui peut nous arriver, à la rigueur : c'est peut-être faux, mais ça aide. Croire dès qu'on est un peu heureux qu'*en réalité* on va très mal, que *c'est* très mal, je ne vois en revanche pas l'intérêt. Je préfère le *Yi-King*, qui dit quelque chose d'à la fois très voisin et très différent. En substance, c'est pourquoi il ne faut pas trop pavoiser quand on tire un hexagramme favorable : si on est au sommet, on va forcément redescendre, et si on est en bas, on va probablement remonter. Si on a fait l'ascension par l'adret, on fera la descente par l'ubac. La nuit succède au jour, le jour à la nuit, les bons cycles aux mauvais et les mauvais aux bons. C'est tout simplement *vrai*, pas empoissé de morale, dirait Nietzsche. Ça dit que quand on va bien il est sage de s'attendre au malheur, et vice-versa, pas que c'est *mal* d'être heureux et *bien* d'être malheureux.

Au Levron, il y a un livre d'or où la mère d'Hervé aime que chaque visiteur laisse une trace de son passage. J'aime cela aussi. Je m'imaginais, il y a vingt ans, le feuilletant vingt ans plus tard et me rappelant nos séjours d'autrefois. Ces vingt ans se sont écoulés, nous les avons même dépassés, et je me rappelle nos séjours d'autrefois. J'aime que notre amitié s'inscrive dans cette durée. J'aime regarder nos vies comme, au point le plus haut d'une course en montagne, on regarde le chemin parcouru : le fond de la vallée, d'où on est parti ; la forêt de sapins ; le pierrier où on s'est tordu la cheville ; le névé qu'on a cru ne jamais parvenir à traverser ; l'alpage sur lequel l'ombre s'étend déjà. Je suis venu seul au Levron à l'automne 1992, j'y ai travaillé dix jours d'arrache-pied, puis Hervé m'y a rejoint. Le livre d'or en témoigne, et aussi mon cahier de commentaire évangélique, trop souvent délaissé, où je rapporte une de nos conversations.

Comme d'habitude, je me plains. Avant, c'était de ne plus pouvoir écrire, maintenant c'est d'y prendre trop de plaisir et de m'éloigner du Christ. États d'âme, scrupules, angoisse qui fait feu de tout bois. Le désir de calme m'agite. L'Évangile devient lettre morte. Ce qui me semblait la seule réalité devient une abstraction lointaine. Après une côte très longue, très raide, en plein soleil, nous atteignons un lac d'altitude au bord duquel nous faisons halte pour pique-niquer. Sur une plaque d'herbe au milieu de la neige, nous sortons nos sandwiches, Hervé sa *Bhagavad-Gita*. Nous nous taisons un long moment et puis, tout à trac, il me dit qu'une chose le surprenait beaucoup, dans son enfance : c'est que la perruche de sa grand-mère ne s'échappe pas quand on ouvrait la grille de sa cage. Au lieu de s'envoler, elle restait là, bêtement. Sa grand-mère lui avait expliqué le truc : il suffit de placer au fond de la cage un petit miroir. La perruche est si contente de s'y mirer, ça l'absorbe tellement qu'elle ne voit même pas la grille ouverte et le dehors, la liberté, accessibles d'un coup d'aile.

Hervé, fondamentalement, est platonicien. Il croit que nous vivons dans une cage, dans une caverne, dans le pétrin, et que le but du jeu c'est d'en sortir. Moi, je ne suis pas certain qu'il y ait un dehors vers lequel s'envoler à tire-d'aile. Ce n'est pas certain, non, dit Hervé, mais suppose qu'il y en ait un : ce serait dommage de ne pas aller y voir. Et comment y aller ? En priant. Hervé qui un an plus tôt opposait à mon dogmatisme catholique une souplesse toute taoïste et plaidait pour l'obéissance aux mouvements spontanés du cœur, le voilà qui insiste sur la nécessité de la prière. Même sans désir, même sans profit. Même s'il est aussitôt emporté par le courant des pensées parasites, centrifuges – petits singes qui n'arrêtent jamais de sauter de branche en branche, disent les bouddhistes –, chaque instant de prière, chaque effort pour prier est une justification de la journée. Un éclair dans le tunnel, un minuscule refuge d'éternité gagné sur le néant.

Vingt ans plus tard, Hervé et moi marchons toujours ensemble, sur les mêmes sentiers, et nos conversations roulent toujours sur les mêmes sujets. Nous appelons méditation ce que nous appelions prière mais c'est toujours la même montagne vers laquelle nous nous dirigeons, et elle me semble toujours aussi loin.

30

J'arrive à la fin de ces cahiers. Mon livre sur Dick est paru. Il n'a pas eu le succès que j'espérais. J'ai dû être déçu mais je n'en parle pas. Je suis de nouveau désœuvré et morose. J'essaie de revenir à l'Évangile, à la prière. J'essaie de me tenir, au moins quelques instants chaque jour, devant ce que je répugne maintenant à appeler Dieu, ou même le Christ. Je n'aime plus ces noms mais je voudrais encore aimer ce qu'au fond de moi ils recouvrent. Comme toujours, c'est l'inquiétude qui m'inspire ce désir. L'impression que ma vie se perd, que le temps passe, trente-cinq ans, trente-six, trente-sept, sans que je tienne les promesses d'un talent éventé. Si j'essaie de prier, c'est pour me convaincre qu'en dépit des apparences tout, mystérieusement, va vers le mieux. J'y ai de plus en plus de mal.

J'ai fini l'Évangile de Jean, je suis passé à celui de Luc. Je commente sans conviction les Béatitudes. Que peuvent-elles me dire, dans l'état d'éloignement et d'amertume où je suis ?

Je ne nie pas : je hausse les épaules.

J'ai retiré de mon étagère l'image mystérieuse du Christ dans le feuillage. Non parce que je n'y vois plus son visage mais parce que j'ai peur qu'un visiteur le remarque, me demande ce que c'est, et d'avoir honte. J'accuse mes « défauts de complexion », comme dit Montaigne, ceux qu'on ne peut pas réformer. Je manque d'étoffe et d'élan. Je suis mesquin, veule, pauvre de tout et même de pauvreté. Comment, quand on est ainsi fait, se reprendre ? Quand on n'a aucune prise, que tout glisse ?

Pâques 1993, dernière page de mon dernier cahier :

« Est-ce cela, perdre la foi ? N'avoir même plus envie de prier pour la garder ? Ne pas voir dans cette désaffection qui s'installe jour après jour une épreuve à surmonter, mais au contraire un processus normal ? La fin d'une illusion ?

C'est maintenant, disent les mystiques, qu'il faudrait prier. C'est dans la nuit qu'il faudrait se rappeler la lumière entrevue. Mais c'est maintenant aussi que les conseils des mystiques apparaissent comme du bourrage de crâne, et que le courage semble être de renoncer à les suivre pour affronter le réel.

Est-ce que le réel, c'est que le Christ n'est pas ressuscité ?

J'écris cela le vendredi saint, moment du plus grand doute.

J'irai demain soir à la messe de Pâques orthodoxe, avec Anne et mes parents. Je les embrasserai en disant *Kristos voskres*, « le Christ est ressuscité », mais je ne le croirai plus.

Je t'abandonne, Seigneur. Toi, ne m'abandonne pas. »

II

Paul
(Grèce, 50-58)

1

Je suis devenu celui que j'avais si peur de devenir. Un sceptique. Un agnostique – même pas assez croyant pour être athée. Un homme qui pense que le contraire de la vérité n'est pas le mensonge mais la certitude. Et le pire, du point de vue de celui que j'ai été, c'est que je m'en porte plutôt bien.

Affaire classée, alors? Il faut qu'elle ne le soit pas tout à fait pour que, quinze ans après avoir rangé dans un carton mes cahiers de commentaire évangélique, le désir me soit venu de rôder à nouveau autour de ce point central et mystérieux de notre histoire à tous, de mon histoire à moi. De revenir aux textes, c'est-à-dire au Nouveau Testament.

Ce chemin que j'ai suivi autrefois en croyant, vais-je le suivre aujourd'hui en romancier? En historien? Je ne sais pas encore, je ne veux pas trancher, je ne pense pas que la casquette ait tellement d'importance.

Disons en enquêteur.

2

Si elle n'illumine pas, la figure de Jésus aveugle. Je ne veux pas l'aborder de front. Quitte à remonter ensuite le courant vers la source, je préfère ouvrir l'enquête un peu en aval et commencer par lire, aussi attentivement que je peux, les lettres de saint Paul et les Actes des apôtres.

Les Actes des apôtres sont la seconde partie d'un récit attribué à saint Luc, la première étant l'Évangile qui porte son nom. Normalement, on devrait lire à la suite ces deux livres que le canon biblique a séparés. L'Évangile raconte la vie de Jésus, les Actes des apôtres ce qui s'est passé au cours des trente années suivant sa mort, c'est-à-dire la naissance du christianisme.

Luc n'était pas un compagnon de Jésus. Il ne l'a pas connu. Il ne dit jamais « je » dans son Évangile, qui est un récit de seconde main, écrit un demi-siècle après les événements qu'il relate. En revanche, Luc était un compagnon de Paul, les Actes des apôtres sont en grande partie une biographie de Paul et à un moment de cette biographie il se passe quelque chose de surprenant : on passe soudainement, sans prévenir ni expliquer pourquoi, de la troisième à la première personne.

C'est un moment furtif, on pourrait ne pas le remarquer, mais quand je l'ai remarqué je suis tombé en arrêt. Le voici, il se trouve au chapitre XVI des Actes :

« Une nuit, Paul eut une vision. Un Macédonien lui apparut, qui l'implorait : viens en Macédoine, viens à notre secours ! Après cette vision de Paul, *nous* avons cherché à partir pour la Macédoine, pensant que le Seigneur *nous* y appelait pour annoncer la bonne nouvelle. Prenant la mer à Troas, *nous* avons fait voile directement vers Samothrace puis, le lendemain, débarqué à Néapolis. »

Qui recouvre ce « nous », ce n'est pas clair : peut-être tout un groupe, composé du narrateur et de compagnons qu'il n'estime pas assez importants pour les nommer. Peu importe : depuis seize chapitres, nous lisions une chronique impersonnelle des aventures de Paul, et voici que tout à coup *quelqu'un* surgit, qui parle. Au bout de quelques pages, ce quelqu'un s'éclipse. Il regagne les coulisses du récit, d'où il resurgira quelques chapitres plus tard pour ne plus quitter la scène jusqu'à la fin du livre. À sa manière, qui est à la fois abrupte et discrète, il nous dit ce que ne dit jamais l'évangéliste : *j'étais là*. Ce que je vous raconte, j'en ai été le témoin.

J'aime, quand on me raconte une histoire, savoir qui me la raconte. C'est pour cela que j'aime les récits à la première personne, c'est pour cela que j'en écris et que je serais même incapable d'écrire quoi que ce soit autrement. Dès que quelqu'un dit « je » (mais « nous », à la rigueur, fait l'affaire), j'ai envie de le suivre, et de découvrir qui se cache derrière ce « je ». J'ai compris que j'allais suivre Luc, que ce que j'allais écrire serait en grande partie une biographie de Luc, et que ces quelques lignes des Actes des apôtres étaient la porte que je cherchais pour entrer dans le Nouveau Testament. Pas la grande porte, pas celle qui ouvre sur la nef, face à l'autel, mais une petite porte, latérale, dérobée : exactement ce qu'il me fallait.

J'ai essayé de zoomer, comme on fait avec Googlemaps, sur le point précis du temps et de l'espace où surgit ce personnage qui, dans les Actes, dit « nous ». En ce qui concerne le temps, et selon un décompte dont personne n'a encore l'idée, on est, à un ou deux ans près, aux alentours de l'an 50. Quant au lieu, c'est un port situé sur la côte occidentale de la Turquie, qu'on appelle alors l'Asie : Troas. En ce point précis du temps et de l'espace, deux hommes se croisent, qu'on nommera plus tard saint Paul et saint Luc mais qui pour le moment s'appellent simplement Paul et Luc.

3

On sait beaucoup de choses sur Paul, qui plus encore peut-être que Jésus a pour le meilleur et pour le pire donné forme à vingt siècles d'histoire occidentale. À la différence de Jésus, on sait de façon certaine ce qu'il pensait, comment il s'exprimait et quel était son caractère, car on a de lui des lettres d'une authenticité indiscutée. On sait aussi, ce qu'on ignore totalement de Jésus, à quoi il ressemblait. Nul n'a fixé ses traits de son vivant, mais tous les peintres qui l'ont représenté tiennent de son propre aveu qu'il avait une sale gueule, un corps robuste et disgracieux, qu'il était bâti à chaux et à sable mais en même temps tourmenté par la maladie. Ils s'accordent à le peindre chauve, barbu, le front bombé, les sourcils se rejoignant au-dessus du nez, et ce visage est tellement éloigné de toute convention esthétique qu'on se dit que tout simplement Paul devait ressembler à cela.

Sur Luc, nous en savons beaucoup moins. En fait, presque rien. Bien qu'une légende tardive, sur laquelle je reviendrai, fasse de lui le patron des peintres, il n'y a pas à son sujet de tradition picturale affirmée. Paul dans ses lettres mentionne son nom à trois reprises. Il l'appelle « Luc, notre cher médecin ». On ne disait pas Luc, bien sûr, mais *Loukas* en grec et, en latin, *Lucanus*. De même, Paul qui de son nom juif s'appelait *Shaoul* portait comme citoyen romain celui de *Paulus*, qui veut dire « le petit ». Une tradition fait de Luc un Syrien, né à Antioche, mais le lieu de sa rencontre avec Paul, entre Europe et Asie, le fait qu'il lui a servi, comme on va bientôt le voir, de guide en Macédoine, dans des villes qui lui étaient familières, laissent penser qu'il était macédonien. Dernier indice : le grec dans lequel sont écrits ses deux livres est d'après les hellénistes – je ne suis pas en mesure de le vérifier – le plus élégant du Nouveau Testament.

Résumons : nous avons affaire à un médecin lettré, de langue et de culture grecques, pas à un pêcheur juif. Ce Grec, pourtant, devait être attiré par la religion des Juifs. Sans cela, il ne se serait pas trouvé en contact avec Paul. Il n'aurait rien compris à ce que Paul disait.

4

Un Grec attiré par la religion des Juifs, cela veut dire quoi ?

D'abord, c'était fréquent. Le philosophe romain Sénèque le constate avec mépris, l'historien juif Flavius Josèphe avec satisfaction : partout dans l'Empire, c'est-à-dire dans le monde, il se trouve des gens pour observer le sabbat, et ces gens ne sont pas seulement des Juifs.

Ensuite, je sais bien qu'il faut se méfier des équivalences trop commodes, mais je me représente cet engouement pour le judaïsme, si répandu au premier siècle sur les bords de la Méditerranée, un peu comme l'intérêt pour le bouddhisme chez nous : une religion à la fois plus humaine et plus épurée, avec le supplément d'âme qui manquait au paganisme à bout de souffle. J'ignore jusqu'à quel point les Grecs du temps de Périclès croyaient à leurs mythes, mais il est certain que cinq siècles plus tard ils n'y croyaient plus, ni eux ni les Romains qui les avaient conquis. En tout cas, la plupart d'entre eux n'y croyaient plus, au sens où la plupart d'entre nous ne croyons plus au christianisme. Cela n'empêchait pas d'observer les rites, ni de sacrifier aux dieux, mais de la même façon que nous célébrons Noël, Pâques, l'Ascension, la Pentecôte, le 15 août. On croyait à Zeus brandissant la foudre comme les enfants croient au père Noël : pas longtemps, pas vraiment. Quand Cicéron, dans une formule célèbre, écrit que deux augures ne peuvent pas se regarder sans rire, il n'exprime pas une hardiesse de libre-penseur mais l'opinion moyenne – opinion moyenne qui devait être encore plus sceptique que la nôtre, car si déchristianisée que soit notre époque personne aujourd'hui n'écrirait la même chose à propos de deux évêques : sans forcément croire, nous, à ce qu'ils disent, nous croyons qu'eux au moins y croient. D'où, en ce temps comme aujourd'hui, l'appétit pour les religions orientales, et ce qu'il y avait de mieux sur le marché, en fait de religion orientale, c'était la religion des Juifs. Leur dieu unique était moins pittoresque que les dieux de l'Olympe mais il comblait des aspirations plus hautes. Ceux qui l'adoraient prêchaient par l'exemple. Ils étaient graves, industrieux, totalement exempts de frivolité. Même lorsqu'ils étaient pauvres, et ils l'étaient souvent, l'amour exigeant et chaud qui s'exprimait dans leurs familles donnait envie de leur ressembler. Leurs prières étaient de vraies prières. Quand on était soi-même insatisfait de sa vie, on se disait que la leur avait plus de densité et de poids.

Les Juifs appelaient *goyim*, qu'on traduit par « gentils », tous les non-Juifs, et « prosélytes » les gentils qu'attirait le judaïsme. On leur faisait bon accueil. S'ils voulaient *vraiment* devenir juifs, ils devaient se circoncire, observer la Loi dans son intégralité, c'était comme aujourd'hui toute une affaire, et ils étaient rares à s'engager sur ce chemin. Beaucoup se contentaient d'observer les principes de Noé : une version allégée de la Loi, réduite aux commandements majeurs et expurgée des prescriptions rituelles qui servent avant tout à séparer des autres peuples les enfants d'Israël. Ce minimum permettait aux prosélytes de pénétrer dans les synagogues.

Des synagogues, il y en avait partout, dans tous les ports, toutes les villes un peu importantes. C'étaient des bâtiments insignifiants, souvent de simples maisons particulières et non des églises ou des temples. Les Juifs avaient un Temple, un seul, comme ils avaient un dieu, un seul. Ce temple se trouvait à Jérusalem. Il avait été détruit, puis reconstruit, il était magnifique. Les Juifs dispersés de par le monde, ceux qu'on appelait la *diaspora*, envoyaient chaque année une obole pour son entretien. Ils ne se sentaient pas obligés d'y aller en pèlerinage. Certains le faisaient, aux autres la synagogue suffisait. Depuis le temps de leur exil à Babylone, ils étaient habitués à ce que leurs relations avec leur dieu prennent corps non dans un édifice majestueux et lointain mais dans les paroles d'un livre, et la synagogue était cette demeure modeste et proche où, chaque sabbat, on sortait d'une armoire les rouleaux de ce livre qu'on n'appelait pas la Bible, encore moins l'Ancien Testament, mais la Torah.

Il était, ce livre, en hébreu, qui est l'ancienne langue des Juifs, la langue dans laquelle leur dieu leur a parlé, mais même à Jérusalem beaucoup ne la comprenaient plus : il fallait la leur traduire dans leur idiome moderne, l'araméen. Partout ailleurs les Juifs parlaient le grec, comme tout le monde. Même les Romains, qui avaient conquis les Grecs, parlaient le grec – ce qui est, quand on y pense, aussi étrange que si les Anglais, ayant conquis les Indes, s'étaient mis au sanskrit et qu'il était devenu la langue dominante dans le monde entier. Dans tout l'Empire, de l'Écosse au Caucase, les gens cultivés parlaient bien le grec et les gens de la rue le parlaient mal. Ils parlaient ce qu'on appelait le grec *koiné*, qui signifie commun au double sens de partagé et de vulgaire, et qui était l'exact équivalent de notre *broken english*. Dès le IIIe siècle avant notre ère, les Juifs d'Alexandrie ont commencé à traduire leurs écritures sacrées dans cette langue désormais universelle, et la tradition veut que le roi grec d'Égypte Ptolémée Philadelphe ait été si séduit par ces premiers essais qu'il en ait commandé une traduction complète pour sa bibliothèque. À sa demande, le grand prêtre du Temple de Jérusalem aurait envoyé à Pharos, une île proche de la côte égyptienne, six représentants de chacune des douze tribus d'Israël, en tout soixante-douze érudits qui, bien que s'étant mis au travail séparément, seraient arrivés à des traductions absolument identiques. On y a vu la preuve qu'ils étaient inspirés par Dieu, c'est pourquoi cette Bible grecque porte le nom de Bible des Septante.

C'est cette Bible que Luc devait lire, ou plutôt entendre lire quand il allait à la synagogue. Il connaissait surtout les cinq premiers livres, les plus sacrés, ceux qu'on appelle la Torah. Il connaissait Adam et Ève, Caïn et Abel, Moïse et le Pharaon, et les plaies d'Égypte, et l'errance dans le désert, et la mer qui s'ouvre, et l'arrivée dans la terre promise, et les batailles pour la terre promise. Il se perdait un peu, ensuite, dans les histoires des rois venus après Moïse. David et sa fronde, Salomon et sa justice, Saül et sa mélancolie, il les connaissait comme un écolier connaît les rois de France – déjà beau s'il sait que Louis XIV vient après Henri IV. Même s'il les écoutait avec respect et s'efforçait d'en faire son profit, il devait espérer, en entrant dans la synagogue, ne pas tomber sur une de ces interminables généalogies que les vieux Juifs écoutent les yeux fermés, en dodelinant de la tête, comme perdus dans un rêve. Ces litanies de noms juifs, c'était comme une chanson qui avait bercé leur enfance mais elle n'avait pas bercé celle de Luc, qui ne voyait pas pourquoi il s'intéresserait au lointain folklore d'un autre peuple alors qu'il ne s'intéressait pas à celui de son peuple à lui. Patiemment, il attendait le commentaire qui suivait la lecture et dégageait le sens philosophique de ces histoires exotiques, puériles, souvent barbares.

5

La trame de ces histoires, c'est la relation passionnée entre les Juifs et leur dieu. Ce dieu, dans leur langue, se nomme Yahvé, ou Adonaï, ou encore Élohim, mais les Juifs de la diaspora ne voient pas d'inconvénient à ce que les prosélytes l'appellent, en grec, *Kyrios*, qui veut dire Seigneur, ou *Theos*, qui veut carrément dire dieu. C'est leur version de Zeus, mais il n'est pas coureur comme Zeus. Il ne s'intéresse pas aux filles, seulement à son peuple, Israël, qu'il aime d'un amour exclusif, et en s'intéressant de plus près à ses affaires que ne le font les dieux grecs ou romains. Les dieux grecs et romains vivent entre eux, mènent leurs intrigues à eux. Ils se soucient des hommes comme les hommes se soucient des fourmis. Les relations avec eux se limitent à quelques rites et sacrifices dont il est facile de s'acquitter : une fois que c'est fait, on est en règle. Le dieu des Juifs, lui, demande aux Juifs de l'aimer, de penser à lui sans cesse, d'accomplir sa volonté, et cette volonté est exigeante. Il veut pour Israël le meilleur, qui se trouve être toujours le plus difficile. Il lui a donné une Loi pleine d'interdits qui l'empêchent de frayer avec les autres peuples. Il veut le faire marcher par des sentiers escarpés – dans la montagne, dans le désert, loin des plaines accueillantes où les autres peuples mènent une vie tranquille. Régulièrement, Israël renâcle, voudrait se reposer, frayer avec les autres peuples, mener comme eux une vie tranquille. Son dieu alors se met en colère et soit l'accable d'épreuves, soit lui envoie des hommes inspirés, malcommodes, pour lui rappeler sa vocation. Ces imprécateurs sont les prophètes. Ils s'appellent Osée, Amos, Ézéchiel, Isaïe, Jérémie. Ils manient la carotte et le bâton, surtout le bâton. Ils se dressent devant les rois pour leur faire honte de leur conduite. Ils promettent au peuple infidèle de terribles catastrophes dans l'immédiat et, plus tard, s'il revient dans le droit chemin, un *happy end* qui se résume au règne d'Israël sur toutes les autres nations.

Ce ne serait jamais, ce règne, qu'une restauration, pensent les Juifs qui vivent dans le souvenir d'une époque légendaire où leur royaume était puissant. Un Grec comme Luc peut les comprendre. Si différents soient-ils, Juifs et Grecs sont, sous le joug romain, logés à la même enseigne. Leurs cités autrefois glorieuses sont devenues des colonies romaines. Ni l'agora des Grecs ni le Temple des Juifs n'ont plus aucun pouvoir. Pourtant quelque chose subsiste de leurs gloires révolues, parce qu'elles se situent sur un autre plan. Les Romains sont les meilleurs conquérants que le monde ait connu depuis Alexandre, et ils administrent bien mieux que lui ce qu'ils ont conquis. Cela n'empêche pas Grecs et Juifs de rester sans rivaux sur leurs terrains, qui sont ce qu'aujourd'hui nous appellerions, d'un côté la culture, de l'autre la religion. En ce qui concerne les Grecs, les Romains ne s'y trompent pas : ils se sont mis à parler leur langue, à copier leurs statues, à imiter leurs raffinements avec un zèle de parvenus. Les Juifs, ils les distinguent moins bien dans la masse des peuples orientaux querelleurs et bizarres qu'ils asservissent sans les fréquenter, mais cela, les Juifs s'en moquent : ils se savent supérieurs, élus par le vrai dieu, champions du monde d'amour pour lui. Ils s'exaltent du contraste entre l'obscurité de leur condition présente et l'incommensurable grandeur à laquelle ils sont appelés. Certains Grecs, comme Luc, en sont impressionnés.

Attention : quand je dis « les Grecs », quand saint Paul dit « les Grecs », cela ne désigne pas seulement le petit peuple d'aristocrates qui, au Ve siècle avant notre ère, a inventé la démocratie, mais tous les peuples des pays conquis par Alexandre le Grand deux cents ans plus tard, et qui parlaient le grec. À partir du IIIe siècle, on devenait grec par assimilation culturelle, qui n'avait à voir ni avec le sang ni avec le sol. En Macédoine, en Turquie, en Égypte, en Syrie, en Perse et jusqu'en Inde s'est développée cette civilisation qu'on a nommée « hellénistique », qui ressemblait par beaucoup de traits à la nôtre et qu'on pourrait dire, comme la nôtre, mondialisée. C'était une civilisation asservie, frivole, inquiète, veuve d'idéaux. Celui de la cité, qui avait fait la grandeur de la Grèce au temps de Périclès, n'était plus depuis longtemps de saison. On ne croyait plus aux dieux, mais beaucoup à l'astrologie, à la magie, aux mauvais sorts. On invoquait toujours le nom de Zeus, mais c'était, dans le peuple, pour le métisser dans un syncrétisme très *new age* avec toutes les divinités orientales qui passaient à portée de la main, et, chez les lettrés, pour en faire une pure abstraction. La philosophie qui, trois siècles plus tôt, s'occupait de la meilleure façon de gouverner les cités, savait qu'à ce sujet elle n'avait plus son mot à dire. Elle n'était plus qu'une recette de bonheur individuel. La cité ne pouvant plus être autonome, il revenait à l'homme de l'être, ou d'essayer. L'école stoïcienne, qui a été l'idéologie dominante de ce temps, invitait à se protéger du monde, à faire de soi une île, à cultiver des vertus négatives : l'apathie, qui est absence de souffrance, l'ataraxie, qui est absence d'agitation et donne son nom à un anxiolytique dont j'ai pris de fortes doses à un moment de ma vie, l'Atarax. Rien n'est plus désirable, dit le stoïcisme, que l'absence de désirs : elle seule procure la tranquillité de l'âme. Le bouddhisme n'est pas loin.

La longue scène de ménage entre Israël et le dieu d'Israël n'aurait aucune raison d'intéresser Luc s'il ne l'interprétait comme une allégorie des rapports entre l'homme – paresseux, inconstant, dispersé – et quelque chose, en lui ou hors de lui, de plus grand que lui. Ce quelque chose, les écrivains antiques l'appelaient indifféremment les dieux ou le dieu, ou la nature, ou le destin, ou le *Logos*, et la figure secrète de la vie de chacun, c'est la relation qu'il entretient avec cette puissance.

Il y avait à Alexandrie un rabbin très célèbre appelé Philon, qui avait pour spécialité de lire les écritures de son peuple à la lumière de Platon et d'en faire une épopée philosophique. Au lieu de s'imaginer, d'après le premier chapitre de la Genèse, un dieu barbu, allant et venant dans un jardin et qui aurait créé l'univers en six jours, Philon disait que le nombre six symbolisait la perfection et que ce n'est pas pour rien si, contre toute logique apparente, il y a dans ce même livre de la Genèse deux récits de la création, contradictoires : le premier raconte la naissance du *Logos*, le second le modelage de l'univers matériel par le démiurge dont parle aussi le *Timée* de Platon. La cruelle histoire de Caïn et Abel mettait en scène l'éternel conflit entre l'amour de soi et l'amour de Dieu. Quant à la tumultueuse liaison d'Israël et de son dieu, elle se transposait sur le plan intime entre l'âme de chacun et le principe divin. Exilée en Égypte, l'âme se languissait. Conduite par Moïse au désert, elle apprenait la soif, la patience, le découragement, l'extase. Et quand elle arrivait en vue de la terre promise, il lui fallait batailler contre les tribus qui s'y étaient installées et les massacrer sauvagement. Ces tribus, d'après Philon, n'étaient pas de vraies tribus mais les passions mauvaises que l'âme devait dompter. De même, quand Abraham, voyageant avec sa femme Sara, est hébergé par des Bédouins patibulaires et, pour n'avoir pas d'ennuis avec eux, leur propose de coucher avec Sara, Philon ne mettait pas ce maquereautage sur le compte des mœurs rugueuses d'antan, ou du désert : non, il disait que Sara était le symbole de la vertu et qu'il était très beau de la part d'Abraham de ne pas se la garder pour lui tout seul. Cette méthode de lecture que les rhétoriciens nommaient allégorie, Philon préférait l'appeler *trepain*, qui veut dire passage, migration, exode, car s'il était persévérant et pur l'esprit du lecteur en sortait modifié. Il appartenait à chacun de réaliser son propre exode spirituel, de la chair à l'esprit, des ténèbres du monde physique à l'espace lumineux du *Logos*, de l'esclavage en Égypte à la liberté en Canaan.

Philon est mort très vieux, quinze ans après Jésus dont il n'a certainement jamais entendu le nom, et cinq ans avant que Luc rencontre Paul sur le port de Troas. Est-ce que Luc l'a lu, je n'en sais rien, mais je pense qu'il connaissait du judaïsme une version fortement hellénisée, tendant à transposer l'histoire de ce petit peuple exotique, à peine situé sur la carte, en termes accessibles à l'idéal grec de sagesse. En allant à la synagogue, il n'avait pas du tout l'impression d'embrasser une religion, plutôt de fréquenter une école de philosophie – exactement comme, pratiquant le yoga ou la méditation, nous nous intéressons aux textes bouddhistes sans nous estimer tenus de croire à des divinités tibétaines ou de faire tourner des moulins à prières.

6

La scène se passe à la synagogue de Troas. Luc voyage pour des affaires qui ont sans doute à voir avec son métier de médecin. C'est son habitude, lorsqu'il est de passage dans une ville étrangère, d'aller le jour du sabbat à la synagogue. Il n'y connaît personne mais il n'est pas dépaysé car c'est partout pareil, les synagogues. Une pièce simple, presque nue. Pas de statues, pas de fresques, pas d'ornements. Cela aussi lui plaît, lui repose l'âme.

Après l'habituelle lecture de la Loi et des Prophètes, le chef de la synagogue demande si quelqu'un souhaite prendre la parole. Selon l'usage, il la propose d'abord aux nouveaux venus. Bien qu'il soit nouveau venu, ce n'est pas le genre de Luc de se mettre en avant. Je l'imagine même craignant d'être remarqué, craignant que le regard du chef de la synagogue s'arrête sur lui, mais il n'a pas le temps de s'inquiéter car un homme se lève, gagne le centre de la salle. Il se présente comme Paul, un rabbin venu de la ville de Tarse.

Il ne paie pas de mine : pauvrement vêtu, petit, râblé, chauve, les sourcils noirs se rejoignant au-dessus du nez. Il regarde les gens, autour de lui, comme un gladiateur regarde le public avant un combat. Sa voix est basse, il parle lentement au début mais à mesure qu'il s'échauffe son débit se précipite, devient véhément, saccadé.

« Hommes d'Israël, commence Paul, mais vous aussi, les prosélytes, écoutez. Le Dieu d'Israël a élu nos pères. Il a fait grandir son peuple durant son exil en Égypte. Déployant la force de son bras, il l'a fait sortir de l'esclavage des Pharaons et l'a conduit au désert où il est resté quarante ans... »

Le public hoche la tête, Luc aussi. Ils connaissent. Et ils connaissent la suite, que l'orateur rappelle sans grand sens de l'ellipse mais avec un louable souci de la chronologie. Après les quarante ans au désert, l'installation des douze tribus sur la terre de Canaan, puis le gouvernement des Juges, puis celui des Rois dont le plus grand fut David, fils de Jessé, un homme selon le cœur du Seigneur...

« Dans la descendance de David, continue Paul, le Seigneur a promis de faire naître un enfant qui, devenu homme, sera une grande lumière pour son peuple... »

Nouveaux hochements de tête. Cela aussi, on connaît.

« Et maintenant, poursuit l'orateur, maintenant, hommes d'Israël, écoutez bien ! Apprenez que le Seigneur a tenu sa promesse. Apprenez qu'il a donné à son peuple le Sauveur qu'il attendait, et que ce Sauveur s'appelle Jésus. »

À cet endroit, Paul marque un silence et toise son auditoire, qui met un peu de temps à prendre la mesure de ce qu'il vient d'entendre.

Il n'y a rien d'inhabituel dans l'évocation du Sauveur qui doit venir un jour, récompenser les bons, punir les méchants et restaurer Israël dans sa royauté. Un prosélyte comme Luc a souvent entendu le nom ou plutôt le titre de ce *Kristos* : le Sauveur, le Messie, celui qui a reçu l'onction divine. En tant que Grec, ça ne l'intéresse pas tellement.

Quand il en est question à la synagogue, il écoute d'une oreille distraite. Il a tendance à ranger ça dans ce bric-à-brac du judaïsme, plus folklorique que philosophique, qui ne concerne que les Juifs. De toute façon, ce qu'on dit toujours, c'est qu'il *doit* venir. Or c'est tout autre chose que dit Paul : qu'il *est* venu. Qu'il a un autre nom que *Kristos*, un nom de Juif parfaitement banal, Jésus, en version originale *Ieshoua*, et ce nom, venant après la majestueuse litanie des Samuel, Saul, Benjamin, David, fait un effet aussi incongru que si après avoir dévidé la liste des rois de France on disait que le dernier, c'est Gérard ou Patrick.

Jésus ? Qui c'est, Jésus ?

On hausse les sourcils, on les fronce. On échange des regards perplexes. Mais ce n'est pas fini. Cela ne fait que commencer.

« Jésus était le Christ, reprend Paul. Mais les habitants de Jérusalem et leurs chefs ne l'ont pas reconnu. Sans le savoir, ils ont accompli les paroles des prophètes que vous lisez, chaque sabbat. Ils ont refusé de l'écouter. Ils se sont moqués de lui. Ils ne se sont pas contentés de se moquer de lui. Sans aucun motif, ils l'ont condamné et ils l'ont fait mourir sur la croix. »

Remous dans l'assistance : « Sur la croix ! »

La croix est un supplice affreux et surtout infamant. Il ne peut concerner que la lie de l'humanité : bandits de grand chemin, esclaves en fuite. Pour continuer à transposer, c'est comme si on annonçait que le sauveur du monde, en plus de s'appeler Gérard ou Patrick, a été condamné pour pédophilie. On est choqué mais captivé. Au lieu de parler plus fort, comme le ferait un orateur moins habile, Paul baisse la voix. Le public est forcé de se taire, et même de s'approcher pour l'entendre.

« Ils l'ont mis au tombeau.
Et au bout de trois jours, comme il est dit dans les Écritures, le Seigneur l'a ressuscité.
Il est apparu d'abord à ses douze compagnons les plus proches, et ensuite à beaucoup d'autres. La plupart sont encore en vie : ils peuvent en témoigner. Moi aussi, je peux en témoigner, car il m'est apparu en dernier, alors que je suis seulement un avorton et que je ne l'ai pas même connu de son vivant. Ils l'ont vu, je l'ai vu, respirant et parlant alors qu'il était mort. Celui qui a été témoin d'une chose pareille, il ne peut plus rien faire d'autre qu'en témoigner. C'est pourquoi je cours le monde en disant ce que je viens de vous dire. La promesse faite à nos pères, le Seigneur l'a accomplie. Il a ressuscité Jésus et nous aussi il nous ressuscitera. Tout cela est pour bientôt, bien plus tôt que vous ne pensez. Je sais que c'est difficile à croire. Pourtant, c'est à vous qu'il est demandé de le croire. Vous, les enfants de la race d'Abraham, vous à qui la promesse a été faite, mais pas seulement vous. Ce que je dis vaut aussi pour les Grecs, les prosélytes. Cela vaut pour tous. »

7

J'ai essayé de reconstituer ce que disait Paul : le discours type qu'ont entendu, dans des synagogues de Grèce et d'Asie, vers l'an 50 de notre ère, les gens qui se sont convertis à quelque chose qu'on n'appelait pas encore le christianisme. J'ai compilé et paraphrasé les sources les plus anciennes. Pour ceux que cette cuisine intéresse, il y a un peu de la grande profession de foi qu'on trouve dans la première lettre de Paul aux Corinthiens, beaucoup d'une longue tirade que Luc, quarante ans plus tard, a placée dans la bouche de Paul au chapitre XIII des Actes des apôtres. Sans garantir que cette reconstitution soit exacte au mot près, je la crois très proche de la vérité. Paul commençait en terrain connu, récapitulait l'histoire juive, rappelait la promesse vers quoi elle tend, et tout à coup assenait que cette promesse avait été tenue. Le Messie, le Christ, était venu sous le nom de Jésus. Il était mort ignominieusement, puis ressuscité, et ceux qui croyaient cela ressusciteraient aussi. D'un discours familier et même un peu routinier, on passait sans crier gare à quelque chose dont il est difficile, habitués que nous sommes à son extravagance, de mesurer l'effet scandaleux.

Quand Luc rapporte les réactions à la prédication de Paul, c'est toujours le même scénario. Après un moment d'effarement, une partie de l'auditoire s'enthousiasme tandis que l'autre crie au blasphème. Ces réactions tranchées ne surprenaient pas Paul. Ce qu'il annonçait coupait le monde en deux aussi nettement qu'un coup de hache. Ceux qui le croyaient, ceux qui ne le croyaient pas : deux humanités séparées.

Luc n'a pas été scandalisé. Pour autant, a-t-il cru sur-le-champ ce que disait Paul ? J'ai du mal à l'imaginer. Mais au détour d'une phrase, dans les Actes, il évoque une troisième réaction : celle des gens qui, en sortant de la synagogue, faisaient quelques pas avec l'apôtre, lui posaient des questions. Peut-être parce que ce serait aussi ma réaction, je vois bien Luc faisant partie de ce troisième groupe : ceux qui ne déchirent pas leurs vêtements en signe d'indignation, ne se prosternent pas non plus, mais qui sont intrigués, troublés par la conviction de l'orateur et, sans prendre d'engagement, ont envie d'en savoir plus.

La discussion, aujourd'hui, se prolongerait au café, et peut-être Luc s'est-il attablé avec Paul et ses deux compagnons de voyage dans une taverne, sur le port de Troas. Caïques à l'arrière-plan, filets qui sèchent, poulpes grillés dans une soucoupe, pichet de vin résiné : on voit le tableau. Bientôt les deux autres vont se coucher. Luc reste seul avec Paul. Ils parlent jusqu'à l'aube, ou plutôt Paul parle, parle, et Luc écoute. Au matin tout lui semble différent. Le ciel n'est plus le même, les gens ne sont plus les mêmes. Il sait qu'un homme est revenu d'entre les morts et que sa vie à lui, Luc, ne sera désormais plus la même.

Cela s'est peut-être passé comme ça. Ou alors...
Je crois que j'ai une meilleure idée.

8

Luc était médecin, Paul était malade. Il en parle à plusieurs reprises dans ses lettres. Dans celle qu'il a écrite aux Galates, il rappelle qu'il a fait longuement étape chez eux à cause de cette maladie, et il les remercie de n'avoir marqué ni mépris ni dégoût devant son corps infirme – alors que c'était pour eux une épreuve. Il insiste beaucoup là-dessus : il fallait du mérite pour l'approcher. Dans une autre lettre, il se plaint d'une « écharde dans la chair ». À plusieurs reprises, il a supplié Dieu de l'en délivrer mais Dieu n'a pas voulu. Il s'est contenté de lui répondre : « Ma grâce te suffit. »

Des milliers de pages ont été écrites sur cette « écharde dans la chair ». Que pouvait être cette maladie mystérieuse qui, dans les moments de crise, rendait le corps de Paul si répugnant pour les autres et lui causait, à lui, des souffrances assez grandes pour qu'il importune Dieu à son sujet ? Ce qu'il en dit fait penser à une maladie de peau, de celles qui font se gratter jusqu'au sang – eczéma, psoriasis géant –, mais aussi à ce que dit Dostoïevski de ses attaques du haut mal, ou Virginia Woolf de ses plongées dans la dépression – je pense à cette entrée de son journal, si simple, si poignante : « Aujourd'hui, l'horreur est revenue. » On ne saura jamais ce qu'avait Paul, mais on devine à le lire que c'était quelque chose d'effroyablement pénible et même de honteux. Quelque chose qui revenait toujours, même quand après de longues périodes de rémission il pouvait s'en croire débarrassé. Quelque chose qui nouait le corps et l'âme.

Seconde version, donc. Luc assiste au scandale dans la synagogue. Il rentre à son auberge, songeur. Il vaque à ses affaires. Le lendemain, on vient le chercher parce qu'un autre voyageur est malade. Cet autre voyageur, c'est Paul. Dévoré de fièvre, ravagé de douleur, le corps et peut-être le visage couverts d'un drap taché de pus et de sang. Luc pense qu'il va mourir. Il le veille, il fait ce qu'il peut pour le soulager mais rien ne semble pouvoir le soulager. Pendant deux jours il ne quitte pas le chevet du mourant qui parle d'une voix rauque, sifflante, qui dans un demi-délire dit des choses encore plus étranges qu'à la synagogue et qui, finalement, ne meurt pas. Ensuite, on retrouve la version précédente de la scène, la conversation entre les deux hommes, plus intime, plus confiante à cause de ce qui vient de se passer, et il faut se demander maintenant ce que Paul racontait, en petit comité.

9

Ceux qui ont connu les palabres politiques d'après Mai 68 se rappellent la rituelle question : « D'où tu parles, toi ? » Je la trouve toujours pertinente. Pour être touché par une pensée, j'ai besoin qu'elle soit portée par une voix, qu'elle émane d'un homme, que je sache quel chemin elle s'est frayé en lui. Je pense même que, dans une discussion, les seuls arguments de poids sont les arguments *ad hominem*. Paul faisait partie des hommes qui ne se font pas prier pour dire d'où ils parlent, c'est-à-dire pour parler d'eux, et Luc n'a pas tardé à connaître son histoire, aussi déroutante que ses discours.

Paul raconte qu'autrefois il s'appelait Saul, du nom du premier roi d'Israël. C'était un jeune Juif d'une extrême piété. Ses parents, des commerçants prospères de la grande ville orientale de Tarse, voulaient qu'il devienne un rabbin et ils l'ont envoyé étudier auprès de Gamaliel, le grand maître pharisien de Jérusalem. Les pharisiens étaient les spécialistes de la Loi, des hommes d'étude et de foi dont les avis, comme ceux des *oulemas* dans l'islam, faisaient jurisprudence. Saul rêvait de devenir un second Gamaliel. Il lisait et relisait sans relâche la Torah, en scrutait chaque mot avec ferveur.

Un jour, il a entendu parler d'une secte de Galiléens qui se nommaient eux-mêmes « ceux qui suivent la Voie » et se distinguaient des autres Juifs par une croyance étrange. Leur maître, quelques années plus tôt, avait pour des raisons assez obscures été supplicié sur la croix, chose déjà choquante mais qu'ils n'essayaient pas de dissimuler : au contraire, ils la revendiquaient. Plus choquant encore : ils refusaient de croire à sa mort. Ils disaient l'avoir vu mettre au tombeau, et puis, ensuite, vivant, parlant, mangeant. Ils disaient qu'il était ressuscité. Ils voulaient que tout le monde l'adore comme le Messie.

Entendant cela, Saul aurait pu hausser les épaules, mais il a réagi exactement comme réagissaient à présent les plus pieux de ses auditeurs : en criant au blasphème, et il ne plaisantait pas avec le blasphème. Sa piété allait jusqu'au fanatisme. Il ne se contentait pas d'approuver qu'on lapide sous ses yeux un adepte du crucifié : il voulait agir, payer de sa personne. Il surveillait les maisons où on lui avait dit que se réunissaient les adeptes de la Voie. Suspectait-il quelqu'un d'en faire partie, il le dénonçait aux grands prêtres, le faisait arrêter et jeter en prison. Il ne respirait, de son propre aveu, que menace et meurtre à l'endroit de ces hérétiques. Un jour, il a décidé de partir pour Damas où on lui en avait signalé, avec le projet de les ramener à Jérusalem, chargés de chaînes. Mais alors qu'il cheminait, en plein midi, sur la route caillouteuse, une vive lumière l'a soudain aveuglé, une force invisible jeté à bas de son cheval. Une voix a chuchoté à son oreille : « Saul ! Saul ! Je suis celui que tu persécutes. Pourquoi me persécutes-tu ? »

Quand il s'est relevé, il n'y voyait plus rien. Il titubait comme s'il était ivre. Ceux qui l'accompagnaient l'ont conduit, aveugle et branlant, jusqu'à une maison inconnue où il est resté trois jours, enfermé dans une pièce, seul, sans manger ni boire. Il avait peur. Ce qui lui faisait peur n'était pas un danger extérieur mais ce qui remuait, comme une bête, dans son âme. Souvent, dans les ardentes rêveries de sa jeunesse, il avait senti quelque chose d'énorme et de menaçant rôder autour de lui. À présent ce n'était plus autour de lui. C'était tapi au plus profond de lui, prêt à le dévorer de l'intérieur. Au bout de trois jours, il a entendu s'ouvrir la porte de la chambre et quelqu'un s'approcher. Quelqu'un s'est tenu auprès de lui, en silence, longtemps. Il entendait les battements de son cœur, la pulsation de son sang. Enfin l'homme a parlé. Il a dit : « Paul, mon frère, c'est le Seigneur qui m'envoie. Il veut que ton cœur s'éveille. »

Tandis que l'inconnu prononçait ces mots, celui qui s'appelait encore Saul essayait de résister. Il luttait de toutes ses forces, épouvanté par cette chose énorme et menaçante qui grandissait en lui et voulait l'en expulser. Il aurait voulu rester lui-même, continuer à s'appeler Saul, ne pas se laisser envahir, ne pas se rendre. Il pleurait, il était secoué de tremblements. Puis, d'un coup, tout a cédé. Il a accepté l'invasion. Et au lieu de le détruire, la chose énorme et menaçante qui avait grandi en lui s'est mise à le bercer comme un enfant. Ce qu'il avait tellement redouté lui apparaissait comme le plus grand bonheur, un bonheur inimaginable quelques instants plus tôt et à présent évident, imprenable, éternel. Il n'était plus Saul, le persécuteur, mais Paul, qui serait un jour persécuté, et se réjouissait d'être persécuté, et un à un ses frères qui le seraient aussi entraient dans la pièce, l'entouraient.

Ils l'embrassaient, mêlaient aux siennes leurs larmes de joie. Les mots, entre eux, n'étaient plus nécessaires.

Leurs cœurs se répondaient, silencieux, extatiques. Il n'y avait plus de cloisons, plus d'opacité, plus de malentendu. Tout ce qui sépare les hommes les uns des autres avait disparu, et tout ce qui les sépare du plus secret d'eux-mêmes. Tout était désormais transparence et lumière. Il n'était plus lui-même, il était enfin lui-même. Une épaisse membrane lui était tombée des yeux. Il voyait à nouveau, mais cela n'avait rien de commun avec sa vue d'avant. L'horreur et la pitié le saisissaient quand il revoyait, dans un éclair, celui qu'il avait été jusqu'à sa délivrance, et le monde enténébré où il avait vécu en le croyant réel. L'horreur et la pitié le saisissaient aussi quand il pensait à ceux, si nombreux, qui erraient encore dans ce monde enténébré, sans savoir, sans rien soupçonner. Il s'est juré alors de venir à leur secours, de n'en abandonner aucun, de triompher de leur peur de la métamorphose comme Jésus en personne avait triomphé de la sienne.

Béni par les frères de Damas, Saul est retourné à Jérusalem. Sous son nouveau nom de Paul, il est allé dans les synagogues proclamer que l'homme crucifié quelques années plus tôt était bien le Christ, le Messie qu'Israël attendait. Ses maîtres et amis pharisiens l'ont renié. Quant à ceux qu'il avait poursuivis de sa haine, ils se méfiaient de lui, craignaient une ruse. Il a fini par les convaincre de la sincérité de sa conversion et ils l'ont envoyé au-delà des frontières d'Israël, pour qu'il annonce non seulement aux Juifs mais aux gentils la nouvelle de la mort et de la résurrection du Christ, préludant à la mort et à la résurrection de toute l'humanité.

Paul faisait tout autre chose que démontrer, à l'aide des Écritures, la validité et les lettres de créance d'une doctrine. Il disait : Tu dors, éveille-toi. Si tu acceptes que ton cœur m'écoute, tu t'éveilleras. Ta vie changera du tout au tout. Tu ne comprendras même pas comment tu as pu vivre cette vie-là, lourde et enténébrée, comment d'autres continuent à la vivre comme si c'était la vie, sans se douter de rien. Il disait : Tu es une chenille, vouée à devenir un papillon. Si on pouvait expliquer à la chenille ce qui l'attend, elle aurait certainement du mal à le comprendre. Elle aurait peur. Personne ne se résout facilement à cesser d'être ce qu'il est, à devenir autre chose que soi-même. Mais c'est cela, la Voie. Une fois passé de l'autre côté, on ne se rappelle même plus celui qu'on était autrefois, celui qui se moquait ou qui avait peur, c'est la même chose. Quelques-uns se le rappellent : ce sont les meilleurs guides. C'est pour cela que moi, Paul, je te raconte tout cela.

10

Paul disait aussi que la fin des temps était proche. Il en était absolument persuadé et c'est une des premières choses dont il persuadait ses interlocuteurs. La fin des temps était proche parce que cet homme qu'il appelait le

Christ était ressuscité, et si cet homme qu'il appelait le Christ était ressuscité c'est parce que la fin des temps était proche. Elle n'était pas proche abstraitement, comme on peut dire que la mort l'est de chacun de nous, à tout instant. Non, disait Paul, elle aura lieu de notre vivant, à nous qui sommes en train de parler. Aucun de nous qui sommes ici ne mourra sans avoir vu le Sauveur remplir le ciel de sa puissance et séparer les bons des méchants. Si l'interlocuteur haussait les épaules, ce n'était pas la peine de continuer. Il serait aussi vain d'exposer la voie du Bouddha à quelqu'un que laisserait indifférent la première de ses nobles vérités – tout dans la vie humaine est changement et souffrance – et la question qui la suit logiquement : existe-t-il un moyen d'échapper à cette suite de changements et de souffrances ? Quelqu'un qui n'adhère pas à ce diagnostic et qui ne se pose pas la question du remède, quelqu'un qui trouve la vie très bien comme ça n'a aucune raison de s'intéresser au bouddhisme. De la même façon, quelqu'un qui au Ier siècle de notre ère n'avait pas envie de croire que le monde allait vers une fin imminente n'était pas un client pour Paul.

J'ignore jusqu'à quel point cette disposition était répandue à l'époque. Il me semble qu'aujourd'hui, elle l'est. Si je me réfère à ce que je connais – mon pays, mon petit milieu socioculturel –, il me semble que beaucoup de gens pensent, de façon diffuse, mais insistante, que pour toutes sortes de raisons nous allons droit dans le mur. Parce que nous devenons trop nombreux pour l'espace qui nous est imparti. Parce que des parties de plus en plus grandes de cet espace, à force que nous les saccagions, sont en passe de devenir inhabitables. Parce que nous avons les moyens de nous autodétruire et qu'il serait étonnant que nous ne les utilisions pas. À partir de ce constat se forment deux familles d'esprits, représentées dans notre foyer par Hélène et par moi. La première famille, à la frange modérée de laquelle j'appartiens, pense que nous allons, peut-être pas vers la fin du monde mais vers une catastrophe historique majeure, impliquant la disparition d'une partie appréciable de l'humanité. Comment cela se passera, sur quoi cela débouchera, les gens de cette chapelle n'en savent rien mais ils pensent que, si ce n'est pas eux, leurs enfants seront aux premières loges. Que cela ne les empêche pas de faire des enfants montre à quel point, par leurs franges modérées qui sont de loin les plus nombreuses, les deux familles d'esprit cohabitent facilement. Quand, à la table de la cuisine, je répète ce que j'ai lu dans le livre d'un sociologue allemand sur les guerres cauchemardesques qui ne manqueront pas de résulter des transformations du climat, Hélène, membre de la seconde famille, répond que oui, bien sûr, il y a des catastrophes historiques, la Grande Peste, l'épidémie de grippe espagnole, les deux guerres mondiales, oui il y a de grandes mutations, des changements de civilisations et, comme on dit maintenant, de paradigmes, mais aussi que depuis que l'humanité existe une de ses activités favorites est de redouter et d'annoncer la fin du monde et qu'elle n'a pas plus de raison d'advenir aujourd'hui ou demain que dans les mille circonstances où elle a, par le passé, semblé certaine aux esprits de mon genre.

Un fou furieux, Caligula, venait de régner sur Rome. Bientôt un autre, Néron, allait paraître. La terre tremblait souvent, les volcans recouvraient de lave des villes entières et on tirait présage de ce que des truies donnaient naissance à des monstres à griffes d'épervier. Est-ce assez pour conclure que le premier siècle était plus qu'un autre agité par des croyances apocalyptiques ? Israël, oui, sans doute, mais le monde gréco-romain à l'apogée de l'Empire, de sa puissance et de sa stabilité ? Le monde auquel appartenait quelqu'un comme Luc ?

Je ne sais pas.

11

Paul voyageait alors avec deux compagnons, dont les Actes des apôtres nous disent qu'ils se nommaient Silas et Timothée. Je ne sais trop que faire pour l'instant de ces seconds rôles, ce qui m'importe est que jusqu'à Troas ce trio est désigné comme « ils » et qu'au départ de Troas il devient « nous » : Luc entre en scène.

Les Actes rapportent aussi qu'au moment de leur rencontre Paul hésite sur son itinéraire. Parti de Syrie, il vient de passer cinq ans à parcourir la Cilicie, la Galatie, la Pamphilie, la Lycaonie, la Phrygie, la Lydie. Ces noms exotiques sont ceux d'anciens royaumes hellénistiques, devenus de lointains districts de l'Empire romain. En gros, ils couvrent d'est en ouest l'actuelle Turquie. S'écartant des côtes et des ports où se concentre la population, Paul s'est enfoncé dans l'intérieur des terres. Il circulait à pied, les jours fastes à dos de mulet, sur de mauvaises routes infestées de brigands. Son avoir tenait dans un sac, son manteau lui servait de tente. Les cartes n'existaient pas, l'horizon d'un village se bornait au village voisin, au-delà c'était l'inconnu. Paul allait vers l'inconnu. Il a gravi des montagnes escarpées, franchi des cols, vu ces étranges concrétions rocheuses qui aujourd'hui encore émerveillent les touristes visitant la Cappadoce, et atteint sur le vaste plateau anatolien des bourgades endormies où il y avait pourtant des colonies juives, mais c'étaient des Juifs si rustiques, si naïfs, si éloignés de tout, qu'au contraire de ceux qui peuplaient les grandes villes ils faisaient bon accueil aux paroles de Paul et adoptaient le Christ sans murmurer. Au bout de cinq ans, estimant ces communautés assez affermies dans leur foi pour qu'elles se débrouillent sans lui, il a voulu revenir vers des zones plus civilisées. Son objectif était de poursuivre sa mission en Asie, qui est la partie côtière à l'ouest de la Turquie.

Alors l'Esprit de Dieu lui a barré la route.

C'est ainsi que Luc l'écrit, sans sourciller ni préciser quelle forme a pris cette intervention de l'Esprit. La scène, du coup, est assez difficile à se représenter. Espérant en apprendre davantage, je me suis reporté aux notes de la Bible de Jérusalem et de la Traduction œcuménique de la Bible, qu'à partir de maintenant j'appellerai familièrement la BJ et la TOB. Ces deux traductions sont celles que je garde en permanence sur ma table de travail. À portée de main, sur une étagère, j'ai aussi celle, protestante, de Louis Segond, celle de Lemaître de Sacy, dite « Bible de Port-Royal », et la plus récente, celle des éditions Bayard, dite « Bible des écrivains », dont je reparlerai sans doute parce que j'y ai collaboré. Les notes de la BJ et de la TOB sont abondantes et en général très bien faites, mais si on veut savoir comment l'Esprit de Dieu s'y est pris pour barrer la route à Paul il faut avouer qu'elles sont assez décevantes. Tout en formulant des hypothèses légèrement divergentes sur l'itinéraire de l'apôtre, elles se contentent toutes deux de dire que l'Esprit a empêché Paul d'aller en Asie parce que son dessein était de le faire aller en Europe.

Il y a heureusement une version plus rationaliste de l'affaire. C'est celle de Renan. Les apôtres, dit-il, vivaient dans un monde de signes et de prodiges, pensaient en toutes circonstances obéir à l'inspiration divine et interprétaient leurs rêves, des incidents fortuits, les contretemps qui ne cessent de survenir lors d'un voyage comme autant d'injonctions de l'Esprit. Dans cette version-là, Paul aurait dit à Luc qu'il se sentait à la croisée des chemins et ne savait où diriger ses pas. Luc, qui retournait chez lui, en Macédoine, aurait offert de lui servir de guide et de lui présenter là-bas des gens que son annonce pourrait intéresser. Paul en aurait conclu que Luc lui était envoyé par l'Esprit. Il a peut-être rêvé de lui, la nuit suivante. Dans le passage des Actes qui m'a servi de brèche pour entrer dans ce récit, il est question d'un Macédonien qui apparaît à Paul pour l'inviter au nom de ses compatriotes à passer sur l'autre rive. Ce mystérieux Macédonien, ne serait-ce pas Luc lui-même ? L'histoire ne perd rien, je trouve, à être racontée comme cela.

12

Je viens d'en appeler à l'autorité de Renan, je le ferai encore. C'est un de mes compagnons à moi, dans ce voyage aux pays du Nouveau Testament. J'ai ses deux gros volumes sous la main à côté de mes Bibles et je pense qu'il est temps de le présenter au lecteur qui le connaît mal, ou pas.

Ernest Renan était un petit Breton élevé dans un catholicisme fervent, destiné à être prêtre. Pendant ses études au séminaire, sa foi s'est mise à vaciller. Au terme d'un long et douloureux combat intérieur, il a renoncé à servir un dieu auquel il n'était plus certain de croire. Il est devenu historien, philologue, orientaliste. Il pensait que pour écrire l'histoire d'une religion le mieux est d'y avoir cru et de ne plus y croire. C'est dans ces dispositions qu'il a entrepris son grand œuvre dont le premier volume, la *Vie de Jésus*, a soulevé en 1863 un énorme scandale. Savant paisible et animé par le goût de la connaissance pure, Renan a été un des hommes les plus haïs de son temps. On l'a excommunié, on lui a repris sa chaire au Collège de France. Tous les grands pamphlétaires de la droite catholique, Barbey d'Aurevilly, Léon Bloy, J.K. Huysmans, l'ont traîné dans la boue. Voici, pour donner le ton, quelques lignes de Bloy : « Renan, le Dieu des esprits lâches, le sage entripaillé, la fine tinette scientifique d'où s'exhale vers le ciel, en volutes redoutées des aigles, l'onctueuse odeur d'une âme exilée des commodités qui l'ont vu naître. »

Des gens dont je respecte le goût sans le partager tiennent Bloy pour un très grand écrivain. Ce sont les mêmes qui, de toute la Bible, retiennent avant tout le verset de l'Apocalypse disant que Dieu « vomit les tièdes ». Renan prêtait le flanc, il faut l'avouer, à cette caricature. Il était gras, bonasse, calé dans son fauteuil par de douillets petits coussins, avec une figure de chanoine et cet air de faux cul, peut-être trompeur, qui a beaucoup desservi le pape Benoît XVI. Cela dit, ce qui pendant plusieurs générations l'a fait considérer comme l'Antéchrist, au point qu'on courait se confesser après avoir *vu* l'un de ses livres dans la vitrine d'une librairie, m'apparaît et devrait apparaître, je pense, à une grande partie de mes lecteurs comme une exigence minimale de rigueur et de raison.

(C'est ce que je pense aujourd'hui, bien sûr : si j'avais lu Renan il y a vingt ans, quand j'étais catholique dogmatique, je l'aurais détesté et j'en aurais même été fier.)

Tout le projet de Renan est de donner à des événements réputés surnaturels une explication naturelle, de ramener le divin à l'humain et la religion sur le terrain de l'histoire. Il veut bien que chacun pense ce qu'il veut, croie ce qu'il veut, il est tout sauf sectaire, simplement chacun son métier. Lui a choisi d'être historien, pas prêtre, et le rôle d'un historien n'est pas, ne peut pas être de dire que Jésus est ressuscité, ni qu'il est le fils de Dieu, seulement qu'un groupe de gens, à un certain moment, dans des circonstances qui méritent d'être racontées en détail, se sont mis en tête qu'il était ressuscité, qu'il était le fils de Dieu, et sont même parvenus à en persuader d'autres. Refusant de croire à la résurrection et plus généralement aux miracles, Renan raconte la vie de Jésus en essayant de savoir *ce qui a pu réellement, historiquement se passer*, que les premiers récits rapportent en le déformant en fonction de leur croyance. Devant chaque épisode de l'Évangile, il fait le tri : ça oui, ça non, ça peut-être. Sous sa plume, Jésus devient un des hommes les plus remarquables et influents qui aient vécu sur terre, un révolutionnaire moral, un maître de sagesse comme le Bouddha – mais pas le fils de Dieu, pour la simple raison que Dieu n'existe pas.

La *Vie de Jésus* reste plus instructive et agréable à lire que 99 % des livres qui chaque année continuent à paraître sur le même sujet, mais elle a quand même mal vieilli. Ce qu'elle avait de nouveau n'est plus nouveau, l'élégante fluidité de son style, très IIIe République, tourne souvent à l'onctuosité, et il est difficile pour le lecteur contemporain de ne pas être agacé quand Renan loue Jésus d'avoir été le prototype du « galant homme », d'avoir « possédé au plus haut degré ce que nous regardons comme la qualité essentielle d'une personne distinguée, je veux dire le don de sourire de son œuvre », ou oppose favorablement ses « fines railleries » de sceptique à la croyance obtuse et fanatique de Paul – sa bête noire. Mais la *Vie de Jésus* n'est que la partie émergée de l'iceberg. Le plus passionnant, ce sont les six volumes suivants de l'*Histoire des origines du christianisme*, où est racontée en détail cette histoire beaucoup moins connue : comment une petite secte juive, fondée par des pêcheurs illettrés, soudée par une croyance saugrenue sur laquelle aucune personne raisonnable n'aurait misé un sesterce, a en moins de trois siècles dévoré de l'intérieur l'Empire romain et, contre toute vraisemblance, perduré jusqu'à nos jours. Et ce qui est passionnant, ce n'est pas seulement l'histoire en soi extraordinaire que Renan raconte, mais l'extraordinaire honnêteté avec laquelle il la raconte, je veux dire sa façon d'expliquer au lecteur comment il fait sa cuisine d'historien : de quelles sources il dispose, comment il les exploite et en vertu de quels présupposés. J'aime sa façon d'écrire l'histoire, non pas *ad probandum*, comme il dit, mais *ad narrandum* : pas pour prouver quelque chose, mais simplement pour raconter ce qui s'est passé. J'aime sa bonne foi têtue, le scrupule qu'il met à distinguer le certain du probable, le probable du possible, le possible du douteux, et le calme avec lequel il répond aux plus violents de ses critiques : « Quant aux personnes qui ont besoin, dans l'intérêt de leur croyance, que je sois un ignorant, un esprit faux ou un homme de mauvaise foi, je n'ai pas la prétention de modifier leur opinion. Si elle est nécessaire à leur repos, je m'en voudrais de les désabuser. »

13

Le navire qui relie le rivage d'Asie aux côtes d'Europe débarque Paul et ses compagnons au port de Néapolis, d'où ils se dirigent vers Philippes, en Macédoine. C'est une ville nouvelle, construite par les Romains qui occupent depuis deux siècles l'ancien royaume d'Alexandre le Grand. D'un bout à l'autre de l'Empire, de l'Espagne à la Turquie, des chaussées romaines si solidement pavées que beaucoup existent encore relient les unes aux autres des villes romaines, toutes sur le même modèle : larges avenues se coupant à angle droit ; gymnase, thermes, forum ; abondance de marbre blanc ; inscriptions en latin, alors que la population parle grec ; temples dédiés à l'empereur Auguste et à son épouse Livie, dont le culte purement formel, n'engageant pas plus l'âme que les cérémonies du 11 novembre ou du 14 Juillet, coexiste sans heurt avec celui des divinités locales. On ne peut pas dire que les Romains ont inventé la mondialisation parce qu'elle existait déjà dans l'empire d'Alexandre, mais ils l'ont amenée à un point de perfection qui s'est maintenu pendant cinq siècles. C'est comme aujourd'hui les McDonald's, le Coca-Cola, les galeries marchandes, les boutiques Apple : où qu'on aille, on trouve la même chose, et il y a bien sûr des grincheux pour déplorer cet impérialisme culturel autant que politique, mais la plupart des gens sont somme toute contents de vivre dans un monde pacifié, où on circule librement, où on n'est nulle part dépaysé, où ne font plus la guerre que des soldats de métier, aux frontières lointaines de l'Empire, et sans que cela retentisse sur la vie de chacun autrement que sous la forme de fêtes et de triomphes en cas de victoire.

Une ville comme Philippes est peuplée pour moitié de Macédoniens de souche, pour moitié de colons romains. Sans doute y a-t-il peu de Juifs, car il n'y a pas de synagogue. Il existe en revanche un petit groupe qui se réunit hors les murs, au bord d'une rivière, pour célébrer informellement le sabbat. Ses membres ne sont pas juifs, ils n'ont qu'une idée très vague de la Torah. Je me les représente comme ces amateurs de yoga ou de taï-chi qui, dans une petite ville où il n'y a pas de professeur, s'arrangent pour pratiquer quand même, avec un livre, des vidéos, ou sous l'autorité du seul qui, parmi eux, a suivi ailleurs quelques cours ou participé à un stage. Ce genre de groupe, en général, est majoritairement féminin et, si hétérodoxe que ce soit s'agissant d'une religion où le service ne peut être célébré qu'en présence d'au moins dix hommes, c'est le cas de celui de Philippes : Luc, dans son récit, ne mentionne que des femmes. Il est possible qu'il les connaisse déjà, qu'il ait déjà participé à leurs réunions et qu'il sache ce qu'il fait en leur amenant ses trois nouveaux amis.

« Quand l'élève est prêt, le maître survient » : adage connu dans le milieu des arts martiaux. Il faut croire que les élèves étaient bien préparés car ils ont immédiatement reconnu en Paul le maître qu'ils attendaient. Luc parle surtout d'une certaine Lydie, qui était apparemment le leader du groupe. « Elle était tout oreilles, écrit-il. Le Seigneur avait ouvert son cœur pour la rendre attentive aux paroles de Paul. »

Malgré son engouement pour le judaïsme, Lydie n'a jamais songé à faire circoncire son mari et ses fils – personne, d'ailleurs, ne le lui a demandé. Mais dès que Paul évoque le rite un peu particulier par lequel on affirme sa foi dans ce qu'il raconte, elle insiste pour s'y soumettre. Il faut dire qu'à la différence de la circoncision, c'est indolore et ne laisse pas de trace. On entre dans la rivière, on s'agenouille, l'officiant vous maintient quelques instants la tête sous l'eau, dit d'une voix forte qu'il vous mouille au nom du Christ, et c'est fini, on ne sera plus jamais le même. Cela s'appelle le baptême. Lydie, après l'avoir reçu, veut que sa famille le reçoive aussi. Elle veut que le nouveau gourou et ses compagnons viennent habiter chez elle. Paul commence par refuser, car il a pour règle de ne dépendre de personne, mais Lydie est si enthousiaste, si chaleureuse, qu'il se laisse faire violence.

Elle est, Luc le précise, marchande de pourpre, c'est-à-dire de tissus teintés qui sont une spécialité de la région et s'exportent très bien. Pas femme de marchand, marchande. Cela sent l'entreprise prospère, le matriarcat, la femme énergique. Quatre illuminés religieux qui prennent pension dans la confortable demeure de cette femme énergique et convertissent toute sa famille, cela ferait jaser aujourd'hui dans une ville de province française et je ne vois pas de raison que cela n'ait pas fait jaser dans une ville de province macédonienne du Ier siècle.

Un petit cercle se rassemble chez Lydie, autour de Paul et de ses compagnons. Quelques années plus tard, Paul adressera aux habitants de Philippes une lettre dans laquelle il prend soin de saluer Évodie, Épaphrodite et Syntiché, et cela me fait plaisir d'écrire les noms de ces figurants, Évodie, Épaphrodite, Syntiché, qui nous sont parvenus en traversant vingt siècles. Il devait y en avoir d'autres : je dirais une dizaine, une vingtaine. Le charisme de Paul et l'autorité de Lydie font si bien que tous se mettent à croire à la résurrection de ce Jésus dont quelques jours plus tôt ils ne connaissaient même pas le nom. Tous se font baptiser. Ce faisant, ils ne pensent pas du tout trahir le judaïsme vers lequel ils se sont tournés avec un zèle aussi vif que mal informé. Au contraire, ils remercient Dieu de leur avoir envoyé ce rabbin si savant qui désormais les guide et leur montre comment adorer en esprit et en vérité. Ils continuent bien sûr à observer le sabbat, laissent leur travail de côté, allument des bougies, prient, et Paul fait tout cela avec eux, mais il leur enseigne, en plus, un rituel nouveau. C'est un repas qui a lieu non pas le jour du sabbat mais le lendemain et que Paul appelle l'agape. L'agape est un vrai repas, un repas de fête, bien que Paul insiste pour qu'on n'y mange et surtout n'y boive pas trop. Chacun est supposé y apporter un plat qu'il a préparé chez lui. Cette consigne ne devait pas marcher très bien à Philippes car le repas avait lieu chez Lydie, et Lydie telle que je l'imagine était ce genre de maîtresse de maison à la fois généreuse et tyrannique qui veut toujours tout faire elle-même, prépare toujours trois fois trop à manger et si quelqu'un essaye de l'aider dit que non, c'est très gentil mais ce n'est pas comme ça qu'il faut s'y prendre. « Laisse, laisse, je m'en occupe, va donc t'asseoir avec les autres. » À un moment de ce repas, Paul se lève, rompt un morceau de pain et dit que c'est le corps du Christ. Il lève une coupe remplie de vin et dit que c'est son sang. En silence, on fait circuler le pain et le vin autour de la table et chacun mange une bouchée de pain, boit une gorgée de vin. En souvenir, dit Paul, du dernier repas que le Sauveur a pris sur cette terre, avant d'être mis en croix. Après, on chante une sorte d'hymne où il est question de sa mort et de sa résurrection.

14

« Un jour, reprend Luc, comme nous allions prier, une esclave habitée par un esprit de python s'approcha de nous. » « Habitée par un esprit de python », mes Bibles et Renan s'accordent là-dessus, cela veut dire possédée, avec comme la Pythie de Delphes un don de prophétie et de divination. L'esclave aborde Paul, Timothée, Silas, Luc et peut-être quelques-uns de leurs adeptes philippiens. Elle les interpelle, elle les suit, elle clame à tue-tête qu'ils sont des serviteurs du Très-Haut et annoncent la voie du salut. Elle recommence le lendemain et les jours suivants. Paul, qui préférerait une publicité plus discrète, passe d'abord son chemin en détournant les yeux. Puis, l'hommage devenant de plus en plus bruyant, il perd patience et, carrément, exorcise la possédée au nom du Christ. L'esprit sort d'elle. Spasmes, soubresauts, puis prostration. Fin de la crise hystérique.

De tels exploits, à en croire Luc, Paul les réussit couramment, mais il réfléchit à deux fois avant de faire étalage de ses pouvoirs. D'un côté, cela impressionne et soulage des souffrances, de l'autre les conversions que cela favorise ne sont pas de très bonne qualité. Le plus souvent, il n'en résulte que des ennuis.

Il y a dans les Actes une autre histoire de ce genre. Luc n'en a pas été témoin : c'est Timothée qui a dû la lui raconter car elle s'est déroulée deux ans plus tôt à Lystres, sa ville natale, dans les montagnes de Lycaonie. Paul, là-bas, a guéri un paralytique et, devant ce miracle, les habitants de Lystres se sont jetés face contre terre. Ils les prenaient, lui et son acolyte, pour Zeus et Hermès descendus sur terre.

Quand je suis tombé sur ce passage, il m'a fait penser au merveilleux récit de Rudyard Kipling, *L'homme qui voulut être roi*, et au film qu'en a tiré John Huston. Les deux aventuriers en rupture d'armée des Indes joués par Sean Connery et Michael Caine s'enfoncent, cherchant fortune, dans des contrées de l'Himalaya que la Lycaonie, au Ier siècle, devait largement valoir en fait de sauvagerie. Comme les indigènes n'ont jamais vu de Blancs, ça ne rate pas : ils se font adorer comme des dieux. Michael Caine, qui tient dans l'histoire le rôle de Sancho Pança, aimerait profiter du quiproquo pour faire main basse sur le trésor du temple et ensuite filer à toutes jambes. Sean Connery, qui tient celui de Don Quichotte, se dit que ces montagnards ne manquent pas de discernement, s'exalte, en vient à se prendre réellement pour un dieu, et cela finit très mal. Aux derniers plans, on voit les enfants du village jouer au ballon, dans la poussière, avec sa tête enveloppée de chiffons sanglants.

Contrairement à Michael Caine, Paul ne voulait pas abuser de la crédulité des Lycaoniens ou du moins pas de la même façon. Leurs âmes seules l'intéressaient, pas leur or. Mais il a connu le vertige de Sean Connery, aux pieds de qui une foule se prosterne, et la colère de cette foule quand elle découvre que celui qu'elle adore n'est qu'un homme. Paul, à Lystres, a été lapidé, laissé pour mort dans un fossé, et c'est ce qui risque de lui arriver de nouveau, à Philippes, où les maîtres de l'esclave possédée prennent très mal son intervention. Ils exploitaient le don de la malheureuse, se faisant payer chaque fois qu'elle rendait un oracle. Une fois exorcisée par Paul, c'est comme un mendiant indien qu'on guérit de sa repoussante et lucrative infirmité : elle ne sert plus à rien. Furieux de cette intrusion dans leurs affaires, les maîtres rattrapent Paul et Silas, les coincent contre un mur, les traînent devant les juges municipaux en les accusant de troubler l'ordre public. « Ces hommes, font-ils valoir, jettent le trouble dans notre ville. Ils sont juifs et prêchent des usages qui ne sont pas ceux de Rome. »

Juifs ou chrétiens, les accusateurs ne font pas la différence, les juges non plus et surtout ils s'en foutent. L'Empire, dans les pays conquis, pratiquait une politique d'exemplaire laïcité. La liberté de pensée et de culte y était complète. Ce que les Romains nommaient *religio* avait peu à voir avec ce que nous nommons religion et n'impliquait ni croyance à professer ni effusion de l'âme, mais une attitude de respect, manifestée par les rites, envers les institutions de la cité. La religion au sens où nous l'entendons, nous, avec ses pratiques bizarres et ses ferveurs déplacées, ils l'appelaient dédaigneusement *superstitio*. C'était une affaire d'Orientaux et de Barbares, qu'on laissait libres de s'y adonner à leur guise du moment qu'ils ne troublaient pas l'ordre public. Or, c'est de troubler l'ordre public que sont accusés Paul et Silas, et c'est pourquoi les tolérants magistrats de Philippes ordonnent qu'on arrache leurs vêtements, qu'on les fouette, qu'on les roue de coups et pour finir qu'on les jette en prison, chaînes aux pieds.

Que font, pendant ce temps, Luc et Timothée ? Les Actes se taisent là-dessus. On suppose qu'ils se tiennent prudemment à carreau. Les Actes disent en revanche que, la nuit, dans leur cachot, Paul et Silas prient à grand bruit, chantent les louanges de Dieu et que leurs compagnons de captivité les écoutent avec émerveillement. Soudain, un tremblement de terre ébranle les fondations du bâtiment, arrache les portes et fait même sauter les cadenas des chaînes. Les prisonniers pourraient en profiter pour s'évader, et peut-être les autres le font-ils, mais Paul et Silas, non. Cela impressionne tellement le geôlier qu'il se met lui aussi à croire au Seigneur Jésus-Christ et invite les deux hommes chez lui. Il lave leurs plaies, dresse pour eux une table et se fait baptiser avec toute sa famille.

Le lendemain, ayant réfléchi, les magistrats de la ville ordonnent de relâcher discrètement ces prisonniers encombrants. Paul, alors, le prend de très haut. « Je n'ai que faire d'une grâce, dit-il. Je suis citoyen romain, on m'a fouetté et emprisonné sans jugement, c'est contraire à la loi, vous êtes dans votre tort et il n'est pas question que je m'en aille comme un voleur. Non, tant qu'on ne sera pas venu s'excuser, je reste en prison. J'y suis très bien. »

Le ressort de cette scène de comédie est la citoyenneté romaine de Paul qui, d'abord ignorée par les magistrats de Philippes, les convainc lorsqu'ils l'apprennent de s'être mis dans un mauvais pas. Un Juif obscur pouvait être fouetté sans jugement, pas un citoyen romain : il risquait de se plaindre et de leur attirer des ennuis. Jérôme Prieur et Gérard Mordillat, auteurs de la célèbre série documentaire sur les origines du christianisme, *Corpus christi*, trouvent à juste raison suspect que, malmené par les autorités, Paul ait tant tardé à se prévaloir de ce titre qui lui aurait évité bastonnade et nuit au poste. Ils se demandent s'il l'était vraiment, citoyen romain. Et, puisqu'on en est aux soupçons, les mêmes Prieur et Mordillat observent que ce que racontent tant Luc que Paul lui-même sur les premiers exploits de celui-ci comme persécuteur de chrétiens, « chargeant de chaînes et jetant en prison hommes et femmes », obtenant contre les chrétiens de Damas des lettres de cachet signées du grand prêtre de Jérusalem, est tout à fait invraisemblable dans le contexte du judaïsme au Ier siècle. L'administration romaine, exerçant seule le pouvoir de police et soucieuse de neutralité dans les querelles religieuses, n'aurait jamais laissé un jeune rabbin fanatique mettre des gens en prison au nom de sa foi. Aurait-il essayé, c'est lui qui s'y serait retrouvé. Si on veut prendre au sérieux ce que dit Paul, cela implique tout autre chose : qu'il ait été une sorte de milicien, auxiliaire d'une armée d'occupation. Un historien dont je reparlerai a soutenu cette thèse audacieuse, mais il n'y a pas besoin d'aller si loin pour, dès maintenant, tirer de l'affabulation de Paul une conclusion instructive sur sa psychologie et son sens de l'effet dramatique. Il n'a peut-être pas été ce Terminator juif qu'il se plaît lui-même à décrire, « ne respirant que haine et meurtre » et semant la terreur dans l'Église dont il sera un jour le pasteur, mais il sait que l'histoire est meilleure racontée comme cela, le contraste plus saisissant.

Paul l'apôtre est plus grand d'avoir été Saul l'inquisiteur, et il me semble que ce trait se marie bien dans le tableau avec celui qu'illustre l'épisode de Philippes : cette jouissance qu'il éprouve à se laisser rouer de coups quand il lui suffirait d'un mot pour être libéré – mais ce mot, il attend pour le prononcer d'être, lui, couvert de sang et d'ecchymoses, et ceux qui l'ont frappé dans leur tort jusqu'au cou.

Le bras de fer se conclut à l'avantage de Paul, qui sort de prison la tête haute mais que les magistrats invitent, tout de même, à aller se faire pendre ailleurs. Il va prendre congé de Lydie et des siens, les exhorte à se montrer dignes de leur baptême, puis reprend son voyage avec Silas et Timothée. La suite de leurs aventures est racontée dans les Actes, mais le futur auteur des Actes, Luc, disparaît à cet endroit de son propre récit. Soit qu'il n'ait pas voulu suivre Paul, soit que Paul n'ait pas voulu qu'il le suive, il rentre dans la coulisse d'où il ne ressortira que trois chapitres et sept ans plus tard. Alors seulement il reviendra au « nous » du témoin oculaire, et dans les mêmes parages. C'est ce qui me fait penser, avec Renan, qu'il était macédonien, qu'il est resté pendant ces sept ans à Philippes, et ce que j'aimerais faire maintenant, c'est imaginer ces années loin du théâtre des opérations, dans cette Grèce septentrionale, balkanique, où se déroulent les films ralentis et brumeux de Theo Angelopoulos. Imaginer comment, en l'absence de Paul, se développait une de ces petites églises qu'il semait sur son chemin comme des cailloux. Ce qu'on y savait de ses voyages, quel écho y avaient ses lettres. Comment germait, au cours de ce long hiver, ce qu'il avait semé.

15

C'était quoi, une église chrétienne ? Est-ce qu'on employait déjà ces mots ? On devait, oui. Dans ses lettres, Paul parle de ses « églises » – qu'on pourrait, pour être moins clérical, appeler simplement ses « groupes ». Et « chrétienne » ? Oui aussi. Le mot s'est formé à Antioche, en Syrie, où Paul a commencé à prêcher une dizaine d'années après la mort de Jésus. Sous son autorité, les conversions se sont multipliées et on s'est mis à appeler *kristianos* les adeptes de ce *Kristos* que beaucoup, à commencer par l'autorité romaine, considéraient comme un chef rebelle encore vivant. Cette légende urbaine a fait son chemin, erratique, jusqu'à Rome où dès 41 l'empereur Claude a cru bon de réagir en prenant un décret contre les Juifs, accusés de provoquer des troubles au nom de leur meneur *Chrestos*.

Rome, Antioche, Alexandrie étaient les capitales du monde, mais jusque dans un coin aussi provincial de l'Empire que la Macédoine où vivait Luc, quelques dizaines de personnes dans quelques villes se considéraient comme l'Église du Christ.

Ces quelques dizaines de personnes n'étaient pas de pauvres pêcheurs illettrés, comme dans cette Galilée des origines dont ils ne savaient rien, pas non plus des puissants, plutôt des commerçants comme la marchande de pourpre Lydie, des artisans, des esclaves. Luc monte en épingle quelques recrues de rang plus élevé, des Romains en particulier, mais Luc est un peu snob, enclin au *namedropping*, et tout à fait du genre à souligner que Jésus n'était pas seulement fils de Dieu mais aussi, par sa mère, d'une excellente famille.

Certains étaient des Juifs hellénisés, la plupart des Grecs judaïsants, mais tous, Juifs et Grecs, pensaient après avoir rencontré Paul s'être affiliés à une branche particulièrement pure et authentique de la religion d'Israël, pas à un mouvement dissident. Ils continuaient à fréquenter la synagogue, s'ils n'y rencontraient pas de trop vive opposition. L'opposition, cela dit, survenait immanquablement dès qu'il y avait une *vraie* synagogue, une *vraie* colonie juive, de *vrais* Juifs circoncis. Ce n'était pas le cas à Philippes, c'était le cas à Thessalonique, où Paul est allé aussitôt après. Les Juifs y ont très mal pris que le nouveau venu attire une partie de leurs fidèles. Ils l'ont dénoncé comme fauteur de troubles aux autorités romaines, contraint à prendre la fuite, et ce scénario s'est reproduit à Bérée, la ville voisine. Que pouvaient faire alors les convertis de Paul ? Soit aller comme avant à la synagogue, et se voir entre eux, discrètement, pour suivre les directives de leur nouveau gourou. Soit, carrément, ouvrir une autre synagogue.

Vraiment ? C'était si simple ? Nous avons un peu de mal à l'admettre. Nous pensons tout de suite schisme, hérésie. C'est que nous sommes habitués à considérer toute religion comme plus ou moins totalitaire alors que dans l'Antiquité ce n'était pas vrai du tout. Sur ce point comme sur beaucoup d'autres touchant la civilisation gréco-romaine, je m'en remets à Paul Veyne qui n'est pas seulement un grand historien mais un écrivain merveilleux. Comme Renan, il m'a accompagné tout au long des années passées à écrire ce livre et j'ai toujours aimé sa compagnie : son alacrité, sa drôlerie, sa gourmandise pour le détail. Or, dit Paul Veyne, les lieux de culte dans le monde gréco-romain étaient de petites entreprises privées, le temple d'Isis d'une ville n'avait pas plus de rapport avec le temple d'Isis d'une autre que n'en ont, mettons, deux boulangeries. Un étranger pouvait en dédier un à une divinité de son pays comme il ouvrirait, aujourd'hui, un restaurant de spécialités exotiques. Le public tranchait en y allant ou non. Si un concurrent survenait, ce qui pouvait arriver de pire est qu'il détourne la clientèle – comme on reprochait à Paul de le faire. Les Juifs, sur ces questions, étaient déjà moins décontractés, mais ce sont les chrétiens qui ont inventé la centralisation religieuse, avec sa hiérarchie, son *Credo* valable pour tout le monde, ses sanctions pour qui s'en écarte. Cette invention, à l'époque dont nous parlons, n'en était même pas encore à ses balbutiements. Plus qu'à une guerre de religions, dont la simple notion était inaccessible aux Anciens, ce que j'essaie de décrire ressemblait davantage à un phénomène qu'on observe souvent dans les écoles de yoga et d'arts martiaux – certainement dans d'autres cercles aussi, mais je parle de ce que je connais. Un élève avancé se décide à enseigner et entraîne avec lui une partie de ses condisciples. Le maître fait la gueule, plus ou moins ouvertement. Certains élèves, par esprit de concorde, suivent un cours chez l'un, un cours chez l'autre, et disent que c'est bien, ça se complète. Au bout du compte, la plupart choisissent.

16

Ces petites églises qui se sont développées en Macédoine dans les années qui ont suivi le passage de Paul ne vivaient pas en communauté – comme, à Jérusalem, les disciples et la famille de Jésus. La consigne de l'apôtre était que chacun demeure à sa place et ne change rien aux conditions extérieures de sa vie. D'abord parce que la fin du monde était proche et qu'il ne servait à rien, en l'attendant, de s'agiter ou de former des projets. Ensuite parce que le vrai changement se faisait ailleurs : dans l'âme. Si tu es esclave, disait Paul, ne cherche pas à te faire affranchir. En t'appelant, de toute façon, le Seigneur t'affranchit, quant aux hommes libres ils deviennent ses esclaves. Si tu es marié, reste-le. Si tu ne l'es pas, ne cherche pas de femme. Si tu es grec, ne te fais pas circoncire. Si tu es juif, reste circoncis – j'ai été surpris de l'apprendre mais, pour fréquenter les thermes sans embarras, certains Juifs hellénisés se faisaient chirurgicalement reconstituer le prépuce : cette opération se nommait « épispasme ».

Nous lisons sans étonnement qu'ils s'appelaient entre eux « frères » et « sœurs ». Nous avons tort. Nous devrions être étonnés. Des siècles de sermons commençant par : « Mes bien chers frères » nous ont habitués à cet usage mais dans l'Antiquité il était parfaitement incongru. On pouvait nommer quelqu'un « frère » par extension ou métaphore, pour souligner l'intimité d'un lien, mais l'idée que tous les hommes sont frères est une trouvaille de cette petite secte, qui a dû beaucoup choquer à ses débuts. Imaginons qu'un prêtre, aujourd'hui, s'adresse à ses fidèles en les appelant « maris et femmes », comme si tout homme était le mari de toute femme et vice-versa. Cela ne sonnerait pas plus étrange que le « frères et sœurs » en vigueur dans les églises de Paul, et il n'est pas surprenant que leurs réunions aient souvent passé pour incestueuses, en tout cas débauchées.

Sur ce point, on se trompait. Les premières églises chrétiennes étaient tout sauf des lieux de débauche. Au début du IIe siècle, Pline le Jeune, nommé gouverneur de la lointaine région de Bythinie, au bord de la mer Noire, écrira à l'empereur Trajan une lettre empreinte de perplexité qui est un des premiers documents de source païenne sur les chrétiens. Pline, en prenant son poste, découvre que la religion civique est en déshérence, les temples vides, que personne ne veut plus acheter au marché de viandes immolées aux dieux, et à ce qu'on lui dit la principale raison de cette situation désolante est le succès d'une secte dont il n'a jamais entendu parler : les disciples de Christus. Ils se réunissent en secret, le chef de cabinet de Pline pense que c'est pour faire des cochonneries. Pline ne se contente pas de ces rumeurs. Il se renseigne, envoie quelqu'un, et le résultat de l'enquête est déroutant. Ces gens quand ils se retrouvent se bornent à partager un repas frugal, à se regarder en souriant, à chanter des hymnes. Tant de bénignité inquiète, on aurait presque préféré des cochonneries mais il faut s'y résoudre : personne ne couche avec personne.

Cette pureté de mœurs presque alarmante nous gêne, – enfin elle me gêne, moi, autant qu'elle gênait Pline. Des auteurs bien intentionnés ont tenté de corriger l'épouvantable réputation de rabat-joie dont souffre Paul parmi les modernes. Pour le défendre contre les accusations de pudibonderie, de machisme et d'homophobie qui sur la foi de ses lettres pleuvent sur lui, ils s'emploient à le peindre comme un révolutionnaire moral, prônant le véritable amour du corps humain dans un monde acharné à le dégrader. Je veux bien, mais cette ligne de défense est aussi celle des gens qui tiennent le voile intégral pour la plus haute expression du respect de la femme, avilie par la pornographie occidentale. Paul n'était pas seulement célibataire – ce qui va déjà contre la morale juive, qui considère un homme non marié comme un homme incomplet. Il était chaste, se vantait d'être vierge et proclamait que c'était de loin le meilleur choix. Du bout des lèvres, il admet dans une lettre que « mieux vaut se marier que brûler » – par « brûler », il entend ce qu'il appelle la *porneia*, qui veut dire exactement ce que vous pensez – et que, sur ces questions, « c'est moi qui parle, pas le Seigneur ». On se demande parfois en vertu de quels critères, mais le fait est que Paul distingue avec netteté les questions sur lesquelles il s'exprime en tant que porte-parole du Seigneur de celles sur lesquelles il se contente de donner son avis personnel. Ainsi c'est seulement Paul qui, « en raison des angoisses présentes », estime qu'il est avantageux de rester vierge. Le Seigneur est moins exigeant. Il dit seulement qu'il faut rester dans la condition où on se trouvait au moment où on a été appelé. Marié si on était marié, etc. Paul, quant à lui, précise : « Celui qui a une femme, qu'il fasse comme s'il n'en avait pas. Celui qui pleure, comme s'il ne pleurait pas. Celui qui se réjouit, comme s'il ne se réjouissait pas. Celui qui a des biens, comme s'il n'en avait pas. Car elle passe, la figure du monde – et ce que je veux surtout, c'est que vous soyez sans souci. »

17

On se retrouvait déjà pour le sabbat, on s'est mis à se retrouver pour le repas du Seigneur, le lendemain du sabbat, et puis petit à petit à se retrouver tous les jours. On avait tant à se dire ! Tant d'expériences nouvelles à se confier, à comparer ! Vu de l'extérieur, pourtant, on faisait la même chose qu'à la synagogue : lire et interpréter l'Écriture. Mais on avait maintenant une nouvelle grille de lecture, nouvelle et prodigieusement excitante. Dans les paroles souvent obscures des prophètes, on cherchait des annonces de la mort et de la résurrection du Christ, de la fin imminente des temps, et quand on les cherchait, bien sûr, on les trouvait. On lisait, on interprétait, on s'exhortait. Surtout, on priait. On priait comme si on n'avait jamais prié auparavant.

J'aimerais que le lecteur, ici, se demande ce que recouvre pour lui le mot « prière ». Pour un Grec ou un Romain du Ier siècle, c'était quelque chose de très formel : une invocation prononcée à voix haute, dans le cadre d'un rite, et adressée à un dieu auquel il serait faux de dire qu'on ne croyait pas, mais auquel on croyait comme à une société d'assurance. Il y avait des contrats spécialisés, comme celui qu'on avait avec le dieu de la rouille du blé. On sollicitait sa protection, on le remerciait de l'avoir accordée, si le blé rouillait on lui reprochait son incurie, et une fois tourné le dos à l'autel on était quitte, on n'avait plus à y penser. À beaucoup, ce commerce minimal avec le divin suffisait.

Comme il y a des époques plus ou moins religieuses (je pense que celle dont je parle ne l'était pas plus que la nôtre, mais qu'elle l'était un peu de la même façon), il y a des tempéraments plus ou moins religieux. Il existe des gens qui ont du goût et donc du talent pour ces choses, comme on peut en avoir pour la musique, et d'autres qui se félicitent de vivre très bien sans elles. Dans le monde gréco-romain du Ier siècle, les âmes pieuses n'avaient pas grand-chose à se mettre sous la dent, c'est pourquoi elles ont tant aimé le judaïsme. De simple récitation, la prière devenait chez les Juifs une conversation où le cœur s'épanchait. Leur dieu était un interlocuteur, tous les interlocuteurs à la fois : confident, ami, père tour à tour tendre et sévère, mari jaloux à qui on ne pouvait rien cacher – on aurait préféré, quelquefois. Levant les yeux vers lui, on les plongeait au plus intime de soi. C'était beaucoup déjà, mais Paul demandait plus. Il demandait de prier sans cesse.

Il existe un petit livre, écrit vers la fin du XIXe siècle, qui s'appelle *Récit d'un pèlerin russe*. Je l'ai lu et relu dans ma période chrétienne, je le relis quelquefois encore. Le narrateur est un pauvre moujik qui sait à peine lire, qui a un bras plus court que l'autre et qui un beau jour, à l'église, entend le prêtre lire cette phrase qu'a dite Paul : « Priez sans cesse. » Elle le foudroie. Il comprend que c'est plus qu'important, essentiel. Plus qu'essentiel, vital. Que c'est la seule chose qui compte. Mais il se demande : comment peut-on prier sans cesse ? Et voici le petit moujik parti sur les routes de la Russie à la recherche d'hommes plus instruits et plus pieux que lui, qui lui expliqueront comment s'y prendre.

Le *Récit d'un pèlerin russe* est une présentation, merveilleusement vulgarisée, d'un courant mystique qui existe depuis quinze siècles dans l'Église orthodoxe et que les théologiens nomment l'*hésychasme*, ou « prière du cœur ». Il a une descendance moderne inattendue : deux nouvelles de J.D Salinger, *Franny et Zooey*, qui ont été une des grandes passions littéraires de ma jeunesse. L'héroïne, une jeune fille sexy et névrosée, tombe dans le New York bohème des années 1950 sur ce petit livre russe anonyme, en est à son tour foudroyée et au grand effroi de sa famille se met à marmonner du matin au soir : « Seigneur Jésus, prends pitié de moi. » De quelle façon son frère, un jeune acteur prétentieux et génial, l'arrache à cette lubie tout en l'approuvant jusque dans ses ultimes conséquences, vous le saurez en lisant les deux nouvelles de Salinger. Elles aussi sont sorties de cette parole de Paul qu'atteste la première lettre aux Thessaloniciens et qui a pour la première fois été prise au pied de la lettre dans ces églises perdues de Macédoine ou d'Anatolie, vers les années cinquante de notre ère : « Priez sans cesse. »

Au début, comme le petit moujik, les frères et sœurs de Thessalonique, de Philippes, de Bérée, s'inquiétaient : « Mais nous ne savons pas ce qu'il faut dire. Nous ne savons pas ce qu'il faut demander. »

Paul leur répondait : « Ne vous inquiétez pas, le Seigneur sait mieux que vous ce qu'il vous faut. Ne demandez pas de biens, ne demandez pas que vos affaires tournent comme vous voudriez, ne demandez même pas de vertus. Demandez seulement au Christ qu'il vous accorde le don de la prière. C'est comme si vous voulez faire des enfants : pour ça, il faut d'abord trouver la mère, et la prière est la mère des vertus. C'est en priant que vous apprendrez à prier. Ne vous perdez pas en longues phrases. Répétez seulement, en y mettant tout votre cœur : *Marana-tha*, qui veut dire : "Viens, Seigneur." Il viendra, je vous le promets. Il descendra sur vous, il fera en vous sa demeure. Ce ne sera plus vous qui vivrez, mais lui, le Christ, qui vivra en vous. »

Si on disait : « Bon, je vais essayer », il secouait la tête : « N'essayez pas. Faites. »

Il n'était pas resté longtemps à Thessalonique, à Bérée, à Philippes, mais il avait laissé les instructions et le mantra. Ainsi équipés, frères et sœurs s'exerçaient avec ardeur, comparaient entre eux leurs pratiques. L'un se levait plus tôt, se couchait plus tard, dès qu'il avait un instant se retirait dans son arrière-boutique pour s'asseoir en tailleur, seul, et à mi-voix répéter *Marana-tha*, jusqu'à ce que le sang lui batte aux tempes, que son ventre devienne chaud et qu'il ne se rappelle plus le sens de ce qu'il disait. Un autre le répétait en silence et du coup n'avait pas besoin d'être seul. Il pouvait le faire tout le temps, partout, dans une foule. Il priait en marchant, en triant des grains, en parlant avec ses clients. Il disait au premier, celui qui avait besoin de s'asseoir en tailleur : « Est-ce que tu t'enfermes dans ta chambre pour respirer ? Non. Est-ce que tu arrêtes de respirer quand tu travailles ? Quand tu parles ? Quand tu dors ? Non. Alors pourquoi ne pas prier comme tu respires ? Ta respiration peut devenir prière. Tu inspires et tu appelles le Christ. Tu expires et tu accueilles le Christ. Même ton sommeil peut devenir prière. "Je dors mais mon cœur veille", dit la fiancée dans le Cantique des cantiques. La fiancée, c'est ton âme. Même endormie, qu'elle reste éveillée. »

Paul avait dit cela aussi : « Restez éveillés », et certains s'exerçaient à ne plus dormir. L'insomnie volontaire leur procurait des visions. Ils s'exaltaient au point d'entrer en transe. Dans ces transes, les uns louaient Dieu en grec : on appelait cela prophétiser. Les autres poussaient des cris, des soupirs, des gémissements. Parfois ils proféraient des sons qui avaient l'air d'être des mots et même des phrases, mais qu'on ne comprenait pas. On appelait « parler en langues » ce phénomène répertorié par les psychiatres sous le nom de glossolalie, et on lui attachait beaucoup de prix. S'agissait-il d'une langue inconnue au sens où simplement on ne l'identifiait pas, ou carrément d'une langue qui n'existait pas, qu'aucun homme ne parlait sur terre ? Impossible de le savoir, mais on ne doutait pas que ceux qui la parlaient étaient inspirés par Dieu, et non possédés par un démon comme la pythonisse de Philippes. On s'efforçait de transcrire ces suites de phonèmes mystérieux, de les sauvegarder, d'en déchiffrer le sens.

(À la suite de son expérience mystique, Philip K. Dick s'est mis lui aussi à penser et rêver dans une langue inconnue. Il en notait ce qu'il pouvait. À partir de ses notes il a fait des recherches, et il l'a finalement identifiée. Devinez ce que c'était, cette langue ?

Je vous le donne en mille : c'était le grec *koiné*, celui que parlait Paul.)

18

Extases, transes, larmes, prophétie, don des langues... Ces phénomènes qui fleurissent aujourd'hui comme hier dans la plupart des sectes étaient cultivés dans les premières églises chrétiennes avec un enthousiasme désordonné. Certains adeptes avaient tâté d'autres religions orientales où on absorbait des drogues, champignons, ergot de blé et autres breuvages qui menaient à l'extase. Ils étaient un petit peu déçus que le corps et le sang du Christ, qu'on s'incorporait lors de l'agape, soit seulement du pain, seulement du vin. Ils auraient préféré quelque chose de plus mystérieux – sans se rendre compte que le plus mystérieux, c'était justement cela. Ils aspiraient à des pouvoirs magiques. Paul, alors, leur prêchait le discernement et la prudence. Il dit dans ses lettres ce que disent les bons maîtres de yoga quand leurs élèves croient sentir leur ventre bouger tout seul et s'éveiller leur *kundalini*. Ça existe, oui, c'est un signe de progrès et, oui, à un certain niveau de pratique, on acquiert des pouvoirs. Mais il ne faut pas y attacher trop d'importance, autrement cela devient un piège et on régresse au lieu d'avancer. Il dit que tous les dons ont leur fonction, comme les membres du corps, qu'aucun n'est inférieur, et que celui qui parle en langues ne devrait pas regarder de haut celui qui en est resté à parler grec comme tout le monde. « Moi-même, je peux le faire pendant des heures, mais plutôt que de dire devant vous dix mille paroles en langues, qui vous laisseraient bouche bée, j'aime mieux en dire cinq en grec, qui vous seront utiles. » Il dit enfin, surtout, que c'est très bien, les dons, mais qu'un seul compte vraiment et dépasse tous les autres, c'est celui qu'il appelle *agapè*.

Agapè, d'où Paul a tiré le mot « agape », est le cauchemar des traducteurs du Nouveau Testament. Le latin en a fait *caritas* et le français « charité », mais « charité », après des siècles de bons et loyaux services, ne fait de toute évidence plus l'affaire aujourd'hui. Alors « amour », tout simplement ? Mais *agapè* n'est ni l'amour charnel et passionnel, que les Grecs nommaient *eros*, ni celui, tendre, paisible, et qu'ils nommaient *philia*, des couples unis ou des parents pour leurs très jeunes enfants. *Agapè* va au-delà.

C'est l'amour qui donne au lieu de prendre, l'amour qui se fait petit au lieu d'occuper toute la place, l'amour qui veut le bien de l'autre plutôt que le sien, l'amour affranchi de l'ego. Un des passages les plus stupéfiants de la stupéfiante correspondance de Paul est une sorte d'hymne à *agapè* qu'il est de tradition de lire lors des messes de mariage. Le père Xavier l'a lu quand il nous a unis, Anne et moi, dans sa pauvre paroisse du Caire. Renan le tient – et je suis d'accord – pour le seul passage du Nouveau Testament qui soit à la même hauteur que les paroles de Jésus, Brahms l'a mis en musique dans le dernier de ses sublimes *Quatre chants sérieux*. À mes risques et périls, j'en propose cette tentative de traduction.

« Je pourrais parler toutes les langues des hommes, et celles des anges, si je n'ai pas l'amour je ne suis rien. Rien de plus qu'un son de métal ou un éclat de cymbale.

Je pourrais être prophète, je pourrais avoir accès aux connaissances les mieux cachées, je pourrais tout savoir et avoir même, en plus, la foi qui déplace les montagnes. Si je n'ai pas l'amour je ne suis rien.

Je pourrais distribuer tout ce que j'ai aux pauvres, livrer mon corps aux flammes. Si je n'ai pas l'amour, ça ne me sert à rien.

L'amour prend patience. L'amour rend service. L'amour n'envie pas. Il ne se vante pas. Il ne se gonfle pas d'importance. Il ne fait rien de laid. Il ne cherche pas son intérêt. Il ne tient pas compte du mal. Il ne se réjouit pas de l'injustice. Il se réjouit de la vérité. Il pardonne tout. Il tolère tout. Il espère tout. Il subit tout. Il ne fait jamais défaut.

    Les prophéties se périmeront. Les langues dépériront. L'intelligence s'abolira. L'intelligence a des limites, les prophéties ont des limites. Tout ce qui a des limites disparaîtra quand paraîtra ce qui est parfait.

    Quand j'étais enfant, je parlais comme un enfant, je pensais comme un enfant, je raisonnais comme un enfant. Et puis je suis devenu homme, j'ai mis fin à l'enfance. Ce que je vois pour l'instant, je le vois comme dans un miroir, c'est obscur et confus, mais un moment viendra où je le verrai vraiment, face à face. Pour l'instant ce que je connais est limité mais alors je connaîtrai comme je suis connu.

    Aujourd'hui, il y a la foi, l'espérance et l'amour. Les trois. Mais des trois le plus grand c'est l'amour. »

19

    Qu'il vaut mieux être bon que méchant, ce n'était évidemment pas nouveau, ni étranger à la morale antique. Grecs et Juifs connaissaient la règle d'or, dont un rabbin contemporain de Jésus, Hillel, disait qu'elle résumait à elle seule toute la Loi : « Ne fais pas à un autre ce que tu ne voudrais pas qu'on te fasse. » Qu'il vaut mieux être modeste que vantard : rien de scandaleux non plus. Humble que superbe : passe encore, c'est un lieu commun de la sagesse. Mais de fil en aiguille, si on écoutait Paul, on se retrouvait à dire qu'il vaut mieux être petit que grand, pauvre que riche, malade que bien portant, et, arrivé à ce point, l'esprit grec n'y comprenait plus rien tandis que les nouveaux convertis s'exaltaient de leur propre hardiesse.

D'un point de vue chronologique, il est prématuré d'en parler, mais une des scènes qui à ma connaissance évoque le mieux l'espèce de sidération que devait provoquer ce code de conduite se trouve dans le roman historique de Sienkiewicz, *Quo vadis ?*, péplum autrefois immensément populaire sur les premiers chrétiens au temps de Néron. Le héros, un officier romain, se conduit très mal pendant toute la première partie du livre. Je ne me rappelle plus les détails mais son dossier comporte persécution, viol, chantage, peut-être meurtre, et quand l'intrigue le fait tomber entre les mains de ces chrétiens qui ont de si bonnes raisons de lui en vouloir, il n'en mène pas large. Il s'attend à ce qu'ils lui fassent ce qu'il leur ferait, lui, sans hésitation ni remords, s'il était à leur place : le tuer, et avant cela le torturer. C'est ce qu'il ferait, non parce qu'il est méchant mais parce que c'est ce que fait un homme normal quand on lui a gravement nui et qu'il a l'occasion de se venger. C'est la règle du jeu. Or, que se passe-t-il ? Au lieu de tisonner les braises avec le fer rouge et de l'approcher de ses yeux ou de ses couilles, le chef des chrétiens, celui dont il a livré la fille adoptive à Néron, défait ses liens, l'embrasse, lui rend sa liberté en lui souriant et en l'appelant frère. D'abord, le Romain croit à un raffinement de cruauté. Puis il comprend que ce n'est pas une blague. Celui qui devrait être son pire ennemi lui a bel et bien pardonné. En courant le risque énorme de le libérer, il lui fait confiance. Il abdique sa position de force, se met à sa merci. Alors quelque chose bascule chez l'officier romain. Il prend conscience que ces hommes misérables, persécutés, sont plus forts que lui, plus forts que Néron, plus forts que tout, et il n'aspire plus qu'à être l'un d'entre eux. Il est prêt, pour leur foi qui est à cet instant devenue la sienne, à se laisser dévorer par les lions – ce qui ne tardera pas.

Les Actes des apôtres sont remplis d'aventures et de miracles, mais on n'y trouve aucun épisode de ce genre. Je suis pourtant convaincu que la force de persuasion de la secte chrétienne tenait en grande partie à sa capacité d'inspirer des gestes sidérants, des gestes – et pas seulement des paroles – qui allaient à l'inverse du comportement humain normal. Les hommes sont ainsi faits qu'ils veulent – pour les meilleurs d'entre eux, ce n'est déjà pas rien – du bien à leurs amis et, tous, du mal à leurs ennemis. Qu'ils aiment mieux être forts que faibles, riches que pauvres, grands que petits, dominants plutôt que dominés. C'est ainsi, c'est normal, personne n'a jamais dit que c'était mal. La sagesse grecque ne le dit pas, la piété juive non plus. Or voici que des hommes non seulement disent mais font exactement le contraire. D'abord on ne comprend pas, on ne voit pas l'intérêt de cette extravagante inversion des valeurs. Et puis on commence à comprendre. On commence à voir l'intérêt, c'est-à-dire la joie, la force, l'intensité de vie qu'ils tirent de cette conduite en apparence aberrante. Et alors on n'a plus qu'un désir, c'est de faire comme eux.

Au temps où ils fréquentaient la synagogue, les prosélytes de Philippes ou de Thessalonique baignaient dans une piété grave et douce, dans la quiétude plus que l'exaltation. L'observance plus ou moins stricte de la Loi donnait forme à leur vie et dignité à la moindre de leurs actions, mais ils en attendaient une imprégnation progressive, pas un changement radical. Une fois disciples de Paul, c'était autre chose. La fin du monde imminente changeait totalement la perspective. On était seuls à savoir quelque chose d'énorme, que tout le monde ignorait. Seuls à veiller parmi les endormis. On vivait dans un monde surnaturel, d'autant plus prodigieux qu'il fallait prendre soin de n'en rien montrer, de se conduire – encore une fois, Paul insistait beaucoup là-dessus – d'une façon parfaitement normale. Le contraste entre cette chose extraordinaire qui grandissait au sein du groupe et la poursuite zélée, scrupuleuse, de la vie la plus ordinaire avait un effet enivrant, et je suppose que quand se rencontraient les disciples de Paul et ceux qui étaient restés fidèles à la synagogue, les plus sensibles des seconds devaient observer chez les premiers un changement qui les laissait rêveurs, et vaguement envieux.

20

La chronique des aventures de Paul entre son départ de Philippes et son retour, sept ans plus tard, est dans les Actes passablement embrouillée. Et pour cause : Luc n'y était pas. Mais on dispose pour compléter son récit d'un autre document, d'une valeur absolument exceptionnelle puisqu'il émane de Paul lui-même : ce sont les lettres qu'il écrivait à ses églises.

Dans toutes les éditions du Nouveau Testament, on les trouve sous le nom pompeux d'« épîtres » – qui ne veut rien dire d'autre que « lettres » –, après les Évangiles et les Actes. Cet ordre est trompeur : elles leur sont d'au moins vingt ou trente ans antérieures. Ce sont les plus anciens textes chrétiens, les premières traces écrites de ce qu'on n'appelait pas encore le christianisme. Ce sont aussi les textes les plus modernes de toute la Bible, j'entends par là les seuls dont l'auteur soit clairement identifié et parle en son nom propre. Jésus n'a pas écrit les Évangiles. Moïse n'a pas écrit le Pentateuque, ni le roi David les Psaumes que la piété juive lui attribue. Alors qu'au moins deux tiers des lettres de Paul, selon les critiques les plus sévères, sont bel et bien de lui. Elles expriment sa pensée aussi directement que ce livre exprime la mienne. On ne saura jamais qui était vraiment Jésus ni ce qu'il a vraiment dit, mais on sait qui était et ce que disait Paul. On ne doit pas faire confiance pour connaître la tournure de ses phrases à des intermédiaires qui les ont recouvertes d'épaisses couches de légende et de théologie.

Paul n'écrivait pas pour faire œuvre d'écrivain, mais pour maintenir le contact avec les églises qu'il avait fondées. Il donnait de ses nouvelles, répondait aux questions qu'on lui posait. Il ne le prévoyait peut-être pas quand il a écrit la première, mais ses lettres sont très vite devenues des circulaires, des bulletins de liaison assez semblables à ceux que Lénine, de Paris, Genève ou Zurich, adressait avant 1917 aux diverses factions de la Seconde Internationale. Les Évangiles n'existaient pas encore : les premiers chrétiens n'avaient pas de livre sacré, mais les lettres de Paul leur en ont tenu lieu. On les lisait à voix haute lors des agapes, avant de partager le pain et le vin. L'église qui avait reçu une lettre originale la conservait pieusement, mais ses fidèles en faisaient des copies, qui circulaient dans les autres églises. Paul insistait pour qu'elles soient lues par tous car, contrairement à beaucoup de gourous, il ne faisait ni messes basses ni cachotteries. Il n'avait aucun goût pour l'ésotérisme, aucun scrupule à s'adapter à son public : par ce trait aussi, il ressemble à Lénine, estimant qu'il faut « travailler avec le matériel existant ». Tout le monde pouvait recevoir son enseignement et s'en approprier ce qu'il pouvait. Ce qu'il écrivait aux Thessaloniciens concernait *toute* l'église de Thessalonique, et les autres églises de Macédoine. Bien qu'il n'y fasse jamais référence dans les Actes, Luc a dû assister aux lectures de ces lettres et même, probablement, en recopier.

Pour un théologien, les lettres de Paul sont des traités de théologie – on peut même dire que toute la théologie chrétienne repose sur elles. Pour un historien, ce sont des sources d'une fraîcheur et d'une richesse incroyables. Grâce à elles, on saisit sur le vif ce qu'était la vie quotidienne de ces premières communautés, leur organisation, les problèmes qui les agitaient. Grâce à elles aussi, on peut se faire une idée des allées et venues de Paul, d'un port à l'autre de la Méditerranée, entre 50 et 60, et quand les spécialistes du Nouveau Testament, quelle que soit leur obédience, cherchent à reconstituer cette période, ils ont tous sur leur table les lettres de Paul et les Actes des apôtres. Ils savent tous qu'en cas de contradiction c'est Paul qu'il faut croire, parce qu'une archive brute a plus de valeur historique qu'une compilation plus tardive, et à partir de là chacun fait sa cuisine. C'est ce que je fais à mon tour.

21

Après avoir quitté Philippes, Paul est allé à Thessalonique, puis de Thessalonique à Bérée, et partout ç'a été le même scénario. Le jour du sabbat, il prenait la parole à la synagogue, convertissait quelques Grecs judaïsants et soulevait l'hostilité des vrais Juifs qui employaient tous les moyens pour chasser ce concurrent déloyal. Dans un album de Lucky Luke, on le verrait à chaque fois quitter la ville enduit de goudron et de plumes. Ces déboires répétés l'ont convaincu de tenter sa chance dans une grande ville. C'est ainsi qu'exfiltré en catastrophe par ses disciples de Bérée il a pris un bateau pour Athènes, où l'attendait un fiasco pire encore.

Athènes, c'est certain, n'était pas un endroit pour lui. Les noms de Périclès, de Phidias, de Thucydide, des grands tragiques, ne devaient pas lui dire grand-chose, et même dans l'hypothèse douteuse où il aurait rêvé sur le miracle grec il aurait de toute façon été déçu. Athènes n'était plus depuis deux siècles qu'une ville de province de l'Empire, politiquement asservie et déjà transformée en musée. On y envoyait pour une année d'études les fils de bonne famille romains. Ils admiraient l'Acropole et les statues qui avaient échappé au pillage de la cité par les légions de Sylla. Ils écoutaient des pédagogues, des rhéteurs, des grammairiens, disputer de grands problèmes philosophiques en arpentant l'agora comme faisaient autrefois Platon et Aristote et comme, dans certains beaux villages français, des bourreliers ou des maréchaux-ferrants s'adonnent à un artisanat subventionné par le Conseil du Patrimoine. Les statues choquaient Paul : en bon Juif, il jugeait idolâtre toute représentation de la figure humaine. Il n'aimait pas non plus les bavards ni les snobs. Mais il a pu se dire, naïvement, que des gens occupés du matin au soir à débattre de sujets élevés seraient des clients pour lui. Il s'est mis, lui aussi, à discourir sur l'agora, prenant à partie des philosophes stoïciens et épicuriens qui étaient surtout des professionnels dans l'art d'argumenter, sinon de convaincre.

Dans son mauvais grec de métèque, il leur parlait du Christ et de la Résurrection, et comme « résurrection » se dit *anastasis*, on prenait celle-ci pour une personne, Anastasie, qui accompagnait celui-là. Ainsi, à Nice, une plaque sur un immeuble rappelle qu'« ici ont vécu Frédéric Nietzsche et son génie tourmenté » : autre petit couple attachant.

On le traitait de « prêcheur de divinités étrangères », par quoi on devait entendre une sorte de Hare Krishna. « Mais qu'est-ce qu'il nous raconte, ce perroquet ? », disaient certains. De fait, on le voit bien, dressé sur ses ergots, jacassant, importunant son monde, prêchant comme il le revendique lui-même dans une lettre, « à temps et à contretemps » – et Hervé me fait observer que cette façon de faire est l'exact opposé de celle que préconise Montaigne, dont l'idéal est de « vivre à propos ».

Quand même, des interlocuteurs plus curieux que les autres invitent Paul à exposer sa doctrine devant l'Aréopage. C'était le haut conseil de la ville, celui qui avait condamné Socrate cinq siècles plus tôt. Il faut croire qu'il n'avait ce jour-là pas d'affaire plus pressante. Paul a dû préparer son discours comme un grand oral, et il a trouvé une attaque franchement habile. « Athéniens, dit-il, je vous tiens pour des hommes plutôt trop religieux que pas assez. Je me suis promené dans vos rues, j'ai visité vos temples, et j'y ai remarqué un autel dédié *au dieu inconnu*. (De telles dédicaces existaient : c'était une précaution pour ne pas froisser un dieu de passage auquel on n'aurait pas pensé.)

Eh bien, ce dieu que vous vénérez sans le connaître, c'est de lui que je suis venu vous parler. »

Excellent début, que suit un petit topo sur le dieu en question. Ses traits sont bien choisis pour plaire à des philosophes. Il n'habite pas de temple, il n'a pas besoin qu'on lui fasse de sacrifices. Il est le souffle primordial, il a tiré le multiple de l'Un, il impose son ordre au cosmos. Les hommes le cherchent tous en tâtonnant, mais il est près du cœur de chacun. Un bon dieu bien abstrait, en somme, au sujet duquel il serait difficile de se fâcher. Pas un mot des particularités moins consensuelles du dieu des Juifs : jaloux, vindicatif, ne s'occupant que de son peuple. On écoute Paul, du coup, avec approbation mais sans enthousiasme. On espérait peut-être quelque chose de plus excentrique. Mais tout à coup, ça déraille. Comme à la synagogue de Troas. Comme à Metz où, en 1973, Philip K. Dick a prononcé devant un public de science-fictionneux français effarés un discours sur son expérience mystique intitulé : *Si cette réalité ne vous plaît pas, vous devriez en visiter quelques autres* et disant, en substance, que tout ce qu'on pouvait lire dans ses romans, c'était *vrai*.

« Car Dieu, poursuit Paul, a fixé le jour, et ce jour est proche, où celui qu'il a désigné doit juger le monde. Pour cela, il l'a ressuscité d'entre les morts. »

Cet homme, Paul n'a pas le temps de le nommer car le jugement du monde et la résurrection des morts suffisent à l'auditoire pour classer l'affaire. Les sceptiques Athéniens ne sont même pas choqués, comme l'ont été les Juifs à la synagogue ou les science-fictionneux à Metz. Ils sourient, haussent les épaules, disent d'accord, d'accord, on en reparlera une autre fois. Puis ils s'en vont, laissant l'orateur seul, encore plus offensé par cette tolérance amusée qu'il ne l'aurait été par un scandale suivi de lapidation.

22

Mortifié, Paul n'a pas fait de vieux os à Athènes. Il est parti pour Corinthe, qui est à tous points de vue l'exact contraire d'Athènes : une énorme ville portuaire, populeuse, crapuleuse, sans passé glorieux ni prestigieux monuments mais avec des ruelles grouillantes, des échoppes où on achète et trafique de tout, dans toutes les langues. Un demi-million d'habitants, dont les deux tiers sont des esclaves. Des temples de Jupiter pour la forme, mais à tous les coins de rue des sanctuaires d'Isis, de Cybèle, de Sérapis et surtout d'Aphrodite, dont le culte est desservi par des prêtresses-prostituées joliment nommées *hiérodules* et connues pour transmettre une vérole que dans tout le bassin méditerranéen on appelle en gloussant « maladie corinthienne ». Ville de débauche, de lucre et d'impiété, mais Paul y respire mieux qu'à Athènes parce qu'au moins les gens triment et ne se croient pas supérieurs au commun des mortels. Il y fait connaissance avec un couple de Juifs pieux qui se nomment, nous disent les Actes, Priscille et Aquila, et qui ont été chassés d'Italie par le fameux édit de l'empereur Claude ordonnant aux Juifs de s'éloigner de Rome. Priscille et Aquila exerçant le même métier que lui, il s'installe chez eux et partage leur atelier.

Je n'ai pas encore eu l'occasion de le dire car, à Philippes, il s'est par exception laissé héberger et nourrir, mais Paul ne faisait pas que prêcher : il travaillait, et s'en faisait gloire. « Celui qui ne travaille pas, répétait-il volontiers, qu'il ne mange pas. » Comme Édouard Limonov, le héros de mon précédent livre, qui a parcouru le monde avec une machine à coudre et, partout, gagné sa vie en retouchant des pantalons, Paul gagnait la sienne en tissant une toile rugueuse et résistante, servant à la fabrication de tentes, de voiles, de sacs pour le transport de marchandises. Pour quelqu'un qui aimait voyager et ne dépendre que de soi, c'était un choix avisé, l'assurance de ne jamais manquer de travail. C'était un choix plus surprenant pour un homme qui, issu d'une famille juive aisée, s'était autrefois destiné à la carrière de rabbin. Paul insiste assez, dans ses lettres, sur le fait que non seulement il travaille pour manger mais en plus il travaille *de ses mains*, pour qu'on comprenne qu'il n'y était pas forcé, que justement c'était un choix de sa part. Un tel choix, si on y pense, est rare. De grandes figures intellectuelles et morales du siècle dernier, Simone Weil, Robert Linhart, les prêtres ouvriers, ont voulu en s'établissant en usine partager une condition à laquelle le sort ne les astreignait pas. Il me semble que nous sommes de moins en moins nombreux, aujourd'hui, à comprendre leur exigence, et ce qui est certain, c'est qu'à l'exception de Paul les Anciens ne l'auraient pas comprise du tout. Épicuriens ou stoïciens, tous les sages enseignaient que la fortune est changeante, imprévisible, et qu'on doit être prêt à perdre tous ses biens sans murmurer, mais aucun n'aurait conseillé ni même imaginé de s'en défaire volontairement. Tous considéraient le loisir, le libre usage de son temps, ce qu'ils appelaient l'*otium*, comme une condition absolue de l'accomplissement humain. L'un des plus célèbres contemporains de Paul, Sénèque, dit là-dessus quelque chose d'assez mignon, c'est que si par malheur il se trouvait réduit à travailler pour vivre, eh bien il n'en ferait pas un drame : il se suiciderait, voilà tout.

23

Comme à son habitude, Paul a commencé par discourir, chaque sabbat, dans les synagogues de Corinthe, y démontrant à l'aide des Écritures que Jésus était le Sauveur annoncé. Comme à leur habitude, les Juifs s'en sont scandalisés et les choses ne se sont pas arrangées quand Paul a maudit leur engeance, déclaré que puisque c'était comme ça il porterait la nouvelle aux païens et ouvert une école rivale chez un Grec dont la maison jouxtait la synagogue. Dans leur fureur, les Juifs sont une fois de plus allés se plaindre à l'autorité romaine, qui les a une fois de plus déboutés, dans ces termes : « S'il s'agissait d'un délit ou d'un crime, j'accueillerais votre plainte. Mais il s'agit de désaccords sur des mots, sur des noms, sur votre propre Loi. Arrangez-vous entre vous. Moi, je ne m'en mêle pas. »

Ces sages paroles ne réjouissent pas seulement les partisans de la laïcité mais aussi les historiens du Nouveau Testament, car Luc donne le nom du dignitaire romain qui les a prononcées. Il s'appelait Galion, et une inscription atteste qu'il a exercé les fonctions de proconsul à Corinthe de juillet 51 à juin 52. Bien sûr, ce ne sont pas ces dates qui figurent sur l'inscription car personne ne se doutait alors qu'il vivait « après J.-C. », mais on peut les reconstituer et ce sont les seules de toute cette histoire qui soient absolument certaines. C'est en s'appuyant sur elles, et sur elles seules, que les historiens échafaudent en aval et en amont leurs chronologies des voyages de Paul. Bien sûr aussi, Luc n'avait pas la moindre idée des exigences d'un historien moderne, mais l'histoire en son temps existait, c'est de l'histoire qu'il pensait faire, et rien ne le montre mieux que son empressement, chaque fois qu'il le peut, à faire coïncider la chronique clandestine, souterraine, de la petite secte juive qui allait devenir le christianisme, avec les événements publics et officiels de son temps, ceux dont on pouvait penser qu'ils retiendraient l'attention des vrais historiens. Les héros de son récit, Paul, Timothée, Lydie et même Jésus,

Luc a bien conscience qu'en dehors de leur petite secte personne ne sait qui c'est, et contrairement aux autres évangélistes ça le tracasse, car il s'adresse à des lecteurs étrangers à cette secte. C'est pourquoi il est si content quand il peut citer, à l'appui de ces gens et de ces événements obscurs, des événements et des gens que tout le monde connaît, ou au moins des gens importants, des gens qui laissent dans le monde une trace de leur existence, comme c'était le cas du proconsul Galion. Avec son goût pour le *name-dropping*, je pense qu'il aurait été encore plus content s'il avait su et pu nous dire que le proconsul Galion était le frère du fameux philosophe Sénèque, dont je parlais à l'instant, et le dédicataire de son traité *Sur la vie heureuse*.

C'est un livre bizarre, cette *Vie heureuse*. De prime abord, un résumé de la philosophie stoïcienne, qui était ce qu'on appellerait aujourd'hui une méthode de développement personnel. Cela explique, je pense, son succès presque égal à celui du bouddhisme auprès des modernes qui, veufs d'idéaux collectifs, n'ont comme les Romains du Ier siècle plus d'autre point d'appui que le moi. La vie heureuse, telle que Sénèque en décrit les charmes à son frère Galion, tient tout entière dans l'exercice de la vertu et la paix de l'âme qui en résulte. Ses maîtres mots sont abstention, retrait, quiétude. Le bonheur, c'est de se mettre hors d'atteinte. Il faut en s'exerçant tous les jours, à toute heure – et cet exercice, en latin, se nomme *meditatio* –, se libérer de l'emprise des affects, ne pas regretter, ne pas espérer, ne pas anticiper, distinguer ce qui dépend de nous de ce qui n'en dépend pas, si son enfant vient à mourir se persuader qu'on n'y peut rien et qu'il n'y a pas lieu d'être triste plus que de raison, voir dans toute circonstance de la vie (surtout celles qui paraissent défavorables) une occasion de pratique, et par une progression constante de la folie commune à la santé de l'âme atteindre l'idéal du sage – idéal dont les stoïciens reconnaissaient sans embarras qu'il y avait peu d'exemples, peut-être un tous les cinq cents ans.

Il y en a une trentaine de pages comme ça, dans une prose noble et bien balancée, et puis à un moment, sans crier gare, ce paisible exposé doctrinal vire au plus véhément des plaidoyers *pro domo*. Sénèque s'énerve, sa voix dérape et il n'y a même pas besoin de lire la préface ou les notes en bas de page pour comprendre ce qui se passe : il se défend, bec et ongles, contre une campagne l'accusant de vivre à l'opposé de ses principes philosophiques.

Ses détracteurs avaient des arguments. Sénèque était un chevalier espagnol qui avait fait à Rome une carrière éclatante – ce qui en dit beaucoup sur l'intégration dans l'Empire : il passait pour l'incarnation de l'esprit romain et personne, jamais, n'aurait pensé à lui comme à un Espagnol, pas plus qu'on ne pensera à saint Augustin comme à un Algérien. Homme de lettres, auteur de tragédies à succès, grand vulgarisateur du stoïcisme, c'était aussi un homme de cour dévoré d'ambition, qui a connu la faveur impériale sous Caligula, la disgrâce sous Claude, la faveur à nouveau au début du règne de Néron. C'était enfin un homme d'affaires avisé, qui a usé de ses prébendes et de ses réseaux pour devenir à lui tout seul une espèce de banque privée et amasser une fortune évaluée à 360 millions de sesterces, soit largement autant de millions d'euros. Quand on savait cela, et tout le monde le savait, on était tenté de rigoler devant ses éloges sentencieux du détachement, de la frugalité, et la méthode qu'il conseillait pour s'exercer à la pauvreté : une fois par semaine, manger du pain grossier et coucher à la dure.

Que dit Sénèque pour se défendre de ces railleries qui ont fini par tourner à la cabale ? D'abord, qu'il n'a jamais prétendu être un sage accompli mais s'efforce seulement de le devenir, et à son pas. Que même sans faire soi-même tout le chemin, il est beau d'indiquer aux autres la direction. Que parlant de la vertu il ne se donne pas en exemple et que parlant des vices il pense avant tout aux siens. Et puis merde, après tout ! Personne n'a dit que le sage doit refuser les dons de la fortune. Il doit supporter la mauvaise santé si elle lui échoit, mais se réjouir de la bonne. Ne pas avoir honte d'être chétif ou contrefait, mais préférer être de belle stature. Quant aux richesses, elles lui procurent la même satisfaction qu'au navigateur un vent favorable : il peut faire sans, il aime mieux faire avec. Manger dans de la vaisselle en or, où est le problème, si par la *meditatio* on s'assure qu'on trouverait son repas aussi bon dans une écuelle grossière ?

Je rigole un peu, moi aussi, mais au fond je suis assez d'accord avec cette sagesse : elle m'arrange. Paul, lui, n'était pas d'accord. Il appelait cela la sagesse du monde et il en proposait une autre, radicalement différente, à laquelle ni Sénèque ni son frère Galion n'auraient, s'ils l'avaient écouté, rien pu comprendre.

Galion, au témoignage de ses contemporains, était un homme bienveillant, cultivé, ce que pouvait être de mieux un haut fonctionnaire romain. Beaucoup mieux que Ponce Pilate, qui exerçait les mêmes fonctions à Jérusalem vingt ans plus tôt et s'est trouvé dans une situation comparable. Ponce Pilate, cela dit, a essayé de répondre à ceux qui le mettaient en demeure de sévir contre Jésus de Nazareth la même chose que Galion à ceux qui lui ont amené Paul, pieds et poings liés : qu'il n'avait pas à connaître de leurs querelles religieuses. S'il a dû se résoudre à condamner Jésus, c'est parce que Jérusalem était une pétaudière coloniale, en proie à des rébellions nationalistes, alors qu'à Corinthe, où l'ordre romain régnait pacifiquement, on pouvait se permettre la tolérance. Mais Pilate et Galion ont ceci en commun que ni l'un ni l'autre n'a soupçonné un seul instant l'enjeu de ce qui se passait sous ses yeux. Jésus pour l'un, Paul pour l'autre, étaient des Juifs obscurs et pouilleux que traînaient devant leur tribunal d'autres Juifs obscurs et pouilleux. Galion a fait relâcher Paul et oublié l'affaire dans la minute. Pilate a dû faire crucifier Jésus, et peut-être la conscience d'avoir laissé commettre une injustice pour prévenir un désordre lui a-t-elle fait passer une mauvaise nuit, ou deux. C'est tout. Et c'est toujours comme ça que ça se passe. Il est possible qu'à l'heure où j'écris s'agite dans une cité de banlieue ou un *township* un type obscur qui, en bien ou en mal, changera la face du monde. Possible aussi que pour une raison quelconque sa trajectoire croise celle d'un personnage éminent, considéré par tout ce qui compte comme un des hommes les plus éclairés de son temps. On peut parier sans risque que le second passera totalement à côté du premier, qu'il ne le verra même pas.

24

Dans le courant de l'hiver, un an après le passage de Paul, la nouvelle a couru en Macédoine que Timothée était de retour à Thessalonique. Frères et sœurs attendaient le retour du Seigneur en gloire mais plus concrètement ils se seraient contentés de celui de Paul, et ils ont dû trouver déjà beau qu'il leur envoie son assistant. Si, comme je le pense, Luc habitait Philippes, à une journée de cheval et trois ou quatre à pied par la grande voie romaine qui traversait la Grèce du Nord, il serait étonnant qu'il n'ait pas fait le voyage.

Timothée était alors un très jeune homme. De père grec mais de mère juive, et donc pleinement juif selon la loi d'Israël. Il n'était pourtant pas circoncis quand Paul a séjourné en Lycaonie, où vivait sa famille, et converti la mère, la grand-mère et le fils – le père, on ne sait pas. La ferveur du garçon était telle qu'il a supplié Paul de l'emmener avec lui lorsqu'il reprendrait la route. Paul a dit oui et, la veille du départ, il a de ses propres mains circoncis Timothée. Il s'y est résolu, précise Luc qui rapporte l'épisode avec un peu de gêne, « à cause des Juifs qui se trouvaient dans les parages ». De fait, Paul avait avec eux assez de sujets de friction pour ne pas s'encombrer, en plus, du scandale ambulant qu'était un sherpa juif, mais incirconcis. Il n'a pas dû regretter sa peine. Timothée, à l'usage, s'est révélé le disciple idéal, le fidèle entre les fidèles. On sait qu'il lui servait de secrétaire, je suppose qu'il lui servait aussi de valet. Enfin, il est devenu son émissaire.

Pour avoir connu d'assez près deux grands maîtres, l'un de taï-chi et l'autre de yoga, j'ai connu aussi cette inévitable figure du disciple-factotum et, même si je veux bien entendre tout ce qu'on me dit sur le fait que ce rapport d'absolue sujétion entre maître et disciple est une tradition en Orient, la condition nécessaire d'une véritable transmission, je n'ai pu m'empêcher de trouver pathétiques ces personnages dont tout le désir sur terre est de *dépendre*. Il y a, cela dit, deux espèces de bras droits de gourous. Les uns sont des dévots rigides, imbus jusqu'à la cruauté du petit pouvoir que leur confère la faveur du maître, les autres de bons garçons sans malice, et j'ai plutôt envie d'imaginer Timothée comme un bon garçon sans malice. De tous les frères et sœurs réunis en son honneur à Thessalonique, c'est Luc qui le connaissait depuis le plus longtemps. Il devait être fier de cette intimité, s'en targuer un peu devant les autres, et je vois bien Timothée, de son côté, l'ayant compris, traitant Luc en vieux camarade de campagne, ne manquant pas une occasion de rappeler que sans lui, sans leur providentielle rencontre à Troas et son invitation à venir à Philippes, les églises de Macédoine n'existeraient pas.

Que raconte Timothée ? D'abord, que Paul bénit tout le monde. Qu'il aurait aimé venir en personne, mais que Satan hélas l'en a empêché (sur la façon dont s'y est pris Satan, on n'en saura pas plus que sur celle dont l'Esprit-Saint lui a barré la route d'Asie, et dans les moments de mauvais esprit je suis tenté de croire que c'était pour Paul une excuse bien commode : « J'ai tout fait pour venir, mes amis, mais vous savez comment est Satan... »). Que c'est pour lui un grand réconfort de penser à ses chers disciples macédoniens, à la pureté de leurs mœurs, à la fraîcheur de leur climat, plongé qu'il est dans le chaudron de Corinthe où il lui faut faire face à la débauche des païens et à la vindicte des Juifs. Les païens, passe encore : ils sont païens. C'est aux Juifs surtout qu'il en a. Les Juifs ne veulent rien entendre du message dont ils sont pourtant les premiers destinataires. Les Juifs ne cessent de lui causer des ennuis, de le traîner devant les tribunaux romains, de le menacer de lapidation. Les Juifs ont fait mourir le Seigneur Jésus, et avant lui les prophètes. Ils sont ennemis de tous les hommes. Ils ne plaisent pas à Dieu, qui va abattre sur eux sa colère.

Timothée n'a peut-être pas dit cela, mais Paul oui, dans un passage de sa première lettre aux Thessaloniciens qui embarrasse beaucoup les exégètes chrétiens. Les bouffeurs de curés, eux, l'adorent. Ils s'en servent pour faire remonter à Paul la longue et accablante tradition d'antisémitisme dans l'Église et on ne peut pas leur donner tort, même si heureusement pour les exégètes chrétiens Paul a dit dans d'autres lettres des choses plus gentilles pour les Juifs. Je me trompe peut-être, mais je pense que ce genre de diatribe a dû embarrasser les Thessaloniciens aussi – en tout cas Luc tel que je l'imagine. C'était curieux, après tout : Paul était juif, Timothée était juif, leurs interlocuteurs ne l'étaient pas, or c'étaient Paul et Timothée qui ne cessaient de se plaindre des Juifs. Quelqu'un comme Luc, le judaïsme lui plaisait, ce qu'il connaissait de la vie juive lui plaisait, et ça devait le troubler que tout à coup on se mette à lui en dire du mal. Que ces deux Juifs disent « les Juifs », comme s'ils ne l'étaient pas eux-mêmes, « leurs prophètes », comme si ce n'étaient pas les leurs aussi. À force de s'entendre répéter que Dieu ferait aux païens comme lui le don qu'il avait préparé pour son peuple, et dont son peuple se montrait indigne, Luc devait se sentir dans la position d'un quidam à qui un milliardaire capricieux décide de léguer toute sa fortune pour le plaisir de déshériter un fils qu'il a pris en grippe. Même s'il est difficile de refuser l'aubaine, elle gêne un peu.

25

Autre chose gêne les Thessaloniciens, et « gêner » est un mot bien faible : ça les bouleverse, ébranle les fondations de leur foi. Quelques semaines plus tôt, un membre de leur communauté est mort. Or, Paul avant de les quitter a dit quelque chose que Jésus disait aussi, que les Évangiles en tout cas lui font dire, quelque chose d'extrêmement imprudent qui se résume ainsi : ce que je vous annonce, vous le verrez très bientôt, et vous le verrez *tous*. Aucun d'entre vous ne mourra sans l'avoir vu. Selon la version attribuée à Jésus : « Cette génération ne passera pas sans que cela n'arrive. » Cette promesse solennelle, à très court terme, est pour beaucoup dans la fièvre et l'urgence où vivent les nouveaux convertis. Il ne sert à rien de former des projets, tout ce qu'on doit faire c'est attendre le jour du Jugement en priant, veillant et faisant assaut de charité.

À la fin de sa vie, ma marraine était malheureusement encline à ce genre d'annonces. Je me rappelle lui avoir un jour parlé d'un voyage que je projetais de faire, dans six mois. Elle m'a regardé avec cet air qu'elle avait parfois, de la personne qui sait et que surprend douloureusement l'abîme de votre ignorance, et elle m'a dit : « Mon pauvre petit, dans six mois plus personne ne voyagera, plus personne ne prendra d'avion. » Elle n'en disait pas plus, j'ai d'autant moins souhaité en savoir plus que j'avais déjà entendu de telles prédictions dans sa bouche et les considérais comme le prix à payer pour les grands bienfaits que par ailleurs je tirais de mes entretiens avec elle. Je n'ai jamais eu le mauvais goût de les lui rappeler, une fois dépassées les échéances qu'elle fixait toujours avec précision. Elle-même devait les oublier, en tout cas elle ne semblait pas troublée de les voir se périmer sans que se produisent jamais les cataclysmes prévus. Bien sûr, il y avait comme toujours des tremblements de terre, des inondations, des guerres atroces, des attentats terroristes, mais elle n'en tirait pas argument, car ce qu'elle annonçait était tout autre chose que ce train-train du chaos planétaire. La fin du monde, vraiment, et ce qui allait avec : le retour du Christ dans le ciel parmi les anges, le jugement des vivants et des morts. Cette femme merveilleusement intelligente et cultivée, une des personnes au monde qui ont exercé le plus d'influence sur moi, au point que dans certaines circonstances je me demande encore ce qu'elle me conseillerait, cette femme croyait tout à fait littéralement ce que croyait vingt siècles avant elle le petit groupe de Thessaloniciens convertis par Paul. Elle aurait réagi comme eux, à la mort d'un de leurs frères : en se disant qu'encore trois jours, les trois jours séparant la mort du Christ de sa résurrection, et ce serait *le* Jour, celui de la plus grande ténèbre et de la plus grande gloire.

Pendant ces trois jours, les Thessaloniciens ont dû veiller leur mort, attendant de pied ferme qu'au soir du troisième il se dresse, jette le drap dont on l'a recouvert et ordonne de se dresser aux morts du cimetière. Pas seulement aux morts de leur cimetière : à *tous* les morts. Ceux d'hier, ceux d'avant-hier, tous ceux qui étaient nés, qui avaient vécu et qui étaient morts depuis que le monde existait. Ils sont restés trois jours devant le cadavre osseux, ballonné, parfumé d'aromates, de celui dont eux seuls savaient qu'il était le dernier de la série, le dernier homme à être mort avant que tous ressuscitent. Ils se demandaient sous quelle forme il allait ressusciter, sous quelle forme ils allaient tous, bientôt, ressusciter. Ils se demandaient si ceux qui depuis longtemps étaient poussière reviendraient tels qu'ils étaient au temps lointain de leur vivant et, question non négligeable, s'ils reviendraient tels qu'ils étaient au moment de leur mort ou alors au moment le plus glorieux de leur vie. Ils se demandaient s'ils reviendraient dans des corps flétris de vieillards ou dans l'éclat de leur jeunesse, avec des muscles durs, des seins fermes, et peut-être, même si Paul était contre, l'envie de faire l'amour. Ils se demandaient tout cela en veillant le cadavre, et quand au bout de trois jours il ne s'est pas dressé, quand au bout de quatre jours, comme il sentait fort, il a fallu se résoudre à l'enterrer, ils n'ont pas compris. Ils n'osaient pas rentrer chez eux. Ils tournaient en rond, murmuraient des insultes, s'en voulaient mutuellement de s'être laissé flouer. Le premier de leurs morts, qui devait être le dernier des morts parmi les hommes, n'était au bout du compte qu'un mort ordinaire. Il n'avait pas vu le jour du Seigneur. Eux-mêmes ne le verraient certainement pas non plus.

Sur quel ton ont-ils dit leur déception à Timothée ? Timidement, ou bien comme des gens qui ont été dupés par un beau parleur et lui demandent des comptes ? Timothée a promis d'en référer à Paul.

26

Une chose m'étonne, depuis que j'avance dans cette histoire, c'est qu'elle ait si peu inspiré l'imagerie religieuse. J'aurais juré, avant de m'y mettre, que tout dans le Nouveau Testament était traité, archi-traité. Or c'est vrai de la vie de Jésus, c'est vrai de celles des saints qui l'ont suivi, de préférence s'ils ont été horriblement suppliciés, mais si l'on en excepte la conversion de Paul sur le chemin de Damas, presque tout ce livre que je scrute page après page, les Actes des apôtres, échappe étrangement à la représentation. Pour m'en tenir à des scènes déjà évoquées, comment se fait-il qu'un lecteur de la Bible aussi fervent que Rembrandt n'ait pas peint une *Circoncision de Timothée*, un *Paul chassant le démon de la Pythonisse* ou une *Conversion du geôlier de Philippes* ? Qu'aucun primitif italien ou flamand n'ait inscrit dans la verdure d'un paysage arcadien les petites silhouettes de *Lydie et ses compagnes écoutant Paul au bord de la rivière* ? Qu'on ne trouve pas au musée d'Orsay de tableau bien pompier représentant *Paul et Barnabé pris pour des dieux par les Lycaoniens*, ni au Louvre le chef-d'œuvre qu'auraient dû inspirer à Géricault *Les Thessaloniciens pleurant leurs premiers morts* ? Corps livides et gonflés de pêcheurs noyés, peints d'après nature en fauchant des cadavres à la morgue, bras tordus vers le ciel de poix que déchire un orage – on les voit bien, non ?

Dans cette galerie de tableaux fantômes, il y en a un qui me manque plus que les autres. La scène qu'il représente est si décisive dans l'histoire chrétienne, et en même temps si pittoresque, qu'il me semble stupéfiant qu'on ne l'ait pas mille fois peinte, et filmée, et narrée, en sorte qu'elle fasse partie de l'imaginaire collectif au même titre que *L'Adoration des mages* ou *Charlemagne visitant les écoles*. Le titre pourrait être : *Paul dicte sa première lettre à Timothée*.

La scène se passe à Corinthe, dans l'atelier de Priscille et Aquila. C'est une échoppe comme on en voit encore dans les quartiers pauvres des villes méditerranéennes, avec une pièce ouvrant sur la rue, où on travaille et reçoit les clients, et une autre aveugle à l'arrière, où toute la famille dort. Chauve, barbu, le front plissé de rides, Paul est penché sur son métier à tisser. Clair-obscur. Rai de lumière sous le seuil. Le jeune Timothée, encore poussiéreux du voyage, finit de raconter sa mission à Thessalonique. Paul décide d'écrire aux Thessaloniciens.

Écrire n'est pas alors une activité tout à fait anodine. Il a fallu acheter une planchette à laquelle sont accrochés des godets d'encre, un stylet, un grattoir, et un rouleau de papyrus – le moins cher, certainement, de la gamme de neuf variétés que dénombre Pline le Jeune dans une de ses propres lettres. Timothée, la planchette sur les genoux, s'est assis en tailleur aux pieds de Paul – si c'est le Caravage qui les a peints, ces pieds sont sales. L'apôtre a lâché sa navette. Il lève le regard vers le ciel, il se met à dicter.

Le Nouveau Testament commence là.

27

J'ai lu dans un article savant qu'un scribe, dans l'Antiquité, écrivait environ 75 mots à l'heure. Si c'est vrai, cela veut dire que Paul a consacré pas moins de trois heures, sans reprendre haleine, peut-être en marchant de long en large dans l'atelier, à dicter le long paragraphe d'ouverture où il félicite les Thessaloniciens de s'être détournés des idoles, de servir avec zèle le vrai Dieu, d'attendre sans faiblir le retour de son Fils ressuscité. Mais Paul ne se contente pas de féliciter les Thessaloniciens. Il les chauffe, il les galvanise, il fait appel à leur sens de la compétition. Ils font tout bien, il ne leur reste qu'à faire encore mieux. On peut les donner en exemple aux autres équipes grecques. C'est aussi qu'ils ont un bon entraîneur. Là-dessus, c'est-à-dire sur ses propres mérites, Paul est intarissable. Ce qu'il dit ne comporte pas d'erreurs. Il le dit pour plaire à Dieu, non aux hommes. Il ne sait pas ruser, ni flatter. Il est pour les croyants de Thessalonique comme un père pour ses enfants, tendre ou sévère selon les besoins de leur éducation. En plus, il ne leur a jamais coûté un sou.

Ça, on va le réentendre souvent. En tant qu'apôtre, Paul pourrait se faire entretenir par ses adeptes. Tous les prêtres de tous les temples, qu'ils soient juifs ou païens, vivent grassement des offrandes des fidèles. Le berger qui fait paître un troupeau se nourrit du lait de ses bêtes et se couvre de leur laine. Pas Paul. Paul comme on le sait travaille de ses mains, ce qui lui permet de ne rien demander à personne, d'annoncer l'Évangile gratuitement, et dans sa grandeur d'âme il ne le fait même pas remarquer. Enfin, ça, c'est ce qu'il dit : en réalité, il n'arrête pas de le faire remarquer. Il y revient pratiquement dans toutes ses lettres, il devait le répéter à longueur de journée et j'imagine ses proches, même les plus pieux, même Timothée, même Priscille et Aquila, échangeant un regard de résignation amusée chaque fois qu'il entonnait ce couplet. Paul était un génie, c'était aussi le genre d'homme qui dit à tout bout de champ des choses comme « Il faut que je vous l'avoue, j'ai un très gros défaut : c'est la franchise » ou « Moi, pour la modestie, je ne crains personne ». Un goujat et, sur ce point comme sur beaucoup d'autres, le contraire de Jésus – ce *gentleman*, dirait Renan.

Tout cela ne répond pas à la question qui trouble tant les Thessaloniciens : si l'un d'entre eux est mort et ne s'est pas relevé, comment croire la promesse de Paul ? Comment croire que les morts vont ressusciter ?

Paul n'est pas homme à se dérober : il va répondre. Il va répondre avec beaucoup d'autorité, mais avant d'écouter sa réponse je voudrais m'arrêter quelques minutes sur cette étrange idée de résurrection.

Elle est étrange, et l'était encore plus il y a vingt siècles. Habitués que nous sommes aux religions récentes que sont le christianisme et l'islam, nous pensons qu'il fait partie de la nature d'une religion, que c'est même sa raison d'être, de promettre à ses adeptes une vie après la mort, et s'ils se sont bien conduits une vie meilleure. Or c'est faux, aussi faux que de penser qu'une religion est par nature prosélyte.

Grecs et Romains croyaient les dieux immortels, pas les hommes. « Je n'existais pas. J'ai existé. Je n'existe plus. Quelle importance ? », lit-on sur une tombe romaine. Ce qui leur tenait lieu d'au-delà, et qu'ils appelaient les Enfers, les Anciens se le représentaient comme un lieu souterrain où les ombres des hommes traînent une sorte de semi-vie, ralentie, comateuse, larvaire, à peine consciente d'elle-même. Ce n'était pas un châtiment d'échouer là, c'était la condition commune des morts, quels qu'aient été leurs crimes ou leurs vertus. Personne ne s'intéressait plus à eux. Homère raconte dans l'*Odyssée* la descente d'Ulysse dans ce lugubre sous-sol. Il y rencontre Achille, qui a choisi une vie intense et brève plutôt qu'une vie moyenne et, là où il est maintenant, s'en mord les doigts : il vaut mieux être un chien vivant qu'un héros mort.

Si différents qu'ils aient été des Grecs et des Romains, les Juifs les rejoignaient là-dessus. Ils appelaient leurs Enfers le *Sheol* et ils ne l'ont pas décrit davantage parce qu'ils n'aimaient pas davantage y penser. Ils priaient pour que Dieu établisse son royaume « durant notre vie, durant nos jours », pas après. Ils attendaient du Messie qu'il restaure la gloire d'Israël sur cette terre, pas au ciel. Seulement, à la différence des Grecs et des Romains qui s'accommodaient mieux de l'injustice, imputée au hasard ou au destin, les Juifs tenaient à l'idée que l'homme est traité par Dieu selon ses mérites. Récompensé s'il est juste, puni s'il est méchant, et cela, encore une fois, sur cette terre, dans cette vie – ils n'en imaginaient pas d'autre. Ils ont mis beaucoup de temps à se rendre compte que les choses ne se passent pas forcément ainsi, qu'en fait elles se passent rarement ainsi, et on peut suivre dans la Bible le cheminement de cette perplexité, qui s'exprime avec une bouleversante éloquence dans le livre de Job.

Il est toujours possible, s'agissant d'un peuple, de dire qu'il obtiendra réparation de ses misères dans le futur, et les Juifs ne se sont pas privés de cette espérance. C'est plus difficile à l'échelle d'une vie humaine, lorsqu'on est obligé de reconnaître qu'en dépit de ses vertus un homme a été accablé de fléaux, qu'il a vu ses récoltes brûlées, sa femme violée, ses enfants massacrés, et qu'il est mort lui-même dans d'effroyables souffrances physiques et morales. Il a de bonnes raisons de se plaindre, comme le fait Job en grattant ses ulcères sur son tas de fumier. Les Juifs, cherchant à ce scandale une explication, n'ont pas eu l'idée du *karma* et de la réincarnation – qui me paraît, au moins intellectuellement, la seule satisfaisante – mais, à l'époque dont je parle, ils ont commencé à forger celle d'un au-delà où chacun sera rétribué selon ses mérites, d'une Jérusalem céleste et donc de la résurrection des morts. Encore s'agissait-il de la résurrection de *tous* les morts, au jour lointain du Jugement, pas d'un seul mort faisant exception aux lois de la nature – hypothèse franchement scandaleuse, qui défriserait même ceux d'entre nous qui se prétendent chrétiens si on leur annonçait tout à trac qu'une personne qu'ils connaissent est, seule de son espèce et pas plus tard qu'hier, revenue d'entre les morts comme les revenants de ma série télévisée. J'insiste là-dessus : cette histoire de résurrection, quand les disciples de Jésus l'ont lancée trois jours après sa mort, quand Paul l'a reprise à l'intention de Grecs judaïsants, n'était pas du tout le genre d'idée pieuse qui vient naturellement à l'esprit pour se consoler d'une perte cruelle, mais une aberration et un blasphème.

C'est une aberration, c'est un blasphème, mais – répond Paul – c'est le cœur de son message. Tout le reste est accessoire, et pour bien le faire entrer dans la tête des Thessaloniciens il développe cet argument circulaire qui me laissait déjà songeur il y a vingt ans – rappelez-vous la Révélation d'Arès et, si vous ne vous la rappelez pas, retournez à la page 93 de ce livre :

« Si l'on proclame que le Christ est ressuscité, comment certains parmi vous peuvent-ils dire que les morts ne ressuscitent pas ? Si les morts ne ressuscitent pas, le Christ n'est pas ressuscité. Et si le Christ n'est pas ressuscité notre message est vide et ce que vous croyez est une illusion. Vous seriez, nous serions les plus à plaindre de tous les hommes, et ils auraient raison, ceux dont toute la philosophie consiste à dire : mangeons et buvons car demain nous serons morts. »

(C'est, à vrai dire, ce que pensent beaucoup d'entre nous. Que la résurrection est une chimère comme le jugement dernier, qu'il faut jouir de la vie tant qu'on est vivant et que les chrétiens sont bien à plaindre si le christianisme c'est cela : ce qu'enseignait Paul.)

28

C'est un phénomène connu, souvent observé par les historiens des religions : les démentis de la réalité, au lieu de ruiner une croyance, tendent au contraire à la renforcer. Quand un gourou annonce la fin du monde pour une date précise, et proche, nous ricanons. Nous nous étonnons de son imprudence. Nous pensons qu'il sera bien forcé, à moins que par extraordinaire il ait raison, de reconnaître qu'il avait tort. Mais ce n'est pas ce qui se passe. Pendant des semaines ou des mois, les fidèles du gourou prient et font pénitence. Ils se préparent à l'événement. Dans le bunker où ils se sont réfugiés, chacun retient son souffle. Enfin arrive la date fatidique. L'heure annoncée sonne. Les fidèles remontent à la surface. Ils s'attendent à découvrir une terre dévastée, vitrifiée, et à être les seuls survivants, mais non : le soleil brille, les gens vaquent comme avant à leurs occupations, rien n'a changé. Les fidèles, normalement, devraient être guéris de leur lubie et quitter la secte. Quelques-uns le font, d'ailleurs : ce sont les raisonnables, les tièdes, bon débarras. Mais les autres se persuadent que si rien n'a changé, ce n'est qu'en apparence. En réalité, un changement radical a eu lieu. S'il reste invisible, c'est pour mettre leur foi à l'épreuve, et faire le tri. Ceux qui croient ce qu'ils voient ont perdu, ceux qui voient ce qu'ils croient ont gagné. S'ils méprisent le témoignage de leur sens, s'ils se libèrent des exigences de la raison, s'ils sont prêts à passer pour des fous, ils ont réussi le test. Ils sont les vrais croyants, les élus : le Royaume des cieux est à eux.

Les Thessaloniciens ont réussi le test. Renforcés par l'épreuve, ils resserrent leurs rangs. Paul respire – pas longtemps. Il ne respire jamais longtemps. Ses lettres le montrent courant sans cesse d'un front à l'autre, ici colmatant une voie d'eau, affrontant là un incendie. À peine a-t-il repoussé une offensive sur le terrain du bon sens qu'une autre s'annonce, encore plus dangereuse, sur celui de la légitimité. Il faut maintenant parler de l'affaire galate.

29

Les Galates sont ces païens du haut plateau anatolien que Paul a convertis lors de son premier passage en Asie. Il a souffert chez eux une attaque de sa mystérieuse maladie et rendra toujours grâce à ses hôtes de l'avoir soigné sans dégoût. D'autres l'auraient chassé comme un lépreux, eux l'ont accueilli « comme un ange du Ciel, comme s'il avait été le Christ Jésus lui-même. » Paul ne les a pas vus depuis longtemps, ces bons Galates, mais pense à eux souvent, avec tendresse et nostalgie. Or voici qu'un jour de 54 ou 55, à Corinthe, il reçoit d'eux des nouvelles extrêmement alarmantes. Des fauteurs de trouble sont venus les voir. Ils les ont détournés de la vraie foi.

Ces fauteurs de troubles, je les imagine allant par deux, comme les témoins de Jéhovah ou les tueurs dans les films policiers. Ils viennent de loin, la poussière de la route couvre leurs vêtements sombres. Leurs visages sont sévères. Si on leur ferme la porte au nez, ils la coincent avec le pied. Ils disent que pour être sauvé il faut se faire circoncire, selon la loi de Moïse. C'est une condition absolue. Si Paul en dispense ses adeptes, alors il les induit en erreur. Il leur promet le salut mais en réalité il les entraîne sur la voie de la perdition. C'est un homme dangereux, un loup déguisé en berger.

Les Galates, d'abord, ne se troublent pas. Ces accusations ne sont pas nouvelles pour eux. Ils les ont entendues dans la bouche des chefs de synagogue, et Paul leur a appris quoi y répondre : « Nous ne sommes pas juifs, pourquoi nous ferions-nous circoncire ? » Cela ne suffit pas à désarmer les visiteurs. « Si vous n'êtes pas juifs, demandent-ils, vous êtes quoi ? – Nous sommes chrétiens, répondent fièrement les Galates. Nous sommes l'église du Christ Jésus. »

Les visiteurs échangent le genre de regards, à la fois entendus et navrés, qu'échangent deux médecins au chevet d'un grand malade inconscient de son mal. Puis ils portent le fer dans la plaie. L'église du Christ Jésus, ils la connaissent très bien : ils viennent même de sa part. Seulement c'est la *véritable* église du Christ Jésus : celle de Jérusalem, celle des compagnons et des parents du Christ Jésus, et la triste vérité, c'est que Paul use de son nom frauduleusement. Il n'a aucun droit de s'en réclamer. Il dénature son message. C'est un imposteur.

Les Galates tombent de haut. C'est qu'ils n'ont qu'une idée très vague des origines de leur croyance. Paul leur a beaucoup parlé du Christ mais très peu de Jésus, beaucoup de sa résurrection mais pas du tout de sa vie, encore moins de ses compagnons ou de sa famille. Il s'est toujours présenté comme un maître indépendant, prêchant ce qu'il appelle « mon Évangile », et n'a jamais évoqué que de façon très floue l'existence d'une maison mère dont il serait le représentant. Pour les Galates comme pour les Thessaloniciens, il y avait Timothée qui était l'émissaire de Paul, qui rendait des comptes à Paul, et la chaîne s'arrêtait là. Au-dessus de Paul, il n'y avait personne. Ou si : *Kristos*, le Christ, et *Kyrios*, le Seigneur, mais aucun être humain.

Or voici que débarquent de Jérusalem ces gens qui premièrement se présentent comme les supérieurs de Paul, et deuxièmement affirment qu'il ne fait plus partie de la maison. On a dû se séparer de lui, car il n'en est pas à sa première indélicatesse. Il a déjà ouvert boutique de-ci de-là, sous la prestigieuse enseigne qu'on lui a pourtant interdit d'utiliser. Plusieurs fois on l'a démasqué mais il s'en va toujours plus loin, trouve toujours de nouveaux gogos. La maison, heureusement, a des inspecteurs zélés qui le suivent à la trace, ouvrent les yeux de ses dupes et ne demandent qu'à leur offrir, à la place de la contrefaçon, le produit authentique. Quand ils arrivent sur place, l'escroc en général s'est envolé.

Je pense à la pièce de Gogol, *Le Revizor*. Le *revizor*, c'est l'inspecteur du gouvernement, et la pièce, qui est le chef-d'œuvre du théâtre russe au XIXe siècle, raconte comment un faux *revizor* débarque dans une petite ville de province et embobine tout le monde. Il promet, charme, menace, il sait appuyer pour chacun sur le ressort le plus intime. Tous ceux qui ont quelque chose à se reprocher redoutent évidemment son inspection, et poussent un grand soupir de soulagement en découvrant qu'il y a moyen de s'arranger avec lui – à l'amiable, entre gens du monde. Les affaires vont ainsi, bon train, jusqu'au dernier tableau où le faux *revizor* disparaît. On le cherche partout, on s'inquiète. C'est alors qu'un valet entre dans le salon du maire et annonce d'une voix tonnante l'arrivée du véritable *revizor*. Tous les acteurs, à cet instant, sont censés se figer sur la scène dans une pantomime d'épouvante que Gogol, génie comique doublé d'un bigot délirant, voyait tout à fait explicitement comme une représentation du Jugement dernier. Des générations de spectateurs russes se sont tordues de rire devant cette pièce en s'obstinant à la prendre pour une irrésistible satire de la vie de province. Elles ont eu grand tort, si l'on en croit son auteur, qui jusqu'à la fin de ses jours s'est répandu en préfaces sermonneuses pour en révéler le vrai sens. La petite ville, c'est notre âme. Les fonctionnaires corrompus, nos passions. L'inquiétant freluquet qui s'est fait passer pour le *revizor* et a soutiré des pots-de-vin aux fonctionnaires corrompus en leur promettant de fermer les yeux, c'est Satan, le prince de ce monde. Et le vrai *revizor*, c'est bien entendu le Christ qui viendra au moment où personne ne l'attend, et alors, malheur à celui qui ne sera pas en règle ! Malheur à celui qui aura cru se couvrir en faisant affaire avec le faux *revizor* !

Les Galates ont dû éprouver la stupeur et le tremblement des personnages du *Revizor* quand les *vrais* représentants du Christ sont arrivés exprès de Jérusalem pour leur révéler que depuis plusieurs années ils étaient les victimes d'un imposteur. L'énorme différence avec la pièce, cependant, c'est que le faux *revizor* file sans demander son reste, alors que Paul, quand la nouvelle lui est parvenue, c'est peu dire qu'il n'a pas fait le mort, ni finassé, ni rien fait de ce qu'aurait fait quelqu'un qui n'a pas la conscience tranquille. Il a fait front, au contraire, et de la façon la plus éclatante, en écrivant aux Galates la plus jalouse et passionnée de ses lettres, une lettre qui commence par ces mots :

« Moi, Paul, apôtre, envoyé non par des hommes ni par un homme mais par Jésus le Christ lui-même, je suis stupéfait de voir que vous vous détournez de celui qui vous a appelés pour aller vers un autre Évangile. Mais il n'y en a pas d'autre, d'Évangile ! Il n'y a que des gens qui vous troublent. Il n'y a que des gens qui veulent détruire en vous l'Évangile du Christ.

Écoutez-moi bien. Même si un ange venu du ciel venait vous dire autre chose que ce que je vous ai dit, il ne faudrait pas le croire. Même si, moi, je venais vous dire autre chose que ce que je vous ai dit, il ne faudrait pas me croire. Il faudrait maudire l'ange, il faudrait me maudire. Car ce que je vous ai dit, je ne le tiens pas d'un homme, mais de Jésus le Christ, directement. »

30

Sur quoi, pour mettre les choses au clair, Paul se lance dans un long flash-back.

Il commence par sa formation dans le judaïsme, son zèle pour la Loi, sa persécution effrénée contre les fidèles du Christ, et soudain, le grand retournement, sur la route de Damas. Tout cela, nous le savons déjà, les Galates le savaient aussi, ce n'est pas l'objet de la lettre. L'objet de la lettre, ce sont les relations de Paul avec cette église de Jérusalem dont les Galates, en revanche, ignoraient tout jusqu'à ce que ses émissaires viennent les jeter dans le trouble.

Paul, là-dessus, est catégorique : il ne doit *rien* à l'église de Jérusalem. C'est le Christ lui-même qui l'a converti sur la route de Damas, pas quelqu'un de l'église de Jérusalem. Et une fois converti par le Christ, il n'est pas allé faire allégeance à l'église de Jérusalem. Non, il s'est retiré, seul, dans les déserts d'Arabie. C'est seulement au bout de trois ans qu'il est allé à Jérusalem, où il reconnaît, un peu à contrecœur, avoir passé quinze jours auprès de Képhas, et brièvement vu Jacques.

Celui que Paul nomme *Képhas*, et dont les Galates découvraient certainement l'existence dans cette lettre, s'appelait en réalité Simon. Jésus lui avait donné ce surnom, qui en araméen veut dire « pierre », pour signifier qu'il était solide comme le roc et qu'on pouvait compter sur lui. De même Yohanan, que nous appelons Jean, il l'avait surnommé *Boanergès*, fils du tonnerre, en raison de son caractère impétueux. Pierre et Jean, venus comme lui de Galilée, ont été ses premiers et plus fidèles disciples. Yaacob, que nous appelons Jacques, c'était autre chose : le frère de Jésus. Son frère, vraiment ? Exégètes et historiens s'étripent à ce sujet. Les uns disent que le mot « frère » avait un sens plus large et pouvait s'appliquer à des cousins, les autres répondent que non, il y avait un mot pour cousins et frère voulait dire frère, un point c'est tout. Cette querelle linguistique en cache évidemment une autre, sur la vertu de Marie, et, comme on le dit techniquement, sa virginité perpétuelle. Aurait-elle eu après Jésus d'autres enfants, et par des voies plus naturelles ? Ou bien – hypothèse de compromis – est-ce Joseph qui aurait eu d'autres enfants, ce qui ferait de Jacques un demi-frère ? Quoi qu'on pense de ces graves questions, une chose est certaine, c'est que dans les années cinquante du Ier siècle personne ne se les posait. Le culte de Marie n'existait pas, ni le souci de sa virginité. Rien de ce qu'on savait de Jésus ne s'opposait à ce qu'il ait eu des frères et sœurs, et c'est en cette qualité de « frère du Seigneur » qu'on vénérait Jacques à l'égal des compagnons de la première heure, Pierre et Jean.

Tous trois, Jacques, Pierre et Jean, étaient des Juifs très pieux, observant strictement la Loi, priant au Temple, ne se distinguant des autres Juifs très pieux de Jérusalem que par le fait qu'ils tenaient leur frère et maître pour le Messie, et croyaient qu'il était ressuscité. Tous trois avaient évidemment de bonnes raisons de considérer avec méfiance ce Paul qui après les avoir persécutés prétendait être passé de leur côté. Qui disait avoir eu le privilège d'une apparition de Jésus, lequel n'était pourtant apparu qu'à ses très proches, et seulement dans les semaines suivant sa mort.

Qui disait avoir été converti par lui, ne devoir de comptes qu'à lui et tenir de lui le titre glorieux d'apôtre, réservé aux disciples historiques.

Transposons. Vers 1925, un officier des armées blanches qui s'est distingué dans la lutte anti-bolchevik demande audience à Staline, au Kremlin. Il lui explique qu'une révélation personnelle lui a donné accès à la pure doctrine marxiste-léniniste et qu'il entend la faire triompher de par le monde. Il réclame que pour cette action Staline et le Politburo lui accordent les pleins pouvoirs mais n'entend pas leur être soumis hiérarchiquement.

Entendu ?

31

Comment Jacques et Pierre l'ont accueilli, Paul ne le dit pas. Il dit seulement, à Jérusalem, n'avoir vu qu'eux et être reparti au bout de quinze jours pour Antioche, en Syrie. Ainsi prend fin le premier épisode du flash-back.

Le second commence, Paul le précise, quatorze ans plus tard. À la suite d'une révélation, il estime le moment venu de retourner à Jérusalem et de faire son rapport sur ses quatorze années d'activité au loin – « afin, dit-il, de ne pas courir en vain ».

Cette notation est importante. Elle montre que Paul, si indépendant qu'il soit, a absolument besoin de l'aval de la troïka composée par Jacques, Pierre et Jean, qu'il appelle les « colonnes » de l'Église. Leur autorité tient à des raisons historiques auxquelles Paul, en son for intérieur, attache peu d'importance. Il n'empêche que, si les colonnes le désavouent, il estimera avoir « couru en vain ». On ne rompt pas avec le Parti.

Paul vient cette fois accompagné de deux chrétiens d'Antioche, Barnabé qui est juif, Titus qui est grec, et le débat tourne tout de suite autour de la circoncision. Que les chrétiens d'origine juive soient circoncis, comme Barnabé et Paul lui-même, cela va de soi. Mais ceux qui ne sont pas juifs, comme Titus, faut-il leur imposer pour suivre le Christ de se faire circoncire – et pas seulement de se faire circoncire, mais d'observer toutes les prescriptions de la Loi juive ? Les colonnes disent que oui. Elles l'exigent. Paul pourrait s'incliner : il a de ses propres mains circoncis Timothée, après tout. Mais dans le cas de Timothée, c'était sur le terrain, par pragmatisme, pour éviter des ennuis supplémentaires avec les Juifs locaux, alors que celui de Titus a valeur d'exemple. Céder ici aurait des conséquences incalculables, pense Paul, et il dit non.

Tel que Paul le raconte dans la lettre aux Galates, ce que les historiens appellent « la conférence de Jérusalem », voire « le concile de Jérusalem », a été un affrontement très violent. Luc, presque un demi-siècle plus tard, en donnera dans les Actes des apôtres une version nettement plus pacifique, rappelant ces manuels d'histoire soviétique où tout le monde, rétroactivement, est montré comme d'accord sur ce qui est par la suite devenu la ligne du Parti, et où des dirigeants qui en réalité s'entre-tuaient s'embrassent en portant des toasts attendris à l'amitié entre les peuples et à la dictature du prolétariat. Entre Paul d'une part, Pierre et Jacques de l'autre, ce ne sont dans le récit de Luc qu'assauts de tolérance et de compréhension mutuelles, il n'est jamais question de la circoncision qui était pourtant le cœur du problème, et toute cette belle entente débouche sur une lettre de recommandation en bonne et due forme, adressée aux gentils par les colonnes et donnant carte blanche à Paul.

Que les colonnes aient cédé sur toute la ligne, j'ai du mal à y croire. Mais Paul, pas seulement Luc, affirme que pour finir elles ont entériné cette division du travail : à Pierre de prêcher l'Évangile aux Juifs, à Paul de le prêcher aux païens. À Pierre la circoncision, à Paul le prépuce, et tope là. Le second épisode prend donc fin sur ce qui semble une victoire de Paul. La suite des événements montre qu'il se faisait des illusions.

32

Troisième épisode du flash-back. Ayant arraché quelque chose qu'il décide de considérer comme un accord, Paul se dépêche de regagner Antioche, son camp de base. Ni les Actes ni la lettre aux Galates n'expliquent pourquoi Pierre vient l'y rejoindre, alors qu'on s'est en principe entendu sur la répartition des territoires entre l'apôtre du prépuce et celui de la circoncision. Est-ce une visite amicale ou une visite d'inspection ? Une visite d'inspection sous couvert de visite amicale ? Chacun, en tout cas, attend de voir si Pierre, débarquant sur le terrain de Paul, acceptera de s'asseoir à la table des Grecs et de partager l'agape avec eux.

Cette question des repas était aussi lourde d'enjeux que la circoncision. En acceptant l'invitation d'un Grec, un Juif ne pouvait être certain que les viandes servies à sa table provenaient d'animaux abattus dans les règles. Il ne pouvait pas non plus être certain que, pire encore, elles ne provenaient pas d'animaux sacrifiés aux dieux païens. Après les sacrifices, la viande était en effet récupérée et vendue, ce qui faisait des temples païens, en plus de lieux de culte, de prospères commerces de boucherie. Un Juif respectueux de la Loi aurait préféré mourir plutôt que de manger de la viande sacrifiée aux idoles, dans le doute il s'abstenait, et cette interdiction de prendre un repas en commun était une des raisons de la séparation entre Juifs et païens.

À Antioche comme ailleurs, la plupart des convertis de Paul étaient grecs : la question ne les concernait pas. Et ceux qui venaient du judaïsme, Paul leur disait simplement : faites ce que bon vous semble. Quoi qu'en dise la Loi, ces histoires alimentaires n'ont aucune importance.

Les idoles ne sont que des idoles, ce qui compte n'est pas ce qui entre dans la bouche, *kasher* ou pas *kasher*, mais seulement ce qui en sort, parole bonne ou mauvaise. La vérité, disait Paul aux Juifs comme aux Grecs, c'est que *tout est permis*. Tout est permis mais, ajoutait-il, tout n'est pas opportun. Mangez ce que vous voulez, mais si vous vous trouvez à table avec quelqu'un à qui ces choses importent, prenez garde à ne pas le choquer. Même si les interdits qu'il observe vous paraissent des enfantillages, observez-les aussi, par respect pour lui. La liberté ne dispense pas du tact. (Ce n'est pas le cas de toutes les positions de Paul, mais celle-ci me paraît remarquablement sensée.)

Pierre, au début de son séjour, se plie aux usages de la communauté d'Antioche. Il mange ce qu'on lui sert sans poser de questions. Tout le monde est content, lui le premier, jusqu'à ce qu'arrivent, de Jérusalem, des émissaires de Jacques. En voyant Pierre à table avec des païens, ils blêmissent. Attendent-ils que le repas soit fini ou le font-ils lever avant qu'il ait vidé son écuelle ? Ils le prennent à part, en tout cas, pour lui représenter l'impiété de sa conduite. Lui, le fidèle des fidèles, la pierre sur qui Jésus a voulu bâtir son Église, manger des viandes impures ! Négliger la Loi de Moïse ! Offenser Dieu ! Faut-il, pour qu'il tombe si bas, que l'influence de Paul soit pernicieuse ! Fallait-il être naïfs, aussi, pour s'être laissé embobiner par un individu qui se moque de la circoncision et, si ça se trouve, n'est même pas juif ! Avec ça, il dit avoir eu une vision de Jésus qui le met sur le même pied que les apôtres. Une vision de Jésus ! Quelle prétention ! Un homme sincère, à sa place, se mettrait à l'école des vrais disciples de Jésus : ceux qui l'ont connu, qui ont parlé avec lui, qui pour certains sont même de son sang. Lui, non. Lui, s'il se retrouvait face à Moïse, il ferait la leçon à Moïse. Rien ne l'arrête. On a eu l'imprudence de lui donner la main, maintenant il veut le bras, bientôt ce sera le corps tout entier. On ne peut pas le laisser faire, il faut sévir.

Les historiens juifs font peu de cas de Jacques, frère du Seigneur, qu'ils considèrent comme un renégat. Les historiens chrétiens, eux, tendent à le présenter comme le chef vétilleux d'une église strictement juive, resserrée autour du Temple, à la fois certaine de détenir la vérité et préférant la garder pour elle. À ce personnage respectable mais bas de plafond, ils opposent la grandiose figure de Paul, visionnaire, inventeur de l'universalité, ouvrant toutes les portes, abattant tous les murs, abolissant toutes différences entre Juifs et Grecs, circoncis et incirconcis, esclaves et hommes libres, hommes et femmes. Pierre, lui, louvoie entre les deux : moins radical que Paul, plus ouvert que Jacques, mais un peu à la façon des « libéraux » que les kremlinologues aimaient opposer aux « conservateurs » dans le Politburo d'autrefois. Il a dû, à Antioche, être bien ennuyé. Étant facilement, j'ai l'impression, de l'avis du dernier qui a parlé et ne sachant trop quel parti prendre, il s'est retiré chez lui, a cessé de sortir pour éviter toute occasion de contact avec les païens. Dès que les émissaires de Jérusalem ont eu le dos tourné, il semble qu'il soit sorti de sa tanière et qu'il ait recommencé à manger avec les autres. Mais après s'être fait engueuler par les sbires de Jacques il lui restait à se faire engueuler par Paul. « Devant tout le monde », précise celui-ci dans la lettre aux Galates, et avec un éclat qu'il exagère peut-être – c'est un reproche, on le verra, que les Corinthiens feront bientôt à leur apôtre : d'être plein d'autorité après coup, quand il raconte l'affaire sur le papier, et nettement moins quand il se trouve en face des gens.

Pierre devait être impressionné par Paul, le respecter et même lui reconnaître le droit de le reprendre. Mais il devait aussi trouver qu'il y avait du vrai dans ce que disait Jacques : eux avaient connu et aimé Jésus, Paul non, et c'était Paul qui venait leur dire quoi penser de lui. L'homme qui avait vécu, enseigné, dont ils avaient partagé les repas et la vie, au coude à coude, pendant trois ans, ça n'intéressait pas Paul qu'on lui raconte des anecdotes sur lui, des souvenirs, de menus propos. Il savait que le Christ était mort pour nos fautes, qu'il nous sauvait et nous justifiait, que toute puissance au ciel et sur la terre allait bientôt lui être livrée, et cela lui suffisait. Avec ce Christ-là, son âme était en communication permanente, ce Christ-là vivait en lui, parlait par lui, alors il n'avait pas de temps à perdre avec les faits et gestes terrestres de Jésus de Nazareth, encore moins avec les souvenirs des péquenots qui l'avaient entouré de son vivant. « Le Christ selon la chair », comme il disait, il ne tenait pas à le connaître – un peu comme ces critiques qui préfèrent ne pas lire les livres ou ne pas voir les films dont ils rendent compte, pour être sûrs que leur jugement n'en soit pas influencé.

Renan fait cette remarque brillante au sujet de Paul : il était protestant pour lui-même, catholique pour les autres. À lui la révélation, le commerce sans intermédiaire avec le Christ, la totale liberté de conscience, le refus de toute hiérarchie. Aux autres d'obéir sans murmurer, et d'obéir à Paul puisque le Christ a chargé Paul de les guider. Il y avait, c'est certain, de quoi agacer. D'électron libre avec qui, par une coupable faiblesse, on avait accepté de traiter, Paul après l'épisode d'Antioche est devenu pour Jacques l'équivalent de Trotsky pour Staline. Une campagne a été menée contre lui, des émissaires envoyés de par le monde pour dénoncer son déviationnisme. Dans l'entourage du frère du Seigneur, on refusait de prononcer le nom de l'hérétique. Certains se sont mis à l'appeler Nicolas – déformation de Balaam, qui est un nom de prophète mais aussi de démon. Ses adeptes sont devenus les nicolaïtes, et ses églises les synagogues de Satan. C'est encore Renan qui, pour donner une idée de l'hostilité à son égard, cite un impressionnant passage de la Lettre de Jude. Jude était un des frères de Jésus, moins connu que Jacques. Bien qu'il soit exclu qu'elle ait été écrite par lui, la lettre qui porte son nom fait partie du Nouveau Testament. Écoutez :

« Il s'est faufilé parmi nous certains hommes qui sont un écueil pour vos agapes, qui se gorgent sans vergogne, pasteurs qui se paissent eux-mêmes, nuages sans eau, menés çà et là par les vents, arbres de fin d'automne, sans fruits, deux fois morts, déracinés, flots sauvages de la mer écumant de leurs propres hontes, astres errants auxquels est réservé pour l'éternité le gouffre des ténèbres, grondeurs chagrins marchant selon leurs désirs, bouches pleines d'emphase, auteurs de schismes, orphelins de l'Esprit... »

(Aucun historien aujourd'hui ne pense comme Renan que ces imprécations du IIe siècle visent Paul, mais elles ont si grande allure que tant pis, je les garde.)

33

Voilà, le flash-back est fini. Nous savons à présent qui sont les inquiétants prêcheurs lancés aux trousses de Paul. Suivant sa piste jusqu'au fond de l'Asie, ils ont jeté dans le désarroi les candides Galates – mais pas seulement eux, et la lettre furieuse de l'apôtre vaut pour toutes les communautés où les envoyés de la maison mère ont voulu saper son travail.

« Ô Galates stupides ! Qui vous a envoûtés ? Êtes-vous si dépourvus d'intelligence qu'après avoir commencé par l'esprit vous vouliez finir par la chair ? »

Attention : la chair n'est pas le corps, ni l'esprit cette chose immatérielle qui l'habiterait, la dépasserait, lui survivrait. Nous ne sommes pas chez Platon. L'esprit, quand Paul écrit ce mot, c'est la foi dans le Christ. La chair, ce sont les prescriptions de la Loi : prépuces, viandes impures et tout le tremblement. De là, emporté par sa passion des oppositions, Paul passe à l'équivalence entre l'esprit et la vie, la chair et la mort, et presque sans l'avoir prévu, j'ai l'impression, se retrouve devant l'équivalence : la Loi, c'est la mort. Mais il n'est pas homme à se laisser arrêter par la hardiesse de ce qu'il écrit, alors il continue :

« Avant la venue du Christ, nous étions sous la garde de la Loi comme un enfant, héritier de grands domaines mais qui n'en a pas la jouissance et qui est sous la garde d'un précepteur. Vous êtes grands maintenant, vous n'avez plus besoin de précepteur. Vous êtes grands et vous voulez retourner en enfance ? Vous êtes affranchis et vous voulez redevenir esclaves ? Vous connaissez Dieu et vous voulez revenir à de vaines et puériles observances ? Mais il n'y a plus maintenant ni Juif ni Grec, ni esclave ni homme libre, ni mâle ni femelle. Il n'y a que le Christ, et vous dans le Christ, et le Christ en vous !

Vous prétendez vivre selon la Loi mais vous ne la comprenez même pas. Rappelez-vous Abraham. Il a eu deux fils. Un avec l'esclave Agar, puis un autre avec une femme libre, Sara. L'enfant d'Agar est celui de la chair, l'enfant de Sara est celui de l'esprit. Que l'enfant de la chair en veuille à l'enfant de l'esprit, c'est normal. L'Écriture a dit que l'héritier, ce ne serait pas l'enfant de l'esclave mais celui de la femme libre, et vous, vous êtes les enfants de la femme libre. C'est pour votre liberté que le Christ est venu. Alors mes petits enfants, vous que je ne cesse d'enfanter dans la douleur afin que le Christ prenne forme en vous, mes petits enfants, ne vous remettez pas sous le joug de l'esclavage ! Comme je voudrais être près de vous, vous parler de vive voix, car je ne sais plus comment m'y prendre avec vous ! »

34

« Même si un ange venu du ciel venait vous dire autre chose que ce que je vous ai dit, il ne faudrait pas le croire. *Même si, moi, je venais vous dire autre chose que ce que je vous ai dit, il ne faudrait pas me croire.* Il faudrait maudire l'ange, il faudrait me maudire. »

En écrivant ces mots, au début de la lettre, Paul imagine pire encore que ce qui vient de se passer. Des ennemis sont venus trouver les Galates pour le discréditer auprès d'eux. C'est grave. Mais il pourrait se passer, et sans doute se passera, quelque chose d'encore plus grave. C'est que ces ennemis viennent trouver les Galates non plus au nom de l'église de Jérusalem mais en son nom à lui,

Paul. Ou qu'ils viennent trouver d'autres innocents, qui ne connaissent pas son visage, en se faisant carrément passer pour lui. Ou qu'ils envoient à ses disciples des lettres signées de lui, disant tout le contraire de ce qu'il leur a enseigné, assurant que cette version remplace la précédente et que quiconque, prétendant être Paul, voudrait s'y opposer, devrait être considéré comme un imposteur.

Contre ces menaces, Paul prenait les précautions qu'il pouvait. « Voyez, lit-on à la fin de la même lettre aux Galates : ces gros caractères, je les ai tracés de ma main. » C'est émouvant, de lire ça, parce qu'il n'existe aucun manuscrit original d'une lettre de Paul. Les plus anciens datent d'après 150, ce sont donc des copies, plutôt même des copies de copies, et je me demande ce qui traversait la tête d'un copiste qui, au IIe siècle de notre ère, traçait pieusement de sa main à lui une phrase dont le seul sens est de dire : « Je suis de la main de Paul. » On trouve des phrases de ce genre dans plusieurs de ses lettres, car il avait confié à ses églises des échantillons de son écriture pour authentifier ses envois. Mais ce qui à l'origine visait à confondre les faussaires a dû par la suite leur faciliter la tâche. C'était un tic de Paul, il suffisait de le reproduire.

Ainsi lit-on à la fin de la seconde lettre aux Thessaloniciens : « Ce salut est de ma main, à moi, Paul. C'est le signe qui distingue mes lettres. Vous pouvez reconnaître mon écriture. »

Le piquant de l'affaire – et je demande ici un peu d'attention –, c'est que cette seconde lettre aux Thessaloniciens qui revendique si haut son authenticité n'est justement pas authentique. Mieux encore : comme beaucoup d'exégètes finissent par le reconnaître, même s'ils le font avec beaucoup de tortillements et d'embarras, elle vise à discréditer la première – dont l'authenticité est au contraire certaine.

Voici ce qu'on y lit (dans la seconde) : « Ne vous laissez pas alarmer par des manifestations de l'Esprit, des paroles ou des lettres données comme venant de moi et qui vous feraient penser que le jour du Seigneur est déjà là. » Ces « paroles et ces lettres données comme venant de moi et qui vous feraient penser que le jour du Seigneur est déjà là », cela ressemble beaucoup à ce que Paul disait et écrivait *effectivement* au début des années cinquante, à ce qu'exprime en particulier la première lettre aux Thessaloniciens. Il croyait d'une certitude absolue que la fin du monde était imminente, le processus enclenché. Que la création tout entière souffrait les affres de cet accouchement. Les Thessaloniciens le croyaient, toutes les communautés le croyaient. Mais à mesure que les années passaient et que l'événement ne se produisait pas, il a tout de même fallu afin de ne pas passer pour des fous expliquer ce retard et, autant qu'on pouvait, interpréter ou raboter les textes où cette prophétie non réalisée s'exprimait avec le plus d'éclat. C'est à quoi s'emploie avec zèle l'auteur anonyme et tardif de la seconde lettre aux Thessaloniciens.

Paul, dans la première, décrivait le jugement dernier comme à la fois soudain et imminent. On passerait sans transition de la paix apparente à la catastrophe. Tous ceux qui le lisaient en seraient témoins. L'auteur de la seconde décrit un processus long, complexe, laborieux. Si Jésus tarde à revenir, nous explique-t-il, c'est parce qu'il faut qu'avant survienne l'Antéchrist. Et si l'Antéchrist lui aussi tarde à survenir, c'est parce que quelque chose ou quelqu'un « le retient, afin qu'il ne surgisse qu'en son temps ». Qu'est-ce que ce quelque chose ou ce quelqu'un qui retient l'Antéchrist de se manifester tant que l'heure n'est pas venue ? Depuis deux mille ans, c'est un motif de perplexité pour les exégètes, personne en vérité n'en sait rien et l'objectif réel de la lettre est manifestement de noyer le poisson en imposant l'idée que tout cela va prendre beaucoup de temps. Patience, donc, et surtout ne vous laissez pas abuser par des illuminés.

L'auteur de cette seconde lettre n'était évidemment pas un faussaire au sens moderne – pas plus qu'un tableau de l'école de Raphaël n'est un faux Raphaël. Ce n'était pas un ennemi de Paul qui cherchait à induire en erreur son église, mais un membre de cette église qui cherchait à résoudre au nom de Paul des problèmes qui se sont posés après sa mort. Il écrivait pour lui être fidèle, non pour le trahir. Il n'empêche que, non content de faire dire à Paul le contraire de ce qu'il disait, il s'emploie à discréditer ce qu'il a effectivement dit et, en faisant passer sa lettre authentique pour un faux, à justifier toutes ses inquiétudes.

Ces inquiétudes, je crois, allaient encore plus loin. Paul ne craignait pas seulement l'œuvre d'ennemis, d'imposteurs et de faussaires. Il faut donner un tour d'écrou supplémentaire : il se craignait lui-même.

Il existe une nouvelle d'Edgar Poe, *Le Système du docteur Goudron et du professeur Plume*, dont le narrateur visite un asile de fous. Avant d'entamer la tournée des cellules où on enferme les patients dangereux, le directeur le met en garde. Ces patients, dit-il, ont développé un délire collectif, étrangement cohérent : ils croient être le directeur et les infirmiers, enfermés par les fous qui ont pris le pouvoir dans l'asile et pris leur place. « Vraiment ? dit le visiteur, comme c'est intéressant. » Au début, oui, il trouve ça intéressant, mais à mesure que la visite avance il est de moins en moins à son aise. Les malades disent comme un seul homme ce que le directeur a prévenu qu'ils diraient. Ils supplient le visiteur de les croire, si peu croyable que cela paraisse, et de prévenir la police afin qu'on les délivre. Les entretiens se passent en présence du directeur, qui écoute les malades en souriant avec bénignité et de temps à autre cligne de l'œil à l'intention du visiteur, de plus en plus déboussolé. Le soupçon s'insinue en lui que la vérité pourrait bien être ce que disent les malades. Il se met à regarder son guide avec une inquiétude qui n'attend qu'un infime déclic pour verser dans la pure terreur. Et on dirait que l'autre s'en rend compte, qu'il en rajoute. « Qu'est-ce que je vous avais dit ? pérore-t-il. Ils sont convaincants, hein ? Et attendez, vous allez voir : le plus convaincant de tous, c'est celui qui prétend être le directeur. Un malade remarquable, vraiment, très remarquable ! Au bout de cinq minutes avec lui, j'en mets ma main à couper, vous allez croire que c'est moi, le fou dangereux ! Ah ah ah ! »

Sur ce thème angoissant, la littérature fantastique a donné des milliers de variations. Quelques-unes des plus mémorables sont dues à Philip K. Dick. Dans la vie réelle, surtout après son expérience religieuse, Dick faisait subir aux amis qui l'appelaient au téléphone des batteries de tests de plus en plus sophistiqués visant à s'assurer qu'ils étaient bien ceux qu'ils prétendaient être et non des agents du FBI ou des extraterrestres. Il était fasciné par les procès de Moscou, dont les accusés reniaient sous la contrainte ce qu'ils avaient affirmé toute leur vie, insistant sur le fait que ce qu'ils disent maintenant est la vérité – Staline a raison, je suis un monstre – et qu'il faut tenir pour nul et non avenu tout ce qu'ils ont pu dire auparavant – j'ai raison, Staline est un monstre.

Paul de Tarse n'était ni Philip K. Dick ni Staline – même s'il tenait un peu de ces deux hommes remarquables. Les siècles qui le séparent d'eux, surtout le dernier, ont considérablement perfectionné la paranoïa. Il n'empêche que quand je lis cette phrase de la lettre aux Galates : « Même si, moi, je venais vous dire autre chose que ce que je vous ai dit, il ne faudrait pas me croire », j'y trouve le germe d'un effroi inconnu du monde antique. C'est qu'il était arrivé à

Paul quelque chose d'inconnu du monde antique, et qu'il devait redouter, plus ou moins consciemment, que ça lui arrive de nouveau.

Sur la route de Damas, Saul avait subi une mutation : il s'était transformé en Paul, son contraire. Celui qu'il était autrefois était devenu un monstre à ses yeux, et il était devenu un monstre aux yeux de celui qu'il était autrefois. Si celui qu'il était devenu avait pu s'approcher de celui qu'il était autrefois, celui qu'il était autrefois l'aurait maudit. Il aurait prié Dieu de le faire mourir, comme les héros des films de vampires font jurer à leurs compagnons de leur transpercer le cœur avec un pieu s'ils venaient à être mordus. Mais ça, c'est ce qu'on dit avant. Une fois contaminé, on ne pense plus qu'à mordre à son tour, et en particulier celui qui s'approche avec le pieu, pour accomplir le vœu de celui qu'on n'est plus. Je pense qu'un cauchemar de ce genre hantait les nuits de Paul. S'il redevenait Saul ? Si, de façon aussi stupéfiante et inattendue qu'il était devenu Paul, il devenait un autre que Paul ? Si cet autre que Paul, qui aurait le visage de Paul, la voix de Paul, la persuasion de Paul, s'en venait un jour trouver les disciples de Paul pour les voler au Christ ?

(« C'est de toi que tu parles, là, observe Hervé. Tu craignais plus que tout, quand tu étais chrétien, de devenir le sceptique que tu es bien content d'être aujourd'hui. Mais qui te dit que tu ne changeras pas encore ? Qui te dit que ce livre qui te paraît si sensé, tu ne le reliras pas dans vingt ans avec autant de gêne que tu relis aujourd'hui tes commentaires de l'Évangile ? »)

35

Calomnié et persécuté par l'église de Jérusalem, Paul aurait pu rompre avec elle. Toute sa stratégie avait consisté jusqu'alors à développer son activité missionnaire le plus loin possible de la maison mère, dans des endroits où elle n'avait pas de succursales. Il s'était fait des bases dans des régions isolées et lointaines comme la Galatie, puis seulement risqué dans de grandes villes comme Corinthe. Il aurait pu se mettre entièrement à son compte et, puisque les partisans de Jacques lui causaient tant d'ennuis, puisqu'il tenait pour caduque la Loi à laquelle ils étaient si attachés, déclarer qu'il fondait une religion entièrement nouvelle. Il ne l'a pas fait. Il a dû sentir que, détachée du judaïsme, sa prédication s'étiolerait. Alors il a voulu donner des gages de bonne volonté, chercher un compromis, et l'idée lui est venue d'organiser auprès des églises relativement prospères d'Asie et de Grèce une collecte au profit de celle, chroniquement nécessiteuse, de Jérusalem. C'était dans son esprit un geste d'apaisement, un signe de communion entre chrétiens d'origines juive et païenne.

Il avait quitté Corinthe pour Éphèse, en Asie, d'où il s'est mis à envoyer à ses églises lettre sur lettre, annonçant cette collecte et recommandant de ne pas lésiner. On les lisait lors de l'agape du dimanche. Chacun, à la fin, mettait de l'argent dans la cagnotte. Il était question que chaque église, le moment venu, choisisse un délégué et que toute la délégation, sous la conduite de Paul, aille à Jérusalem remettre le produit de la collecte aux « pauvres » et aux « saints » – comme s'appelaient eux-mêmes les disciples de Jacques. La perspective d'un tel voyage devait faire rêver, j'imagine, dans la maison de Lydie, à Philippes.

36

C'est à Éphèse que Paul a reçu de Corinthe d'autres nouvelles préoccupantes. Le trouble ne venait pas cette fois d'émissaires de Jacques, mais d'un autre prédicateur chrétien nommé Apollos. Sans qu'ils se soient jamais rencontrés, sa route et celle de Paul n'avaient cessé de se croiser. Apollos était à Éphèse pendant que Paul était à Corinthe, puis Apollos était allé à Corinthe tandis que Paul allait à Éphèse, en sorte que chacun s'est retrouvé sur un terrain préparé par l'autre. Cela ne plaisait pas beaucoup à Paul. Comme beaucoup de maîtres exigeants, il avait tendance à préférer les élèves n'ayant reçu aucune formation à ceux qui en avaient reçu une autre que la sienne, et à considérer qu'il fallait tout reprendre à zéro. Paul et Apollos étaient tous deux des Juifs de grande culture, chose rare parmi les premiers chrétiens, mais Paul dans la tradition pharisienne de Jérusalem, Apollos dans celle des hellénistes d'Alexandrie. C'était un philosophe, un platonicien, un élève de Philon. À la façon dont Luc insiste sur son éloquence, on le devine plus immédiatement séduisant que l'intense et rugueux Paul. De cette première génération chrétienne, c'était probablement la seule personnalité comparable en termes d'envergure intellectuelle, et on peut se demander quel visage aurait pris le christianisme si Luc, son premier historien, avait au hasard de ses voyages rencontré Apollos plutôt que Paul, si les Actes étaient une biographie d'Apollos au lieu d'être une biographie de Paul.

Il n'y avait pas entre Apollos et Paul de rivalité ouverte. Chacun prenait grand soin de saluer les mérites de l'autre et de dire que de toute façon, les individus n'ont pas d'importance, la seule chose qui compte, c'est le Christ. Cela n'a pas empêché des factions de se créer à Corinthe. Les uns se déclaraient partisans de Paul, les autres d'Apollos, d'autres encore de Pierre ou de Jacques. « Moi, je suis pour le Christ », disaient ceux qui avaient le mieux compris la leçon.

De toutes les communautés à qui écrivait Paul, c'étaient les Corinthiens qui lui donnaient le plus de souci. Ils buvaient, forniquaient, transformaient les agapes en orgies, et voici qu'à la débauche ils ajoutent la division. « Est-ce que le Christ est divisé ? », tempête Paul dans la première lettre de remontrances qu'il leur a adressée. Apollos, Pierre, Paul, Jacques… : ces petites querelles sont bonnes pour les écoles philosophiques, stoïciens ou épicuriens qui se jettent à la figure des noms et des citations d'écrivains. Bonnes pour les amateurs de sagesse, qui croient qu'on peut atteindre le bonheur en conduisant sa vie selon les exigences de la raison. Paul ne nomme pas Apollos, ce serait délicat dans un texte visant à dénoncer toute polémique, mais on devine qu'il le met dans le même sac, et plus on avance dans la lettre, plus on comprend que ce n'est pas à la division que Paul en a, mais à la sagesse, carrément.

La sagesse, c'est pourtant ce que tout le monde recherche. Même les viveurs, les voluptueux, les esclaves de leurs plaisirs soupirent après la sagesse. Ils disent qu'il n'y a rien de mieux, que s'ils en étaient capables ils seraient philosophes. Paul n'est pas d'accord. Il dit que c'est un but misérable, la sagesse, et que Dieu ne l'aime pas. Ni la sagesse, ni la raison, ni la prétention d'être le maître de sa vie. Si on veut connaître l'opinion de Dieu sur la question, on n'a qu'à lire le livre d'Esdras, voilà ce qu'Il y dit en toutes lettres : « Je confondrai la sagesse des sages. Et l'intelligence des intelligents, je la jetterai aux ordures. »

Paul va encore plus loin. Il dit que Dieu a choisi de sauver les hommes qui écouteront, non pas des paroles sages, mais des paroles folles. Il dit que les Grecs s'égarent en poursuivant la sagesse, et que les Juifs s'égarent aussi en réclamant des miracles, et que la seule vérité c'est celle qu'il annonce, lui, ce Messie crucifié qui pour les Juifs est un scandale et pour les païens une folie. Car la folie de Dieu est plus sage que la sagesse des hommes, et la faiblesse de Dieu est plus forte que la force des hommes.

Il n'y a pas beaucoup de sages chez les frères de Corinthe. Pas beaucoup de puissants non plus, ni de gens de bonne famille. Paul lui-même, ce n'est pas par la séduction de sa parole qu'il les a conquis, ni par de beaux discours de philosophe. Il s'est montré devant eux dépouillé de tout prestige, comme un homme nu. Et c'est ainsi, faible, craintif, tout tremblant, qu'il leur enseigne que la sagesse du monde est folie devant Dieu. Que ce qui est folie aux yeux du monde, Dieu l'a choisi pour faire honte aux sages. Ce qui est faible dans le monde, pour confondre ce qui est fort. Ce qui est le plus vil, le plus méprisé – *ce qui n'est pas*, pour réduire à néant ce qui est.

Ce que Paul écrit là est sidérant. Personne ne l'a jamais écrit avant lui. Vous pouvez chercher. Nulle part dans la philosophie grecque, nulle part dans la Bible vous ne trouverez de telles paroles. Peut-être Jésus en a-t-il prononcé d'aussi audacieuses, mais il n'en existe pas à cette époque de trace écrite. Les correspondants de Paul n'en savent rien. Ils entendent, mélangé à des exhortations morales et à des remontrances de père Fouettard que je n'ai pas envie de développer, quelque chose d'absolument nouveau.

37

Titus, que Paul a envoyé porter sa lettre aux Corinthiens, revient quelques semaines plus tard en disant qu'on l'a bien accueilli, que la collecte avance gentiment, mais aussi – et cela, Titus met plus de temps à le lâcher – qu'il se dit à Corinthe de drôles de choses au sujet de Paul. Qu'il est vaniteux, à toujours se vanter des merveilles que le Seigneur opère en lui. Versatile, à sans cesse annoncer sa venue et sans cesse l'ajourner. Hypocrite, à changer l'air et la chanson selon son interlocuteur. Un peu cinglé. Enfin – j'en ai déjà touché un mot –, que la sévérité et l'énergie de ses lettres contrastent avec la médiocrité de son aspect et de sa parole. Impérieux de loin, dégonflé de près. Eh bien, qu'il vienne ! Qu'on voie si, face à face, il maintient ses grands airs !

Dans la seconde lettre qu'il a écrite aux Corinthiens, Paul ne répond pas d'emblée à ces reproches. Il revient en les minimisant sur les incidents du passé, assure que Titus l'a pleinement rassuré, félicite ses correspondants de leur bonne conduite présente et, quand enfin il sort de ces préambules diplomatiques, c'est pour parler très concrètement de la collecte. Cette collecte, apprend-on au passage, les Corinthiens eux-mêmes en ont lancé l'idée et dans ces conditions, estime Paul, ils pourraient se montrer plus généreux – aussi généreux que les églises de Macédoine et d'Asie. « Imitez, dit-il aux Corinthiens, notre Seigneur Jésus-Christ qui, de riche qu'il était, s'est fait pauvre pour vous enrichir de sa pauvreté. » Donnez largement, donnez avec joie, car « qui sème chichement récoltera chichement » et vous auriez bonne mine auprès des autres églises, vous qui avez eu l'idée, si vous vous révéliez les plus radins...

Là-dessus commence la partie la plus extraordinaire de la lettre, qu'un intertitre charmant de la BJ résume ainsi : « Paul se voit contraint de faire son propre éloge. » En fait, il s'y défend des accusations de double langage et de folie que Titus lui a rapportées. L'ensemble est stupéfiant, et fait penser aux grands monologues de Dostoïevski. Style oral, plein de répétitions, de piétinements, de trivialités, de stridences : on a l'impression d'entendre Paul dicter à Timothée, se reprendre, s'énerver, tourner en rond...

Échantillon, que je traduis librement :

« Vous ne pouvez pas supporter de ma part un peu de folie ? Allons ! Supportez-la ! Supportez-moi ! Je suis aussi jaloux à votre égard que Dieu. J'ai peur qu'on vous séduise, c'est vrai. J'ai peur qu'on vous détourne. J'ai peur qu'on vous annonce un autre Jésus que celui que je vous ai annoncé. J'ai peur que vos pensées se corrompent. J'ai peur que vous écoutiez d'autres que moi.

Pourtant, je n'ai rien de moins que les super-apôtres dont vous parlez. Nul pour l'éloquence, je veux bien, mais pour ce qui est de la connaissance, pour ce qui est de savoir de quoi je parle, c'est une autre affaire. Je vous l'ai bien montré, non ? Mais j'ai peut-être eu tort de m'abaisser pour vous élever, en vous annonçant l'Évangile gratuitement... (Air connu : je saute quinze lignes...) Et ne croyez pas que je suis fou. Ou alors si, croyez-le. Allez-y, croyez-le, et laissez-moi être fou un moment. Laissez-moi me vanter un peu. Ce n'est pas le Seigneur qui parle, là, c'est moi. Moi le fou, moi le vantard. Tout le monde se vante, pourquoi pas moi ? Vous êtes sages, cela devrait vous rendre indulgents pour les fous. Vous êtes pleins de tolérance pour des gens qui font de vous leurs esclaves, qui vous mangent, qui vous grugent, qui vous prennent de haut, qui vous frappent au visage. Ils sont hébreux, ces gens ? Moi aussi. Juifs ? Moi aussi. Descendants d'Abraham ? Moi aussi. Envoyés du Christ ? Allez, n'ayons pas peur de la folie, je le suis bien plus qu'eux. J'ai sué sang et eau, bien plus qu'eux. J'ai été en prison, bien plus qu'eux. J'ai pris plus de coups, j'ai été plus qu'eux en danger de mort. J'ai reçu cinq fois les trente-neuf coups de bâton des Juifs, j'ai été flagellé trois fois, lapidé une fois, j'ai fait naufrage trois fois, j'ai passé dans l'abîme un jour et une nuit. J'ai voyagé à pied, connu tous les dangers. Dangers des fleuves, dangers des bandits, dangers des miens, dangers des autres, dangers de la ville, dangers du désert, dangers de la mer, dangers des faux frères. J'ai eu faim, j'ai eu soif, j'ai eu froid, j'ai veillé, je me suis rongé les sangs pour vous, pour mes églises, et si je me vante de quelque chose, c'est seulement de ma faiblesse.

Je pourrais me vanter de mes visions. Je pourrais me vanter de mes révélations. Je pourrais vous parler d'un homme qui, il y a quatorze ans, a été emporté jusqu'au troisième ciel. Est-ce que c'était dans mon corps, est-ce que c'était hors de mon corps ? Je ne sais pas, le seul qui sait c'est Dieu. Cet homme a été emporté au paradis et là on lui a dit des choses, des choses si grandes qu'il n'a pas le droit de les répéter. Ça, je pourrais m'en vanter, ce ne serait pas de la folie, ce serait seulement la vérité, mais je ne m'en vante pas, la seule chose dont je me vante c'est ma faiblesse. C'était tellement grand, ce qu'on m'a dit là-haut, que pour me faire passer l'envie de m'en vanter on m'a mis une écharde dans la chair. J'ai demandé trois fois au Seigneur de m'en guérir, mais il m'a dit : non, ma grâce te suffit. Ma puissance a besoin de ta faiblesse pour donner sa mesure. Très bien, je m'y complais. Dans les faiblesses, dans les insultes, dans les misères, dans les persécutions, dans les angoisses, car c'est à force d'être faible que je suis fort!

J'ai joué au fou. Vous m'y avez poussé. Je ne suis rien, mais c'est plus que vos super-apôtres. Tout ce qu'est supposé faire un apôtre, je l'ai fait chez vous. Signes, prodiges, miracles, la seule chose que je n'ai pas faite (nous y revoilà), c'est vivre à vos crochets. J'aurais dû, il n'y a que ça que vous respectez. Mais non. Je vais revenir chez vous, ce sera la troisième fois, et je ne vivrai pas à vos crochets. Je ne veux pas de votre argent, je vous veux, vous. Ce n'est pas aux enfants de mettre de l'argent de côté pour leurs parents, mais le contraire. Je vous donnerai tout ce que j'ai, tout ce que je suis, et plus je vous aimerai moins vous m'aimerez. Je sais ce que vous allez dire : que je suis malin, que moins je demande plus j'obtiens... Ah! J'ai bien peur, quand je viendrai, d'être déçu par vous et que vous soyez, vous, déçus par moi. Je me doute de ce que je trouverai. De la discorde, de la jalousie, de la colère, des rivalités, de la médisance, de l'arrogance, des remous en tous genres. J'en serai humilié. J'en pleurerai. Mais je viendrai quand même, pour la troisième fois, et vous verrez, je ne vous ménagerai pas. Vous voulez la preuve que le Christ parle en moi ? Il parlera, et il n'est pas faible, lui. Voyez ou vous en êtes, corrigez-vous. J'espère de tout mon cœur que je me trompe et que vous me ferez mentir. Moi, tout ce que je veux, c'est être faible et que vous soyez forts. Tout ce que je veux, c'est que vous progressiez. C'est pour cela que pour l'instant je préfère vous écrire, vous prévenir, vous laisser encore une chance plutôt que de devoir, sur place, trancher dans le vif. Le Seigneur m'a mis là pour vous faire grandir, pas pour vous détruire. Allez, soyez joyeux, soyez en paix. »

38

La seconde entrée de Luc dans les Actes est aussi peu fracassante que la première. On l'a vu, sous la forme d'un « nous » énigmatique, se matérialiser aux côtés de Paul sur le port de Troas, tenir lieu de narrateur le temps d'un chapitre en Macédoine, puis s'éclipser quand Paul quitte Philippes. Sept ans s'écoulent, nous voici de nouveau sur le port de Troas. Paul y reparaît accompagné non plus de deux disciples mais d'une dizaine, délégués par les églises de Grèce et d'Asie pour porter en leur nom le produit de la collecte aux pauvres et aux saints de Jérusalem. Il y a là Sopatros, de Bérée, Aristarque et Secundus, de Thessalonique, Gaius, de Derbé, Trophime, d'Éphèse, Tychique, de

Galatie, et bien sûr le fidèle des fidèles, Timothée. « *Quant à nous*, enchaîne tranquillement Luc, nous avons quitté Philippes par mer après les jours des Azymes et les avons retrouvés à Troas, où nous sommes restés sept jours avant d'embarquer. »
Difficile de se mettre moins en avant. Il n'était plus là, il est là de nouveau. On ne le remarque pas plus que la dernière fois, il n'empêche qu'à partir de cette phrase Luc reprend les rênes du récit et ne les lâchera plus jusqu'à la fin. Tout devient plus précis, vivant, détaillé : on sent qu'on a affaire à un témoin.

S'il participe à l'expédition, c'est qu'il est délégué par l'église de Philippes, comme Sopatros par celle de Bérée, Aristarque et Secundus par celle de Thessalonique, etc. J'essaie de les imaginer, ces fantassins, ces seconds couteaux, dont grâce à Luc les noms ont traversé vingt siècles. Aucun d'entre eux n'a jamais mis les pieds en Judée, aucun ne connaît les Écritures des Juifs autrement que par la Septante, ni Jésus autrement que par l'enseignement pour le moins personnel de Paul. Ce ne sont pas, comme Titus et Timothée, des disciples professionnels, ayant depuis des années tout quitté pour suivre leur gourou, rompus à la discipline et aux épreuves de l'apostolat. À Bérée, à Thessalonique, à Éphèse, ils devaient tout en fréquentant l'église chrétienne mener une vie normale, avec des métiers, des familles, des habitudes. Est-ce qu'au sein de ces églises la lutte a été rude pour s'imposer comme délégué ? Comment ont-ils été choisis ? Comment se représentent-ils l'aventure qui les attend ? Pensent-ils être partis trois mois, six mois, un an ? Je les vois comme de fervents pratiquants de yoga, quittant Toulouse ou Düsseldorf pour un long séjour en Inde, dans l'*ashram* du maître de leur maître. Depuis des mois, ils ne pensent plus qu'à ça, ils ne parlent plus que de ça. Ils ont acheté la méthode Assimil de bengali et ils connaissent les noms de toutes les postures en sanskrit. Leur tapis est roulé serré, pour prendre le moins de place possible, ils ont refait dix fois leurs sacs à dos et passé des nuits blanches à en récapituler le contenu, craignant tour à tour d'emporter trop et pas assez. Avant de fermer la porte, puis de la rouvrir pour s'assurer qu'ils ont bien éteint le gaz, ils ont une dernière fois fait brûler devant leur petit autel des bâtonnets d'encens et psalmodié *Om shanti* sur leur coussin de méditation – comme Luc, qui n'est pourtant pas juif, tient à nous faire savoir qu'il est parti après avoir célébré la fête des Azymes. À Troas, où tout le monde a rendez-vous pour le départ, ils découvrent leurs futurs compagnons de voyage. Les quatre Macédoniens se connaissent déjà entre eux : Philippes, Thessalonique, Bérée, ce n'est pas loin. Les autres viennent d'Asie et de Galatie. Pas de Corinthiens – à moins que Luc ne les ait oubliés dans sa liste – et comme les Corinthiens, on les connaît surtout pour les terribles savons que leur a passés Paul au sujet de leur frivolité, de leur débauche et de leur pingrerie, on serait tenté de ricaner, de dire bien sûr, pas étonnant, mais Paul a interdit la médisance, alors on prend bien garde à ne dire que des choses gentilles, on se salue le matin d'un *Maranatha* qu'on charge du maximum de douceur et de bénignité. Qu'on soit macédonien ou galate cependant – et même si les Galates, en leur temps, ont eux aussi pris leur paquet –, on se sent les classes d'élite, celles que Paul dans ses lettres donne régulièrement en exemple pour leur amour du Christ et leur générosité dans la collecte. Chacun a dû regarder combien apportait l'autre, quand les offrandes de chaque église ont été comptées et scellées – Paul est très sourcilleux là-dessus, pas le genre à détourner une drachme pour des frais de représentation.

39

Un soir, Paul s'entretient avec les délégués dans une chambre haute de la maison où ils logent, près du port. La nuit tombe. On allume les lampes à huile. On apporte des petites choses à manger : olives, poulpes grillés, fromage, et puis du vin. Un cercle d'hommes fervents entoure le maître, qui parle de sa voix sourde et hachée. Un peu à l'écart, un adolescent s'est assis pour l'écouter sur le rebord d'une fenêtre. Il s'appelle Eutyque et ne fait pas partie du groupe. Sans doute est-ce le fils de la maison, qui profite de la présence des voyageurs pour se coucher tard. On lui a dit d'être sage, il est sage. On ne fait pas plus attention à lui qu'à un animal familier. Les heures passent, Paul discourt toujours. Eutyque se laisse gagner par le sommeil. Il bascule. Le bruit affreux du corps qui s'écrase interrompt Paul. On met quelques instants à comprendre, puis on se rue vers l'escalier. Dans la cour, trois étages plus bas, on se penche sur le corps disloqué du garçon. Il est mort. Paul, descendu le dernier, le prend dans ses bras et dit : « Ne vous agitez pas. Son âme est encore en lui. » Puis il retourne en haut, disserter jusqu'au point du jour. « Quant au garçon, conclut placidement Luc, on le remonta vivant, et ce ne fut pas une mince satisfaction. »

Je trouve ce passage terriblement embarrassant. Non qu'il résiste à l'explication rationnelle. Au contraire, elle s'impose : on a cru Eutyque mort, Paul constate qu'il n'est que contusionné, tant mieux ; tout le reste de la nuit, au dortoir, les naïfs délégués d'Asie et de Macédoine chuchotent et se persuadent qu'ils ont assisté à une résurrection. Ce qui est embarrassant, c'est que Luc rapporte cette résurrection comme s'il n'y avait pas lieu d'en faire toute une histoire, plus exactement comme s'il s'agissait d'une chose remarquable, mais enfin pas davantage qu'une guérison surprenante. On retire de la scène l'impression que Paul, à l'occasion, ressuscitait des gens. Qu'il n'en abusait pas, pour ne pas faire jaser, mais que c'était dans ses cordes. Or Paul dans ses lettres ne s'est jamais vanté de tels exploits, et je suis sûr qu'il aurait vertement remis en place quiconque les lui aurait prêtés. C'est qu'il prenait, lui, la résurrection au sérieux. Il en pensait la même chose que nous : que c'est impossible. Qu'un tas de choses sont possibles, y compris ce qu'il appelait des signes et que nous appelons des miracles, comme le fait qu'un paralytique se mette à marcher, mais cela non. Entre les deux phénomènes, un paralytique qui se met à marcher et un homme qui revient d'entre les morts, il y a une différence de nature, pas de degré, et cette différence était très claire pour Paul, apparemment moins pour Luc. De la même manière, on peut admettre qu'un homme qui avait un bras paralysé en retrouve l'usage, mais pas qu'un bras coupé repousse. Toute la doctrine de Paul, si on peut appeler doctrine quelque chose d'aussi intensément vécu, repose là-dessus : la résurrection est impossible, or un homme est ressuscité. En un point précis de l'espace et du temps s'est produit cet événement impossible, qui coupe l'histoire du monde en deux : avant, après, et coupe aussi en deux l'humanité : ceux qui ne le croient pas, ceux qui le croient, et pour ceux qui le croient, qui ont reçu la grâce incroyable de croire cette chose incroyable, rien de ce qu'ils croyaient auparavant n'a plus de sens. Il faut tout reprendre à zéro. Or que fait notre Luc de cet événement unique, sans précédent et sans réplique ? Un simple élément d'une série. Dieu a ressuscité son fils Jésus, Paul ressuscite le jeune Eutyque. Ce sont des choses qui arrivent, Sopatros et Tychique doivent se dire qu'en observant bien ils pourraient attraper le coup de main. J'imagine la réaction de Paul s'il avait pu lire la biographie que lui a consacrée vingt ou trente ans après sa mort son ancien compagnon de voyage. Quel imbécile ! Peut-être qu'il n'aurait pas été surpris, d'ailleurs. Peut-être que c'est ainsi qu'il le voyait, ce brave médecin macédonien : un type gentil, naïf, pas très futé, avec qui il fallait faire de grands efforts – pas toujours couronnés de succès, car saint Paul était tout sauf un saint – pour contenir son agacement.

40

Paul, ce soir-là, parlait à perdre haleine. De quoi parlait-il, Luc ne le précise pas mais on peut l'imaginer d'après la lettre aux Romains, écrite à cette époque et qui devait constituer l'ordinaire de sa conversation.

Cette lettre, qui ouvre le recueil canonique des lettres de Paul, ne ressemble pas aux autres. En dépit de son titre, elle ne s'adresse pas spécialement aux Romains, ne traite aucun problème que les Romains auraient soumis à Paul. S'ils avaient des problèmes, les Romains, à la différence des Galates ou des Corinthiens, n'auraient jamais eu l'idée de les soumettre à Paul, qui n'avait pas fondé leur église et savait parfaitement que celle-ci se développait sous l'influence de Pierre et Jacques. Prendre l'initiative d'écrire à leurs ouailles plutôt qu'aux siennes, c'était d'abord violer une chasse gardée, ensuite donner au texte la dignité d'une encyclique, valable au-delà de Rome pour toutes les églises. Pour le mener à bien, Paul a profité de l'hiver relativement tranquille précédant son départ pour Jérusalem. On le sent prendre ses aises, comme un penseur qui jusqu'alors n'a pas eu le loisir d'écrire autre chose que des articles, dans l'urgence, et qui s'accorde enfin le temps de composer un vrai livre : c'en est un, aussi long que l'Évangile de Marc. Il a été dicté à un certain Tertius qui en profite, à la fin, pour saluer le lecteur en son nom propre, mais il a dû être abondamment copié et recopié, à l'intention des autres églises, et pourquoi pas par Luc ?

Imaginer le Luc que j'imagine devant ce texte, c'est justifier ma propre inappétence, car je pense qu'une grande partie de cet austère exposé doctrinal a dû lui passer – comme à moi – au-dessus de la tête. C'était un amateur d'anecdotes, de traits humains, la théologie l'ennuyait. Il pouvait se passionner pour les querelles de Paul avec les Corinthiens, parce que les Corinthiens étaient des Grecs comme lui et que les problèmes qui se posaient chez eux, d'acclimatation du christianisme en milieu païen, le concernaient. Il est surtout question dans la lettre aux Romains de l'émancipation du christianisme par rapport à la Loi juive, et d'une part ce n'était pas vraiment le problème de Luc, d'autre part il devait être un peu perdu dans les références bibliques et les subtilités rabbiniques où Paul entrait pour mieux rompre avec la synagogue.

La grande idée de la lettre aux Romains se trouve déjà, en fait, dans la lettre aux Galates – mais, comme dit joliment un exégète suisse, la lettre aux Galates, c'est le Rhône avant le lac Léman, la lettre aux Romains le Rhône après Genève : d'un côté un torrent jailli de sa montagne, de l'autre un fleuve au cours majestueux. La lettre aux Galates était écrite d'un trait, génialement, sous le coup de la colère, la lettre aux Romains en tournant sept fois la plume dans l'encrier. Et comme, sa grande idée, il embarrasse beaucoup Paul de l'écrire noir sur blanc, il s'empêtre dans de fastidieuses arguties juridico-théologiques, expliquant par exemple qu'une femme mariée est liée par la Loi à son mari tant que celui-ci est vivant, mais que par sa mort elle en est affranchie, en sorte que si elle couche avec un autre homme dans la première hypothèse, c'est mal, mais que dans la seconde on ne peut rien lui reprocher. À force de tourner autour du pot, Paul finit tout de même par lâcher ce qu'il a vraiment à dire, qui se résume très simplement : la Loi, c'est fini. Depuis que Jésus est venu, elle ne sert plus à rien. Les Juifs qui s'y accrochent comme au privilège de leur élection montrent dans le meilleur des cas leur surdité, dans le pire leur mauvaise volonté. Les Juifs ont été appelés d'abord, les gentils ensuite, mais tous, gentils ou Juifs, ne pourront désormais être sauvés que par la grâce de Jésus. « C'est ainsi. Qui il veut, il le prend en pitié. Qui il veut, il le rend insensible. »

Mais alors, s'il a plu à Dieu de les rendre insensibles, que deviennent les Juifs ? Paul est plein de pitié pour eux. L'heure n'est plus à tonner qu'ils déplaisent au Seigneur, qui va abattre sur eux sa colère. Non, Paul a pris du recul, et sa nouvelle idée, c'est que c'est une aubaine pour les gentils si les Juifs par leur bêtise (il l'appelle un « faux pas ») les ont laissé hériter ce qui, à l'origine et de droit, leur appartenait, mais que l'histoire ne s'arrête pas là. L'endurcissement d'Israël durera jusqu'à ce que tous les gentils soient entrés dans l'Église, et alors les Juifs y entreront à leur suite, et ce sera le signe que les temps sont consommés. Pour illustrer cela, Paul tente une parabole dans le style de Jésus, mettant en scène un jardinier qui élague son olivier et greffe dessus de nouvelles pousses. Cependant, il n'a pas brûlé les branches coupées, et une fois que les nouvelles pousses ont pris, il va les récupérer, ces branches coupées, et les recolle au tronc. D'un point de vue horticole, la métaphore est particulièrement mal venue, cela n'empêche pas de comprendre l'idée : les Juifs sont les rameaux coupés de l'olivier, mais les rameaux fraîchement greffés, prévient Paul, qu'ils ne fassent pas les fiers pour autant ! « Ils ne portent pas le tronc, c'est le tronc qui les porte. »

Qu'est-ce qui a pu toucher quelqu'un comme Luc, s'il l'a lu, copié ou entendu, dans ce traité de théologie où se consomme, à la veille du départ pour Jérusalem, la rupture de l'Église avec la synagogue ? Peut-être, parce qu'il était de caractère conciliant, l'idée que malgré tout les choses allaient s'arranger, qu'il y aurait toujours de la place auprès de Dieu pour le vieux peuple élu et failli – si c'est ainsi qu'il se le représentait. Sans doute, parce qu'il préférait les instructions pratiques aux abstractions et parce qu'il avait le goût de l'ordre établi, le passage où Paul sans crier gare descend de ses hauteurs pour régler la question, certainement soulevée par des nationalistes juifs remontés contre l'Empire : faut-il payer l'impôt ? Paul, là-dessus, est très ferme : il faut, « car ceux qui le perçoivent sont chargés par Dieu de remplir cet office. Et tout homme doit être soumis aux autorités, car il n'y a d'autorité que par Dieu et toutes celles qui existent sont établies par lui ». (Inutile d'insister sur les ravages qui pourront résulter de cette phrase.) Enfin, ce qu'il lisait sur le pardon que Jésus accorde de préférence aux pécheurs devait enchanter le cœur sentimental de Luc. Les histoires de brebis égarées, c'est ce qu'il aimera le mieux raconter, plus tard, dont il fera des dizaines de saynètes de son cru.

Pour le reste, je l'imagine hochant la tête, approuvant sans comprendre.

41

Si Paul lui-même, dans le corps de cette lettre, ne précisait à plusieurs reprises qu'il l'écrit juste avant de se rendre à Jérusalem, « pour le service des pauvres et des saints », on aurait beaucoup de mal à le croire. Car, si on résume : d'un côté, ce marginal, ce dissident, considéré avec la plus grande méfiance par la maison mère, entreprend un long et périlleux voyage pour lui présenter ses respects, lui apporter de l'argent, lui montrer que malgré les apparences il est quelqu'un de loyal sur qui on peut compter ; de l'autre, et au même moment, il adresse à l'ensemble des filiales une circulaire péremptoire expliquant que tous les principes dont se réclament Pierre, Jacques et Jean, les patrons historiques, sont désormais caducs et qu'il est temps de passer à autre chose.

J'imaginais plus haut un ancien officier tsariste exigeant carte blanche de Staline pour diffuser le marxisme-léninisme à l'étranger. Le voici maintenant qui revient à Moscou pour le congrès du Parti, juste après avoir publié en Occident une série d'articles remarqués, sous ce titre : « Finie la lutte des classes, finie la dictature du prolétariat. Le marxisme est mort, vive le marxisme ! » C'est ce qu'on appellerait se jeter dans la gueule du loup, et j'ignore ce qu'en pensent les braves Sopatros, Tychique, Trophime, etc., j'ignore si ces candides compagnons de route, tout excités de partir avec leur maître pour la Terre sainte dont ils ont tant rêvé, sont candides au point de ne pas sentir combien toute l'affaire sent le roussi, par contre je pense que Paul se doute des dispositions dans lesquelles on l'attend à Jérusalem. Mais bon, semble-t-il se dire, c'est un mauvais moment à passer. Une fois qu'il en sera quitte, il pourra poursuivre sa mission, aller aussi loin vers l'ouest du monde habité qu'il est jusqu'à présent allé vers l'est. Après avoir fait le tour du monde grec et de l'Orient, son projet est d'aller à Rome où sa lettre l'aura précédé, et ensuite, si Dieu veut, de pousser jusqu'en Espagne.

42

Les souvenirs de Luc sont remarquablement précis quant aux circonstances du grand départ, et j'aime d'autant plus ce passage des Actes que j'en connais par cœur le décor. Depuis plusieurs années, je vais en vacances avec Hélène et les enfants sur l'île grecque de Patmos. Après avoir pensé en acheter une dans le Gard, c'est là que désormais nous rêvons d'avoir une maison. Au moment où j'écris ce chapitre, début mai 2012, nous revenons d'un séjour passé à la chercher, séjour hélas infructueux, ou du moins pas vraiment fructueux car tout est compliqué avec les Grecs, on ne sait jamais à quoi s'en tenir, ce qui est possible ou non, combien coûtent les choses, à qui appartient quoi, on est parfois exaspéré au point de penser que ce qui leur arrive en ce moment, ils ne l'ont pas volé. J'espère que nous aurons trouvé cette maison d'ici la fin de ce livre.

En attendant, quand je lis que « nous », c'est-à-dire Luc et ses compagnons, « avons quitté Troas pour Assos, où Paul nous a rejoints par la route », quand je lis que, « le prenant à bord, nous avons fait voile vers Samos et, avant de nous diriger vers Cos, fait escale à Milet », je suis ravi, je crois y être. J'aime et n'aspire qu'à aimer davantage ces cailloux merveilleux qui s'égrènent le long de la côte turque – côte qui pour des raisons politiques ne figure sur aucune carte grecque, en sorte que les îles du Dodécanèse semblent posées au bord du monde, prêtes à tomber dans le vide. Par rapport à Patmos, Samos au nord, Cos au sud évoquent pour moi des horaires de bateaux, des débarquements sur des ports désertés au milieu de la nuit, des retards et même des traversées annulées pour cause de tempête – à quoi il faut ajouter, en ce qui concerne Cos, les bureaux de l'archéologie où on décide ce qui peut sur ces îles être bâti ou restauré, et dont les fonctionnaires prennent un malin plaisir, si on leur demande au moins de notifier cette décision, à dire qu'ils le feront dans quinze jours, une fois les quinze jours passés dans un mois, une fois le mois passé dans un autre mois et ainsi de suite. Bref. De Cos on gagne Rhodes – c'est le trajet du Blue Star Ferry, que nous prenons chaque été –, puis de Rhodes Patara, où on change de navire et met le cap sur la Crète.

Parce qu'il use dans les Actes de quelques termes techniques, certains historiens prêtent à Luc une bonne expérience de la navigation, mais je pense que cette expérience se limitait avant son premier grand voyage au cabotage en mer Égée. La Méditerranée est traîtresse, on navigue en quittant le moins possible la côte des yeux. Pour aller jusqu'en Judée, hélas, on n'a pas le choix : il faut se lancer en haute mer. Huit jours de traversée, sans toucher terre. Il y a sur les cargos quelques cabines pour les passagers riches, pour les autres des nattes sur le pont recouvert d'une tente. Luc et ses compagnons font partie des autres, bien sûr. Durant la traversée, peut-être qu'ils deviennent tout verts, peut-être qu'ils vomissent leurs repas comme l'équipe de savants dans *L'Étoile mystérieuse*. Ils doivent aussi, tous autant qu'ils sont, se prendre pour Ulysse.

Ils connaissent l'*Odyssée*, forcément. Tout le monde à leur époque connaît l'*Iliade* et l'*Odyssée*. Ceux qui savent lire, c'est dans Homère qu'ils ont appris, et ceux qui ne savent pas, on leur a raconté l'histoire. Depuis près de huit siècles qu'ils existent, les poèmes homériques ont fait de leurs innombrables lecteurs des sortes d'historiens et de géographes amateurs. Chacun, à l'école, a rédigé des dissertations, puis, devenu adulte, eu des discussions animées sur la question de savoir ce qui est véridique ou légendaire dans les récits de la guerre de Troie, et par quels lieux réels est passé Ulysse. Quand Luc et ses compagnons de voyage, seuls au milieu de la mer sur leur coquille de noix, voient une île apparaître dans la brume, ils doivent se demander si ce n'est pas par hasard celle des Lotophages, du cyclope Polyphème, de la magicienne Circé qui transforme les hommes en pourceaux ou de la nymphe Calypso qui leur ouvre – si elle veut – les portes de la vie éternelle.

43

L'histoire se trouve dans le livre V de l'*Odyssée*. Ulysse s'est échoué sur l'île de Calypso et n'en a pas bougé depuis sept ans. L'île sent le feu de cèdre et de thuya. On y trouve une vigne, quatre sources d'eau limpide, des prairies mouchetées en toute saison de violettes et de céleri sauvage. Surtout, la nymphe est belle et Ulysse partage sa couche. La vie dans ce jardin clos est délicieuse, digne de faire oublier au voyageur le but de son voyage, qui est comme on le sait de regagner sa pierreuse île d'Ithaque, sa femme Pénélope, son fils Télémaque, bref le monde d'où il vient et qu'il a dû quitter il y a longtemps pour faire le siège de Troie. Mais il ne l'oublie pas. La nostalgie l'étreint. Entre deux nuits d'extase, il reste sur le rivage, immobile, songeur. Il pleure. Sur l'Olympe, Athéna plaide sa cause : sa pénitence, même voluptueuse, a assez duré. Zeus, convaincu, envoie Hermès signifier à Calypso qu'elle doit laisser repartir le héros. « Car son destin n'est pas de mourir en cette île, éloigné de ses proches. Son sort, en vérité, est de revoir les siens, de rentrer sous le toit de sa haute maison, au pays de ses pères. » (Je cite la traduction, en alexandrins, de Victor Bérard.) À ces mots, Calypso frissonne. Elle est affreusement triste. Mais elle s'incline. Le soir, Ulysse et elle se retrouvent. Ils savent tous deux qu'il va partir le lendemain. Dans la grotte où ils ont tant aimé faire l'amour, elle lui sert à manger, à boire, dans le silence accablé des séparations. Calypso, à la fin, souffre trop. Elle tente sa dernière chance :

« Ulysse aux mille ruses ! C'est donc vrai qu'au logis, au pays de tes pères, tu penses à présent t'en aller ? Tout de suite ? Adieu donc. Mais si ton cœur pouvait savoir de quels chagrins le sort doit te combler avant ton arrivée à la terre natale, c'est ici, près de moi, que tu voudrais rester, pour garder ce logis *et devenir un dieu...* Quel que soit ton désir de revoir une épouse vers laquelle tes vœux chaque jour te ramènent. Je me flatte pourtant de n'être pas moins belle de taille ni d'allure, et je n'ai jamais vu que, de femme à déesse, on pût rivaliser de corps ou de visage. »

Ulysse répond :

« Déesse vénérée, écoute et me pardonne. Je me dis tout cela ! Toute sage qu'elle est, je sais qu'auprès de toi

Pénélope serait sans grandeur ni beauté. Ce n'est qu'une mortelle et tu ne connaîtras, toi, ni l'âge ni la mort. Et pourtant le seul vœu que chaque jour je fasse est de rentrer là-bas, de voir en ma maison la journée du retour. J'ai déjà tant souffert, j'ai déjà tant peiné sur les flots, à la guerre ! S'il y faut un surcroît de peines, qu'il m'advienne ! »

Transposons, scénarisons, n'ayons pas peur d'enfoncer le clou. Calypso, qui est le prototype de la blonde, celle que tous les hommes voudraient se faire mais pas forcément épouser, celle qui ouvre le gaz ou avale des cachets pendant le réveillon que son amant fête en famille, Calypso a pour retenir Ulysse un atout plus puissant que ses pleurs, que sa tendresse, et même que la toison bouclée entre ses jambes. Elle est en mesure de lui offrir ce dont tout le monde rêve. Quoi ? L'éternité. Rien de moins. S'il reste avec elle, il ne mourra jamais. Il ne vieillira jamais. Ils ne tomberont jamais malades. Ils garderont pour toujours, l'une le corps miraculeux d'une très jeune femme, l'autre celui, robuste, d'un homme de quarante ans au sommet de sa séduction. Ils passeront la vie éternelle à baiser, faire la sieste au soleil, nager dans la mer bleue, boire du vin sans avoir la gueule de bois, baiser encore, ne jamais s'en lasser, lire de la poésie si ça leur chante, et pourquoi pas en écrire. Proposition tentante, admet Ulysse. Mais non, je dois retourner chez moi. Calypso croit avoir mal entendu. Chez toi ? Tu sais ce qui t'attend, chez toi ? Une femme qui n'est déjà plus de la première jeunesse, qui a des vergetures et de la cellulite et que la ménopause ne va pas arranger. Un fils que tu te rappelles comme un adorable petit garçon mais qui est devenu en ton absence un adolescent à problèmes et qui a de fortes chances de tourner toxico, islamiste, obèse, psychotique, tout ce que les pères redoutent pour leurs fils. Toi-même, si tu t'en vas, tu seras bientôt vieux, tu auras mal partout, ta vie ne sera plus qu'un couloir sombre qui se rétrécit et si atroce qu'il soit d'errer dans ce couloir avec ton déambulateur et ta perfusion sur roulettes tu te réveilleras la nuit ivre de terreur parce que tu vas mourir. C'est cela, la vie des hommes. Je te propose celle des dieux. Réfléchis.

C'est tout réfléchi, dit Ulysse. Et il part.

Beaucoup de commentateurs, de Jean-Pierre Vernant à Luc Ferry, voient dans le choix d'Ulysse le dernier mot de la sagesse antique, et peut-être de la sagesse tout court. La vie d'homme vaut mieux que celle de dieu, pour la simple raison que c'est la vraie. Une souffrance authentique vaut mieux qu'un bonheur illusoire. L'éternité n'est pas désirable parce qu'elle ne fait pas partie de notre lot. Ce lot imparfait, éphémère, décevant, c'est lui seul que nous devons chérir, c'est vers lui que nous devons sans cesse retourner, et toute l'histoire d'Ulysse, toute l'histoire des hommes qui consentent à n'être qu'hommes pour être pleinement hommes, est l'histoire de ce retour.

Nous autres modernes n'avons pas grand mérite à nous réclamer de cette sagesse parce qu'il n'y a plus personne pour nous faire la proposition de Calypso. Mais Luc,

Sopatros et les autres, c'est cette proposition qu'ils ont acceptée d'enthousiasme et je me demande si, en passant au large d'une île dont la brise porte jusqu'au navire l'odeur d'oliviers, de cyprès et de chèvrefeuille, c'est à cela que Luc pense.

Je ne sais rien de son enfance ni de son adolescence, mais j'imagine qu'il a rêvé d'être un héros comme Achille – brave jusqu'à la folie, préférant une mort glorieuse à une vie ordinaire – ou un homme accompli comme Ulysse – se tirant de toutes les situations, séduisant les femmes et se conciliant les hommes, merveilleusement acclimaté à la vie. Et puis qu'en grandissant il a cessé de s'identifier aux héros homériques parce que ça ne marchait pas. Parce qu'il ne leur ressemblait pas. Parce qu'il ne faisait pas partie, il a bien fallu s'y résoudre, de l'heureuse famille des hommes qui aiment la vie sur terre, à qui elle le rend bien et qui n'en veulent pas d'autre. Il faisait partie de l'autre famille, celle des inquiets, des mélancoliques, de ceux qui croient que la vraie vie est ailleurs. On s'imagine qu'ils étaient minoritaires dans l'Antiquité, clandestins, réduits au silence, et qu'ils ont pris le pouvoir pour le garder jusqu'à nos jours grâce à notre ténébreux ami Paul, mais ils avaient tout de même de glorieux porte-parole. Platon pour commencer, l'homme d'après qui notre vie se déroule tout entière dans une sombre caverne où nous ne percevons que de vagues reflets du vrai monde. Luc a dû le lire : quatre siècles après sa mort il restait très connu, tous les gens qui avaient le goût des pensées élevées passaient par une période platonicienne. De là, *via* Philon, le platonicien juif d'Alexandrie, il a comme beaucoup de ses contemporains dérivé vers le judaïsme et ne s'y est pas senti dépaysé. L'âme était en exil. En Égypte, elle se languissait de Jérusalem. À Babylone, elle se languissait de Jérusalem. Et à Jérusalem, elle se languissait de la *vraie* Jérusalem.

Et puis il a rencontré Paul, qui promet carrément la vie éternelle. Paul dit, ce que disait déjà Platon, que la vie sur terre est mauvaise parce que l'homme est faillible et sa chair dégradable. Il dit que la seule chose à attendre de cette vie est d'en être délivré pour aller là où règne le Christ. Évidemment, là où règne le Christ, c'est moins sexy que là où règne Calypso. Ces corps qui, corruptibles, ressusciteront incorruptibles, c'est-à-dire ne vieilliront plus, ne souffriront plus, ne désireront plus que la gloire de Dieu, on les voit mieux cachés sous de longues robes et chantant sans fin des cantiques que nageant, nus, dans la mer et se caressant mutuellement. Cela me rebuterait, moi, mais il me faut bien admettre que ça ne devait pas rebuter Luc. En outre, je ne veux pas caricaturer : l'extinction du désir n'est pas seulement l'idéal de bigots puritains, mais de gens qui ont beaucoup réfléchi à la condition humaine, comme les bouddhistes. L'essentiel est ailleurs : dans la ressemblance troublante entre ce que promet Paul et ce que promet Calypso – être délivré de la vie ou, comme dirait Hervé, « sorti du pétrin » – et dans la divergence irréductible entre l'idéal de Paul et celui d'Ulysse. Chacun désigne comme le seul vrai bien ce que l'autre dénonce comme une funeste illusion. Ulysse dit que la sagesse est toujours de se tourner vers l'ici-bas et la condition d'homme, Paul dit que c'est de s'y arracher. Ulysse dit que le paradis est une fiction, et peu importe alors qu'elle soit belle, Paul que c'est la seule réalité. Paul, emporté par son élan, va même jusqu'à féliciter Dieu d'avoir élu *ce qui n'est pas* pour défaire ce qui est. C'est cela qu'a choisi Luc, c'est là-dedans qu'il s'est, très littéralement, embarqué, et je me demande si une fois à bord il n'est pas traversé par le soupçon qu'il fait une énorme connerie. Qu'il voue sa vie entière à quelque chose qui tout simplement n'existe pas et tourne le dos à ce qui existe vraiment : la chaleur des corps, la saveur douce-amère de la vie, l'imperfection merveilleuse du réel.

III

L'enquête
(Judée, 58-60)

1

Après huit jours de mer, Paul et sa délégation débarquent en Syrie. Ils y sont accueillis par quelques adeptes de la Voie, comme on appelle sur place le culte chrétien. À Césarée, le grand port de la région, ils logent chez un prédicateur nommé Philippe, père de quatre filles vierges et adonnées à la prophétie. Un familier de la maison, qui se dit prophète lui aussi, voudrait dissuader Paul de se rendre à Jérusalem. En mimant la scène, c'est-à-dire en se liant lui-même les pieds et les mains, il lui prédit que les Juifs, là-bas, vont l'arrêter et le livrer aux Romains, qui le tueront. Rien n'y fait. Paul reste inflexible dans sa résolution. S'il faut mourir pour la cause, il mourra. On lui dit adieu en pleurant, et il est difficile de ne pas penser que Luc, en écrivant ces scènes trente ans plus tard, ne fait pas délibérément écho à celles de son Évangile dont le héros est Jésus – pareillement décidé à monter à Jérusalem, malgré les mises en garde répétées de ses disciples.

Malgré les mises en garde répétées des siens, voici Paul et sa suite dans la ville sainte. Descendus chez Mnason, un disciple chypriote, ils vont dès le lendemain de leur arrivée, en procession, rendre une respectueuse visite à Jacques, et le moment est venu de se demander ce qui faisait de celui-ci le chef des adeptes de la Voie à Jérusalem.

Ç'aurait dû être Pierre, le plus ancien des compagnons de Jésus. Ç'aurait pu être Jean, qui se présentait lui-même comme son disciple préféré. Ces deux-là avaient toute la légitimité requise, comme l'avaient Trotsky et Boukharine pour prendre la succession de Lénine – malgré quoi celui qui l'a prise, en éliminant tous ses rivaux, c'est un Géorgien patibulaire, Joseph Djougachvili, dit Staline, dont Lénine avait très expressément dit de se méfier.

Ce qu'avait dit Jésus de son frère Jacques, et d'une façon générale de sa famille, n'était pas plus encourageant. Lui parlait-on de sa mère et de ses frères, il secouait la tête et désignait les étrangers qui le suivaient en disant : « Les voilà, ma mère et mes frères. » À une femme qui, dans une effusion très orientale, déclarait : « Heureux le ventre qui t'a porté ! Heureux les seins que tu as tétés ! », il répondait sèchement : « Heureux, plutôt, ceux qui écoutent la parole de Dieu et qui l'appliquent. » Jésus, il faut l'avouer, ne semblait très porté ni sur les ventres ni sur les seins. Il ne faisait pas grand cas de sa famille, et sa famille en faisait encore moins de lui. L'évangéliste Marc rapportera une scène où les siens envisagent carrément de le faire arrêter parce qu'il a, disent-ils, perdu la tête. Si Jacques s'était dressé, seul, pour défendre son frère, on nous l'aurait certainement dit. Du vivant de Jésus, il a dû comme les autres le tenir pour un illuminé, jetant le discrédit sur une famille modeste mais honorable. Le fait que cet illuminé, ce rebelle, ce mauvais sujet ait fini exécuté comme un criminel de droit commun aurait dû définitivement donner raison à son frère vertueux, mais quelque chose d'étrange s'est produit par la suite, c'est que malgré cette exécution ignominieuse, ou à cause d'elle, le frère déshonorant est devenu après sa mort l'objet d'un véritable culte, et qu'un peu de sa gloire posthume s'est mis à rejaillir sur Jacques. Jacques s'est laissé faire. Par le sang plus que par le mérite, en vertu d'un principe purement dynastique, il est devenu un des grands personnages de l'Église primitive, l'égal et même le supérieur des disciples historiques Pierre et Jean, quelque chose comme le premier pape. Étrange trajectoire.

2

Luc, lorsqu'il a pour la première fois rencontré son frère, ne savait rien de Jésus. Il ne connaissait ni sa liberté d'allures, ni ses mauvaises fréquentations, ni son mépris pour la dévotion. Peut-être s'est-il imaginé qu'il avait de son vivant ressemblé à Jacques, dont la tradition, c'est-à-dire l'évêque Eusèbe de Césarée qui a au IVe siècle écrit une histoire de l'Église, nous a laissé ce portrait engageant : « Il fut sanctifié dès le sein de sa mère, ne but jamais ni vin ni boisson enivrante, ne mangea rien de sa vie qui ait été vivant. Le rasoir ne passa jamais sur sa tête. Il ne s'oignait pas d'huile et ne prenait pas de bain. Il ne s'habillait pas de laine, mais de lin. Il entrait seul dans le Temple et y restait si longtemps en prière que ses genoux étaient devenus calleux comme ceux d'un chameau. »

C'est devant cet intimidant personnage, entouré du conseil des Anciens de la Voie, que Paul passe une sorte de grand oral. Après les civilités d'usage, l'apôtre présente un rapport détaillé sur ce que le Seigneur, par son intermédiaire, a accompli parmi les gentils. Luc, toujours positif, toujours soucieux de minimiser les querelles, dit que ses auditeurs « glorifiaient Dieu de ce qu'ils entendaient », mais passe étrangement sous silence ce qui était tout de même le principal motif de la visite : apporter à l'église de Jérusalem le fruit de la collecte. De là à penser que Jacques a repoussé l'offrande de Paul, comme Dieu a repoussé celle de Caïn... Aucune de nos deux sources n'en dit rien, mais si on y réfléchit, accepter ses largesses revenait à adouber Paul, et il n'est pas certain que Jacques y ait été disposé.

Luc a beau être positif, il ne peut cacher qu'une fois glorifié Dieu les Anciens, c'est-à-dire Jacques, tiennent à Paul ce langage : « Des milliers de Juifs, tu le sais, ont embrassé la Voie sans cesser d'observer la Loi. Tu dois aussi savoir qu'ils sont inquiets des bruits qui courent à ton sujet. On dit que tu pousses les Juifs vivant parmi les païens à oublier Moïse, à ne plus circoncire leurs enfants, à ignorer les prescriptions. (Paul, on suppose, écoute sans piper mot : tout cela est vrai.) Alors que faire ? On sait que tu es ici, on ne va pas te cacher. Voilà ce que nous te proposons, pour apaiser les esprits et montrer qu'on t'a calomnié. (Paul déglutit avec peine.) Nous avons là quatre hommes qui ont fait vœu de purification. Accompagne-les au Temple, accomplis avec eux les observances, prends en charge leurs frais, ainsi tout le monde verra qu'il n'y a rien de vrai dans les horreurs qu'on raconte sur toi. »

En exigeant de Paul des simagrées aussi contraires à tout ce qu'il professait, Jacques entendait montrer qui était le patron et sans doute humilier son ennemi. Paul s'est incliné. Pas par manque de courage, j'en suis sûr, mais parce que ça n'avait à ses yeux aucune importance. Parce que ça n'offensait que sa fierté et qu'il était capable de mettre son orgueil à s'humilier. C'est ce que vous voulez ? Très bien. Il a fait tout ce qu'on lui demandait. Accompagné les quatre dévots au Temple, fait avec eux toutes les purifications rituelles. Dépensé de l'argent, pas mal d'argent, en offrandes et en sacrifices, et pris rendez-vous, au terme d'un jeûne de sept jours, pour la cérémonie finale du rasage de crâne. On se demande comment l'ont accueilli les quatre dévots. Paul, dans ses relations avec eux, a certainement mis son point d'honneur à se rappeler que l'amour est doux et patient, à offrir sa patience à son dieu et à ne jamais s'énerver.

3

Pendant que Paul subit cette semaine de bizutage, Luc et ses camarades d'Asie et de Macédoine se retrouvent livrés à eux-mêmes et n'ont rien de mieux à faire, j'imagine, que se promener dans Jérusalem. Sujets de l'Empire romain, ils sont en matière de villes habitués à des cités romaines, toutes plus ou moins semblables, blanches, tracées au cordeau. La ville sainte des Juifs ne ressemble à rien de ce qu'ils connaissent. En plus, ils y débarquent au moment de Pessah, la Pâque, qui commémore la sortie d'Égypte du peuple d'Israël. Une foule de pèlerins, de marchands, de caravaniers, parlant toutes les langues, se bouscule dans les rues étroites, aimantée par le Temple qui lui non plus ne ressemble à rien de ce qu'ils connaissent. Luc en a entendu parler, bien sûr, mais avant de le voir de ses yeux il ne se doutait pas de ce que c'est – et je ne suis pas certain que ça lui plaise vraiment. Ce qui lui plaît vraiment, ce sont les synagogues, ces petites maisons discrètes et accueillantes qui existent partout où il y a des Juifs et où il a pris le goût du judaïsme. Les synagogues ne sont pas des temples : ce sont des lieux d'étude et de prière, pas de culte, encore moins de sacrifice. Luc aime l'idée que les Juifs, à la différence des autres peuples, n'ont pas de temple, ou que leur temple est dans leur cœur, mais la vérité est qu'ils en ont un, de temple, seulement ils n'en ont qu'un seul, comme ils n'ont qu'un seul dieu, et comme ils pensent que ce dieu est le plus grand des dieux, que tous ceux des voisins sont de chétifs imposteurs, il faut que son temple unique soit digne de lui. Au lieu de gaspiller leur temps et leur argent à lui dédier partout où ils habitent de petits temples de rien du tout, les Juifs du monde entier envoient chaque année une offrande pour entretenir et embellir le grand, le vrai, le seul Temple. Les plus riches et les plus dévots y vont en pèlerinage trois fois par an, pour les trois grandes fêtes, Pessah, Chavouot, Soukkot, les autres quand et comme ils peuvent. Pendant ces fêtes, la population se multiplie par dix. Des quatre points cardinaux, on converge vers le Temple.

On le voit de partout, couronné de marbre et d'or, et selon l'heure du jour éblouissant comme le soleil dont il réfléchit les rayons ou pareil à une montagne couverte de neige. Il est absolument gigantesque, quinze hectares de surface, soit six fois l'Acropole, et presque flambant neuf. Détruit par les Babyloniens, à l'époque lointaine où les Juifs ont été emmenés en exil, il été reconstruit au début de l'occupation romaine, sous le règne du roi Hérode le Grand, mégalomane richissime et raffiné qui en a fait une des merveilles du monde hellénistique. L'historien anglais Simon Sebag Montefiore, qui après deux livres passionnants sur Staline a écrit une somme sur Jérusalem à travers les âges, assure que les blocs cyclopéens des fondations, ceux qui forment encore aujourd'hui le mur occidental et dans les interstices duquel les dévots glissent leurs prières écrites sur de petits papiers, pèsent chacun 600 tonnes. Cela me paraît beaucoup, mais le même Simon Sebag Montefiore cite avec le même aplomb parmi les hauts faits du roi d'Égypte Ptolémée Philadelphe II, celui qui au IIIe siècle a commandé la traduction grecque des Écritures juives connue sous le nom de Bible des Septante, l'organisation d'une fête en l'honneur de Dionysos où l'on pouvait admirer une outre géante faite de peaux de léopards et contenant pas moins de 800 000 litres de vin. La reconstruction du Temple a pris assez de temps pour que du vivant de Jésus, trente ans avant que Luc en foule les esplanades, on le considère comme à peine fini. Luc, à l'époque dont je parle, ne connaît pas encore la réponse de Jésus à ses disciples provinciaux, débarquant pour la première fois à Jérusalem et s'émerveillant de tant de grandeur : « Vous admirez ces pierres et ces grandes constructions ? Pas une pierre n'en restera l'une sur l'autre. » Il ne connaît pas encore l'histoire des marchands que Jésus a chassés de l'immense parvis où se traitent les affaires, mais habitué comme il l'est à la douce ferveur des synagogues, je l'imagine choqué par la cohue, les bousculades, les criailleries, les marchandages, par les bêtes qu'on traîne par les cornes dans un concert de bêlements angoissés tandis que sonnent les trompes appelant aux prières, et qu'on saigne, et qu'on découpe, et qu'on expose toutes fumantes sur les autels afin de plaire au grand dieu qui a pourtant fait connaître par la voix du prophète Osée son peu de goût pour les holocaustes – car ce qui lui plaît, c'est la pureté de l'âme, et Luc ne trouve très pur rien de ce qu'il voit dans l'enceinte du Temple.

Quand on dit l'enceinte, il y en a plusieurs, emboîtées les unes dans les autres et plus sacrées à mesure qu'elles rapetissent. Le centre du vortex, c'est le saint des saints, espace voué au dieu seul et où seul le grand prêtre a le droit de pénétrer, une fois par an. Le conquérant romain Pompée, quand on le lui a dit, a haussé les épaules : j'aimerais bien voir qui m'en empêcherait. Il est entré. Il a été surpris de voir que dans l'ultime sanctuaire il n'y avait rien. Ce qui s'appelle rien. Il attendait des statues, ou une tête d'âne parce qu'on lui avait dit que c'était ça, le mystérieux dieu des Juifs, mais c'était une pièce vide. Il a de nouveau haussé les épaules, peut-être mal à l'aise. Il n'en a plus reparlé. Il est mal mort : les Égyptiens après l'avoir exécuté ont envoyé à César sa tête conservée dans la saumure ; les Juifs s'en sont réjouis. Puis viennent les cours intérieures, où ne sont admis que les circoncis. Puis ce qu'on appelle le parvis des Gentils, où peuvent se promener les touristes. C'est à peu près pareil aujourd'hui, sauf que le Temple des Juifs est devenu l'esplanade des Mosquées, mais cela, les Palestiniens refusent de le reconnaître. Je veux dire : ils refusent de reconnaître qu'à la place où se trouvent leurs mosquées se trouvait autrefois le Temple des Juifs, c'est même un des obstacles les plus irréductibles à la résolution du conflit israélo-palestinien et un exemple de la dinguerie religieuse de cette ville où juifs, musulmans et chrétiens se disputent le moindre bout de mur, la moindre conduite souterraine en prétendant chacun avoir été là le premier, ce qui fait de l'archéologie une discipline à haut risque. C'est ici en tout cas, dans les cours intérieures et sur le parvis des Gentils, que Jésus a enseigné les derniers temps de sa vie et qu'il s'est querellé avec les pharisiens. C'est ici que Jacques et les anciens de la Voie, bien que marginalisés par leur bizarre croyance dans la résurrection d'un criminel de droit commun, continuent à prier jusqu'à se faire des genoux de chameaux. C'est ici que Paul, très jeune homme venu de Tarse, a autrefois suivi avec une ferveur proche du fanatisme l'enseignement du maître pharisien Gamaliel. Ici qu'il s'est juré d'éradiquer la secte blasphématoire professant la résurrection du criminel de droit commun. Et c'est ici qu'on le retrouve vingt ans plus tard, observant avec quatre dévots comme on en croise aujourd'hui à chaque coin de rue de Jérusalem – sauf qu'ils sont aujourd'hui déguisés en hobereaux polonais du XVIIIe siècle – des prescriptions qui n'ont plus à ses yeux aucune valeur mais qu'il aurait sans aucun doute continué à observer impavidement s'il ne lui était pas arrivé la chose incroyable qui lui est arrivée. C'est peut-être à cela qu'il songe en observant ces dévotions, à la vie qui aurait été la sienne si cette chose incroyable ne lui était arrivée : une vie centrée autour du Temple, une vie de dévot aux genoux de chameau. Au lieu de quoi, arraché à lui-même par le Christ, n'étant plus que l'apparence de Paul habitée par le Christ et rendant grâce au Christ de cette ahurissante métamorphose, il a depuis vingt ans parcouru le monde, affronté mille dangers, converti des milliers d'hommes à cette croyance folle qu'il abominait, et le voici maintenant de retour dans le Temple, parmi les circoncis comme lui mais à la tête d'une bande d'incirconcis qui bien sûr n'ont pas le droit de franchir les portiques intérieurs et restent donc sur l'immense esplanade des Gentils où on se donne rendez-vous comme on se donne rendez-vous à Moscou dans les stations de métro, et où ils ouvrent tout grand leurs yeux et leurs oreilles.

4

Seul de la bande, Timothée depuis qu'il vit dans le sillage de Paul est un voyageur aguerri. Luc, en sa qualité de médecin itinérant, faisait des cercles autour de Philippes et quelquefois poussait jusqu'aux rivages d'Asie. Les autres, Sopatros, Trophime, Aristarque, n'ont pas dû bien souvent quitter leurs villes natales. Ils errent dans Jérusalem comme une bande de touristes, ne parlant pas la langue, ignorant tout des coutumes locales, et il ne faut pas compter sur les adeptes locaux de la Voie pour leur servir de guides. Lors de la réunion chez Jacques, aucun des barbus qui forment sa garde rapprochée ne leur a adressé la parole ni proposé un verre d'eau. Si quelqu'un les a cornaqués, c'est ce sympathisant chypriote, Mnason, sur le toit de qui ils dorment, enroulés dans leurs couvertures pouilleuses, se demandant ce qu'ils sont venus faire dans cette galère.

Dans un film ou une série télévisée, j'essaierais de faire de ce figurant un personnage dans le genre du photographe, nain et sexuellement ambigu, qui accueille à Jakarta le jeune journaliste interprété par Mel Gibson dans *L'Année de tous les dangers* et lui décrit les forces qui rendent la situation politique explosive. Le Chypriote Mnason a pu rendre ce service à Luc. Cela dit, ce que je sais, moi, de la situation politique en Judée, ce qu'en savent tous les historiens, nous ne le tenons pas de Mnason mais d'un témoin capital qui s'appelait chez les Juifs Joseph ben Mathias, chez les Romains Titus Flavius Josephus, et pour la postérité Flavius Josèphe.

Lui aussi, en l'an 58, se trouvait à Jérusalem, mais il n'y a aucune chance qu'il y ait côtoyé l'humble Chypriote Mnason, ni Luc, ni même Paul. Aristocrate juif, issu d'une grande famille sacerdotale, il avait dès l'âge de seize ans fait le tour des diverses sectes de Judée qu'il considérait comme autant d'écoles philosophiques, et complété cette formation par un stage au désert. On le tenait pour une sorte d'enfant prodige du rabbinisme, promis à une brillante carrière d'*apparatchik* religieux. Ce n'était en aucune façon un mystique, mais un homme de pouvoir et de réseaux, un diplomate que ses écrits révèlent intelligent, vaniteux, imbu d'une très forte conscience de classe. Je raconterai plus loin dans ce livre la tragique révolte des Juifs et la part qu'y a prise Josèphe. Il suffit pour l'instant de savoir qu'après la chute de Jérusalem, en 70, il a écrit un livre appelé *La Guerre des Juifs*, grâce auquel l'histoire de la Judée au Ier siècle nous est mieux connue que celle de tout autre peuple de l'Empire, Rome exceptée. Cette chronique, totalement indépendante des Évangiles, en est le contrechamp, la seule source permettant de les recouper, ce qui explique la passion que lui portent les spécialistes des origines du christianisme. De fait, quand on se met à travailler là-dessus, on ne tarde pas à s'apercevoir que tout le monde exploite le même filon, très limité. D'abord, les écrits chrétiens du Nouveau Testament. Ensuite, les apocryphes, plus tardifs. Les manuscrits de Qûmran. Quelques auteurs païens, toujours les mêmes : Tacite, Suétone, Pline le Jeune. Enfin, Josèphe. C'est tout, s'il y avait d'autres sources on le saurait, et ce qu'on peut leur faire dire est limité aussi. Avec un peu d'habitude, les ponts aux ânes deviennent familiers, on apprend à repérer un éclairage utile et à passer très vite sur ce qu'on a déjà lu dix fois ailleurs. Lisant un historien, quelle que soit son obédience, on voit comment il fait sa cuisine, on reconnaît derrière le goût que leur donne sa sauce les ingrédients qu'il est forcé d'utiliser – et c'est ce qui me fait penser que je n'ai plus besoin de recourir à un livre de recettes, que je peux me lancer tout seul.

5

Ce que décrit Josèphe dans les premiers chapitres de *La Guerre des Juifs*, ce qu'a peut-être décrit Mnason aux disciples de Paul égarés dans Jérusalem, c'est une pétaudière coloniale compliquée de nationalisme religieux, et c'est pour nous un tableau politique parfaitement familier, répertorié, mais ce ne l'était pas du tout pour Luc et ses compagnons. L'Asie et la Macédoine, d'où ils viennent, sont des pays pacifiés, acceptant de bonne grâce le joug romain parce que la culture romaine, la façon de vivre romaine sont les leurs. C'est le cas de pratiquement tous les pays de l'Empire, ce n'est pas le cas de la Judée parce que la Judée est une théocratie, un état religieux dont la Loi se place au-dessus des lois imposées par la civilisation mondiale dominante, et considérées par elle comme allant de soi. De la même façon, aujourd'hui, la *charia* islamique entre en conflit avec la liberté de pensée et les droits de l'homme, que nous considérons comme acceptables et même désirables par tout le monde.

Les Romains, je l'ai déjà dit, étaient fiers de leur tolérance. Ils n'avaient rien contre les dieux des autres. Ils étaient prêts à les essayer comme on goûte de la cuisine exotique et, s'ils leur plaisaient, à les adopter. Il ne leur serait pas venu à l'idée de les décréter « faux » – au pire, un peu rustiques et provinciaux, et de toute façon l'équivalent des leurs sous d'autres noms. Qu'il existe des centaines de langues, donc des centaines de mots pour appeler un chêne n'empêche pas qu'un chêne soit partout un chêne. Tout le monde, pensaient de bonne foi les Romains, pouvait s'accorder sur l'idée que Yahvé était le nom juif de Jupiter comme Jupiter était le nom romain de Zeus.

Tout le monde, mais pas les Juifs. En tout cas pas les Juifs de Judée. Ceux de la diaspora, c'était autre chose : ils parlaient le grec, lisaient leurs écritures en grec, se mélangeaient avec les Grecs, on n'avait pas de problèmes avec eux. Mais les Juifs de Judée pensaient que leur dieu seul était le vrai, et ceux des autres des idoles qu'il était mal et bête d'adorer. Cette *superstitio*-là était inconcevable pour les Romains. Ils s'en seraient émus si les Juifs avaient eu le pouvoir de l'imposer. Comme ils ne l'avaient pas, l'Empire a longtemps toléré leur intolérance et, somme toute, fait preuve de tact à leur égard. Tout comme les Égyptiens avaient le droit, si ça leur chantait, de se marier entre frère et sœur, les Juifs avaient celui d'user, à la place des pièces romaines à l'effigie de César, d'une monnaie à eux ne représentant pas de figure humaine. Ils étaient exemptés du service militaire, et le caprice de Caligula qui avait en l'an 40 prétendu faire élever sa statue dans le Temple est resté une provocation isolée, qu'on voyait comme une preuve de la folie de l'empereur – lequel est d'ailleurs mort assassiné avant de passer à l'acte.

Malgré ces concessions, les Juifs ne se laissaient pas amadouer. Régulièrement, ils se soulevaient. Ils vivaient dans le souvenir héroïque d'une révolte passée, celle d'un clan de guérilleros qui s'appelaient les Macchabées, et dans l'attente exaltée d'une révolte à venir, qui changerait tout. L'Empire romain se croyait éternel, mais les Juifs du Ier siècle croyaient que l'éternité était de leur côté. Qu'un jour un second David paraîtrait, et qu'il serait le César des Juifs, et que son règne à lui serait vraiment éternel. Qu'il restaurerait dans la gloire ceux qui avaient patiemment enduré les offenses, jetterait les glorieux d'aujourd'hui au bas de leurs trônes, et pour commencer chasserait les Romains. « Ce qui les excitait surtout à la guerre, note Josèphe – juif lui-même, mais écrivant pour les Romains et enclin, comme Paul, à parler des Juifs comme s'il ne l'était pas – c'était une prophétie ambiguë trouvée dans leurs Écritures et annonçant qu'un homme de leur pays deviendrait le maître de l'univers. » Cet homme, ce serait le Messie, l'oint du Seigneur, un guerrier invincible doublé d'un juge serein. On s'en souciait assez peu dans la diaspora, les prosélytes comme Luc écoutaient distraitement quand il était question de ce mystérieux personnage, mais les Juifs de Judée en étaient obsédés, et cela d'autant plus que Rome leur envoyait des gouverneurs médiocres et corrompus, qui n'avaient depuis trente ans fait qu'aggraver les choses.

Le long chapitre II de *La Guerre des Juifs* couvre ces trente ans qui vont, en termes historico-mondiaux, du règne de Tibère à celui de Néron, et, pour l'affaire alors obscure qui nous occupe, de la mort de Jésus au séjour de Paul à Jérusalem, que je suis en train de raconter. À l'échelon local, il s'agit des gouvernorats de Ponce Pilate et de ses successeurs Félix, Festus, Albinus et Florus, chacun de ces *gauleiters* étant pire que le précédent et, comme le dit dédaigneusement Tacite, « exerçant le pouvoir d'un roi avec l'âme d'un esclave ». Des rois, il y en avait aussi, la tristement célèbre dynastie des Hérode, mais c'étaient de ces roitelets autochtones, comme les maharadjahs au temps de l'Empire des Indes, que les puissances coloniales aiment laisser sur le trône pour faire plaisir au peuple et à la condition qu'ils leur mangent dans la main. De même y avait-il autour du Temple tout un pouvoir sacerdotal. On appelait sadducéens ces sortes de brahmanes qui se succédaient de père en fils, amassaient de grandes fortunes et soutenaient l'autorité romaine. Josèphe faisait partie d'une éminente famille sadducéenne.

Dans ces conditions, la chronique des trois décennies qui ont conduit à la grande révolte des années soixante est une suite lassante de prévarications et d'impairs, de révoltes et de représailles. Ainsi, raconte Josèphe, Pilate s'est illustré en détournant de l'argent destiné au Temple pour financer un aqueduc, en introduisant des étendards militaires à l'effigie de l'empereur dans la ville sainte, en couvrant la provocation d'un soldat romain qui avait soulevé sa jupette et montré son cul sur l'esplanade, pendant la Pâque. Il serait provocateur, mais pas faux, de dire que Pilate en usait avec les Juifs comme Ariel Sharon avec les Palestiniens des Territoires. Si les Juifs protestaient, s'ils se jetaient, face contre terre, devant sa résidence de Césarée et restaient étendus sans bouger cinq jours et cinq nuits de suite, tout ce qu'il savait faire c'est envoyer la troupe. Par ailleurs, lui et ses successeurs n'ont cessé d'augmenter les impôts, de gangstériser leur collecte, et quand on lit dans les Évangiles que Jésus faisait scandale en s'affichant avec des publicains, c'est-à-dire des percepteurs, il faut comprendre que ces percepteurs, de pauvres Juifs payés par l'occupant romain pour racketter des Juifs encore plus pauvres qu'eux, éveillaient tout autre chose que l'hostilité de principe avec laquelle, partout, on regarde les employés du fisc. C'étaient des collabos, à qui des miliciens prêtaient main-forte : la lie de la terre, vraiment.

Pression fiscale, corruption des fonctionnaires, brutalité d'une garnison perpétuellement énervée, qui ne comprend rien et ne veut rien comprendre aux traditions du pays occupé : on connaît le tableau, et on se doute de ce qui va avec : jacqueries, brigandage, attentats, mouvements incontrôlés de libération nationale et – c'est la touche locale – de messianisme. On est presque surpris que l'affaire Jésus, si obscure qu'elle ait pu être, échappe à la vigilance de Josèphe, qui dresse un catalogue interminable d'agitateurs, de guérilleros et de faux rois, le dernier en date – au moment où Paul et sa bande arrivent en Judée – étant un certain Égyptien qui a rassemblé dans un camp d'entraînement, au milieu du désert, quelques milliers de paysans écrasés de taxes, surendettés, fous de colère, et qui a prétendu, à leur tête, marcher sur Jérusalem. Tous ont bien sûr été massacrés.

J'imagine bien Mnason le Chypriote racontant à Luc cette histoire qui vient de défrayer la chronique et qu'on retrouve dans les Actes – le seul désaccord entre l'historien juif et l'évangéliste grec portant sur le nombre des insurgés : 30 000 d'après le premier, 4 000 seulement d'après le second, ce qui correspond au ratio séparant traditionnellement des estimations de la police celles des organisateurs d'une manifestation, et je me demande pourquoi Luc, d'ordinaire crédule et enclin à la galéjade, se montre sur ce point si modeste. J'imagine bien Mnason, aussi, mettant en garde les malheureux touristes contre ces novateurs en matière de terrorisme urbain que sont les sicaires. « Ils assassinaient en plein jour, raconte Josèphe, en plein cœur de la ville. Se mêlant à la foule rassemblée pour les grandes fêtes religieuses, ils cachaient sous leurs vêtements de courts poignards dont ils frappaient leurs ennemis. La victime tombée, le meurtrier se joignait aux clameurs d'indignation et d'effroi. Chacun, à tout moment, pouvait craindre d'être tué par un inconnu. On ne se fiait même plus à ses amis. »

Ah, et il y a aussi les zélotes. On pourrait les confondre avec les sicaires, mais Josèphe tient à être précis, à distinguer, à classer. Il en parle comme de « coquins qui s'étaient donné ce nom comme s'ils étaient zélés pour la vertu et non pour les actions infâmes ». Josèphe est partial, c'est vrai. Il se voit comme un modéré, alors qu'objectivement c'est un collabo, qui tend à présenter tout mouvement de résistance comme un ramassis de voyous. Cela dit, quand il donne comme exemple de « zèle », c'est-à-dire d'amour pour son dieu, celui du grand prêtre Pinhas qui, ayant surpris un Juif couchant avec une étrangère, s'est saisi d'une lance et les a tous les deux transpercés par le bas-ventre, on est assez d'accord avec lui, et avec Pierre Vidal-Naquet qui dans sa longue et brillante préface à *La Guerre des Juifs* définit le zélote « non comme celui qui adopte un genre de vie conforme à la Loi, mais comme celui qui l'impose à tous, par tous les moyens. »

Il y en avait beaucoup, de cet acabit. Il y en avait au moins un, nommé Simon, parmi les douze disciples historiques de Jésus. Ces hommes violents avaient leurs raisons. Ils se sentaient offensés et, de fait, ils l'étaient. Nous connaissons tout cela.

6

Jacques et les siens, en formulant des exigences inacceptables pour Paul, espéraient-ils un clash, suivi de scission et d'exclusion ? Ont-ils été déçus de sa bonne grâce ? Rendus encore plus furieux ? Une autre question, plus grave, se profile derrière celle-ci. Paul a été dénoncé, et Luc, notre seule source pour ces événements que ne documente aucune lettre de l'apôtre, reste dans le flou quant à l'identité de ceux qui l'ont dénoncé. Il parle de « Juifs d'Asie », mais on peut se demander si les plus acharnés de ses ennemis n'étaient pas en réalité les amis de Jacques, et peut-être le frère de Jésus lui-même.

Au bénéfice du doute, va pour les « Juifs d'Asie ». Les sept jours de purification touchent à leur fin quand, avisant Paul dans le Temple, ils le montrent du doigt et vocifèrent : « C'est lui, hommes d'Israël ! Celui qui prêche contre notre peuple ! Contre la Loi ! Contre ce lieu sacré ! Il a profané le Temple en y introduisant un gentil ! »

Ils parlaient, précise Luc, de l'Éphésien Trophime,

avec qui on l'avait vu en ville. Luc ne fait pas clairement litière de cette accusation, que Renan pour sa part juge tout à fait invraisemblable : pour faire entrer dans l'enceinte sacrée un Grec incirconcis, il aurait fallu soit n'avoir aucune conscience du risque encouru soit le courir par provocation, et Paul n'était ni inconscient ni provocateur. En tout cas, « la ville entière fut en effervescence. Le peuple accourut de toutes parts. On s'empara de Paul, on le traîna hors du Temple dont les portes furent fermées. On voulait le mettre à mort ».

En l'absence du gouverneur Félix, qui réside à Césarée, l'autorité civile et militaire dans la ville sainte est exercée par le tribun de la cohorte, Claudius Lysias. Alerté, il envoie des soldats qui interrompent de justesse le lynchage. Paul est arrêté, lié de chaînes. On demande qui il est, ce qu'il a fait, de quoi on l'accuse. Mais, dans la foule, les uns crient ceci, les autres cela, et ne pouvant dans ce tapage l'interroger à son aise, Lysias fait conduire Paul à la forteresse Antonia, toute proche du Temple, où est casernée la garnison. La foule suit en hurlant « à mort ! ». Il faut que les soldats portent le prisonnier pour le protéger.

« Est-ce que je peux dire un mot ? », demande Paul au tribun, qui s'étonne :

« Tu parles grec ? (Paul n'a pas une tête à parler grec, il faut croire.) Tu ne serais pas par hasard cet Égyptien qui, ces derniers temps, a soulevé 4 000 brigands et les a conduits au désert ? » (La question paraît peu plausible, l'Égyptien ayant été exécuté six mois plus tôt : je soupçonne Luc d'avoir glissé son nom pour faire parade de sa connaissance du terrain.)

« Non, répond Paul, je suis juif, de Tarse, en Cilicie. Permets-moi, je t'en prie, de parler au peuple. »

La scène est très vivante, on ne doute pas en la lisant que Luc y était – cela dit, celles de la Passion le sont aussi et il n'y était pas. Le discours qui la suit, par contre, est une de ces grosses pâtisseries rhétoriques qu'il adorait écrire, comme d'ailleurs tous les historiens de l'Antiquité, comme Thucydide, comme Polybe, comme Josèphe, qui dans ses *Antiquités juives*, un *digest* de la Bible à l'usage des Romains, ne résiste pas au plaisir de citer les paroles exactes adressées par Abraham à son fils Isaac dans une scène célèbre mais plus sobrement traitée de la Genèse – et je ne résiste pas, moi, à celui de citer le commentaire pince-sans-rire de l'historien anglais Charlesworth, lui-même cité par Pierre Vidal-Naquet : « Abraham, avant de sacrifier Isaac sur l'ordre de Yahvé, lui inflige d'abord une longue harangue, montrant que ce sacrifice sera, et de beaucoup, plus douloureux pour lui, Abraham, qu'il ne peut l'être pour Isaac. Isaac, aussitôt, réplique avec des sentiments pleins de noblesse. À ce stade, le lecteur est terrifié à l'idée que le bélier, pris dans le buisson ardent, risque lui aussi d'y aller de sa petite allocution. »

Bref. Debout devant l'entrée de la forteresse, face à la foule déchaînée, Paul entreprend de rappeler tout ce que le lecteur des Actes sait déjà – mais il le fait en araméen, pas en grec, et en veillant à se peindre comme le plus juif des Juifs. Il rappelle qu'il a fait ses études à Jérusalem et reçu du grand pharisien Gamaliel l'enseignement le plus strict quant à la Loi. Que pour ce qui est du zèle pour le dieu de ses pères, il valait largement ceux qui veulent aujourd'hui le lyncher. Que ce zèle lui a fait persécuter à mort les adeptes de la Voie, les chargeant de chaînes, les jetant en prison, allant sur mandat du grand prêtre les débusquer jusqu'à Damas. Mais voilà, il lui est arrivé quelque chose sur la route de Damas – quelque chose que Luc a déjà raconté une fois, qu'il racontera une fois encore : en tout, il y en a trois versions dans les Actes, elles comportent de légères variantes, sur quoi de pieux exégètes ont consumé d'entières vies de travail. Le tronc commun, c'est le grand éclair de lumière blanche, la chute de cheval, la voix qui murmure à l'oreille : « Saul, Saul, pourquoi me persécutes-tu ? », Saul qui demande : « Qui es-tu ? », et la voix qui répond : « Je suis Jésus le Nazaréen, que tu persécutes. » Mais la variante numéro deux, clairement destinée à un public de Juifs orthodoxes, c'est qu'au lieu de s'en aller au désert pour ruminer trois ans, tout seul, son expérience – comme il l'assure aux Grecs, afin de les convaincre qu'il ne dépend de personne –, Paul dit cette fois n'avoir rien eu de plus pressé que de retourner à Jérusalem pour prier dans le Temple. C'est dans le Temple, précise-t-il, dans le saint des saints de la piété juive, que le Seigneur lui est de nouveau apparu et qu'il lui a ordonné d'annoncer aux païens la bonne nouvelle.

« Jusque-là, reprend Luc, on l'écoutait. Mais à ces mots, on se mit à vociférer », à exiger de nouveau qu'on mette le blasphémateur à mort. Le tribun ordonne qu'on le fasse entrer dans la forteresse, à la fois pour le protéger et pour le soumettre à la question afin de savoir pourquoi on crie si fort contre lui. Paul, selon sa vicieuse habitude, attend d'être garrotté et même un peu fouetté pour demander poliment s'il est permis de traiter ainsi un citoyen romain. Très embêté, le centurion chargé de l'interrogatoire en réfère au tribun, qui revient voir le prisonnier. « Tu es citoyen romain ? – Oui », répond Paul, jouissant du trouble où il jette le militaire.

7

Le lendemain, le tribun a réfléchi. Ce qu'on reproche à son encombrant prisonnier ne relève pas du maintien de l'ordre romain. Il le fait donc détacher pour qu'il comparaisse devant le Sanhédrin. Quand il a assisté à la scène, Luc ne devait pas bien savoir ce qu'était le Sanhédrin : le tribunal religieux des Juifs. Quand il la racontera, trente ou quarante ans plus tard, il sera beaucoup mieux informé. Il saura que c'est devant le Sanhédrin que Pilate, selon une procédure identique, a renvoyé Jésus, et il ne manquera pas une occasion de souligner le parallélisme. Paul, toutefois, se défend plus habilement que Jésus. Il sait qu'au Sanhédrin siègent des sadducéens et des pharisiens – distinction elle aussi peu familière à Luc, sur le moment, mais qu'il apprendra vite à faire. Les sadducéens sont l'élite sacerdotale héréditaire – puissante, corrompue, arrogante –, sur laquelle s'appuient les Romains, les pharisiens des hommes d'étude vertueux, adonnés au commentaire de la Loi, qui se tiennent à l'écart des affaires politiques et à qui on peut tout au plus reprocher leur tendance à couper les cheveux en quatre. Paul décide de jouer les seconds contre les premiers. « Frères, dit-il, je suis pharisien, fils de pharisien. C'est à cause de notre espérance dans la résurrection des morts que je suis mis en jugement. » Ce n'est pas vrai du tout, s'il est mis en jugement c'est pour avoir introduit l'impur Trophime dans le Temple, mais il sait que la résurrection des morts, les pharisiens y croient, pas les sadducéens, et qu'ils vont commencer à se quereller. Ça ne rate pas et, sa tentative de se défausser ayant échoué, le tribun n'a plus qu'à remettre Paul en prison.

Sur quoi, raconte Luc, quarante Juifs assoiffés de sang font vœu de ne plus manger ni boire avant d'avoir tué le blasphémateur. Pour le faire ressortir de la forteresse, ils persuadent le Sanhédrin de réclamer un complément d'enquête et une nouvelle comparution – eux se chargeant de lui faire son affaire pendant le transfert de la caserne romaine au tribunal juif. Survient alors un fils de la sœur de Paul, dont on n'a jamais entendu parler jusqu'à présent, dont on n'entendra plus jamais parler. Ayant eu vent du complot, il trouve moyen d'avertir son oncle dans sa prison.

Paul en réfère au centurion, qui en réfère à son tour au tribun, et le tribun, que cette affaire angoisse de plus en plus, prend le parti d'envoyer le prisonnier au gouverneur Félix, à Césarée. De nuit, sous bonne garde (Luc compte 200 soldats, 70 cavaliers, 200 hommes d'armes et, quelle que soit la différence entre les soldats et les hommes d'armes, cela semble beaucoup), accompagné d'une lettre témoignant du même scrupule laïque que le jugement du proconsul Galion à Corinthe, ou d'ailleurs que celui de Ponce Pilate : « Voulant savoir de quoi les Juifs accusent cet homme, je l'ai amené devant leur Sanhédrin. J'ai constaté que l'accusation se rapportait à des points contestés de leur Loi mais ne comportait aucune charge entraînant la mort ou les chaînes. Avisé qu'un complot se prépare contre lui, je te l'envoie et informe ses accusateurs qu'ils doivent porter leur plainte devant toi. » Rien à redire, bon débarras. Dans sa présentation de l'affaire, Luc insiste sur l'impartialité des Romains, le fanatisme des Juifs et l'habileté de Paul. Silence total du côté de Jacques.

Félix est ce gouverneur que Tacite décrivait comme « exerçant le pouvoir d'un roi avec l'âme d'un esclave ». Il passait pour vénal et débauché, d'un autre côté sa femme, Drusilla, était juive, et Luc le dit « fort exactement informé de tout ce qui concerne la Voie ». Cette curiosité pour un culte totalement marginal a de quoi étonner. Elle témoigne d'une ouverture d'esprit que n'avaient pas de grands commis de l'État, vieux Romains vertueux et distingués comme

Galion. Elle me rappelle, au temps où j'étais coopérant en Indonésie, certains diplomates paresseux, peu fiables, mal notés, mais qui avec tous leurs défauts étaient les seuls à s'intéresser vraiment au pays où le hasard des affectations les avait envoyés. Espérant gagner du temps et laisser les passions retomber, Félix commence, sagement, par ajourner le procès de Paul. Il le garde prisonnier, mais « en lui laissant quelques facilités ». Cela veut dire qu'il habite dans une aile de sa vaste résidence, qu'il a la liberté de se promener sous la surveillance d'un soldat, et ses amis celle de lui rendre visite. De temps à autre, Félix et sa femme l'envoient chercher pour qu'il leur parle de sa foi et du Seigneur Jésus-Christ. Il arrive que les discours de l'apôtre sur la justice, la chasteté et le jugement à venir mettent le gouverneur mal à l'aise, et alors il le renvoie dans ses quartiers que j'imagine modestes mais très convenables. Luc dit qu'il espérait soutirer de l'argent à Paul, mais pas où sont passées les offrandes apportées de Grèce et d'Asie. Paul en disposait-il encore ? Félix n'aurait-il pu mettre la main dessus sans autre forme de procès ?

8

Ces questions resteront sans réponse, car Luc à cet endroit suspend son récit. Plus exactement, il y ménage une ellipse qui, après l'irruption du « nous » dans les Actes, a été pour moi la seconde porte d'entrée dans ce livre.

Celle-là aussi, c'est une petite porte. Il faut être attentif, on peut passer devant sans la voir. Luc écrit : « Félix espérait que Paul lui donnerait de l'argent, aussi l'envoyait-il souvent chercher pour converser avec lui. » Puis : « Au bout de deux ans, Félix fut remplacé par un nouveau gouverneur, Porcius Festus. »

Entre ces deux phrases, les éditions modernes passent à la ligne mais on ne passait pas à la ligne dans les manuscrits antiques : ils coulaient d'un seul tenant, sans ponctuation, sans même d'espace entre les mots. Dans cette absence d'espace se logent deux années de blanc, et dans ces deux années de blanc le cœur de ce que je voudrais raconter.

9

Tout ce que j'ai écrit jusqu'ici est connu, à peu près avéré. J'ai refait pour mon compte ce que font depuis bientôt deux mille ans tous les historiens du christianisme : lire les lettres de Paul et les Actes, les croiser, recouper ce qu'on peut recouper avec de maigres sources non chrétiennes. Je pense avoir accompli honnêtement ce travail et ne pas tromper le lecteur sur le degré de probabilité de ce que je lui raconte. Pour les deux ans passés par Paul à Césarée, je n'ai rien. Plus aucune source. Je suis à la fois libre et contraint d'inventer.

Vingt ans plus tard, voici en quels termes Luc ouvrira le récit qu'on nomme son Évangile :

« Puisque d'autres ont entrepris de relater les événements survenus parmi nous, d'après ce que nous en ont transmis ceux qui depuis le début en ont été les témoins et qui sont devenus les serviteurs de la Parole, j'ai moi aussi jugé bon, après m'être très précisément informé de toute l'affaire depuis l'origine, d'en écrire pour toi, cher Théophile, un récit ordonné, afin que tu puisses vérifier la justesse des enseignements que tu as reçus. »

Une seule phrase, sinueuse, ne perdant rien en route, dans un grec qu'on me dit élégant. Il est instructif de la comparer avec le lapidaire *incipit* de son contemporain, l'évangéliste Marc : « Commencement de la bonne nouvelle de Jésus, le Christ, le Fils de Dieu » (la cause est entendue : si vous n'êtes pas d'accord, lisez autre chose). Puis avec celui du plus grand historien antique, Thucydide : « Pour rapporter les événements qui se sont produits pendant la guerre (du Péloponnèse), je ne me suis pas fié aux informations du premier venu ni à mon avis personnel. Soit j'y ai assisté moi-même, soit j'ai enquêté auprès d'autrui avec toute l'exactitude possible. J'ai souvent eu de la peine à établir la vérité, car les témoins présentent des versions différentes selon leurs sympathies et la fidélité de leur mémoire. »

Entre Marc et Thucydide, on voit de quel côté penche

Luc. Même s'il reconnaît, honnêtement, qu'il fait aussi œuvre de propagandiste (il faut que Théophile puisse vérifier la justesse des enseignements qu'il a reçus), son projet est celui d'un historien – ou d'un reporter. Il dit s'être « très précisément informé de toute l'affaire depuis l'origine ». Il dit avoir mené une véritable enquête. Je ne vois aucune raison de ne pas le croire, et mon projet à moi, c'est d'enquêter sur ce qu'a pu être cette enquête.

10

Récapitulons. Luc est un Grec instruit qu'attire la religion des Juifs. Depuis sa rencontre avec Paul, un rabbin controversé qui fait vivre ses adeptes dans un état de haute exaltation, il est devenu un compagnon de route de ce culte nouveau, variante hellénisée du judaïsme, qu'on n'appelle pas encore le christianisme. Il est, dans sa petite ville de Macédoine, un des piliers du groupe converti par Paul. À l'occasion de la collecte, il se porte volontaire pour l'accompagner à Jérusalem. C'est le grand voyage de sa vie. Paul a mis en garde ses compagnons : la visite à la maison mère risque de n'être pas de tout repos, mais Luc n'imaginait tout de même pas que cela se passerait aussi mal, que dans la ville sainte des Juifs son mentor était à ce point détesté. Il l'a vu mis en accusation, non par des rabbins orthodoxes comme il s'y était préparé, mais par les dirigeants de sa propre secte. Astreint à une épreuve humiliante, dénoncé, quasi lynché, sauvé de justesse et pour finir emprisonné par les Romains. Ce qu'il racontera de façon claire et vivante dans les Actes, Luc y a été mêlé sans sur le moment y comprendre grand-chose. Pendant ces journées confuses, angoissantes, la petite bande de Grecs venus de Macédoine et d'Asie reste terrée chez Mnason le Chypriote. Peut-être par son neveu, ce neveu qui apparaît le temps d'une phrase, à un détour des Actes, et n'y reparaîtra plus, on apprend que Paul a été secrètement exfiltré vers Césarée, siège de l'administration romaine, situé à 120 kilomètres de Jérusalem. Ses disciples, à distance, le suivent. J'imagine qu'ils reprennent leurs quartiers chez Philippe, cet adepte de la Voie qui les a hébergés même pas deux semaines plus tôt – mais pendant ces deux semaines il s'est passé tant de choses qu'il semble à Luc être là depuis deux mois. Ils rôdent autour de l'ancien palais du roi Hérode, dont le gouverneur a fait sa résidence. Toute blanche, située au bord de la mer, entourée de beaux jardins dont les palmiers se détachent sur le ciel bleu, elle ressemble à toutes les résidences d'administrateurs coloniaux ou de vice-rois des Indes. On n'y reçoit que des autochtones triés sur le volet, des Juifs de la haute société dans le genre de Flavius Josèphe, pas des routards comme Luc et ses camarades. Encore une semaine d'incertitudes et de rumeurs, et puis les choses se tassent. Paul reste assigné à résidence, avec un statut à la fois confortable et incertain, qui est moins celui d'un prisonnier que d'un réfugié politique à qui on veut bien accorder asile et protection, sans toutefois se mettre trop mal avec ses ennemis. C'était exactement le statut de Trotsky dans les différentes retraites qui ont jalonné son exil, et la vie de Paul à Césarée a dû beaucoup ressembler à celle de l'ancien généralissime de l'Armée rouge en Norvège, en Turquie, ou dans sa dernière demeure de Mexico. Promenades répétitives, dans un périmètre restreint. Cercle de relations réduit à ses proches collaborateurs qui devaient montrer patte blanche pour lui rendre visite ; au gouverneur Félix et à sa femme quand le caprice les prenait de l'inviter ; et, du matin au soir, à des militaires qui eux-mêmes ne savaient pas très bien s'ils étaient ses gardes du corps ou ses geôliers et devaient plutôt le respecter comme une huile ou le rudoyer comme un détenu. Vastes lectures, correspondance, projets de livre pour tromper l'ennui, qui devait cruellement peser à un homme d'action.

Paul n'imaginait pas que cette vie durerait deux ans. De ses compagnons, qui est resté auprès de lui tout au long de ces deux ans ? Qui est rentré chez soi ? On n'en sait rien. Luc n'en dit rien. Mais comme au bout de deux ans il reprend les rênes du récit, comme il continue à dire « nous », je pense que lui au moins est resté. Si, comme l'assure la tradition, il n'était pas marié, personne ne l'attendait à Philippes. Il pouvait prolonger son séjour à l'étranger et peut-être ce qu'il apprenait, ce qu'il commençait à comprendre, l'excitation qu'il éprouvait quand deux informations s'emboîtaient, peut-être tout cela lui a-t-il fait pressentir que sa place était ici, qu'il se trouvait un peu par hasard mêlé à quelque chose de capital, à l'événement le plus important de son temps, et qu'il aurait été dommage de s'en aller. Peut-être a-t-il, à Césarée, exercé son métier de médecin. Ce qu'il m'arrange de croire, c'est qu'au moins au début de son séjour il a habité chez Philippe et ses quatre vierges de filles, et qu'ils se sont liés de sympathie.

11

Bien que leur liste compte un Philippe, ce Philippe-là n'était pas l'un des Douze qui formaient la garde rapprochée de Jésus. A-t-il connu celui-ci de son vivant, entendu sa parole ? Si oui, c'était de loin : en auditeur anonyme, perdu dans la foule. En revanche, il a tenu un rôle de premier plan dans la communauté primitive, celle qui, contre toute attente, s'est développée après l'exécution de leur maître autour des Douze, à Jérusalem. Je pense que c'est d'après son témoignage que Luc, plus tard, racontera dans les huit premiers chapitres des Actes l'histoire de cette communauté jusqu'à l'entrée en scène de Paul.

Son acte fondateur est le mystérieux épisode de la Pentecôte. La fête que les chrétiens célèbrent sous ce nom est en réalité, comme beaucoup de fêtes chrétiennes, une fête juive, Shavouot, qui a lieu cinquante jours après la Pâque. C'est donc moins de deux mois après la mort et, pensent-ils, la résurrection de Jésus que ses douze compagnons se trouvent réunis au premier étage d'une maison amie, dans la pièce même où il a pris avec eux son dernier repas. Judas, celui qui l'a vendu et à qui sa trahison n'a pas porté chance car, selon Luc, « s'étant acquis un champ avec le salaire de son forfait, il est tombé la tête la première, a éclaté par le milieu et ses entrailles se sont répandues » – d'autres disent qu'il s'est pendu –, Judas a été remplacé par un certain Mathias. Ils prient, ils espèrent. Soudain, un violent coup de vent traverse la maison, fait claquer les portes. Des flammes apparaissent, qui jouent dans l'air, se séparent, viennent se poser sur la tête de chacun. À leur propre surprise, ils se mettent à parler dans des langues qu'ils ne connaissent pas. Quand ils sortent dans la rue, les étrangers à qui ils s'adressent les entendent chacun dans la sienne. Premier cas de glossolalie, qui deviendra comme on l'a vu un phénomène courant dans les églises de Paul.

Parmi les témoins de l'événement, quelques-uns le mettront au compte de l'ivrognerie. D'autres sont assez impressionnés pour se convertir à l'étrange croyance des Douze. À partir de là, Luc tient le compte des nouvelles recrues : cent vingt, puis trois mille, puis cinq mille – peut-être exagère-t-il un peu. Bientôt le groupe s'organise en microsociété communiste. « La multitude des fidèles, écrira Luc de cette période héroïque dont l'Église garde toujours la nostalgie, n'avait qu'un cœur et une âme. Aucun d'eux ne regardait ce qu'il possédait comme son bien car ils jouissaient de tout en commun. Aussi n'y avait-il pas de pauvres parmi eux. Ceux qui avaient des champs ou des maisons les vendaient et en apportaient le prix aux pieds des apôtres, puis on faisait la part de chacun selon ses besoins. Et chaque jour ils rompaient le pain dans la concorde, avec joie et simplicité de cœur. »

Concorde, joie et simplicité de cœur sont les récompenses de ceux qui s'engagent dans la secte sans regarder en arrière ni se ménager de porte de sortie. La preuve a contrario, c'est l'histoire d'Ananie et Saphire. Ananie et Saphire ont vendu leur maison et apporté son prix aux pieds des apôtres, mais ils ont gardé, au cas où, une partie de la somme par-devers eux. Informé de leur fraude par l'Esprit-Saint, Pierre s'en indigne si fort qu'Ananie le mari, puis Saphire sa femme s'écroulent morts devant lui – ce qui inspire, précise Luc, une grande crainte dans l'Église. Et il poursuit : « Par les mains des apôtres, il se faisait de nombreux signes et prodiges (des guérisons, pas seulement des mises à mort), à tel point qu'on allait jusqu'à transporter les malades dans les rues, sur leurs grabats, afin que l'ombre de Pierre les couvre à son passage. »

La plupart du temps, les Douze, en bons Juifs qu'ils sont, se tiennent dans le Temple et y prient. On n'ose pas vraiment, en public, se joindre à eux, car les guérisons qu'ils opèrent et la croyance qu'ils professent leur valent régulièrement d'avoir maille à partir, comme autrefois leur maître, avec les autorités religieuses. Ce qui étonne le plus, c'est qu'ils fassent tout cela alors que ce sont des gens sans instruction ni culture, une bande de paysans galiléens qui ne parlent même pas grec.

À la longue, cela dit, il y a parmi leurs convertis de plus en plus d'Hellénistes, comme on appelle les Juifs socialement et culturellement plus relevés qui, pour certains, ont vécu à l'étranger et fréquentent, à Jérusalem, les synagogues où on lit les Écritures en grec. Les premières querelles au sein de la communauté primitive opposent Hébreux et Hellénistes. On est encore entre Juifs, il n'est à l'époque pas question des gentils, mais le conflit, classique dans tous les partis qui commencent à réussir, s'esquisse déjà entre les fondateurs, qui ont la légitimité des origines, et ceux qui, arrivés plus tard mais plus instruits, plus dynamiques, plus au fait de la marche du monde, ont tendance à vouloir prendre les choses en main et, selon les premiers, à se croire tout permis. Les Hébreux se mettent à râler parce que dans le service des tables, c'est-à-dire la distribution de la nourriture, on traite par-dessus la jambe leurs veuves, de vieilles femmes illettrées qui n'osent pas protester. L'affaire est portée devant les Douze, qui disent avoir autre chose à faire que de s'occuper de la cantine et ordonnent qu'on désigne pour cet office sept hommes de bonne volonté. Ainsi naît le corps des Sept, qu'on nomme aussi les diacres et qui prennent en charge l'intendance – poste clé, comme le savent les révolutionnaires. Les Douze sont tous hébreux, les Sept tous hellénistes. Philippe est l'un d'entre eux.

Un autre de ces Hellénistes s'appelle Étienne. « Rempli de grâce et de puissance, opérant de grands prodiges », c'est l'étoile montante de la secte. Comme autrefois Jésus, comme après lui Paul, il est accusé de blasphémer contre le Temple et la Loi, et traîné devant le Sanhédrin. À son tour, il accuse ses accusateurs d'accueillir l'Esprit-Saint comme leurs pères, tout au long de l'histoire d'Israël, ont accueilli les prophètes : en les tuant. Frémissements de colère, grincements de dents. Des mains se referment sur des pierres. Étienne, les yeux au ciel, en extase, dit qu'il voit le ciel ouvert et le Fils de l'Homme debout à la droite de Dieu. C'est dans le récit particulièrement réaliste de sa lapidation que Luc, avec une habileté littéraire qui m'impressionne, glisse cette phrase : « Les assassins avaient déposé leurs vêtements aux pieds d'un jeune homme nommé Saul. » Puis, quelques lignes plus loin, après qu'Étienne a rendu l'âme : « Saul approuvait ce meurtre. »

Entrée en scène du héros. Quelques lignes encore, et on le retrouve, non plus témoin mais acteur, « ne respirant que menace et carnage, ravageant l'Église, allant de maison en maison, en arrachant hommes et femmes pour les jeter en prison ». La violence se déchaîne au point que la plupart des Hellénistes fuient Jérusalem pour se disperser dans les campagnes de Judée et de Samarie. Les Douze seuls restent dans la ville sainte, probablement par attachement au Temple, et c'est probablement aussi dans ce moment d'épreuve, où les rangs se clairsèment et où ne tiennent que les colonnes, que Jacques, frère du Seigneur, entame son ascension au sein du groupe.

Philippe se retrouve en Samarie, seul, obligé de repartir à zéro. La Samarie est un endroit très spécial. Ses habitants, bien que descendants d'Abraham et observant la Loi, prétendent adorer Dieu non dans le Temple mais sur leurs collines à eux. On considère ces Juifs, à Jérusalem, comme indignes du nom de Juifs. On fraie avec eux encore moins qu'avec les gentils. Philippe doit sentir chez ces schismatiques, habitués à être méprisés, une affinité naturelle avec sa propre secte, et sa prédication sur ce terrain fait merveille. Elle s'accompagne des signes et prodiges habituels : guérisons d'impotents, exorcismes d'esprits impurs « qui sortaient en poussant de grands cris ». Un thaumaturge local, Simon, prend d'abord très mal cette concurrence, puis, convaincu de la supériorité de son rival, veut se mettre à l'école de Philippe et même lui acheter ses pouvoirs.

Tout le chapitre VIII des Actes est consacré aux exploits de Philippe en Samarie. Soit que d'avoir commencé sa carrière missionnaire chez des schismatiques l'ait disposé à une grande ouverture, soit que Luc l'ait rétrospectivement crédité de cette innovation, il est le premier chrétien du Nouveau Testament à sauter le pas en convertissant un gentil. Pas un Grec, mais un eunuque éthiopien, haut dignitaire dans son pays et assez porté sur le judaïsme pour être venu en pèlerinage à Jérusalem. Philippe le voit sur la route de Gaza, assis sur son char, en train de lire le prophète Isaïe. Inspiré par l'Esprit, il s'offre à guider sa lecture. Le passage que lisait l'eunuque concerne un mystérieux personnage que le prophète nomme « l'homme des douleurs ». « Comme une brebis, il a été conduit à la boucherie », et Dieu veut opérer par lui le salut du monde. Philippe explique à l'eunuque que cet « homme des douleurs », c'est Jésus, dont il lui raconte à grands traits l'histoire. Au premier point d'eau, il le baptise.

Philippe devait être un franc-tireur, un de ces hommes de terrain qui préfèrent travailler seuls dans leur coin, sans rendre de comptes au siège. Il devait se méfier des gens comme Jacques, Jacques des gens comme lui, et cela explique qu'à Césarée, où il s'était établi, il ait fait bon accueil au mouton noir qu'était Paul. Il devait faire partie de ceux, très rares parmi les historiques du mouvement, qui tout en connaissant son passé trouvaient beau d'être devenu ce que Paul était devenu vingt ans après avoir gardé les vêtements de ceux qui s'étaient mis à l'aise pour lapider Étienne.

12

Toutes ces histoires de l'Église primitive, qu'il rapportera dans la première partie des Actes, Luc a dû les apprendre petit à petit, au fil de ses conversations avec Philippe. Mais je pense qu'il a ressenti très tôt, auprès de lui, une sorte d'ébranlement. Qu'auprès de lui il a pris conscience du fait que ce Christ dont Paul parlait continuellement, ce Christ qui vivait en Paul et que Paul faisait grandir à l'intérieur de chacun, ce Christ dont la mort et la résurrection allaient sauver le monde et en même temps précipiter sa fin, ce Christ avait été un homme de chair et de sang, qui avait vécu sur cette terre et marché sur ces chemins même pas vingt-cinq ans auparavant.

D'une certaine façon, il l'avait toujours su. Paul n'avait jamais dit le contraire. Mais ce qu'il en disait était si immense, si abstrait, que tout en croyant que oui, bien sûr, Jésus avait existé, Luc en même temps pensait qu'il avait existé comme Hercule ou comme Alexandre le Grand, dans un espace et dans un temps qui n'étaient pas ceux des hommes vivant aujourd'hui. Déjà, entre Hercule et Alexandre le Grand, Luc ne devait pas faire nettement de différence. Qu'on puisse en établir de bien tranchées entre mythologie et histoire avérée, je pense que cela dépassait son entendement, comme celui de la plupart de ses contemporains. Plus opératoires étaient les notions du proche et du lointain, de l'humain et du céleste, du quotidien et du merveilleux, et quand Luc écoutait Philippe tout ce qui concernait Jésus passait soudainement du second ordre de choses au premier, ce qui faisait une énorme différence.

J'essaie d'imaginer leurs conversations. Philippe plus vieux, boucané, curieux du chemin qui a conduit un médecin macédonien sous ce figuier, devant sa petite maison de Césarée. Luc plus timide, agité de questions qu'au début il n'ose pas poser, peu à peu s'enhardissant. Une idée me vient. Et si la première histoire qu'il a entendue était la dernière du livre qu'il écrira plus tard : la rencontre d'Emmaüs ? Il ne nomme qu'un des deux voyageurs. Si l'autre était Philippe ? Si Philippe, sous son figuier, lui avait raconté cela ?

13

Le texte parle de deux disciples. Philippe n'en est pas un au sens strict. Il ne fait pas partie de la bande des Galiléens. C'est seulement un jeune homme qui, à Jérusalem, a entendu Jésus parler. Ce qu'il disait, qui ne ressemblait à rien de connu, l'a enthousiasmé. Il retournait chaque jour au Temple pour l'écouter. Il songeait à subir ce rite du baptême par lequel on devenait vraiment un de ses disciples, mais il n'en a pas eu le temps. Tout s'est en quelques heures précipité : arrestation, procès, condamnation, supplice. Philippe n'y a pas assisté, il n'en a su que des rumeurs, qui l'ont affreusement choqué. Le jour de la Pâque, qui est pour Israël celui de la sortie d'Égypte, de la libération de l'âme, de la plus grande liesse, il le passe enfermé chez lui à ruminer sa peur et sa honte. Hormis le noyau dur des Galiléens qui, apparemment, restent soudés, tous les sympathisants ont comme lui peur et honte, et se sont dispersés chacun de son côté. Le premier jour de la semaine – celui que les chrétiens appelleront le dimanche –, Philippe et son ami Cléophas, un autre sympathisant, décident de quitter Jérusalem où ils se sentent décidément trop mal pour passer quelques jours au calme dans leur village natal : Emmaüs. C'est sur la route conduisant à la mer, à deux heures de marche. Ils partent dans l'après-midi, comptant arriver pour dîner.

Sur la route, un voyageur chemine avec eux. Il pourrait presser l'allure pour les dépasser, ou ralentir pour qu'ils le dépassent, mais non, il marche à leur hauteur, assez près pour qu'il soit difficile de ne pas engager la conversation. Il leur demande de quoi ils parlent, qui rend leurs visages si sombres. « Tu dois bien être le seul dans tout Jérusalem à ne pas être au courant, dit Cléophas. – Au courant de quoi ? », demande l'étranger – ce doit être, pensent-ils, un pèlerin, venu à Jérusalem pour la Pâque. « Eh bien, de ce qui est arrivé à Jésus de Nazareth. C'était un grand prophète, aussi puissant dans ses actes que dans ses paroles. Nous pensions qu'il était celui qui allait délivrer Israël. Mais nos grands prêtres l'ont livré aux Romains pour qu'ils le condamnent à mort. Il a été crucifié avant-hier. »

Ils continuent, tous trois, à marcher en silence. Puis Cléophas répète quelque chose qu'il a entendu avant de se mettre en route. Une voisine, dans la ruelle où il habite, le disait à une autre : des femmes venues de Galilée avec Jésus ont voulu ce matin faire sa toilette funèbre. Avec des parfums et des aromates, elles sont allées jusqu'à l'endroit où on a déposé son corps après l'avoir descendu de la croix. Et il n'y était plus. Il y avait le drap taché de sang dans lequel on l'avait transporté, c'est tout. Les femmes ont couru dire cela aux autres Galiléens. Ils les ont d'abord traitées de folles, puis ils sont allés voir à leur tour et, effectivement, le corps n'était plus là. « Peut-être que d'autres disciples l'ont enlevé et enterré, suggère Philippe. – Peut-être, oui... » Alors le voyageur qui leur a de prime abord paru si ignorant se met à citer des passages de la Loi et des Prophètes prouvant qu'en fait il sait très bien qui était Jésus et même en sait plus qu'eux à son sujet.

À Emmaüs, il veut poursuivre son chemin. Philippe et Cléophas le retiennent. « Reste avec nous, insistent-ils. Le jour baisse. » Ce n'est pas seulement qu'ils sont hospitaliers. Ils n'ont pas envie, ils ont presque peur que l'inconnu s'en aille. Ses paroles, quoique obscures, les réconfortent. On a l'impression, à l'entendre, que cette déroute affreuse, désespérante, peut être envisagée autrement que comme une déroute affreuse et désespérante. L'homme s'assied à table avec eux. Il prend le pain, prononce comme c'est l'usage quelques mots de bénédiction en le rompant. Il en donne un morceau à chacun et quand il fait ce geste, Philippe comprend. Il regarde Cléophas. Il voit que Cléophas a compris lui aussi.

Est-ce qu'ils sont restés là, tous les trois, une minute ou une heure, Philippe ne se le rappelle pas. Il ne se rappelle pas non plus s'ils ont mangé. Il se rappelle qu'ils n'ont pas parlé, que Cléophas et lui n'ont cessé de regarder l'étranger, à la lueur de la bougie qu'on avait allumée parce qu'on n'y voyait presque plus rien. Finalement il s'est levé, il est parti en les remerciant, et longtemps après son départ Cléophas et Philippe sont restés sans bouger. Ils étaient bien, ils n'avaient jamais été aussi bien. Ils ont parlé ensuite, toute la nuit. Comparé ce qu'ils avaient ressenti, et alors que chacun pensait l'avoir ressenti seul ils étaient étonnés d'avoir en fait ressenti la même chose, au même moment. Ça avait commencé sur la route, quand le voyageur avait cité les Écritures, parlé du Fils de l'Homme qui devait souffrir beaucoup avant d'entrer dans sa gloire. C'était monté doucement, cette sensation que quelque chose d'extraordinaire était en train de se passer. Ni l'un ni l'autre pourtant n'avait pensé que c'était *lui*. Ça ne leur était pas venu à l'esprit. Ça n'avait aucune raison de leur venir à l'esprit car, physiquement, il ne lui ressemblait pas du tout. C'est à l'instant où il leur avait donné le pain que c'était d'un seul coup devenu évident. Ils n'étaient plus tristes, plus du tout. Et même, c'était étrange mais ils se le sont mutuellement avoué, ils pensaient que plus jamais ils ne seraient tristes. Que la tristesse, c'était fini.

Et c'est vrai, dit Philippe à Luc, sous le figuier : je n'ai plus jamais été triste.

14

De même qu'il y a forcément eu une première rencontre entre Luc et Paul, rencontre dont j'ai imaginé les détails mais qui n'est pas imaginaire, il y en a forcément eu une entre Luc et un témoin direct de la vie de Jésus.

J'appelle ce témoin Philippe, parce qu'en lisant attentivement les Actes cela me paraît vraisemblable, et j'imagine l'éboulement que cette rencontre a provoqué en Luc. Jusqu'à présent, il pensait que Paul savait tout. Que personne en tout cas n'en savait plus sur Jésus. Et voilà, il vient de passer une soirée avec un homme même pas très vieux qui parle de lui familièrement, en ayant l'honnêteté de dire qu'il l'a très peu connu – mais des gens qui l'ont bien connu, il y en a, évidemment. « Je pourrai en rencontrer ? demande Luc. – Bien sûr, répond Philippe. Je t'en ferai rencontrer, si tu veux. Il faudra que tu sois prudent, parce qu'étant *goy* et compagnon de Paul beaucoup se méfieront de toi. De plus, ma recommandation ne t'ouvrira pas toutes les portes : je n'ai pas très bonne réputation, tu sais. Mais tu as l'air d'un homme qui sait écouter. Tu ne ronges pas ton frein en préparant ce que tu vas dire pendant que les autres parlent : ça devrait aller. »

J'imagine la nuit qu'a passée Luc après cette conversation. L'insomnie, l'exaltation, les heures passées à marcher dans les rues blanches et tracées au cordeau de Césarée. Ce qui me permet de l'imaginer, ce sont les moments où un livre m'a été donné. Je pense à la nuit suivant la mort de ma belle-sœur Juliette et notre visite à son ami Étienne, d'où est sorti *D'autres vies que la mienne*. Impression d'évidence absolue. J'avais été témoin de quelque chose qui devait être raconté, c'est à moi et à personne d'autre qu'il incombait de le raconter. Ensuite, cette évidence se ternit, souvent on la perd, mais si elle n'a pas été là, au moins à un moment, rien ne se fait. Je sais qu'il faut se méfier des projections et des anachronismes, je suis certain pourtant qu'il y a eu un moment où Luc s'est dit que cette histoire devait être racontée et qu'il allait le faire. Que le sort l'avait mis à la bonne place pour recueillir les paroles des témoins : Philippe d'abord, puis d'autres que lui ferait connaître Philippe, qu'il allait rechercher lui-même.

Mille questions devaient se lever dans son esprit. Depuis des années, il participait à des repas rituels au cours desquels, en mangeant du pain et buvant du vin, on commémorait le dernier repas du Seigneur et, mystérieusement, entrait en communion avec lui. Mais ce dernier repas, qu'il s'était toujours imaginé avoir lieu dans une sorte d'Olympe, suspendue entre ciel et terre, ou plutôt qu'il n'avait jamais eu l'idée d'imaginer, ce repas, il en prenait soudain conscience, avait eu lieu vingt-cinq ans plus tôt dans une pièce réelle d'une maison réelle, en présence de personnes réelles. Il allait falloir que lui, Luc, entre dans cette pièce, parle avec ces personnes. De même, il savait que le Seigneur, avant de ressusciter, avait été crucifié. Pendu au bois, selon l'expression de Paul. Luc savait parfaitement ce qu'était le supplice de la croix, qui était pratiqué dans tout l'Empire romain. Il avait vu, au bord des routes, des hommes crucifiés. Il sentait bien qu'il y avait quelque chose d'étrange et même de scandaleux dans le fait d'adorer un dieu dont le corps avait été soumis à cette torture infamante. Mais il ne s'était jamais demandé pourquoi il y avait été condamné, dans quelles circonstances, par qui. Paul ne s'y attardait pas, il disait : « par les Juifs », et comme tous les ennuis de Paul venaient des Juifs on ne s'y attardait pas non plus, on ne posait pas de questions plus précises.

Je m'aventure peut-être, mais j'imagine qu'au cours de cette nuit où son projet lui est apparu, encore confus mais éclatant d'évidence, il a pensé à Paul et que, sans s'expliquer très bien pourquoi, il s'est senti en faute vis-à-vis de Paul. Comme si, en partant sur la trace du Christ qui avait vécu en Galilée et en Judée, en allant vers ceux qui l'avaient connu, il trahissait cette annonce dont Paul était tellement jaloux. Si Paul avait horreur d'une chose, c'est qu'on écoute d'autres prêcheurs que lui, particulièrement s'ils étaient juifs. Pour lui plaire, il fallait se boucher les oreilles, n'en retirer la cire que quand il ouvrait la bouche, lui. Luc aimait écouter Paul, il était prêt pour lui plaire à se boucher les oreilles quand parlait un pédagogue athénien ou un rabbin d'Alexandrie comme Apollos, mais pour rien au monde il n'aurait renoncé à écouter Philippe. Et il sentait bien que, même si les deux hommes s'estimaient, même si Paul louait l'ouverture d'esprit de Philippe, il n'aurait pas aimé apprendre que Luc se tournait vers Philippe pour en savoir plus sur Jésus.

Luc n'avait pas du tout l'esprit abstrait. Les querelles entre des personnes réelles, nommées, connues de lui, l'intéressaient, et plus encore leur réconciliation car il aimait que les gens se réconcilient, mais les grands développements théologiques lui passaient au-dessus de la tête. Qu'un type pardonne une offense à un autre, qu'un chien de Samaritain se conduise mieux qu'un pharisien imbu de sa vertu, ça lui plaisait. Il bâillait en revanche quand il était question de rachat ou de rémission des péchés – enfin, de ce qu'on traduit ainsi, mais on peut toujours dire que c'est la faute des traductions : en grec aussi, c'est abstrait, ça ne se réfère pas à la vie quotidienne. Ce qu'il aimait le plus dans ce que racontait Philippe, c'étaient les détails concrets : les deux types qui rentrent accablés à la maison, la poussière sur la route, le fait de savoir à quelle distance exacte leur village se trouvait de Jérusalem et la porte par laquelle on sortait pour y aller. C'était l'idée que ce Philippe devant qui il se trouvait s'était lui-même trouvé devant Jésus. Avant de s'endormir, à l'aube de cette nuit d'insomnie et d'évidence, j'imagine que Luc s'est posé cette question : à quoi ressemblait-il ?

Il avait un visage, ceux qui l'avaient connu pouvaient décrire ce visage. Philippe, s'il le lui demandait, répondrait de bonne grâce. Est-ce qu'il le lui a demandé ? Si oui, pourquoi l'Évangile n'a-t-il conservé aucune trace de sa réponse ? Je sais, je sais : parce qu'un tel souci est absolument étranger au genre littéraire dans lequel Luc œuvrait et à la sensibilité de son temps. Il n'y a pas davantage, dans Tacite ou Flavius Josèphe, de description physique des empereurs, consuls ou gouverneurs – il y avait des bustes, c'est autre chose. C'est vrai. Pris en flagrant délit d'anachronisme, je bats en retraite. Mais quand même : j'ai du mal à imaginer que Luc, s'intéressant passionnément à la personne de Jésus et curieux des détails comme il l'était, ne se soit pas demandé s'il était grand ou petit, beau ou laid, barbu ou glabre, et qu'il n'ait pas posé la question. C'est peut-être la réponse qui était difficile à comprendre.

15

Les récits des apparitions de Jésus, ce jour d'après le sabbat que les chrétiens appelleront le dimanche, diffèrent selon les évangélistes mais, tout en différant, concordent. C'est d'abord une femme, ou un groupe de femmes, qui se rend tôt le matin au lieu où le cadavre a été déposé, pour la toilette funéraire. Jean dit que c'était Marie de Magdala toute seule, Matthieu cette même Marie et une autre qui s'appelait Marie aussi, Marc et Luc en ajoutent une troisième. Tous quatre s'accordent à dire qu'elles sont très étonnées parce que le corps n'est plus là.

Jean, à partir de ce point, est le plus précis – tellement précis et riche de détails réalistes qu'on a envie de croire qu'il y était, que ce qu'on lit est bien le témoignage du « disciple que Jésus aimait ». Marie de Magdala, en courant, s'en va trouver Pierre et « l'autre disciple » – celui que Jésus aimait, donc – et elle leur dit : « On a enlevé le Seigneur du tombeau. Je ne sais pas où on l'a mis. » Les deux hommes décident d'aller voir. Eux aussi courent, l'autre disciple plus vite que Pierre. Il arrive le premier au tombeau – qui est décrit comme une grotte, creusée à même une paroi rocheuse. Mais il n'y entre pas. Il attend Pierre, qui entre, lui, et voit les linges dont était enveloppé le corps. L'autre disciple, entrant à son tour, « voit et croit », ce qui est quand même un peu précipité car tout ce qu'il y a à voir, c'est l'absence d'un corps – absence intrigante, réclamant une explication, mais dont personne a priori ne songerait à déduire une résurrection. Il doit d'ailleurs garder son intuition pour lui car les deux hommes s'en retournent, perplexes comme les femmes mais seulement perplexes.

Marie de Magdala reste près du tombeau, en pleurs. Il est alors question, chez Jean, de deux anges en vêtements blancs, tranquillement assis là où a reposé le corps de Jésus, l'un à la place de la tête et l'autre à celle des pieds. Chez Matthieu, d'un seul ange mais qui descend du ciel dans un roulement de tonnerre, qui a l'aspect de l'éclair, une robe blanche comme neige, et à la vue duquel les gardes tressaillent et tombent, comme morts. Chez Luc, de deux hommes en habits éblouissants. Et chez Marc, comme toujours le plus sobre, d'un jeune homme vêtu d'une robe blanche. Les anges se contentent, chez Jean, de demander à Marie pourquoi elle pleure. Chez les trois autres, ils annoncent aux femmes que Jésus est ressuscité.

Si belles que soient les paroles de ces anges (selon Luc : « Pourquoi cherchez-vous le vivant parmi les morts ? »), je les trouve moins belles que la scène qui suit, et à laquelle ils ne participent pas, dans le récit de Jean. Marie de Magdala, ayant dit aux anges pourquoi elle pleure, se détourne d'eux et voit Jésus qui se tient là, *mais elle ne sait pas que c'est Jésus*. « Pourquoi pleures-tu ? lui demande-t-il à son tour. Qui cherches-tu ? » Le prenant pour le jardinier, elle répond : « Si c'est toi qui as emporté mon Seigneur, dis-moi où tu l'as mis et j'irai le chercher. » Jésus lui dit alors : « Marie. » Parce qu'il a prononcé son nom, parce qu'il l'a prononcé d'une certaine façon, elle ouvre grand les yeux et murmure, en araméen : « *Rabbouni* » – ce qui, sous-titre Jean pour ses lecteurs grecs, veut dire « Maître ». Elle se jette à ses pieds. Jésus dit : « Ne me touche pas, car je ne suis pas encore monté vers le Père. Mais va trouver les frères, et dis-leur. »

Marc dit que Marie et les autres n'ont rien dit à personne, « car elles avaient peur » – ce sont les derniers mots de son récit. Luc dit qu'elles sont allées trouver les autres, à qui leurs propos ont paru incroyables : ils ne les ont donc pas crues. Matthieu dit que les gardes tombés comme morts se sont relevés pour aller rapporter aux grands prêtres « ce qui s'était passé » – sans qu'on sache si, par « ce qui s'était passé », il faut entendre seulement la disparition du cadavre, le passage de l'ange ou, déjà, la rumeur de résurrection. Quoi qu'il en soit, les grands prêtres s'en sont émus et, après avoir discuté sur la conduite à tenir, ont donné de l'argent aux gardes pour faire courir en ville le bruit que les partisans de l'agitateur crucifié trois jours plus tôt étaient venus de nuit voler son cadavre. Cette légende urbaine, ajoute Matthieu, « s'est colportée parmi les Juifs jusqu'à ce jour » – et pas seulement parmi les Juifs : Renan ne l'exclut pas de ses hypothèses.

C'est toujours ce dimanche, en fin d'après-midi, que se situe la rencontre d'Emmaüs, racontée par Luc seul. Après que le mystérieux voyageur les a quittés, Cléophas et celui dont je pense que c'était Philippe décident de retourner à Jérusalem. Le soir même, ils refont en sens inverse les deux heures de marche et trouvent les Onze dans la chambre haute – où, précise Jean qui raconte lui aussi la scène, ils se tiennent, « les portes closes, par peur des Juifs ». Jésus, tout à coup, apparaît au milieu d'eux et leur dit *Shalom*, paix à vous. Ils sont saisis d'effroi, pensant voir un fantôme. Luc dit qu'il les invite à le toucher et qu'après s'être laissé toucher il leur demande ce que ne demanderait jamais un fantôme : s'ils ont quelque chose à manger. Oui, un peu de poisson, qu'ils partagent avec lui.

Ce repas de poisson se retrouve dans la scène finale de Jean, celle dont la lecture par le père Xavier, dans son chalet du Levron, a déclenché ma conversion : la pêche sur le lac de Tibériade ; l'inconnu qui, à l'aube, hèle les pêcheurs du rivage et leur dit où lancer leurs filets ; Pierre qui met sa tunique, saute dans le lac et rejoint l'inconnu qu'il a reconnu, et fait un feu de branchettes sur le sable pour griller les poissons.

Le trait le plus saisissant de ces récits, c'est que d'abord on ne le reconnaît pas. Au cimetière, c'est le jardinier. Sur la route, un voyageur. Sur la plage, un passant qui demande aux pêcheurs : « Ça mord ? » Ce n'est pas lui et c'est, étrangement, à cela qu'on le reconnaît. C'est ce qu'on a toujours voulu voir, entendre, toucher, mais pas comme on s'attendait à le voir, à l'entendre, à le toucher. C'est tout le monde, ce n'est personne. C'est le premier venu, c'est le dernier des gueux. Celui dont il disait, et ils ont dû se le rappeler : « J'avais faim et vous ne m'avez pas donné à manger. J'avais soif et vous ne m'avez pas donné à boire. J'étais en prison et vous ne m'avez pas visité. » Peut-être se sont-ils rappelé aussi cette formule fulgurante, qui n'a pas été conservée par les Évangiles mais par un apocryphe : « Fends le bois : je suis là. Soulève la pierre : tu me trouveras dessous. Regarde ton frère : tu vois ton dieu. »

Si c'était pour cela que personne n'a décrit son visage ?

16

Tout cela est confus, mais je trouve cette confusion réaliste. Si on interroge les témoins d'un fait divers, cela donne toujours ce genre de récits, criblés d'incohérences, de contradictions, d'exagérations qui ne font que s'amplifier à mesure qu'on s'éloigne de la source. Exemple type du témoin éloigné de la source : Paul, qui dans sa première lettre aux Corinthiens dresse des apparitions de Jésus après sa mort une liste pour le moins personnelle, incluant son frère Jacques – que, pourtant, il ne portait pas dans son cœur – et, carrément, « plus de cinq cents frères à la fois ». Certains sont morts depuis, précise Paul, d'autres sont encore en vie. Sous-entendu : vous pouvez aller les voir, les interroger. Luc, qui était proche de Paul et n'ignorait certainement pas ce témoignage, aurait pu le faire. Il ne l'a pas fait. Ou alors il l'a fait et ça n'a rien donné, les cinq cents frères se sont réduits à une dizaine – ce qui n'est d'ailleurs ni plus ni moins probant.

Luc n'était pas un enquêteur moderne. Même s'il assure s'être « très précisément informé de tout depuis l'origine », je dois résister à la tentation de lui prêter les questions que je me poserais, moi, et que j'essaierais de poser autour de moi si je me trouvais sur les lieux où se sont déroulés des faits aussi étranges, vingt-cinq ans après ces faits et alors qu'une bonne partie des témoins sont encore vivants. Y avait-il une femme, deux femmes, trois femmes ? Les a-t-on crues tout de suite ? Et qu'a-t-on cru au juste ? Une fois constaté que le corps n'était plus dans le tombeau, comment se fait-il qu'on ait si vite abandonné l'hypothèse réaliste selon laquelle on l'en aurait enlevé pour passer tout de suite à celle, extravagante, de sa résurrection ? Qui pourrait être ce « on » qui l'aurait enlevé ? L'autorité romaine, soucieuse comme le commando américain qui a anéanti Oussama ben Laden d'éviter qu'un culte se propage autour de sa dépouille ? Un groupe de pieux disciples qui ont voulu lui rendre un dernier hommage et provoqué tout ce pataquès en omettant de prévenir les autres ? Un groupe de disciples machiavéliques qui ont organisé, sciemment, la colossale imposture appelée à prospérer sous le nom de christianisme ?

17

« Personne ne peut savoir ce qu'a rencontré Horselover Fat, disait Philip K. Dick à propos de son alter ego, mais une chose est certaine, c'est qu'il a rencontré quelque chose. »

Personne ne sait ce qui s'est passé le jour de Pâques, mais une chose est certaine, c'est qu'il s'est passé quelque chose.

Quand je dis qu'on ne sait pas ce qui s'est passé, j'ai tort. On le sait très bien, seulement selon ce qu'on croit ce sont deux choses différentes et incompatibles. Si on est chrétien, on croit que Jésus est ressuscité : c'est cela, être chrétien. Sinon, on croit ce que croyait Renan, ce que croient les gens raisonnables. Qu'un petit groupe de femmes et d'hommes – les femmes d'abord –, désespérés de la perte de leur gourou, s'est monté le bourrichon, raconté cette histoire de résurrection, et qu'il s'est passé cette chose nullement surnaturelle, mais stupéfiante et qu'il vaut la peine de raconter en détail : leur croyance naïve, bizarre, qui aurait normalement dû s'étioler puis s'éteindre avec eux, a conquis le monde au point qu'aujourd'hui encore un quart environ des hommes vivant sur terre la partagent.

Je me doute que quand paraîtra ce livre on me demandera : « Mais alors, finalement, vous êtes chrétien ou non ? » Comme, il y a bientôt trente ans : « Mais alors, finalement, la moustache, il l'avait ou non ? » Je pourrais finasser, dire que si je me suis échiné à écrire ce livre c'est pour ne pas répondre à cette question. Pour la laisser ouverte, y renvoyer chacun. Ce serait bien mon genre. Mais je préfère répondre.

Non.

Non, je ne crois pas que Jésus soit ressuscité. Je ne crois pas qu'un homme soit revenu d'entre les morts. Seulement, qu'on puisse le croire, et de l'avoir cru moi-même, cela m'intrigue, cela me fascine, cela me trouble, cela me bouleverse – je ne sais pas quel verbe convient le mieux. J'écris ce livre pour ne pas me figurer que j'en sais plus long, ne le croyant plus, que ceux qui le croient et que moi-même quand je le croyais. J'écris ce livre pour ne pas abonder dans mon sens.

18

Autre chose a dû beaucoup troubler Luc. Sujet respectueux de l'Empire, il jugeait bonne son administration, précieuse la paix qu'il assurait et, bien que n'étant lui-même pas romain, il était fier de sa puissance. Ni lui ni ses compatriotes de Macédoine n'avaient la moindre revendication nationale, la moindre indulgence pour des rebelles qu'ils assimilaient à des bandits de grand chemin et approuvaient qu'on crucifie quand ils s'agitaient trop. Paul les avait d'autant mieux conquis qu'il ne parlait jamais de révolte, au contraire invitait chacun à rester dans sa condition, à se conformer scrupuleusement aux lois. Chaque fois qu'il avait eu maille à partir avec les Juifs, les fonctionnaires romains l'avaient tiré d'affaire. Cela s'était produit à Corinthe, avec le sage gouverneur Galion, cela venait de se reproduire à Jérusalem où la cohorte l'avait sauvé du lynchage. Même si le gouverneur Félix avait l'air un peu louche, c'est à lui que Paul devait de vivre en sécurité à Césarée.

Or, à en croire Philippe, ceux qui avaient suivi Jésus de son vivant espéraient qu'il allait délivrer Israël des Romains, et c'est pour cette raison que les Romains l'avaient condamné. Il évoquait cela comme un fait allant de soi, connu de tous. Il n'avait pas l'air de trouver étonnant que tout en étant le Fils de l'Homme, le Sauveur attendu par tous les hommes, y compris ceux qui ne le savaient pas, Jésus ait en même temps été le chef d'un groupe séditieux, comparable à d'autres chefs d'autres groupes séditieux dont il citait les noms et les exploits : les Macchabées, Theudas, Judas le Gaulonite, l'Égyptien, tous ces types qui avaient pris les armes, harcelé les cohortes romaines, tendu des embuscades et tous, d'ailleurs, aussi mal fini.

Ces noms que nous connaissons par Flavius Josèphe, Luc en avait entendu quelques-uns dans la bouche de Mnason le Chypriote. Il les confondait tous, ils relevaient pour lui d'un folklore exotique et menaçant. Il disait, effaré : « Mais tu parles de Jésus ? De Jésus le Christ ? » Philippe répondait : « Oui, enfin, le Christ, c'est comme ça que vous l'appelez, vous autres Grecs. C'est comme ça qu'ils l'appellent à Antioche. Ici on dit le Messie, *maschiah*, et le Messie, c'est le roi des Juifs. Celui qui doit venir délivrer les Juifs de la servitude, comme Moïse les a autrefois délivrés de l'esclavage chez le Pharaon. »

Sur la croix où il était mort, le centurion chargé de l'exécution avait cloué un écriteau désignant le supplicié aux moqueries des passants comme « Jésus, roi des Juifs ». Mauvais calcul : les passants ne se moquaient pas. Hormis quelques suppôts du grand prêtre, la plupart des habitants de Jérusalem sympathisaient avec la résistance, même s'ils n'avaient pas le courage d'y participer. Ceux qui avaient cru que Jésus était le Messie étaient cruellement déçus. Ceux qui ne l'avaient pas cru le prenaient en pitié. Aucun n'avait le cœur de se moquer. Il avait essayé et échoué. L'horreur et l'injustice de son supplice confirmaient qu'on avait raison de se révolter. Ce que prouvaient l'écriteau, et la croix, et le pauvre homme qui agonisait sur la croix, c'était l'arrogance des Romains.

Cette question de savoir qui, des Juifs ou des Romains, porte la responsabilité de la mort de Jésus, est une question minée. Elle refait surface régulièrement, à l'occasion par exemple du bizarre film naturaliste qu'a réalisé Mel Gibson sur la Passion. Pourtant, le récit des Évangiles semble sur ce sujet parfaitement cohérent, et parfaitement claires les raisons de l'hostilité que soulève Jésus. Non content d'être un guérisseur à la popularité inquiétante, il multiplie dans un état religieux les provocations à l'égard de la religion officielle et de ses représentants. Les prescriptions rituelles lui font hausser les épaules. Il en prend à son aise avec la Loi. Il se moque de l'hypocrisie des vertueux. Il dit que c'est grave de médire de son voisin, pas de manger du porc. À ce dossier déjà chargé, il ajoute dès son arrivée à Jérusalem un véritable scandale dans le Temple : tables renversées, marchands harcelés et, comme on dirait aujourd'hui, usagers pris en otage. Dans une société théocratique, un tel éclat s'apparente davantage, sous le rapport du risque encouru, à un *acting out* au milieu de la grande mosquée de Téhéran qu'à un démontage de McDo par les gars de José Bové. Du coup, ce ne sont plus seulement les pharisiens, ses adversaires jusqu'alors, mais les grands prêtres sadducéens qui, apprenant cette nouvelle provocation, décident que son auteur mérite la mort. Le crime qu'ils lui imputent étant le blasphème, Jésus devrait être lapidé. Seulement le Sanhédrin n'a pas le pouvoir de prononcer la peine de mort. Il saisit donc de l'affaire l'autorité romaine, en prenant soin de la présenter, non comme religieuse – le gouverneur Pilate, comme Galion à Corinthe, les enverrait promener – mais comme politique. Sans le revendiquer explicitement, Jésus n'a pas nié non plus qu'il se considérait comme le Messie. Il s'est, au minimum, laissé appeler ainsi. Messie, cela veut dire roi des Juifs, cela veut dire rebelle. Pour ce crime, la peine de mort est acquise, et Pilate traînera les pieds mais il n'aura pas le choix. Il se doute bien que Jésus n'est, au pire, qu'un ennemi de la Loi mais on a assez bien ficelé le dossier pour le lui présenter comme un ennemi de Rome.

Les Évangiles ont des désaccords de détail sur ce qui a été dit devant le Sanhédrin, puis devant Pilate, mais dans l'ensemble leurs récits des procès devant les deux tribunaux, juif et romain, convergent. La plupart des historiens, chrétiens ou non, accréditent cette version qui est celle de l'Église et qu'illustre le film de Mel Gibson. Du côté juif, d'ailleurs, le Talmud l'accrédite aussi. Certains des rabbins dont il compile les opinions vont jusqu'à dire que la sentence de mort a été prononcée par le Sanhédrin, en passant sous silence le rôle de Pilate : bref, non seulement les Juifs ont condamné Jésus, mais ils s'en vantent.

Il existe cependant une contre-histoire, relativement récente, dont le représentant le plus radical est un professeur appelé Hyam Maccoby. Cette contre-histoire entend dénoncer la fiction selon laquelle les autorités juives ont fait condamner Jésus et, à partir de là, l'antisémitisme chrétien qu'elle s'emploie, sans trop de peine, à débusquer dans le Nouveau Testament. C'est en son nom qu'on a accusé d'antisémitisme le film de Mel Gibson. Je la trouve stimulante, sinon convaincante, et j'aimerais prendre le temps d'en résumer l'argumentation.

Les pharisiens, commence par expliquer Hyam Maccoby, n'étaient pas du tout les mandarins hypocrites que les Évangiles décrivent comme les adversaires de Jésus et pour finir ses dénonciateurs, mais des hommes pieux et sages, réputés pour leur attention aux particularités humaines, pour leur souplesse dans l'adaptation de la Torah aux problèmes de chacun, pour leur tolérance à l'égard des opinions divergentes : des ancêtres d'Emmanuel Levinas. Plus pacifiques que Jésus, présenté par Maccoby comme un agitateur anticolonialiste, ils n'en considéraient pas moins son combat politique avec sympathie. Sur le plan spirituel et moral, ils disaient à peu près les mêmes choses que lui et, quand survenaient entre eux de petites divergences, on en discutait avec aménité, comme le montre une scène imprudemment conservée par Marc avant que Matthieu la récrive conformément à l'idéologie devenue dominante, c'est-à-dire en fasse une querelle haineuse. Jésus et les pharisiens, en réalité, s'entendaient bien, parce qu'ils aimaient et observaient la Loi, et leurs ennemis communs, après les Romains, étaient les collaborateurs sadducéens, prêtres arrogants et vendus, traîtres aussi bien à la nation qu'à la religion juives.

Chaque fois qu'on lit dans les Évangiles le mot « pharisien » pour désigner un méchant, il faudrait selon Maccoby lire « sadducéen ». Cela s'est fait comme on utilise la fonction « remplacer » d'un logiciel de traitement de texte. Pourquoi ce trucage ? Parce que les évangélistes ont décidé, au mépris de la réalité historique, de peindre Jésus comme un rebelle à la religion juive et non à l'occupation romaine. La réalité historique, c'est qu'il était une sorte de Che Guevara que les Romains, secondés par leurs hommes de paille sadducéens mais non par les bons pharisiens, ont arrêté et exécuté avec l'expéditive brutalité dont ils étaient coutumiers dès que l'ordre public était menacé. En somme, ce que les évangélistes présentent comme un travestissement de la vérité serait la vérité.

Qu'ils aient soutenu et fait triompher cette version révisionniste s'explique facilement. Les églises de Paul souhaitaient plaire aux Romains, et le fait que leur Christ ait été crucifié sur l'ordre d'un gouverneur romain leur posait un sérieux problème. On ne pouvait pas nier le fait brut, mais on a fait tout ce qu'on a pu pour en atténuer la portée. On a expliqué, quarante ans après, que Pilate avait agi à contrecœur, la main forcée, et que même si formellement la sentence et l'exécution étaient le fait des Romains, l'instruction et la vraie responsabilité étaient celui des Juifs – qu'on a dès lors fourrés tous dans le même sac. « Les pharisiens et les sadducéens », disent Matthieu, Marc et Luc, comme s'ils allaient tout le temps la main dans la main. « Les Juifs », dit carrément Jean. Le parti ennemi. Naissance de l'antisémitisme chrétien.

19

Derrière cette contre-histoire se cache un contre-portrait de Paul, dont Hyam Maccoby a fait un livre appelé *The Mythmaker* – en français : *Paul et l'invention du christianisme*. En voici la thèse : si Jésus, que les Évangiles présentent comme l'ennemi juré des pharisiens, était en fait leur compagnon de route, Paul, qui se dit pharisien à l'origine, ne l'était pas. Non seulement il ne l'était pas mais, mieux encore, il n'était même pas juif.

Même pas juif, Paul ? Voyons cela dans le détail.

Né dans une famille païenne de Syrie, le jeune Saul selon Maccoby a été marqué à la fois par les religions à mystères de l'Orient et par le judaïsme, qui le fascinait. Ambitieux, tourmenté, il s'est rêvé prophète ou au moins pharisien de premier plan – un grand intellectuel comme Hillel, Chammaï ou Gamaliel. Il est possible, concède Maccoby, qu'il ait comme il ne manque jamais l'occasion de le rappeler fréquenté une école pharisienne à Jérusalem, mais certainement pas celle de Gamaliel car on n'y acceptait que des étudiants de très haut niveau et lui ne l'était pas. Maccoby met tout un chapitre à démontrer que le caractère rabbinique de l'argumentation de Paul dans ses lettres, sur quoi s'accordent tous les commentateurs, est une pure invention : Paul en réalité était un piètre rabbin, qui aurait été recalé en première année de n'importe quelle *yeshiva*.

Voyant que dans cette voie il n'irait pas bien loin, dépité, plein de rancune, le jeune Saul se serait tourné vers les sadducéens et serait même entré au service du grand prêtre, comme mercenaire ou homme de main. Seule cette explication rend plausible qu'il ait eu le pouvoir de persécuter les partisans de ce guérillero qu'une rumeur étrange dit ressuscité après que les Romains l'ont fait périr sur la croix. Mouvement de résistance clandestin, chef charismatique martyrisé et dont on ne sait pas s'il est mort ou vivant : dans ce scénario-là, le rôle que se trouve le ténébreux Saul est celui d'un supplétif à la solde de l'occupant, quelque chose à lui tout seul comme les tristement célèbres inspecteurs Bonny et Lafont qui ont fait sous l'Occupation les riches heures de la rue Lauriston. Alors là, oui, on peut comprendre qu'il ait été en position de charger des gens de chaînes, de les mettre en prison et même d'aller les débusquer jusqu'en zone non occupée, à Damas – ce qui aurait été tout à fait impossible au pharisien qu'il a par la suite prétendu avoir été : les pharisiens n'avaient pas de pouvoir de police et, en auraient-ils eu, ils ne l'auraient jamais exercé à l'endroit de gens qui leur étaient si proches. On peut comprendre aussi que ces activités peu reluisantes soient entrées en contradiction avec la haute idée que se faisait de lui-même un jeune homme qui se voyait prophète parmi les Juifs et se retrouve exécuteur des basses œuvres au service du *gauleiter* local. Comme il le dira très bien plus tard : « Je n'y comprends rien : le bien que je désire, je ne le fais pas, mais je fais le mal, que je hais. »

Rien n'est plus étranger au judaïsme, observe justement Maccoby, que cette culpabilité, ce désespoir fondé sur l'expérience que l'effort humain est inutile, le fossé entre ce qu'exige la Loi et les forces du pécheur impossible à combler. La Torah est faite pour l'homme, elle est à sa mesure, et tout le travail interprétatif des pharisiens visait à l'ajuster aux possibilités de chacun. La phrase célèbre de Paul, par contre, est une description parfaite de la détresse d'un homme qui a tenté de devenir juif sans y réussir, d'un converti raté, déchu dans l'abjection. C'est cette détresse affreuse, ce conflit intérieur torturant qui trouvent leur solution sur la route de Damas. Le moi divisé, à soi-même ennemi, s'engouffre dans une expérience de transformation radicale, après laquelle commence une vie totalement neuve. Totalement neuve, mais enracinée dans les superstitions de son enfance, dans ces religions à mystères où meurent et renaissent des dieux comme Osiris ou Baal-Taraz – qui a donné son nom à Tarse, sa ville natale. Il circulait une croyance de ce genre au sujet du rebelle dont Saul persécutait les partisans. C'est sur cette croyance que Paul a mis la main.

Paul, selon Maccoby, n'est pas à proprement parler un converti. Il aurait fallu, pour qu'il s'y convertisse, que la religion du Christ existe, or ce n'était pas le cas. Comme Moïse, à qui il n'a pas pu ne pas penser, il s'est retiré après son expérience-limite dans le désert d'Arabie et en est revenu avec *sa* religion. La chose étrange, là-dedans, est qu'il n'ait rompu ni avec la petite secte galiléenne ni avec le judaïsme. Qu'il ait, pour édifier sa construction, continué à se référer à ce Juif rustique et obscur que sans lui tout le monde aurait certainement oublié. Qu'il ait couru le risque, suicidaire si on y pense, de revenir à Jérusalem et de se présenter seul, désarmé, devant un réseau de résistants dont il avait fait arrêter, torturer et exécuter tant de camarades. Peut-être a-t-il couru ce risque insensé parce qu'il restait, malgré tout, sentimentalement attaché à Israël. Peut-être parce qu'il a compris qu'il valait mieux assurer à sa religion mutante une assise historique remontant à la nuit des temps plutôt que la fonder sur sa seule personnalité. Peut-être enfin (c'est moi qui parle ici, pas Hyam Maccoby) parce qu'il voulait tester auprès de ses anciennes victimes l'enseignement de Jésus voulant qu'on aime ses ennemis et fasse bon accueil à son persécuteur.

L'exercice a dû être difficile. Dans les années qui suivent, la duplicité de Paul est extrême. D'un côté, il cherche à promouvoir *son* Évangile, comme il dit, en milieu païen. Il trouve auprès des prosélytes un terrain favorable pour une invention théologique de plus en plus débridée, Jésus devenant une divinité cosmique, un rédempteur universel, une sorte de mythe, et le rituel s'organisant autour d'une cérémonie totalement païenne, totalement étrangère et même répugnante aux disciples du vrai Jésus : l'eucharistie. De l'autre, son obsession de ne pas rompre avec la maison mère l'oblige à finasser, mentir, prétendre contre toute évidence qu'il est très attaché à la Loi et se rendre à des convocations pour démontrer son orthodoxie. Cela se passe mal la première fois, encore plus mal la seconde. La rupture est consommée. Il n'empêche qu'à l'arrivée c'est Paul qui gagne, parce que, comme on le verra bientôt, le Temple est détruit, Israël en tant que nation anéanti et l'église de Jérusalem dispersée. Ses traditions ne survivront qu'au sein de petites sectes perdues dans le désert, mais Hyam Maccoby les tient, il le dit en toutes lettres, pour plus fiables que tout ce qui est écrit dans le Nouveau Testament.

C'est que le Nouveau Testament – dit-il – n'est jamais que l'histoire écrite par le parti des vainqueurs, le résultat d'une vaste falsification visant à faire croire que Paul et sa religion nouvelle sont les héritiers du judaïsme et non ses négateurs ; qu'en dépit de divergences mineures, Paul, était accepté, apprécié, adoubé par l'église de Jérusalem ; que Jésus n'aimait pas les pharisiens mais que, comme Paul il respectait les Romains ; qu'il ne faisait pas de politique, que son royaume n'était pas de ce monde, qu'il enseignait comme Paul le respect de l'autorité et la vanité de toute révolte ; qu'en s'autoproclamant Messie il ne parlait pas du tout d'une royauté terrestre mais d'une nébuleuse identification à Dieu, voire au *Logos* ; que les seuls bons Juifs sont ceux qui s'estiment déliés de la Loi ; enfin, que Paul est le seul à connaître le fond de la pensée du vrai Jésus, précisément parce qu'il ne l'a pas connu dans son incarnation terrestre, imparfaite et brouillée, mais en tant que Fils de Dieu, et que toute vérité historique risquant de compromettre ce dogme-là doit être non seulement déclarée fausse mais, c'est plus sûr, effacée.

Voilà le mensonge qui s'est imposé il y a deux mille ans, avec la fortune que l'on sait. Les quelques voix discordantes qui se sont élevées, on les a fait taire : qu'il s'agisse des petites sectes issues de l'église de Jérusalem, les seules à savoir et à retenir dans leurs traditions ce qui s'est réellement passé, ou, à l'intérieur de l'Église dominante, d'un paulinien honnête et conséquent comme Marcion, qui voulait au IIe siècle mettre fin à la fiction selon laquelle le christianisme était la continuation du judaïsme et rejeter de la Bible les Écritures des Juifs. Enfin, après deux mille ans de ténèbres, a paru le professeur Maccoby.

J'ai résumé ces vues, je ne m'y rallie pas. Dénoncer deux mille ans de révisionnisme intégral me semble être le comble du révisionnisme et je trouve pour tout dire au professeur Maccoby un petit côté Faurisson. Je crois qu'il a raison de rappeler que les pharisiens étaient des gens sages et vertueux, mais tort d'en conclure que Jésus n'a pas pu s'en prendre à eux. S'il s'en est pris à eux, *c'est précisément parce qu'ils étaient sages et vertueux*, et parce que son amitié allait aux pécheurs, aux ratés, aux déçus d'eux-mêmes, pas aux gens sages et vertueux. Je crois qu'il a raison aussi, mille fois raison, de dénoncer l'antisémitisme chrétien, mais tort de prétendre, contre tous les témoignages, de façon purement idéologique, que Jésus a été condamné par les Romains sans que les Juifs y soient pour rien. C'est aussi absurde que d'accuser Platon d'être antiathénien, ou anti-démocrate, parce qu'il montre Socrate condamné par la démocratie athénienne. Dans les deux cas, il s'agit d'hommes libres, paradoxaux, incontrôlables, qui se heurtent à l'institution de leur temps : la cité grecque pour l'un, la théocratie juive pour l'autre. Le rapporter n'est ni antidémocratique ni antisémite. Quant au portrait de Paul en *goy* indicateur de la police secrète, je le trouve pittoresque, mais à tout prendre moins riche, moins complexe, moins dostoïevskien que celui qui ressort de ses lettres si on les lit en ajoutant foi, simplement, à ce qu'il dit.

Ce qui est vrai, par contre, c'est que ce genre de rumeurs circulait au sujet de Paul dans l'entourage de Jacques. Qu'il n'était même pas juif. Qu'étant tombé amoureux, à Jérusalem, de la fille du grand prêtre, il s'était fait circoncire pour ses beaux yeux. Que cette opération, exécutée par un amateur, a été une boucherie et l'a laissé impuissant. Que la fille du grand prêtre s'étant cruellement moquée de lui, il s'est mis par dépit à écrire des pamphlets furieux contre la circoncision, le sabbat et la Loi. Enfin que, mettant le comble à sa vilenie, il a détourné l'argent de la collecte pour s'acheter la faveur du gouverneur Félix – car Hyam Maccoby ne rate pas l'occasion de l'accuser de ça aussi.

Oui, tout ce que dit le professeur Maccoby, on le disait, de façon moins élaborée, dans l'église de Jérusalem. Luc a dû l'entendre, et en être troublé.

20

Luc gardait un souvenir pénible de la semaine qu'il avait passée à Jérusalem mais après ce que lui avait raconté Philippe il ne devait plus rêver que d'y retourner. Ne sachant quoi regarder, il n'avait rien vu. Il était passé à côté de tout. À présent, il voulait voir de ses yeux le lieu de la crucifixion, le tombeau que les femmes avaient trouvé vide, et surtout cette mystérieuse chambre haute où Philippe et Cléophas, revenus en hâte d'Emmaüs, avaient trouvé les Onze assemblés, troublés par la rumeur selon laquelle on aurait vu Jésus vivant. C'est dans cette chambre que, cette nuit-là, il leur était à tous apparu et leur avait demandé à manger. C'est dans cette chambre qu'un peu plus tard des flammes étaient venues lécher leurs têtes, après quoi ils s'étaient mis à parler des langues dont ils ne savaient même pas qu'elles existaient. C'est dans cette chambre, surtout, qu'avait eu lieu le dernier repas pris par Jésus avec les siens : celui au cours duquel il avait annoncé sa mort prochaine et institué l'étrange rituel à base de pain et de vin que Luc et ses amis pratiquaient depuis des années sans s'interroger sur son origine.

La maison, ce jour-là, n'était pas encore familière aux disciples. Ils y venaient pour la première fois. Montés de leur Galilée natale avec leur maître, ils étaient depuis peu de temps à Jérusalem. Dans la journée, Jésus enseignait sur l'esplanade du Temple, attirant des auditeurs de plus en plus nombreux, parmi lesquels se trouvait Philippe. La nuit, toute la bande dormait à la belle étoile sur le mont des Oliviers, qui se trouve à la sortie de la ville. La Pâque approchant, et Jésus pressentant que pour lui ce serait la dernière, il a voulu la célébrer dignement, c'est-à-dire manger l'agneau de lait rôti sous un toit. « D'accord, ont demandé Pierre et Jean, mais où ? » C'étaient comme les autres des campagnards sans le sou, ne connaissant personne à Jérusalem, s'y repérant mal, honteux de leur accent. Jésus leur a dit : « Entrez dans la ville par telle porte. Quand vous rencontrerez un homme portant une cruche remplie d'eau, suivez-le. Dans la rue, ne lui parlez pas. Quand il entrera dans une maison, entrez-y à sa suite. Dites que vous venez de la part du Maître. On vous fera monter à l'étage, où se trouve une grande pièce garnie de coussins. Il y aura tout ce qu'il faut pour préparer la Pâque. Préparez-la, je vous retrouverai pour la manger ce soir. »

Ces instructions sont celles de tous les mouvements clandestins : jeux de piste, mots de passe, sympathisants cachés qu'on prend mille précautions pour ne pas compromettre. La propriétaire de cette maison amie, qui pendant des années par la suite a tenu lieu de quartier général et parfois de planque, était une certaine Marie. Elle avait un fils nommé Jean-Marc. Elle devait être morte quand Luc est arrivé en Judée, car l'endroit dans les Actes est toujours désigné comme « la maison de Jean-Marc ».

J'imagine ce Jean-Marc comme le second témoin que Luc a rencontré au cours de son enquête, et j'imagine aussi qu'il l'a rencontré par l'intermédiaire du premier, Philippe, parce que c'est comme ça que ça se passe, une enquête : on tombe sur une personne, qui vous en présente une seconde, qui vous parle d'une troisième, et ainsi de suite. Comme dans *Citizen Kane* ou *Rashomon*, ces personnes disent des choses contradictoires avec lesquelles il faut se débrouiller en se disant, non qu'il n'y a pas de vérité, mais qu'elle est hors de notre portée et qu'il faut malgré tout la chercher, à tâtons.

(Kafka : « Je suis très ignorant. La vérité n'en existe pas moins. »)

21

Le double prénom de Jean-Marc rend à nos oreilles un son particulièrement peu juif et peu antique, mais de même que sa mère Marie, comme toutes les autres Marie du Nouveau Testament, s'appelait en réalité Mariam – le prénom de femme le plus commun dans la région –, de même que Pierre s'appelait Shimon, Paul Shaoul et Jacques Yaacob, Jean-Marc comme tous les Jean du Nouveau Testament s'appelait en réalité Yohanan – le plus commun des prénoms d'hommes – et s'était en outre choisi, parce que cela se faisait, le nom romain de Marcus.

La tradition veut que ce Yohanan-Marcus soit l'auteur de l'Évangile connu sous le nom de Marc. Elle dit aussi à son sujet quelque chose de si émouvant que je n'ai pas envie, pour une fois, de m'en priver. C'est un simple détail, dans le récit de l'arrestation de Jésus. L'évangéliste raconte qu'elle a eu lieu de nuit, sur le mont des Oliviers. Après le fameux repas dans la grande pièce garnie de coussins, toute la troupe était repartie pour y dormir. L'endroit précis de leur bivouac s'appelle Gethsemani. Jésus, saisi d'une mortelle angoisse à la pensée de ce qui l'attend, dit à ses disciples préférés : « Mon âme est triste à en mourir. Restez avec moi et veillez. » Il prie, eux s'endorment. Il essaye par trois fois de les réveiller, en vain. Arrive Judas, à la tête de l'escadron de la mort envoyé par le grand prêtre. Lanternes, poignards, gourdins. Scène violente et confuse, faite pour Rembrandt ou le Caravage. Les disciples prennent tous la fuite. Cependant, ajoute Marc et Marc seul, « un jeune homme le suivait, n'ayant pour tout vêtement qu'un drap. On l'attrapa. Mais lui, lâchant le drap, s'enfuit tout nu ».

Ce détail est si étrange, si gratuit, qu'on a du mal à croire qu'il ne soit pas vrai. Et ce que dit la tradition, c'est que ce jeune homme est Marc lui-même. C'était le fils de la maison, un garçon de treize ou quatorze ans. Comme cet autre adolescent, Eutyque, qui chez ses parents, à Troas, écoutera plus tard Paul et ses compagnons palabrer toute la nuit, au point de s'endormir sur l'appui de la fenêtre et de tomber dans la cour, on peut l'imaginer fou de curiosité pour ce groupe d'étrangers que reçoit sa mère. Il les a vus arriver, un par un, avec des précautions laissant penser que leur réunion est dangereuse. On lui a dit de les laisser tranquilles, de ne pas monter dans la chambre haute. On l'a envoyé se coucher, mais il n'arrive pas à dormir. Plus tard, très tard, il les entend partir. Frottements de pas dans l'escalier, murmures étouffés sur le seuil. Ils sont déjà dans la rue. L'enfant n'y tient plus, il se lève. Il fait chaud, il est nu, il n'a que son drap sur lui, il s'en fait une sorte de toge. Il suit les étrangers, à distance. Quand il voit qu'ils sortent de la ville, il hésite. Ce serait plus raisonnable de rebrousser chemin, pourtant il continue à les suivre. Puis c'est le mont des Oliviers, le jardin de Gethsemani, et soudain les flambeaux dans la nuit, la bande d'hommes en armes qui viennent arrêter le chef. L'enfant regarde tout cela, de derrière un buisson. Quand les hommes en armes emmènent leur prisonnier, il les suit. Il a commencé à suivre, il suivra jusqu'au bout, c'est trop passionnant. Personne ne l'a vu jusqu'ici, mais voici qu'un soldat le repère. « Qu'est-ce que tu fais là, toi ? » L'enfant détale, le soldat le poursuit, attrape un bout de drap qui lui reste dans la main. L'enfant rentre chez lui tout nu, dans la campagne puis dans les rues de la ville, sous la lune. Il se recouche. Le lendemain, il n'en parle à personne. Il se demande s'il n'a pas rêvé.

22

Qu'il ait été ou non l'enfant au drap, Jean-Marc en tant que fils de la maison où la secte se réunissait n'a pas eu à s'y convertir : il y a grandi, c'était sa famille. Comme un petit Mormon, ou un petit Amish, il a naturellement baigné dans ce culte étrange, dans cette atmosphère exaltée, parmi ces gens qui vivaient en communauté, tombaient en transe, se mettaient à parler des langues inconnues et guérissaient les malades en leur imposant les mains.

Il avait un cousin appelé Barnabé, familier de la maison aussi. Les Actes à son sujet nous rapportent un trait étonnant. Paul venait de revenir à Jérusalem, après le chemin de Damas et sa retraite au désert. « Il essayait, dit Luc, de se joindre aux disciples, mais tous avaient peur de lui, ne croyant pas qu'il fût vraiment des leurs. » On les comprend : ils ont, vu de l'extérieur, d'excellentes raisons de ne pas le croire. Paul prend un risque énorme, mais il se trouve dans le groupe un homme qui prend le risque égal de lui faire confiance. Cet homme, c'est Barnabé. Vers le début de ce livre, j'ai dit qu'il n'y avait dans les Actes aucun épisode comparable à celui de *Quo Vadis ?* où on voit un chrétien, au lieu de se venger de son persécuteur, le détacher, l'embrasser, l'accueillir dans la secte. Je me trompais : c'est exactement ce qu'a fait Barnabé.

Barnabé fera équipe avec Paul à Antioche. Jean-Marc les y rejoindra. Tous trois, là-bas, commencent à évangéliser les païens. Il semble que tout se passe bien entre eux.

Bientôt, ils étendent leur activité jusqu'à Chypre et, de là, s'embarquent pour la Pamphylie, c'est-à-dire la côte sud de la Turquie. Mais là, ils se querellent : pourquoi, on ne le sait pas, le plus probable est que Jean-Marc supporte mal l'irrespect croissant de Paul envers la Loi. Il se sépare de ses deux compagnons et retourne, seul, à Jérusalem.

Au bout d'un an ou deux, Paul et Barnabé reviennent de leur premier grand voyage – celui au cours duquel ils ont été pris pour des dieux par les Lycaoniens. Ils en préparent un second. Au cours de ces préparatifs, nouvelle querelle parce que, rapporte Luc, « Barnabé voulait encore emmener Jean-Marc, et Paul refusait de prendre avec eux quelqu'un qui les avait déjà lâchés une fois. On s'échauffa et on finit par se séparer ».

Pour que le pacifique Luc dise qu'on s'est échauffé, il faut vraiment que l'affaire ait été chaude, et à partir de là on ne revoit dans les Actes ni Barnabé ni Jean-Marc. Ils s'en vont de leur côté, Paul du sien, et désormais c'est Paul qu'on suit. Débarrassé de Barnabé, il part le plus loin possible de Jérusalem, s'enfonce dans des terres vierges, lointaines, isolées, évangélise à tour de bras les Pamphyliens, les Lydiens, les Galates, et recrute le jeune Timothée qui dans le rôle de l'apprenti zélé remplacera avantageusement Jean-Marc. Quelques années plus tard, on le retrouve sur le port de Troas où il rencontre Luc. On connaît la suite.

La tradition assure qu'après s'être séparé de Paul, Barnabé est retourné à Chypre où il est mort chargé d'ans et de vertus. Quant à Jean-Marc, il est devenu à Jérusalem le secrétaire et l'interprète de Pierre, qui ne parlait pas le grec. Il me semble plausible que Philippe lui ait présenté Luc, en prévenant celui-ci qu'il faudrait être diplomate : Jean-Marc avait travaillé avec Paul, cela s'était mal passé, il était revenu dans le camp de ses ennemis. Luc était diplomate. Il n'avait pas le ton péremptoire de Paul. Il ne croyait pas tout savoir. Il ne demandait qu'à écouter ceux qui avaient connu Jésus. Jean-Marc ne disait pas avoir connu Jésus. Il ne le dira jamais. S'il est vrai qu'il a été l'enfant au drap, si en écrivant plus tard son Évangile il y a glissé ce détail mystérieux que lui seul pouvait comprendre, comme un peintre se représente dans un coin de son tableau, je pense qu'il n'en parlait à personne. Qu'il gardait ce souvenir ressemblant à un rêve enfoui tout au fond de lui. Il est possible par contre, si Luc a gagné sa confiance, que Jean-Marc lui ait fait connaître des personnalités de l'église de Jérusalem, peut-être Pierre lui-même, et qu'il l'ait invité dans la maison de sa mère.

J'ai essayé d'écrire cette scène, plusieurs fois. Les deux hommes entrent dans la maison, une maison étroite de façade, par la porte très basse qui ouvre sur la ruelle. Cette porte poussée, on se retrouve dans une petite cour intérieure. Il y a une fontaine, du linge sèche sur un fil. Les gens qui habitent là, frères, sœurs, cousins, ne sont pas étonnés de la visite de Jean-Marc : il est chez lui, il peut amener un étranger. Peut-être leur offre-t-on un verre d'eau et des dattes, peut-être s'assied-on un moment pour bavarder avant que Jean-Marc entraîne le visiteur vers l'escalier de pierre qu'ils montent, l'un suivant l'autre, jusqu'à la porte de la chambre haute où on se réunissait, où on se réunit encore, où tout cela s'est passé. Il n'y a rien de particulier dans cette chambre. Des coussins sur le sol, un tapis. J'imagine pourtant Luc, au moment de franchir le seuil, saisi d'une sorte de vertige, et peut-être n'osant pas entrer.

Moi, en tout cas, je n'ose pas.

23

Je bats en retraite. Il avait l'air parfait, Jean-Marc, mais il m'entraîne trop loin, ou trop près, alors je cherche d'autres témoins vers qui aiguiller Luc. Comme on fait un casting, je passe son Évangile au peigne fin, attentif aux seconds et troisièmes couteaux. Je note leurs noms. Il y a des gens, comme ça, dont le chemin a croisé celui de Jésus et qui se trouvent être nommés. Ils pourraient ne pas l'être. Luc pourrait se contenter d'écrire : « un lépreux », « un publicain », « un centurion », « une femme qui saignait depuis douze ans et que nul n'avait pu guérir », c'est d'ailleurs ce qu'il fait le plus souvent, mais certains, il donne leurs noms et je pense que s'il les donne c'est parce que ces noms sont les vrais. La plupart, bien sûr, il a dû les recopier, mais peut-être quelques-uns de ces noms, ceux qu'il est seul à mentionner, sont-ils ceux de gens qu'il a réellement rencontrés.

Il se peut que Luc, à Jéricho, ait frappé à la porte d'un ancien percepteur dont on disait que Jésus avait dormi chez lui, trente ans plus tôt. Il y a encore des gens, dans des bourgades françaises, chez qui le général de Gaulle a passé une nuit et qui adorent raconter des histoires de lit trop petit, d'où les pieds du grand homme dépassaient. Il se peut que ce percepteur, Zachée, ait raconté à Luc ce que Luc racontera au chapitre XIX de son Évangile. Jésus, sur le chemin de Jérusalem, passait par Jéricho. Zachée qui était curieux a voulu le voir, mais contrairement au général de Gaulle il était de petite taille et il y avait foule autour de Jésus, alors Zachée est monté sur un sycomore. Jésus l'a vu. Il lui a ordonné de descendre pour l'accueillir car il voulait venir se reposer chez lui. Zachée tout content lui a ouvert sa maison, celle-là même où il reçoit Luc. Il lui a promis de donner aux pauvres la moitié de ses biens, et ceux à qui il a fait tort de les rembourser au quadruple. Je sais que c'est un critère bien subjectif, l'accent de la vérité, mais si on me demandait un exemple de détail qui a l'accent de la vérité, de détail dont je jurerais qu'il a été recueilli à la source, je dirais le petit Zachée qui monte sur le sycomore. Ou, dans une circonstance semblable, ce paralytique qu'on veut amener à Jésus, mais là encore il se presse un monde fou à la porte de la maison où il enseigne, alors les hommes qui portent le paralytique montent sur le toit, font un trou dans la terrasse et le descendent par ce trou, sur sa civière.

Il se peut que Luc, à Béthanie, ait frappé à la porte de deux sœurs qui s'appelaient Marthe et Marie. L'évangéliste Jean parle d'elles aussi, et surtout de leur frère Lazare, que Jésus aurait ressuscité. Luc ne dit rien de Lazare ni de sa résurrection – qui, si elle a eu lieu, a dû être pourtant un événement considérable. En revanche, il raconte une petite scène très quotidienne. Jésus s'est arrêté chez les deux sœurs pour se reposer. Tout en se reposant, il parle, d'une façon qu'on imagine particulièrement intime et familière. Assise à ses pieds, Marie ne se lasse pas de l'écouter. Pendant ce temps, Marthe s'affaire à la cuisine. À la longue, cette répartition des tâches finit par l'énerver : « Seigneur, dit-elle, ça ne te dérange pas que ma sœur me laisse toute seule faire le service ? Dis-lui de m'aider. » Réponse de Jésus : « Marthe, Marthe, tu te soucies et t'agites pour tant de choses, alors qu'une seule suffit. C'est Marie qui a choisi la meilleure part, elle ne lui sera pas retirée. »

Cette scène aussi, je lui trouve l'accent de la vérité, de l'anecdote recueillie à la source. En même temps, elle sert depuis vingt siècles à illustrer l'opposition entre les vies active et contemplative, et j'avoue être un peu agacé par ce thème de la « meilleure part » sur quoi Hervé règle sa conduite quotidienne : sa femme s'occupe de tout pendant que lui, il lit la *Bhagavad-Gita*. Il me semble que, sur le même thème, on aurait pu écrire une saynète à la moralité exactement inverse : éloge de la brave fille qui trime pour que le repas soit servi tandis que sa pimbêche de sœur prend le thé au salon, le petit doigt en l'air – mais, comme me le fait doucement remarquer Hervé, ce n'est pas ce que Luc a écrit. Ce que Luc a écrit, c'est sans doute ce que Marie, ou Marthe, ou les deux, se rappelaient trente ans plus tard, et c'est sans doute ce que Jésus a dit, lui qui a dit aussi : « Cherchez le Royaume, et le reste vous sera donné par surcroît. »

Puisqu'on en est aux femmes qui entouraient Jésus, il y en a toute une grappe encore, dont Luc nous dit qu'elles les suivaient, lui et les Douze, « et les assistaient de leurs biens ». Il nomme ces compagnes de route : « Marie de Magdala, de qui sont sortis sept démons ; Jeanne, femme de Chouza, l'intendant d'Hérode ; Suzanne et quelques autres. »
Marie de Magdala, de qui sont sortis sept démons, ce serait évidemment la plus grosse prise. Tous les témoignages concordent : cette hystérique guérie par Jésus a été la première à parler de sa résurrection, la première à lancer la rumeur et peut-être, en ce sens, celle qui a inventé le christianisme. Mais Marie de Magdala, tout le monde la connaît. Luc, quand il parle d'elle, ne fait que recopier ce que Marc a écrit à son sujet. Il n'en dit pas un mot de plus, rien qui vienne de son *Sondergut* – son « bien propre », comme disent les exégètes allemands pour qualifier ce qui se trouve chez lui, et chez lui seul.

Suzanne, ce n'est qu'un nom. Reste Jeanne, femme de Chouza, l'intendant d'Hérode.

24

Elle m'a beaucoup fait rêver, cette Jeanne, femme de Chouza. Je me suis dit qu'il y aurait un roman à écrire sur elle. Je me suis même dit, à un moment, qu'elle serait ma troisième porte d'entrée dans ce livre.

Elle a soixante ans quand Luc la rencontre. Peut-être Chouza et elle habitent-ils encore dans une aile de l'ancien palais d'Hérode – où Paul est maintenant assigné à résidence. Intendant d'Hérode, ce n'était pas rien : Chouza devait être un personnage relativement important, et Jeanne une sorte de bourgeoise. Bourgeoise ennuyée, Bovary juive, cliente idéale pour un gourou. On parlait beaucoup alors de ce guérisseur qui parcourait la Galilée, mais on le confondait plus ou moins avec un autre, un énergumène qui mangeait des sauterelles, attirait ses disciples dans le désert et les plongeait dans le Jourdain en leur disant de se repentir parce que la fin des temps était proche. Même à Hérode, l'énergumène disait de se repentir. Il disait que c'était mal de coucher avec Hérodiade, la femme de son frère, et, à force, Hérode l'a mal pris, il a mis l'énergumène en prison et lui a fait couper la tête. Ce n'est pas l'énergumène que Jeanne va voir, mais l'autre gourou, et il lui fait du bien. Elle y retourne, elle le suit. Il y a du drôle de monde autour de lui : des percepteurs, des prostituées, beaucoup de bancroches. Chouza doit voir cela d'un mauvais œil. Il lui dit que ce n'est pas convenable, que cela fait jaser. Jeanne pourtant ne peut pas s'empêcher d'y retourner. Elle invente des prétextes pour justifier ses absences. Elle ment. Elle puise dans sa dot, puis dans les caisses de Chouza, pour donner de l'argent au guérisseur et aux siens. Pendant quelques mois, c'est comme si elle avait un amant. Puis le guérisseur part pour Jérusalem et Jeanne un peu plus tard apprend que ça s'est mal passé là-bas, qu'il a fini comme l'autre énergumène. Pas décapité, encore pire : sur la croix. C'est triste, en même temps pas étonnant. Les temps sont troublés. Chouza hausse les épaules : je te l'avais bien dit. Trente ans plus tard, Jeanne y repense quelquefois. Elle est contente d'en parler à ce médecin grec gentil qui la presse de questions et, ce qui est plus rare, écoute les réponses. À quoi ressemblait-il ? Que disait-il ? Que faisait-il ? Ce qu'il disait, elle ne se le rappelle pas bien : des choses belles, mais qui n'avaient pas le sens commun. Ce qui l'impressionnait surtout, c'étaient ses pouvoirs, et surtout, surtout, sa façon de la regarder : comme s'il savait tout d'elle.

Stop là-dessus. J'ai beau dire qu'il y a un roman à faire, ça ne m'inspire pas. Et si ça ne m'inspire pas, c'est peut-être parce que c'est un roman. Sans compter que faire dire à des personnages de l'Antiquité, en toge ou jupette, des choses comme « Salut à toi, Paulus, viens donc dans l'atrium », il y a des gens capables de faire ça sans sourciller, moi pas. C'est le problème du roman historique, a fortiori du péplum : j'ai tout de suite l'impression d'être dans *Astérix*.

25

Malgré des tentatives répétées, je ne suis jamais arrivé au bout des *Mémoires d'Hadrien*. J'aime beaucoup en revanche les carnets de travail que Marguerite Yourcenar a publiés en annexe de ce roman, compagnon de vingt ans de sa vie. En bon moderne, je préfère l'esquisse au grand tableau – et cela devrait me servir d'avertissement, à moi qui n'ai jamais envisagé mon propre livre autrement que comme une de ces amples compositions ultra-équilibrées et architecturées, chef-d'œuvre d'artisan après quoi on pourra, enfin, souffler un peu, se lâcher, mais ce n'est pas pour tout de suite. Tout de suite, je me donne un mal de chien pour faire entrer dans ce cadre majestueux des milliers de notes crayonnées au fil des jours, des lectures, de l'humeur. Le soupçon me vient parfois que ces notes, telles quelles, s'ébattant librement dans leurs carnets ou leurs fichiers dépareillés, sont beaucoup plus vivantes et agréables à lire qu'une fois ordonnées, unifiées, reliées les unes aux autres par d'habiles transitions, mais c'est plus fort que moi : ce que j'aime, ce qui me rassure et me donne l'illusion de ne pas perdre mon temps sur terre, c'est de suer sang et eau pour fondre ce qui me passe par la tête dans la même matière homogène, onctueuse, riche de plusieurs couches superposées, et de ces couches je n'ai jamais assez, en bon obsessionnel j'ai toujours le projet d'en passer une de plus, et par-dessus cette couche un glacis, un vernis, que sais-je encore, tout plutôt que laisser les choses respirer, inachevées, transitoires, hors de mon contrôle. Bref. Voici comment Marguerite Yourcenar dit avoir écrit les *Mémoires d'Hadrien* :

« La règle du jeu : tout apprendre, tout lire, s'informer de tout et, simultanément, adapter à son but les *Exercices* d'Ignace de Loyola ou la méthode de l'ascète hindou qui s'épuise, des années durant, à visualiser un peu plus exactement l'image qu'il crée sous ses paupières fermées. Poursuivre, à travers des milliers de fiches, l'actualité des faits : tâcher de rendre leur mobilité, leur souplesse vivante, à ces visages de pierre. Lorsque deux textes, deux affirmations, deux idées s'opposent, se plaire à les concilier plutôt qu'à les annuler l'un par l'autre ; voir en eux deux facettes différentes, deux états successifs du même fait, une réalité convaincante parce qu'elle est complexe, humaine parce qu'elle est multiple. Travailler à lire un texte du IIe siècle avec des yeux, une âme, des sens du IIe siècle ; le laisser baigner dans cette eau-mère que sont les faits contemporains, écarter s'il se peut toutes les idées, tous les sentiments accumulés par couches successives entre ces gens et nous. Se servir pourtant, mais prudemment, mais seulement à titre préparatoire, des possibilités de rapprochement ou de recoupement, des perspectives nouvelles peu à peu élaborées par tant de siècles et d'événements qui nous séparent de ce texte, de ce fait, de cet homme ; les utiliser comme autant de jalons sur la route du retour vers un point particulier du temps. S'interdire les ombres portées ; ne pas permettre que la buée d'une haleine s'étale sur le tain du miroir ; prendre seulement ce qu'il y a de plus durable, de plus essentiel en nous, dans les émotions des sens et les opérations de l'esprit, comme point de contact avec ces hommes qui comme nous croquèrent des olives, burent du vin, s'engluèrent les doigts de miel, luttèrent contre le vent aigre et la pluie aveuglante et cherchèrent en été l'ombre d'un platane, et jouirent, et pensèrent, et vieillirent, et moururent. »

Recopiant ce texte, je le trouve beau. J'approuve la méthode, orgueilleuse et humble. La liste si poétique des invariants me laisse songeur, parce qu'elle effleure une énorme question : qu'est-ce qui est éternel, immuable, « dans les émotions des sens et les opérations de l'esprit » ? Qu'est-ce qui, par conséquent, ne relève pas de l'histoire ? Le ciel, la pluie, la soif, le désir qui pousse hommes et femmes à s'accoupler, d'accord, mais dans la perception qu'on a de ces choses, dans les opinions qu'on s'en forme, l'histoire, c'est-à-dire le changeant, s'insinue vite, ne cesse de prendre des places qu'on croyait hors d'atteinte. Là où je me sépare de Marguerite Yourcenar, c'est à propos de l'ombre portée, de l'haleine sur le tain du miroir. Moi, je crois que c'est quelque chose qu'on ne peut pas éviter. Je crois que l'ombre portée, on la verra toujours, qu'on verra toujours les astuces par lesquelles on essaye de l'effacer et qu'il vaut mieux dès lors l'accepter et la mettre en scène. C'est comme quand on tourne un documentaire. Soit on tente de faire croire qu'on y voit les gens « pour de vrai », c'est-à-dire comme ils sont quand on n'est pas là pour les filmer, soit on admet que le fait de les filmer modifie la situation, et alors ce qu'on filme, c'est cette situation nouvelle. Pour ma part, ce que dans le jargon technique on appelle les « regards caméra » ne me gêne pas : au contraire je les garde, j'attire même l'attention sur eux. Je montre ce que désignent ces regards, qui dans le documentaire classique est supposé rester hors champ : l'équipe en train de filmer, moi qui dirige l'équipe, et nos querelles, nos doutes, nos relations compliquées avec les gens que nous filmons. Je ne prétends pas que c'est mieux. Ce sont deux écoles, et tout ce qu'on peut dire en faveur de la mienne, c'est qu'elle est plus accordée à la sensibilité moderne, amie du soupçon, de l'envers des décors et des *making of*, que la prétention à la fois hautaine et ingénue de Marguerite Yourcenar à s'effacer pour montrer les choses telles qu'elles sont dans leur essence et leur vérité.

 Ce qui est amusant, c'est qu'à la différence d'Ingres, de Delacroix ou de Chassériau qui se souciaient de réalisme dans leurs représentations des Romains de Tite-Live ou des Juifs de la Bible, les maîtres anciens pratiquaient naïvement, comme Monsieur Jourdain faisait de la prose, le credo moderniste et la distanciation brechtienne. Si on leur avait posé la question, beaucoup d'entre eux, à la réflexion, auraient sans doute admis que la Galilée quinze siècles auparavant ne devait pas ressembler à la Flandre ou à la Toscane de leur temps, mais à la plupart cette question ne venait pas à l'esprit. L'aspiration au réalisme historique n'entrait pas dans leur cadre de pensée et je pense qu'au fond ils avaient raison. Ils étaient vraiment réalistes dans la mesure où ce qu'ils représentaient était vraiment réel. C'étaient eux, c'était le monde où ils vivaient. L'intérieur de la Sainte Vierge, c'était celui du peintre ou de son commanditaire. Ses vêtements peints avec tant de soin, un tel amour des détails et de la matière, c'étaient ceux que portaient la femme de l'un ou la maîtresse de l'autre. Quant aux visages... Ah, les visages !

26

Luc était médecin mais une tradition, qui s'est mieux conservée dans le monde orthodoxe, veut qu'il ait aussi été peintre et qu'il ait fait le portrait de la Vierge Marie. Eudoxie, la ravissante épouse de l'empereur Théodose II qui régna sur Byzance au Ve siècle, se flattait de posséder ce portrait, peint sur bois. Il aurait été détruit en 1453 lors de la prise de Constantinople par les Turcs.

Dix-sept ans plus tôt, en 1435, la Guilde des peintres de Bruxelles a commandé à Rogier van der Weyden, pour la cathédrale Sainte-Gudule, un tableau représentant saint

Luc, patron de leur corporation, en train de peindre la Vierge. Rogier van der Weyden, un des grands maîtres de l'école flamande, est un de mes peintres préférés mais je n'ai jamais vu ce tableau en vrai car il est conservé au musée des Beaux-arts de Boston – où je ne suis jamais allé.

Je ne suis jamais allé à Boston, par contre j'ai à Moscou un ami très cher qui s'appelle Emmanuel Durand. C'est un grand type barbu, saturnien, grave et tendre, avec un pan de chemise qui dépasse en permanence de son pull et un vaste front de philosophe – il a écrit une thèse sur Wittgenstein. Ensemble, depuis quinze ans, nous avons partagé pas mal d'aventures en Russie et, dans des compartiments de train, dans des salles de restaurant désertes, à Krasnoïarsk ou Rostov-sur-le-Don, je lui ai souvent parlé de ce livre que j'écrivais. La femme de Manu, Irina, est orthodoxe et peintre d'icônes, lui-même est un des rares chrétiens de mon entourage. Après quelques vodkas, il commence volontiers des phrases qu'il ne finit jamais sur les anges et la communion des saints. Un soir, j'ai essayé de lui décrire le tableau de Rogier van der Weyden, en me plaignant de la difficulté d'en trouver de bonnes reproductions. J'aurais aimé en avoir une auprès de moi, veillant sur mon travail comme ces Madones dont ma marraine couvrait les rayonnages de son bureau. De retour à Paris, j'ai trouvé au courrier un gros paquet contenant la seule monographie disponible sur van der Weyden. Enfin, disponible, non : elle est épuisée, introuvable, mais Manu l'a trouvée et c'est une splendeur.

Malgré son poids, je l'ai emportée au Levron, où je suis parti cet automne-là marcher avec Hervé. J'avais le projet de travailler, quelques heures par jour, à un chapitre dont je n'avais qu'une idée confuse mais qui devait tourner autour du tableau représentant Luc et la Vierge. En lisant de plus près le livre offert par Manu, j'ai appris que la figure de Luc est généralement considérée comme un autoportrait de l'artiste, et j'ai pensé : ça me va. J'imagine aussi bien van der Weyden que Luc avec ce visage allongé, sérieux, méditatif. Que le premier se soit peint sous les traits du second, cela me plaît d'autant plus que, moi-même, je fais la même chose.

J'aime la peinture de paysage, les natures mortes, la peinture non figurative, mais par-dessus tout j'aime les portraits, et je me considère dans mon domaine comme une sorte de portraitiste. Une chose qui à ce sujet m'a toujours intrigué, c'est la différence que chacun fait d'instinct, sans forcément la formuler, entre des portraits faits d'après un modèle et des portraits de personnages imaginaires. J'en ai récemment admiré un exemple frappant : la fresque de Benozzo Gozzoli qui représente *L'Adoration des mages* et couvre les quatre murs d'une chapelle, au palais Medici-Riccardi de Florence. Si vous regardez la procession des mages et de leur suite, vous voyez une foule de gens dont les figures nobles sont des personnalités de la cour des Médicis, la piétaille des passants pris dans la rue, et aucun doute n'est possible sur le fait que tous ont été peints d'après nature. Même si on ne connaît pas les modèles, on mettrait sa main à couper qu'ils sont absolument ressemblants. Une fois la crèche atteinte, par contre, on a affaire à des anges, à des saints, à des légions célestes. Les visages d'un seul coup deviennent plus réguliers, plus idéaux. Ils perdent en vie ce qu'ils gagnent en spiritualité : on peut être sûr qu'il ne s'agit plus de vrais gens.

On observe le même phénomène dans le tableau de Rogier van der Weyden. Même si on ne savait pas que saint Luc est un autoportrait, on serait de toute façon certain que c'est le portrait de quelqu'un qui existe. La Madone, non. Elle est merveilleusement peinte – à vrai dire, ce sont surtout ses vêtements qui sont merveilleusement peints – mais elle l'est d'après d'autres Madones, d'après l'idée conventionnelle, éthérée, un peu mièvre, qu'on se fait d'une Madone, et c'est le cas de la plupart des Madones représentées par la peinture. Il y a des exceptions : celle, incroyablement sexy, du Caravage de l'église Saint-Augustin, à Rome. On sait que le modèle était la maîtresse du peintre, une courtisane nommée Lena. Van der Weyden lui aussi était capable de peindre des femmes sexy, à preuve l'extraordinaire portrait ornant la couverture du livre que m'a offert Manu : un des visages de femme les plus expressifs et sensuels que je connaisse. Mais van der Weyden n'était pas un voyou comme le Caravage : il ne se serait pas permis de traiter ainsi la Sainte Vierge.

27

C'est peu dire que les soirées sont tranquilles dans un village de montagne valaisan, et j'en consacre certaines – à vrai dire, presque toutes – à regarder de la pornographie sur internet. Une grande partie des thèmes me laisse indifférent, voire me répugne – *gang bangs* « extrêmes », utérus fouillés à la machine, femmes enceintes qui se font mettre par des chevaux... Mon tropisme personnel le plus constant, c'est la masturbation féminine. Un soir, je tape donc « filles qui se branlent », et parmi des dizaines de vidéos assez semblables, je tombe sur « une brune qui se fait plaisir et qui a deux orgasmes » – c'est le titre –, incroyablement excitante. Excitante au point que je l'ai rangée dans mon ordinateur parmi mes « favoris » et qu'elle a fortement perturbé, mais au bout du compte stimulé mes efforts de concentration diurnes sur le tableau de Rogier van der Weyden. Au début j'ai pensé que les deux sujets n'avaient rien à voir, mais c'est comme en analyse : il suffit d'affirmer que deux choses qui occupent votre esprit n'ont rien à voir entre elles pour être sûr qu'elles ont tout à voir, au contraire.

À la question, que le tableau soulève pour moi, de savoir si un portrait est peint ou non d'après un modèle, correspond dans la pornographie celle de savoir si on a affaire à une vidéo d'amateur ou commerciale. Autrement dit, si la fille s'est filmée ou fait filmer pour le plaisir ou si c'est une actrice porno plus ou moins professionnelle. Les sites, bien sûr, préfèrent dire que ce sont des étudiantes délurées qui font ça pour le fun, mais la plupart du temps on a des doutes. Un indice assez sûr : est-ce que la fille montre son visage ? Celle qui le cache, je suis plus enclin à croire que c'est une amatrice, excitée de se branler devant tout le monde mais soucieuse d'éviter que ses collègues de bureau, ses copains, sa famille la reconnaissent sur le net. C'est tout de même un vrai risque social qu'on court en s'exhibant ainsi, et je me demande si tant de gens sont assez libérés pour le prendre d'un cœur léger – peut-être que oui, en fait, que c'est un des grands changements de civilisation produits par internet. Il n'y a pas que le visage, cela dit, il y a le corps, le décor, un certain nombre d'indices qui permettent à ses proches de reconnaître quelqu'un. Un autre indice, c'est la chatte. Toutes les professionnelles l'ont rasée, et certes un bon nombre d'amatrices aussi, mais une chatte poilue, c'est un signe assez fort, et même assez emphatique d'authenticité – ce qui n'a évidemment pas échappé aux professionnels : parmi les options proposées, il y a *hairy* et même *super-hairy*.

La vidéo qui m'excite tant est en plan fixe. La caméra ne bouge pas, ne zoome pas, ce qui tend à indiquer que la fille est seule. Elle fait peut-être ça pour quelqu'un mais elle n'est pas avec lui. Elle est allongée sur son lit, en jean et petit bustier. Sans être d'une fracassante beauté, elle est jolie, et elle n'a rien, absolument rien d'une actrice de porno. Ni le physique ni l'expression. La petite trentaine, brune, visage intelligent. Elle semble songeuse, laissant flotter ses pensées. Au bout d'une minute, elle commence à se toucher les seins – petits, jolis, pas refaits. Du bout des doigts, qu'elle a léchés, elle en excite les pointes. Elle se redresse à demi pour enlever le bustier, hésite un instant, puis déboutonne son jean, glisse une main dans sa culotte. Elle pourrait se caresser comme ça, mais tant qu'à faire, non, c'est plus confortable de retirer le jean, puis la culotte, de se mettre entièrement nue, et s'il n'y avait pas la caméra qu'il a bien fallu placer au bout du lit avec une intention derrière la tête, on se dirait que l'idée lui est venue à l'instant, sans préméditation. Sa chatte est brune, moyennement poilue, pour moi très attrayante. Elle l'effleure, puis met les doigts, commence à se branler, jambes bien écartées, pourtant ça ne ressemble en rien à ce que font les filles sur les sites : pas de clins d'œil coquins, pas de sourires appuyés de grosse salope, pas de halètements emphatiques – seulement le souffle un peu plus fort, les yeux mi-clos, le clapotis des doigts entre les lèvres. Rien qui s'adresse à un spectateur. On croirait vraiment qu'elle est seule, sûre de n'être vue par personne, et qu'il n'y a pas de caméra. Pensive au début, presque négligente, elle s'excite peu à peu, renverse la tête en arrière, halète (mais sans en faire trop, encore une fois, sans prendre personne à témoin), se cambre, arque les jambes, jouit violemment. Elle tremble, elle met du temps à se calmer. Pause. On a l'impression que c'est fini, mais non, ses doigts s'attardent et puis elle recommence, elle se fait jouir encore une fois, encore plus fort. Après quelques soubresauts que je trouve vraiment magnifiques, elle reste immobile un moment, reprenant son souffle, son ventre lisse se soulevant doucement. Elle ouvre les yeux, pousse un léger soupir, comme quelqu'un qui revient sur terre. Puis elle s'étire, avec une grâce extrême, elle tend le bras pour reprendre sa culotte, elle soulève les jambes pour la remettre, remet ensuite son jean, son bustier, sort du champ. C'est fini.

Je pourrais regarder cette vidéo vingt fois de suite. En fait, je l'ai regardée vingt fois de suite et la regarderai encore. La fille me plaît énormément, c'est une quintessence de « mon genre », sexuellement parlant. À la différence de toutes celles qu'on voit sur ce genre de sites, qui ont des seins refaits, des chattes rasées plus ou moins soigneusement, des tatouages, des piercings dans le nombril, et qui se foutent à poil en gardant leurs talons aiguilles ou, plus souvent, leurs baskets géantes, elle ressemble à des femmes que je connais, à des femmes dont je pourrais être amoureux, avec qui je pourrais vivre. Elle a quelque chose de grave, j'ai même l'impression que si elle s'accorde cette pause c'est parce qu'elle est soucieuse, un peu triste, qu'elle a besoin de recourir à cette source de réconfort qu'elle a entre les jambes et qui ne l'a jamais trahie – cela aussi se voit, que son corps est pour elle un ami.

Alors je m'interroge. Est-il possible que, contre toute apparence, l'héroïne de cette vidéo soit, peut-être pas une actrice de porno professionnelle, mais une intermittente de la pornographie qui, pour 200 ou 500 euros – je n'ai aucune idée des tarifs –, est prête à faire ça comme elle serait sans doute prête, et ce n'est pas incompatible, à faire quelques passes pour payer son loyer ? Je suis peut-être naïf, mais je n'y crois pas. Cette fille est une bourgeoise, cela se voit, ou du moins une bobo. Je l'imagine, par exemple, traductrice ou journaliste *free-lance*, travaillant chez elle, tournant un peu en rond vers le milieu de l'après-midi, alors si elle ne va pas prendre un café avec une amie qui habite dans le quartier elle s'allonge sur son lit et se branle. Ses draps unis, gris taupe, ressemblent à ceux dans lesquels nous dormons, Hélène et moi, alors que la literie dans le porno est habituellement à hurler, soit dans le genre couette à fleurs, soit, en version plus cossue, dans le genre dentiste partouzard, satin noir ou peaux de bêtes. Ce qu'on entrevoit de son appartement pourrait être le nôtre. Il doit y avoir des livres, des boîtes de thé, peut-être un piano. Elle s'appelle plus probablement Claire ou Élisabeth que Cindy ou Loana. Je lui prête une jolie voix, et un certain niveau de langage. Peut-être vais-je trop loin dans l'idéalisation, mais je pense même qu'elle ne doit pas dire à tout bout de champ : « pas de souci », comme la quasi-totalité de nos contemporains. Elle a dans l'abandon une espèce de tenue, de quant-à-soi qu'on ne voit jamais dans la pornographie. Elle détonne sur ce site. Elle ne devrait pas y être. Pourtant elle y est.

Qu'est-ce qui fait qu'avant de s'abandonner à ce moment d'intimité absolue cette fille a disposé une caméra au pied de son lit ? A priori, le désir d'offrir ce moment à un homme qu'elle aime – ou une femme, mais je dirais plutôt un homme. C'est le genre de cadeau que je serais ravi qu'on me fasse, qu'Hélène pourrait me faire. Très bien, mais qu'est-ce qui explique qu'ayant filmé ça elle l'ait mis sur le net? Une idée me vient, très déplaisante : ce n'est pas elle, mais l'homme pour qui elle l'a fait. Ce genre de chose arrive. Il y a même des sites dédiés explicitement à ça. Votre petite amie vous a quitté? Trompé? Vengez-vous, balancez en ligne les vidéos de cul que vous avez gardées d'elle. Mais si ce n'est pas ça? Si c'est elle? Pourquoi? Qu'est-ce qu'elle a dans la tête pour montrer ça à tout le monde? Qu'est-ce qui peut expliquer qu'une fille de ce genre – je veux dire, une fille qu'à tort ou à raison je mets dans la même case socioculturelle qu'Hélène, Sandra, Emmie, Sarah, Ève, Toni, nos délicieuses amies du cours de yoga – s'exhibe sur internet en train de se masturber? À moins que je me trompe entièrement dans l'analyse que je viens de faire, il y a là quelque chose d'énigmatique qui est pour beaucoup dans mon trouble et me fait désirer en savoir plus – en fait, désirer la connaître.

28

Comme nous aimons bien partager nos rêveries érotiques, j'envoie l'adresse du site à Hélène, accompagnée d'un mail qui est en gros le chapitre que vous venez de lire – je l'ai un peu peigné, à peine. Elle me répond ceci :

« Elle n'a pas été facile à trouver, ta brune aux deux orgasmes. Il m'a fallu anticiper le classement du logarithme du site pour qu'elle apparaisse enfin dans le choix de vidéos proposées à l'écran. J'ai sélectionné les brunes, les masturbations, délaissant les lesbiennes, les couples, les sodomies, les matures et j'en passe. Au cours de cette recherche, j'ai croisé quelques perles *vintage* : des pornos avec mises en scène, pattes d'eph' et chattes hyperpoilues tout droit sorties des années 1970, je te montrerai. Quand la vignette et la légende sont apparues, c'était un peu comme rencontrer quelqu'un dont on t'a dit beaucoup de bien dans l'espoir de t'en faire un ami.

Je suis d'accord avec toi : c'est une bien jolie jeune femme. Surtout, elle bouge joliment. Elle met de l'élégance dans la masturbation : c'est ça qui te plaît. Quant à savoir si c'est une professionnelle, c'est très difficile à dire. Comme toi, je crois que non, mais surtout il est clair qu'elle jouit vraiment. Si elle fait semblant, elle le fait si bien qu'elle a dû se souvenir de moments de plaisir intenses, ce qui est en soi une forme de plaisir (et le secret de toutes les femmes qui ont simulé un jour ou l'autre). Il est très rare de tomber sur des orgasmes aussi convaincants dans le porno. Mais je ne peux m'empêcher de penser qu'elle est très reconnaissable dans ce film et que ces huit minutes de sa vie sur internet sont une forme de suicide social, ou d'assassinat si c'est un cadeau qu'elle a fait à un amant qui les a mises en ligne. Il y a là, si charmant que ce soit à regarder, quelque chose de très cruel.

Je me suis demandé aussi ce que tu disais dans ce texte sur ton désir. D'abord, et ce qui est drôle c'est qu'on a l'impression que tu ne t'en rends même pas compte, qu'il est complètement sociologique. Si cette fille te plaît tant, c'est parce que tu la fantasmes comme une bourgeoise égarée parmi les prolos du porno. Je ne vais pas te le reprocher : tu es comme ça, je t'aime comme ça. Et puis, quand tu décris l'effet que te font ses tremblements, l'expression de sa jouissance, tu dis autre chose : que ce qui t'excite par-dessus tout, c'est le plaisir des femmes. J'ai de la chance.

Quand même, il a bon dos, saint Luc. »

29

Dans les heures qui ont suivi la réception de ce mail, j'ai pensé à mon tour non pas deux mais trois choses. D'abord que j'avais de la chance, moi aussi. Ensuite que, si j'étais peintre et qu'on m'avait commandé un portrait de Madone – mains jointes, yeux chastement baissés –, j'aurais à l'instar du Caravage pris grand plaisir à faire poser la brune aux deux orgasmes. Enfin que la différence qui saute aux yeux, dans la peinture, entre les portraits d'après nature et les portraits imaginaires existe aussi dans la littérature, et qu'on peut l'observer dans l'Évangile de Luc.

Encore une fois, je sais que c'est subjectif, mais tout de même on la sent, cette différence, entre des personnages, des paroles, des anecdotes qui ont évidemment pu être altérés mais qui ont un répondant réel, et d'autres qui relèvent du mythe ou de l'imagerie pieuse. Le petit percepteur Zachée qui grimpe sur son sycomore, les types qui font un trou dans le toit pour descendre leur ami paralytique dans la maison du guérisseur, la femme de l'intendant d'Hérode qui en cachette de son mari vient en aide au gourou et à sa bande, tout cela a l'accent de la vérité, des choses qu'on rapporte simplement parce qu'elles sont vraies et pas pour édifier ni pour montrer que s'accomplit un lointain verset des Écritures. Alors que la Sainte Vierge et l'archange Gabriel, je suis désolé, mais non. Je ne dis pas seulement qu'une vierge qui donne naissance à un enfant, cela n'existe pas, mais que les visages sont devenus éthérés, célestes, trop réguliers. Qu'on est passé, de façon aussi évidente que dans la chapelle de Benozzo Gozzoli à Florence, de visages peints d'après nature à des visages issus de l'imagination.

Elle a bel et bien existé, pourtant. La Sainte Vierge je ne sais pas, honnêtement je ne crois pas, mais la mère de Jésus, oui. Puisqu'il a existé, puisqu'il est né, puisqu'il est mort, ce que contestent seuls quelques athées idiots qui se trompent de cible, il faut bien qu'il ait eu une mère, et que cette mère soit née et morte aussi. Si elle vivait encore à la fin des années cinquante, quand je fais l'hypothèse que Luc a séjourné en Judée, ce devait être une très vieille femme : dix-sept ans à la naissance de son fils, cinquante à sa mort, et trente ans plus tard quatre-vingts. Alors je ne dis pas que Luc l'ait rencontrée, encore moins qu'il ait fait son portrait comme le veut la légende ou qu'elle lui ait confié des souvenirs. Je dis seulement que cette rencontre est possible parce qu'ils se trouvaient tous les deux dans le même petit pays, à la même époque, et parce qu'ils émargeaient au même ordre de réalité. Il n'y avait pas d'un côté, comme dans le tableau de Rogier van der Weyden, comme dans la plupart des tableaux religieux, comme dans l'Évangile qu'écrira plus tard Luc, un être humain avec une expression humaine, des rides humaines, sous sa robe une bite ou une chatte humaines, et de l'autre côté une créature sans sexe, sans rides, sans expression autre qu'une infinie et conventionnelle mansuétude. Il y avait deux êtres humains, également humains, et l'un des deux, qui habitait la même réalité que l'autre, devait être dans cette réalité une très vieille femme en noir, comme on en voit dans toutes les médinas de la Méditerranée, assise sur le pas de sa porte. L'un de ses fils, car elle en avait plusieurs, était il y a bien des années mort d'une mort violente et honteuse. Elle n'aimait pas en parler, ou alors elle ne parlait que de ça. En un sens, elle avait de la chance : des gens qui avaient connu son fils, d'autres qui ne l'avaient pas connu, vénéraient sa mémoire, et du coup lui montraient, à elle, un grand respect. Elle n'y comprenait pas grand-chose. Ni elle ni personne n'était encore allé imaginer qu'elle avait eu son fils en restant vierge. La mariologie de Paul tient en deux mots : Jésus est « né d'une femme », point. À l'époque dont je parle, on en est là. Cette femme a connu l'homme dans sa jeunesse. Elle a vu le loup. Elle a peut-être joui, espérons-le pour elle, et peut-être même qu'elle s'est branlée. Probablement pas avec autant d'abandon que la brune aux deux orgasmes, mais enfin il y avait un clitoris entre ses jambes. À présent c'était une très vieille femme, toute ridée, un peu gâteuse, un peu sourde, qu'on pouvait aller voir, et peut-être qu'après tout Luc est allé la voir.

Les Évangiles de l'enfance qu'il écrira plus tard sont remplis de scènes magnifiques dans le genre éthéré et édifiant, mais ils en contiennent aussi une très différente, où l'on voit Jésus à douze ans. Ses parents l'ont emmené au Temple célébrer la Pâque. Ils repartent après la fête, dans la pagaille de la caravane croient que leur fils est avec eux et au bout d'une journée de route s'aperçoivent que non, ils l'ont oublié à Jérusalem. Affolés, ils y retournent, le cherchent pendant trois jours, pour finir le trouvent sur une esplanade du Temple où il fait l'admiration des dévots. Soulagement mêlé de reproche. « Nous te cherchions partout, dit sa mère, nous étions morts d'inquiétude. – Pourquoi me cherchiez-vous ? répond l'enfant. Ne saviez-vous pas que je dois m'occuper des affaires de mon père ? » Ils n'y comprennent rien. De retour à Nazareth, sa mère garde toutes ces choses dans son cœur.

Hormis le solennel mot d'enfant de Jésus, tout dans cette scène sonne vrai. La marge de la TOB, où sont en regard du texte signalées les références aux Écritures, reste exceptionnellement vide. Les détails, au lieu de citer pour montrer qu'ils les accomplissent des versets des Prophètes ou des Psaumes, donnent l'impression d'être là tout bêtement parce qu'ils sont advenus. On se raconte des histoires semblables dans toutes les familles : l'enfant qui s'est perdu au supermarché ou sur la plage, qu'on croyait à l'arrière de la voiture alors qu'on l'a laissé à la station-service, et on le retrouve tout tranquille, s'étant fait des copains parmi les routiers. On imagine bien une vieille dame racontant ce souvenir, et le journaliste avide qui la fait parler et qui note ça, ravi, parce que ça sonne tellement juste…

30

Décidément, je bute. Et c'est toujours, depuis que j'ai formé le projet de ce livre, au même endroit que je bute. Tant qu'il s'agit de raconter les querelles de Paul et de Jacques comme celles de Trotsky et de Staline, ça va. De raconter le temps où je me suis cru chrétien, ça va encore mieux – pour parler de moi, on peut toujours me faire confiance. Mais dès qu'il faut en venir à l'Évangile, je reste coi. Parce qu'il y a trop d'imaginaire, trop de piété, trop de visages sans modèles dans la réalité ? Ou parce si je n'étais saisi, abordant ces parages, de crainte et de tremblement, ça ne vaudrait pas le coup ?

Au mois de mai 2010, Hervé et moi avons remplacé notre rituel séjour de printemps au Levron par un voyage sur cette partie de la côte turque qu'on appelait autrefois l'Asie. Nous voulions tous les deux voir Éphèse, si touristique et poussiéreuse que nous ne nous y sommes pas attardés. En voiture, nous avons gagné la péninsule de Bozbodrum, à la pointe de laquelle se trouve le site de Cnide, longtemps célèbre parce qu'on pouvait y voir la première femme nue de la statuaire antique. Tout le monde voulait la toucher, se branler sur elle, la voler, et vu la convoitise qu'elle inspirait il n'est pas surprenant qu'il n'en existe plus que des copies. Aucune de ces copies ne se trouve au musée archéologique d'Athènes, où à chacune de mes visites je me heurte à la même énigme : pendant des siècles, les Grecs ont représenté les hommes nus et les femmes habillées. Les mêmes sculpteurs, qui glorifiaient sans frein l'anatomie virile, dès qu'il s'agissait de femmes mettaient tout leur talent à rendre, non la rondeur de leurs seins ou le galbe de leurs cuisses, mais les plis de leurs robes. Au IVe siècle, cela a changé, sans qu'à ma connaissance soient expliquées nulle part les causes de ce changement pourtant radical. Alors on peut toujours dire, c'est en général ce que disent les historiens, que ce passage au nu féminin a été le fruit d'une lente et souterraine maturation, mais si lente et souterraine qu'elle ait été, le moment où le fruit tombe est un moment précis. Un beau jour, dont nous ne connaissons pas la date mais qui était ce beau jour-là et pas un autre, un sculpteur qui était ce sculpteur-là et pas un autre a eu l'audace de laisser tomber les draperies et de représenter une femme à poil. Ce sculpteur a été Praxitèle, et le modèle de son Aphrodite une courtisane nommée

Phryné, qui était sa maîtresse. Pour je ne sais quelle raison, elle avait comparu en justice et son avocat l'avait défendue en lui demandant d'échancrer le haut de sa tunique : le tribunal pouvait-il condamner une femme qui avait d'aussi beaux seins ? L'argument, paraît-il, a porté. Les habitants de Cos, qui avaient commandé la statue, l'ont jugée scandaleuse et refusée. Ceux de Cnide l'ont récupérée : pendant quelques siècles, elle a fait leur fortune. Luc, dans les Actes, fait mention de Cnide mais non de ce qui était sa principale attraction, et je regrette de dire qu'au cours de leur voyage vers Jérusalem le vent n'a pas permis que l'apôtre et sa suite abordent sur la péninsule. Dommage : Paul face à Aphrodite, ç'aurait été une scène à ne pas manquer.

Hervé et moi avons fait halte dans un joli village balnéaire appelé Selimiyé, où nous avons passé deux semaines à nager, manger des yaourts au miel, travailler chacun sur son balcon, nous retrouver pour les repas. On n'entendait que le clapotis de l'eau, des caquètements de poules, des braiements d'ânes, et le bruit apaisant d'un râteau, poussé sur les galets par un plagiste qui s'occupait comme il pouvait en attendant la saison touristique. Nous étions les seuls clients de l'hôtel. On devait nous prendre pour un couple gay vieillissant, paisible, faisant chambre séparée parce qu'il ne baise plus guère mais s'entendant bien, sans presque se parler.

Plus la fin de ce séjour approchait, plus j'étais excité car je devais aller ensuite au festival de Cannes, en qualité de membre du jury. La retraite avec Hervé, puis le tourbillon de Cannes : ce grand écart me plaisait. Chose nouvelle pour moi, j'étais content de ma vie. Je me disais qu'à condition d'être vigilant il devait être possible de gagner sur les deux tableaux. Être un artiste sérieux, ami des profondeurs, et en même temps avoir du succès, en jouir, ne pas cracher sur la notoriété et le *glamour*. Comme disait Sénèque quand on lui reprochait de prêcher l'ascèse alors qu'il était milliardaire : si on ne s'attache pas à ses biens, où est le mal ? Hervé secouait la tête : fais attention quand même. Tandis que je reprendrais l'avion pour Paris où m'attendaient Hélène et nos malles remplies de tenues de soirée, il pensait continuer vers le sud-est, explorer la côte lycienne, puis trouver un bateau pour Patmos où il avait connu, au temps de sa difficile adolescence, un moment d'apaisement et même d'extase. Il terminait *Les choses comme elles sont*, son livre sur le bouddhisme ordinaire dont il devait me donner le manuscrit à lire l'automne suivant, au Levron. Moi, j'ai passé le séjour à prendre sur l'Évangile de Luc des notes dont j'ai rempli tout un cahier.

31

Je relis ces notes, trois ans plus tard. Elles sont à l'opposé de celles que j'ai prises sur l'Évangile de Jean, vingt ans plus tôt. Je ne crois plus que ce que je lis est la parole de Dieu. Je ne me demande plus, en tout cas plus au premier chef, en quoi chacun de ces mots peut me guider dans la conduite de ma vie. Au lieu de cela, devant chaque verset, je me pose cette question : ce que Luc écrit là, d'où le sort-il ?

Trois possibilités. Soit il l'a lu et il le recopie – le plus souvent dans l'Évangile de Marc, dont l'antériorité est généralement admise et dont plus de la moitié se retrouve dans le sien. Soit on le lui a raconté, et alors qui ? Là, on entre dans le maquis des hypothèses : témoins de première, de seconde, de troisième main, hommes qui ont vu l'homme qui a vu l'ours... Soit enfin, carrément, il l'invente. C'est une hypothèse sacrilège pour beaucoup de chrétiens mais je ne suis plus chrétien. Je suis un écrivain qui cherche à comprendre comment s'y est pris un autre écrivain, et qu'il invente souvent, cela me semble une évidence. Chaque fois que j'ai de bonnes raisons de faire tomber un passage dans cette case-là, je suis content, d'autant plus content que certaines de ces prises ne sont pas du menu fretin : c'est le *Magnificat*, c'est le bon Samaritain, c'est la sublime histoire du fils prodigue. J'apprécie en homme du bâtiment, j'ai envie de féliciter mon collègue.

Ce texte qu'autrefois j'ai approché en croyant, je l'approche maintenant en agnostique. Je voulais autrefois m'imprégner d'une vérité, de la Vérité, je cherche maintenant à démonter les rouages d'une œuvre littéraire. Pascal dirait qu'autrefois dogmatique je suis devenu pyrrhonien. Il ajoute avec justesse qu'on ne peut sur ce sujet rester neutre. C'est comme les gens qui se déclarent apolitiques : cela veut simplement dire qu'ils sont de droite. Le problème, c'est qu'on ne peut s'empêcher, en ne croyant pas, d'être de droite, c'est-à-dire de se sentir supérieur à celui qui croit. Et cela d'autant plus qu'on a cru ou voulu croire soi-même. On en vient, on connaît – comme les communistes repentis. Résultat : cette lecture d'esprit fort, à laquelle je me suis adonné pendant notre séjour à Sélimiyé tout en jouissant de me voir à la fois comme cet homme grave, paisible, occupé à commenter saint Luc dans un village de la côte turque, hors saison, et comme ce *people* qui dix jours plus tard monterait au bras d'Hélène les marches du festival de Cannes dans le rôle le plus flatteur qui soit – car franchement, à part président du jury, il existe peu de situations aussi gratifiantes socialement que d'être juré à Cannes. Dans ce théâtre de perpétuelle humiliation, où tout est fait pour rappeler à chacun qu'il y a plus important que lui, on est hors d'atteinte, hors concours, hors sol, placé dans un empyrée de demi-dieux où, comme en plus on n'a le droit de rien dire sur les films en compétition, chacune de vos paroles évasives et même de vos expressions est recueillie comme un oracle. Drôle d'expérience, qui ne dure heureusement que deux semaines, mais permet de comprendre pourquoi les gens très célèbres, ou très puissants, ceux qui n'ouvrent jamais une porte eux-mêmes, perdent si souvent la tête.

Je ne veux pas me faire plus bête ni plus vain que je ne suis. Tandis que je me livrais à cette lecture de petit malin, quelque chose en moi gardait conscience qu'il n'y a pas de meilleure façon de passer à côté de l'Évangile, et qu'une des choses les plus constantes et les plus claires qu'y dit Jésus, c'est que le Royaume est fermé aux riches et aux intelligents. Au cas où je l'aurais oublié, je retrouvais Hervé pour déjeuner et pour dîner, toujours dans le même restaurant du port car en dehors du fait qu'il n'y en avait pas tellement d'autres ouverts nous aimons tous les deux, quand nous sommes quelque part, y prendre des habitudes et ne pas y déroger. Chaque fois que, parlant de mon travail, je versais dans l'ironie et le scepticisme, je pouvais compter sur lui pour me dire, par exemple :

« Tu dis que tu ne crois pas à la résurrection. Mais d'abord tu n'as aucune idée de ce que cela signifie, la résurrection. Et puis, en posant d'entrée cette incroyance, en en faisant un savoir et une supériorité sur les gens dont tu parles, tu t'interdis tout accès à ce qu'ils étaient et croyaient. Méfie-toi de ce savoir-là. Ne commence pas par te dire que tu en sais plus qu'eux. Efforce-toi d'apprendre auprès d'eux au lieu de leur faire la leçon. Ça n'a rien à voir avec la contrainte mentale consistant à essayer de croire quelque chose que tu ne crois pas. Ouvre-toi au mystère, au lieu de l'écarter a priori. »

Je protestais, pour la forme. Mais même sans croire en Dieu, je lui ai toujours rendu grâce, à lui et à notre marraine, d'avoir placé Hervé auprès de moi.

32

Notre conversation en revient toujours à confronter sa vision des choses, que j'appelle métaphysique, et la mienne, qui est historique, romanesque, agnostique. Ma position, en gros, est que la quête du sens de la vie, de l'envers du décor, de cette réalité ultime souvent désignée sous le nom de Dieu, est, sinon une illusion (« Tu n'en sais rien », objecte Hervé, et j'y consens), du moins une aspiration à quoi certains sont enclins et pas les autres. Les premiers n'ont pas davantage raison, ni ne sont plus avancés sur la voie de la sagesse que ceux qui occupent la vie en écrivant des livres ou en générant des points de croissance. C'est comme d'être brun ou blond, d'aimer ou non les épinards. Deux familles d'esprits : celui qui croit au ciel, celui qui n'y croit pas ; celui qui pense que nous sommes dans ce monde changeant et douloureux pour trouver la sortie et celui qui accorde qu'il est changeant et douloureux mais que cela n'implique pas qu'il y ait une sortie.

« Peut-être, répond Hervé, mais si tu admets que ce monde est changeant et douloureux, ce qui est la première des nobles vérités bouddhistes, si tu admets que vivre, c'est être dans le pétrin, alors la question de savoir s'il y a une sortie du pétrin est suffisamment importante pour mériter qu'on ouvre une enquête. Tu penses appeler ton livre *L'Enquête de Luc* (c'était mon titre, à cette époque : on ne m'avait pas encore fait observer qu'il sonne comme une contrepèterie). Ce serait dommage de faire comme si tu savais dès le départ que cette enquête n'a pas d'objet, ou de t'en tirer en disant que toi, elle ne te concerne pas. Si elle a un objet, cet objet concerne tout le monde, tu ne peux pas ne pas être d'accord là-dessus. »

Non, je ne peux pas ne pas être d'accord là-dessus, et je le concède avec la bonne grâce des interlocuteurs de Socrate qui, dans les dialogues de Platon, disent sans cesse des choses comme : « c'est vrai, Socrate », « il faut en convenir, Socrate », « je vois bien que tu as encore raison, Socrate »...

« Tu admets donc, poursuit Hervé, que s'il y a une raison, même ténue, de croire qu'il est possible de passer de l'ignorance à la connaissance, de l'illusion à la réalité, ce voyage justifie qu'on s'y consacre et que s'en détourner, le croire vain sans y être allé voir, est une erreur ou une marque de paresse. D'autant que certains y sont allés voir, justement. Ils en sont revenus avec un rapport détaillé, avec des cartes, qui permettent de se lancer à son tour, sur leurs pas. »

Parlant de ces éclaireurs, Hervé pense au Bouddha, sur qui il est en train d'écrire, mais aussi à Jésus, sur qui je me suis mis en demeure d'écrire parce qu'il faut bien à un moment ou à un autre, si on s'occupe de Luc et de Paul, en venir à celui dont ils ont parlé tous les deux. Alors certes, on peut dire, comme Nietzsche que j'admire, comme les nietzschéens que pour la plupart je déteste, comme quelques nietzschéens que j'aime par exception – l'historien Paul Veyne, le philosophe Clément Rosset, l'acteur Fabrice Luchini –, on peut dire que toute doctrine philosophique ou religieuse n'est jamais qu'une excroissance du moi et une façon particulière, convenant aux goûts de certains, de s'occuper en attendant la mort, mais même moi qui dans notre dialogue suis censé la soutenir je suis obligé de convenir que c'est une vue assez courte. Ça n'empêche peut-être pas qu'elle soit juste, le problème est que personne n'en sait rien. Et puis, je dois être honnête : depuis plus de vingt ans je fais de la méditation, je lis des textes mystiques, j'ai Hervé pour meilleur ami, je tourne autour de l'Évangile, et rien ne me garantit évidemment que ce chemin me conduira au but qu'on souhaite atteindre en s'y engageant – la connaissance, la liberté, l'amour, que je crois être une seule et même chose –, mais j'ai beau dans notre dialogue tenir le rôle du relativiste, j'ai beau être narcissique, vaniteux, faire le paon au festival de Cannes, je ne peux pas nier que j'y suis, sur ce chemin.

L'énorme différence entre Hervé et moi, ce n'est pas seulement que je vis dans le culte et le souci perpétuels de ma personne, mais que j'y crois dur comme fer, à cette personne. Je ne connais rien d'autre que « moi », et je crois que ce « moi » existe. Hervé moins. Ou, comment dire ? Il n'attache pas tellement d'importance à ce petit bonhomme qui s'appelle Hervé Clerc, qui il y a peu de temps n'existait pas, qui bientôt n'existera plus et qui dans l'intervalle l'occupe, bien sûr, avec ses soucis, ses désirs, sa sinusite chronique, mais il sait que c'est quelque chose de transitoire, de volatil, une buée comme dit l'Écclésiaste. Il le dit avec drôlerie dans *Les choses comme elles sont* : l'avantage d'avoir un « moi » pas très costaud, à la force duquel on n'a pas accompli grand-chose, c'est qu'on ne s'y attache pas trop.

Lors de notre dernier séjour au Levron, c'était deux ans déjà après Sélimiyé, nous prenions notre habituel *ristretto* à notre habituel café d'Orsières avant de monter marcher dans le val Ferret. Il était songeur, et à un moment, tout à trac, il a dit : « Finalement, je suis déçu. Je pensais quand j'étais jeune dépasser la condition humaine. Mais je viens d'avoir soixante ans et je dois me rendre à l'évidence que pour cette vie au moins, c'est râpé. »

J'ai ri, affectueusement. Je lui ai dit qu'une de mes raisons de l'aimer, c'est qu'il est la seule personne que je connaisse capable de dire avec placidité une chose pareille : « J'espérais dépasser la condition humaine. » Ah ah.

Mon étonnement a étonné Hervé. Le désir de dépasser la condition humaine, ça lui semblait quelque chose d'assez naturel, et de certainement pas rare, même s'il est vrai que les gens en parlent peu. « Pourquoi est-ce que tu ferais du yoga, autrement ? »

Je pourrais répondre : pour être en bonne forme physique ou, comme le dit Hélène qui tient avec tant de grâce, dans notre couple, le rôle de la matérialiste : « pour avoir de belles fesses », mais Hervé a raison. La vérité, c'est que j'en attends plus ou moins – en l'avouant plus ou moins, selon les interlocuteurs – ce que ces exercices promettent explicitement à celui qui s'y engage : l'élargissement de la conscience, l'illumination, le *samadhi* – à partir de quoi, d'après les récits des voyageurs, on voit de façon tout à fait différente ce qu'on appelait jusqu'alors la réalité.

Enfin, de façon tout à fait différente, ça se discute. Au début du chemin, dit un texte bouddhiste qu'Hervé cite dans *Les choses comme elles sont*, une montagne a l'air d'une montagne. Quand on est un peu plus avancé sur le chemin, elle n'a plus du tout l'air d'une montagne. Et puis au bout du chemin, elle a de nouveau l'air d'une montagne : *c'est* une montagne. On la voit. Être sage, c'est quand on se trouve devant une montagne voir cette montagne, et rien d'autre. Une vie, en principe, n'y suffit pas.

33

À Selimiyé, j'ai dressé la liste des miracles rapportés par Luc dans son Évangile.

Le premier a lieu dans la synagogue de Capharnaüm et c'est un exorcisme. Se sentant menacé par les paroles de Jésus et surtout par l'autorité mystérieuse d'où elles émanent, un homme possédé d'un démon s'en prend à lui. Jésus ordonne au démon de sortir de l'homme et le démon obéit, sans faire de mal à l'homme. Quittant la synagogue,

Jésus va chez Pierre, qui s'est mis depuis peu à le suivre. La belle-mère de Pierre a de la fièvre. Jésus lui touche le front de sa main, la fièvre s'en va. Il guérit ensuite un lépreux, un paralytique et un homme à la main sèche. Une main sèche, je ne sais pas ce que c'est mais j'ai un jour serré celle d'un homme qui ressentait les premières atteintes de la maladie de Charcot. Cette main était froide, inerte. En souriant tristement, l'homme m'a dit : « C'est seulement le début, dans un an je serai tout entier comme ça et dans deux ans je serai mort. »

Le paralytique, j'en ai déjà parlé à propos des détails qui ne s'inventent pas : c'est celui que quatre hommes font descendre sur son brancard à travers le toit, tant il se presse de monde dans la maison où se trouve Jésus. Celui-là, Jésus ne le guérit pas de but en blanc. Il se contente d'abord de lui dire que ses péchés sont pardonnés. Déception, mais aussi murmures scandalisés des dévots : « Qu'est-ce qu'il a dit là ? Il blasphème ! Seul Dieu peut pardonner les péchés. » Entendant cela, Jésus les provoque : « Qu'est-ce qui est le plus facile, à votre avis ? Dire à un homme : tes péchés sont pardonnés, ou lui dire : lève-toi et marche ? Allez, pour vous montrer que le Fils de l'Homme a le pouvoir de pardonner les péchés, je t'ordonne de te lever, de prendre ton brancard et de marcher. » Le paralytique obéit, l'assistance est stupéfaite. Lacan dirait : la guérison est donnée par surcroît.

Ensuite, c'est le petit esclave d'un centurion romain qui est gravement malade, tout près de mourir. Ce centurion aime les Juifs : il a donné de l'argent pour bâtir une synagogue, ce doit être comme Luc un prosélyte. Il montre une foi exemplaire en faisant dire à Jésus qu'il ne s'estime pas digne de le recevoir sous son toit : un simple mot de lui, à distance, suffira. Jésus ne prononce pas ce mot, mais quand les émissaires du centurion retournent à la maison, ils y trouvent le petit esclave en parfaite santé.

Dans cette histoire, j'aime surtout la phrase : « Seigneur, je ne suis pas digne de te recevoir, mais dis seulement une parole et mon petit sera guéri » – qui devient, à la messe : « Seigneur, je ne suis pas digne de te recevoir, mais dis seulement une parole et *je* serai guéri. »

Une histoire très voisine est celle du chef de synagogue Jaïre, dont la petite fille de douze ans est mourante. Comme le centurion, Jaïre appelle Jésus au secours. Jésus va se mettre en route quand s'ouvre une parenthèse dans le récit. Il sent que quelqu'un touche le bord de son manteau. Il s'arrête, demande : « Qui m'a touché ? – Personne en particulier, dit Pierre : c'est la foule qui te presse. – Non, dit Jésus, quelqu'un m'a touché. J'ai senti la force jaillir de moi. » Une femme alors se jette à ses pieds. Elle saigne depuis longtemps, là où saignent les femmes mais elle c'est tout le temps et cette impureté perpétuelle fait de sa vie un enfer. « Ma fille, lui dit Jésus, ta foi t'a sauvée. Va en paix. » La parenthèse refermée, on va de nouveau se mettre en route quand arrive de chez Jaïre un serviteur chargé de l'affreuse nouvelle : la petite fille est morte. Le père s'effondre. « Sois sans crainte, lui dit Jésus. Si tu as confiance, elle sera sauvée. » Et on a beau lui dire ce que je dirais moi, qu'il est trop tard, que si elle est morte elle est morte, il y va. Entrant dans la maison avec le père et la mère, il leur dit : « Ne pleurez pas, elle n'est pas morte. Elle dort. » Puis il réveille la petite, qui se met aussitôt à jouer.

Dès que Jésus arrive quelque part, les aveugles retrouvent la vue, les sourds entendent, les boiteux marchent, les lépreux sont guéris et les morts ressuscitent. (Ils ressuscitent : très bien – j'ai déjà dit ce que je pensais de cette débauche de résurrections à propos de l'adolescent Eutyque, n'en parlons plus.) Luc avait beau être médecin, on sent qu'il adore ces scènes-là. Moi, moins, et Renan encore moins. « Pour les auditoires grossiers, écrit-il, le miracle prouve la doctrine. Pour nous, c'est la doctrine qui fait oublier le miracle. » Et il ajoute, très imprudemment à mon sens : « Si le miracle a quelque réalité, alors mon livre n'est qu'un tissu d'erreurs. »

De fait, Renan et nous, les modernes, aimons mieux oublier les miracles, les cacher sous le tapis. Nous trouvons très bien maître Eckhart, les deux Thérèse, les grands mystiques, mais préférons détourner nos regards de Lourdes ou de Medjugordjé, cette bourgade d'Herzégovine qui fascinait tant ma marraine et où, selon la description de mon ami Jean Rolin qui pendant les guerres des Balkans a beaucoup traîné dans ces parages, « la Sainte Vierge accomplit à date fixe des prodiges tels que répandre dans l'air un parfum de roses, faire s'enflammer spontanément des croix ou décrire au soleil des entrechats, attirant ainsi des centaines de milliers de pèlerins et procurant à ses habitants assez d'argent pour construire autour du sanctuaire, lui-même hideux, toutes sortes d'édifices à vocation commerciale d'une laideur blasphématoire ».

Notre seule ressource, à « nous », les auditoires non grossiers, pour ne pas jeter le bébé avec l'eau du bain, c'est de donner à ce qui ne nous plaît pas un sens plus raffiné. De faire de Jésus, non pas un thaumaturge épatant un public naïf par des pouvoirs surnaturels, mais une sorte de psychanalyste capable de guérir des blessures secrètes, enfouies, psychiques autant que physiques, par la seule vertu de son écoute et de sa parole. On discutait beaucoup, il y a vingt ans, les thèses de l'évêque allemand Drewermann, mis à l'index par le Vatican et qui avait écrit un livre intitulé *La parole qui guérit*. Françoise Dolto disait des choses du même genre et ces choses, pour ma part, me conviennent tout à fait. Seulement, je suis obligé de reconnaître que s'il me plaît, à moi, de lire la Bible ainsi, ce n'est pas du tout ainsi qu'elle a été écrite. Ce n'est pas nouveau : Philon d'Alexandrie, déjà, mettait un grand talent à transposer en termes spirituels et moraux des textes dont la rudesse littérale le choquait et choquait ses auditeurs. Quand, dans le livre de Josué, les Israélites exterminent jusqu'au dernier les habitants de Canaan pour prendre leur place, et s'en font gloire, je ne demande qu'à acheter l'explication de Philon selon laquelle il s'agit d'une chose aussi respectable que le combat de l'âme contre les passions qui l'habitent, mais je crains que l'auteur de Josué ait plutôt eu en tête quelque chose comme le nettoyage de la Bosnie par les troupes serbes. Bref : d'accord pour lire la Bible comme ça m'arrange, à condition d'en être conscient. D'accord pour me projeter en Luc, à condition de savoir que je me projette.

Jésus, de toute façon, n'avait pas le monopole de ces prodiges. Luc nous dit sans embarras que Philippe, en Samarie, en faisait autant, et Pierre, et Paul, et toutes sortes de mages païens avec qui les apôtres engageaient des compétitions de super-pouvoirs. N'aurait-il fait que cela, on aurait oublié jusqu'au nom de Jésus quelques années après sa mort. Mais il n'a pas fait que cela. Il a *dit* quelque chose, d'une certaine façon, et c'est à ce quelque chose, à cette façon de le dire, qu'après beaucoup de détours je veux en venir.

34

Spéculer sur les sources des Évangiles n'est pas un sport moderne. Les lettrés chrétiens s'y adonnent depuis le IIe siècle, l'opinion dominante ayant longtemps été celle d'Eusèbe de Césarée (quand on dit « la tradition », c'est en général de lui qu'il s'agit), selon laquelle Matthieu a écrit le premier. C'est seulement au XIXe siècle que l'exégèse allemande a établi l'antériorité de Marc et l'hypothèse dite des « deux sources », que presque personne aujourd'hui ne conteste.

Selon cette hypothèse, Matthieu et Luc ont tous les deux, indépendamment l'un de l'autre, eu accès au texte de Marc et, chacun de son côté, l'ont en grande partie recopié : c'est la première source. Mais ils auraient aussi eu accès à une seconde source, ignorée de Marc, encore plus ancienne que son Évangile, et qui a dû très tôt être perdue. Bien qu'il n'en existe aucune trace matérielle, tout le monde admet (enfin, *presque* tout le monde mais je commence à en avoir assez d'écrire « presque » à chaque phrase), tout le monde donc admet que ce document a dû exister, et ressembler de très près à la reconstitution qu'en a proposée en 1907 l'exégète libéral Adolf von Harnack sous le nom de Q – pour *Quelle*, qui signifie « source » en allemand.

Le principe qui a permis cette reconstitution est simple : sont présumés appartenir à Q tous les passages communs à Matthieu et à Luc qui ne viennent pas de Marc. Ces passages sont nombreux et, ce qui rend l'hypothèse encore plus solide, ils se présentent dans le même ordre dans les deux Évangiles. Mais, dira-t-on, si chacun a usé des deux mêmes sources, et dans le même ordre, leurs textes devraient être identiques ? Non, car chacun avait en outre une troisième source, n'appartenant qu'à lui. Cette troisième source, l'exégèse allemande lui donne un nom que j'ai déjà mentionné et qui me plaît bien : son *Sondergut*, c'est-à-dire son « bien propre ». Pour résumer, et en très gros, on peut dire que l'Évangile de Luc est composé d'une moitié de Marc, d'un quart de Q et d'un quart de *Sondergut*.

Voilà : vous savez ce qu'il faut savoir sur Q.

Cet Évangile d'avant les Évangiles devait servir d'aide-mémoire aux missionnaires judéo-chrétiens de Palestine et de Syrie – comme Philippe, par qui Luc a dû y avoir accès. Il se présente comme un recueil d'une petite dizaine de pages, 250 versets, et la première chose qui frappe quand on l'aborde c'est que les neuf dixièmes de ces 250 versets ne sont pas des récits, mais des *paroles* de Jésus. Au début de ce livre, j'écrivais : « Nul ne saura jamais qui était Jésus ni, à la différence de Paul, ce qu'il a vraiment dit. » Je le maintiens. Il faut résister à la tentation de lire ce document virtuel, résultant d'une hypothèse philologique, comme une transcription *verbatim*. Il n'empêche que nulle part on n'est plus proche de l'origine. Nulle part on n'entend plus distinctement *sa voix*.

Écoutez.

35

Levant les yeux sur ceux qui le suivent, il dit :

Heureux, vous les pauvres car le royaume de Dieu est à vous.

Heureux, vous qui avez faim car vous serez rassasiés.

Heureux, vous qui êtes en deuil car vous serez consolés.

Aimez ceux qui ne vous aiment pas. Priez pour ceux qui vous traitent mal.

Si quelqu'un te frappe sur une joue, tends l'autre. Si quelqu'un te traîne en justice et réclame ta chemise, donne-lui aussi ton manteau.

Si on te demande, donne. Si on t'emprunte de l'argent, ne demande pas qu'on te rembourse.

Si tu aimes ceux qui t'aiment, où est ton mérite ? Si tu prêtes en comptant qu'on te rembourse, qu'est-ce que tu veux de plus ?

Ne juge pas, pour n'être pas jugé. Tu seras jugé à l'aune à laquelle tu as jugé. Mesuré avec la mesure qui t'a servi pour mesurer les autres.

Tu vois un brin de paille dans l'œil de ton frère. Mais la poutre dans ton œil, tu la vois ? Et tu prétends retirer le brin de paille de son œil ? Retire d'abord la poutre du tien.

Un bon arbre ne produit pas de mauvais fruits, un mauvais n'en produit pas de bons. C'est aux fruits qu'on juge l'arbre.

Pourquoi m'appelez-vous : « Seigneur ! Seigneur ! » et ne faites-vous pas ce que je dis ?

Écouter mes paroles et les mettre en pratique, c'est bâtir sur la pierre : le vent peut souffler, la pluie tomber, la maison tiendra. Les écouter sans les mettre en pratique, c'est bâtir sur du sable : la pluie tombe, les torrents débordent, le vent souffle, tout s'écroule.

Je vous dis : demandez et on vous donnera. Cherchez et vous trouverez. Frappez et on vous ouvrira. Celui qui demande reçoit, celui qui cherche trouve, celui qui frappe on lui ouvre. Qui parmi vous, si son fils lui demande du pain, est assez mauvais pour lui donner une pierre ? Vous êtes mauvais, mais vous êtes quand même capables de faire des cadeaux à vos enfants. Alors demandez-vous ce que le Père, qui est bon, donne à ses enfants qui demandent.

Je te remercie, père, d'avoir caché ces choses aux sages et de les avoir révélées aux tout-petits.

Qui n'est pas avec moi est contre moi. Qui ne rassemble pas avec moi disperse.

Malheur à vous, les sages, qui payez scrupuleusement toutes les taxes, sur la menthe, sur l'aneth, sur le cumin, et qui négligez la justice, la pitié, la fidélité. Vous purifiez la coupe, vous purifiez le plat, mais à l'intérieur vous êtes pleins de rapacité et d'avidité. Malheur à vous, qui fabriquez des fardeaux et les chargez sur les épaules des gens sans lever le petit doigt pour les porter vous-mêmes.

N'amassez pas de trésors sur la terre. Les mites et la rouille les rongeront, les voleurs les voleront. Amassez-les plutôt dans le ciel. Là où est ton trésor, là est aussi ton cœur.

C'est pour cela que je vous dis : ne vous inquiétez pas de ce que vous mangerez ou des vêtements que vous porterez. Regardez les oiseaux. Ils ne sèment pas, ne récoltent pas, n'amassent pas, pourtant Dieu les nourrit. Est-ce que vous ne valez pas mieux que les oiseaux ? Arrêtez de vous inquiéter en disant : qu'allons-nous manger ? Qu'allons-nous boire ? De quoi allons-nous nous couvrir ? Ce sont des soucis de païens. Votre père le sait bien, que vous avez besoin de toutes ces choses. Cherchez son royaume, elles vous seront données par surcroît.

À quoi le comparer, ce royaume ? À un grain de moutarde minuscule qu'un homme a jeté dans son jardin. Il germe sans bruit, sans que personne le voie, et puis il pousse, un jour il devient un grand arbre et les oiseaux du ciel font leur nid dans ses branches.
Vous me demandez : mais ce royaume, il viendra quand ? On ne peut pas le saisir, on ne peut pas dire : le voici ! Le voilà ! Il est parmi vous. Il est en vous. Pour y entrer, il faut passer par la porte étroite.
Les derniers seront les premiers, les premiers seront les derniers. Celui qui s'élève sera abaissé, celui qui s'abaisse sera élevé.

Il faut veiller. Si on savait quand doit venir le voleur, personne ne se laisserait voler. Le royaume est comme un voleur, il vient quand on ne l'attend pas. Ne vous endormez pas.

Un berger qui a cent brebis et qui en perd une, est-ce qu'il ne va pas laisser les quatre-vingt-dix-neuf autres pour aller la chercher ? Et s'il la retrouve, est-ce qu'il ne sera pas plus heureux à cause d'elle qu'à cause des quatre-vingt-dix-neuf qui ne se sont pas perdues ?

36

J'ai traduit librement, choisi ce dont, aujourd'hui, j'ai l'usage. Et ce petit *digest* évangélique me paraît justifier toujours le mot des gardes venus arrêter Jésus : « Aucun homme n'a jamais parlé comme cet homme. »

Il ne se dit ni le Christ, ni le Messie, ni le Fils de Dieu, ni celui d'une vierge. Seulement « le Fils de l'Homme » – et cette expression qui, traduite en grec puis dans n'importe quelle autre langue, semble nimbée de mystère, les biblistes nous disent qu'en araméen elle signifiait « l'homme », tout bonnement. Celui qui parle dans Q est un homme, rien qu'un homme, qui ne nous demande jamais de *croire* en lui, seulement de mettre en pratique ses paroles.

Imaginons que Paul n'ait pas existé, le christianisme non plus, et qu'il ne reste de Jésus, prêcheur galiléen du temps de Tibère, que ce tout petit recueil. Imaginons qu'il ait été ajouté à la Bible hébraïque comme un prophète tardif ou qu'il ait été découvert deux mille ans plus tard, parmi les manuscrits de la mer Morte. Je pense que nous serions sidérés par son originalité, sa poésie, son accent d'autorité et d'évidence, et que hors de toute église il prendrait place parmi les grands textes de sagesse de l'humanité, aux côtés des paroles du Bouddha et de Lao-tseu.

Est-il possible qu'il ait été lu ainsi, et *seulement* ainsi ? Du fait qu'il n'est question dans Q ni de la vie ni de la mort de Jésus mais seulement de son enseignement, l'exégète qui présente mon édition conclut hardiment que dans les premiers cercles judéo-chrétiens on le vénérait parce que c'était un sage et non parce qu'il était ressuscité. Cette thèse ne me convainc pas. Je ne crois pas que les usagers de Q ignoraient la résurrection de Jésus ou s'en souciaient peu, je suis certain au contraire qu'ils le lisaient ou l'écoutaient *parce* qu'ils croyaient à la résurrection. Mais il ne faudrait pas me pousser beaucoup pour me faire dire que, même sans y croire, on peut tirer de ce recueil ce que l'apologiste Justin, au IIe siècle, appelait « la seule philosophie sûre et profitable ». Que s'il existe une boussole pour savoir si à chaque instant de la vie on fait ou non fausse route, elle est là.

37

La scène se passe à Jérusalem ou à Césarée. Luc tient entre ses mains le rouleau de papyrus que lui a prêté Philippe en lui disant d'y faire très attention parce qu'il n'en a qu'un exemplaire. Je dis Philippe, cela peut être quelqu'un d'autre, on sait seulement que ce n'est pas Jean-Marc puisque le rouleau contient tout ce qu'on ne trouvera pas dans son Évangile. Luc déchiffre ces mots. Pour la première fois, il s'expose à leur radiation.

Si l'on s'en tient au sens, il n'a pas de raison d'être dépaysé. Depuis dix ans qu'il fréquente Paul, il s'est rompu à l'inversion systématique de toutes les valeurs : sagesse et folie, force et faiblesse, grandeur et petitesse. Il peut entendre sans sourciller qu'il vaut mieux être pauvre, affamé, dans la peine et haï de tous plutôt que riche, bien nourri, rieur et de bonne réputation. Rien de tout cela n'est nouveau pour lui. Ce qui est nouveau pour lui, mais alors totalement nouveau, c'est la voix, le phrasé, qui ne ressemblent à rien de ce qu'il connaît. Ce sont les petites histoires, prises dans la réalité la plus concrète – une réalité campagnarde, alors que Paul et lui, Luc, sont des hommes des villes qui ne savent pas à quoi ressemble un grain de moutarde ni comment se conduit un berger avec ses brebis. C'est aussi cette façon si particulière de ne pas dire : « Faites ceci, ne faites pas cela », mais plutôt : « Si vous faites ceci, il arrivera cela. » Ce ne sont pas des prescriptions morales mais des lois de la vie, des lois karmiques, et bien sûr Luc ne sait pas ce que cela veut dire, le *karma*, mais je suis certain qu'il sent, intuitivement, qu'il y a une énorme différence entre dire : « Ne fais pas à un autre ce que tu ne voudrais pas qu'il te fasse » (ça, c'est la règle d'or, celle dont le rabbin Hillel disait qu'elle résumait la Loi et les Prophètes) et dire : « Ce que tu fais à un autre, tu te le fais à toi-même. » Ce que tu dis d'un autre, tu le dis de toi-même. Traiter quelqu'un de con, c'est dire : « Je suis un con », l'écrire sur une pancarte et se la coller sur le front.

L'Évangile de Luc et les Actes des apôtres sont écrits exactement de la même façon – même langue, même procédés de narration. C'est une des nombreuses raisons de penser qu'ils sont du même auteur. Mais il n'y a rien de commun entre les paroles de Jésus dans le premier livre et les discours que les personnages, dans le second, saisissent toute occasion pour prononcer. Longs, rhétoriques, interchangeables, ces discours sont composés par Luc, qui croit bien faire et qui adore les plaidoiries. Josèphe et tous les historiens de l'époque en écrivaient de semblables. Ce que dit Jésus, c'est le contraire : naturel, lapidaire, à la fois totalement imprévisible et totalement identifiable. Cette façon de manier le langage n'a pas d'équivalent historique. Elle est une sorte d'hapax qui, pour qui a simplement un peu d'oreille, interdit de douter que cet homme a existé, qu'il a parlé ainsi.

38

L'homme qui parle dans le rouleau parle sans cesse du Royaume. Il le compare à une graine qui germe en terre, dans le noir, à l'insu de tous, mais aussi à un arbre immense dans lequel les oiseaux font leurs nids. Le Royaume est à la fois l'arbre et la graine, ce qui doit advenir et ce qui est déjà là. Ce n'est pas un au-delà, plutôt une dimension de la réalité qui le plus souvent nous demeure invisible mais quelquefois, mystérieusement, affleure, et dans cette dimension il y a peut-être un sens à croire, contre toute évidence, que les derniers sont les premiers et vice-versa.

C'est ce qui touchait le plus Luc, je pense. Pauvres, humiliés, Samaritains, petits de toutes les sortes de petitesse, gens qui se considèrent eux-mêmes comme des pas grand-chose : le Royaume est à eux, et le plus grand obstacle pour y entrer, c'est d'être riche, important, vertueux, intelligent et fier de son intelligence.

Deux hommes sont au Temple : un pharisien et un publicain – publicain, je le rappelle, cela veut dire percepteur, cela veut dire collabo, cela veut dire pauvre type et même sale type. Le pharisien, debout, prie ainsi : « Seigneur, je te rends grâce de ce que je ne suis pas comme les autres hommes qui sont voleurs, malfaisants, adultères, ou encore comme ce percepteur, là. Moi, je jeûne deux fois par semaine, je suis en règle pour la dîme, je suis en règle pour tout. » Un peu en arrière, le publicain n'ose même pas lever les yeux vers le ciel. Il se frappe la poitrine et il dit : « Seigneur, prends pitié du pécheur que je suis. » Eh bien, conclut Jésus, c'est celui-ci, pas l'autre, dont la prière vaut quelque chose, car celui qui s'élève sera abaissé et celui qui s'abaisse sera élevé.

Un jeune homme riche vient trouver Jésus. Il veut savoir quoi faire pour avoir la vie éternelle. « Tu connais les commandements, lui dit Jésus. Ne tue pas, ne vole pas, ne commets pas d'adultère, ne porte pas de faux témoignages, honore ton père et ta mère. – Je connais les commandements, répond le jeune homme, et je les observe. – Bien, dit Jésus. Alors il ne te manque qu'une chose. Tout ce que tu as, vends-le, distribue-le aux pauvres, tu auras un trésor dans le Royaume. » Entendant cela, le jeune homme est tout triste, car il a de grands biens. Il s'en va.

Je me demande, devant ces histoires qu'il écrira plus tard, à qui s'identifiait Luc. Au publicain ou au pharisien ? Est-ce qu'il se voyait plutôt comme un pauvre, qui se réjouissait d'apprendre la bonne nouvelle ? Ou comme un riche, qu'elle mettait en alerte ?

Je n'en sais rien, je peux seulement ici parler de moi.

Moi, je m'identifie au jeune homme riche. J'ai de grands biens. Longtemps, j'ai été si malheureux que je n'en avais pas conscience. Le fait d'avoir grandi du bon côté de la société, doué d'un talent qui m'a permis de mener ma vie à peu près à ma guise, me semblait peu de chose au regard de l'angoisse, du renard occupé jour et nuit à me dévorer les entrailles, de l'impuissance à aimer. Je vivais en enfer, vraiment, et c'est sincèrement que je me mettais en colère quand Sophie me reprochait d'être né avec une cuiller d'argent dans la bouche. Puis quelque chose a changé. Je touche du bois, je ne veux pas tenter le diable, je sais que rien n'est acquis et qu'à tout instant on peut y replonger, en enfer, mais tout de même j'ai appris d'expérience que la sortie de la névrose est possible. J'ai rencontré Hélène, écrit *Un roman russe* qui a été ma levée d'écrou. Deux ans plus tard, quand est paru *D'autres vies que la mienne*, de nombreux lecteurs m'ont dit que ça les avait fait pleurer, que ça les avait aidés, que ça leur avait fait du bien, mais quelques-uns m'ont dit autre chose : qu'à eux ça leur avait fait du mal. Il n'est question dans ce livre que de couples – Jérôme et Delphine, Ruth et Tom, Patrice et Juliette, Étienne et Nathalie, *in extremis* Hélène et moi – qui en dépit des épreuves terribles qu'ils traversent s'aiment vraiment et peuvent tabler là-dessus. Une amie, amèrement, m'a dit : c'est un livre de nanti de l'amour, c'est-à-dire de nanti tout court. Elle avait raison.

Je viens de relire au pas de charge les carnets que j'ai remplis depuis que j'ai commencé à écrire sur Luc et les premiers chrétiens. J'y ai trouvé cette phrase, copiée dans un apocryphe copte du IIe siècle : « Si tu fais advenir ce qui est en toi, ce que tu feras advenir te sauvera. Si tu ne fais pas advenir ce qui est en toi, ce que tu n'auras pas fait advenir te tuera. » Elle n'est pas aussi connue que celle de Nietzsche : « Ce qui ne nous tue pas nous rend plus forts », ou celle de Hölderlin : « Là où croît le danger croît aussi ce qui sauve », mais elle mériterait, je trouve, de les rejoindre dans les livres de développement personnel un peu haut de gamme, et ce qui est certain, c'est que je l'ai recopiée pour me féliciter de faire advenir ce qui est en moi. D'une façon générale, chaque fois que je m'arrête pour faire le point depuis maintenant sept ans, c'est pour me féliciter d'être contre toute attente devenu un homme heureux. C'est pour m'émerveiller de ce que j'ai déjà accompli, me figurer ce que je vais accomplir encore, me répéter que je suis sur la bonne voie. Une grande partie de mes rêveries suit cette pente – et je m'y abandonne en invoquant la règle fondamentale de la méditation comme de la psychanalyse : consentir à penser ce qu'on pense, à être traversé par ce qui vous traverse. Ne pas se dire : c'est bien, ou c'est mal, mais : cela est, et c'est dans ce qui est que je dois m'établir.

Cependant, une petite voix têtue vient régulièrement troubler ces concerts d'autosatisfaction pharisienne. Cette petite voix dit que les richesses dont je me réjouis, la sagesse dont je me flatte, l'espoir confiant que j'ai d'être sur la bonne voie, c'est tout cela qui empêche l'accomplissement véritable. Je n'arrête pas de gagner, alors que pour gagner vraiment il faudrait perdre. Je suis riche, doué, loué, méritant et conscient de ce mérite : pour tout cela, malheur à moi !

Quand se fait entendre cette petite voix, celles de la psychanalyse et de la méditation essayent de la couvrir : pas de dolorisme, pas de culpabilité mal placée. Ne pas se flageller. Commencer par être bienveillant avec soi-même. Tout cela est plus *cool*, et me convient mieux. Pourtant je crois que la petite voix de l'Évangile dit vrai. Et comme le jeune homme riche, je m'en vais songeur et triste parce que j'ai de grands biens.

Ce livre que j'écris sur l'Évangile en fait partie, de mes grands biens. Je me sens riche de son ampleur, je me le représente comme mon chef-d'œuvre, je rêve pour lui d'un succès planétaire. Veaux, vaches, cochons... Alors je pense au manteau de Mme Daniel-Rops.

Daniel-Rops, un académicien catholique, a écrit dans les années cinquante un livre sur Jésus qui a eu un prodigieux succès de librairie. Sa femme, au vestiaire du théâtre, se retrouve à côté de François Mauriac. On lui donne son manteau – un somptueux vison. Mauriac palpe la fourrure et glousse : « Doux Jésus... »

39

Je serais mal venu de me plaindre, personne ne m'y a forcé, mais je garde des années passées à écrire *L'Adversaire* le souvenir d'un long et lent cauchemar. J'avais honte d'être fasciné par cette histoire et par ce criminel monstrueux, Jean-Claude Romand. Avec le recul, j'ai l'impression que ce qu'il m'effrayait tant de partager avec lui, je le partage, nous le partageons lui et moi, avec la plupart des gens, même si la plupart des gens ne vont heureusement pas jusqu'à mentir vingt ans et pour finir tuer toute leur famille. Même les plus assurés d'entre nous, je pense, éprouvent avec angoisse le décalage entre l'image qu'ils s'efforcent tant bien que mal de donner à autrui et celle qu'ils ont d'eux-mêmes dans l'insomnie, la dépression, quand tout vacille et qu'ils se tiennent la tête entre les mains, assis sur la cuvette des chiottes. Il y a à l'intérieur de chacun de nous une fenêtre qui donne sur l'enfer, nous faisons ce que nous pouvons pour ne pas nous en approcher, et moi j'ai de mon propre chef passé sept ans de ma vie devant cette fenêtre, médusé.

L'Adversaire est un des noms que la Bible donne au diable. Je n'ai jamais pensé en donnant ce titre à mon livre qu'il s'appliquait au malheureux Jean-Claude Romand, mais à cette instance qui existe en lui comme en chacun de nous, sauf qu'en lui elle a pris tout le pouvoir. Nous avons l'habitude d'associer le Mal à la cruauté, au désir de nuire, au plaisir pris à voir souffrir autrui. Rien de tel chez Romand, qui était de l'aveu de tous un type gentil, désireux de faire plaisir, craignant de faire de la peine et le craignant tellement qu'il a préféré tuer toute sa famille plutôt que d'en arriver à cette extrémité. En prison, il s'est converti. Il passait et autant que je sache passe toujours une grande partie de son temps à prier. Il remercie le Christ d'inonder de lumière son âme enténébrée. Quand nous avons commencé à correspondre, il m'a demandé si j'étais chrétien moi aussi, et j'ai répondu oui. Je me suis quelquefois reproché cette réponse, parce qu'à cette époque j'aurais aussi bien pu répondre non. Deux ans avaient passé depuis la fin de ce qu'à part moi j'appelais désormais « ma période chrétienne », je ne savais plus du tout où j'en étais de ce côté-là et c'est un petit peu pour me concilier sa faveur qu'entre le oui et le non j'ai choisi le oui.

Un petit peu ; pas seulement.

Sa névrose, le vide qui s'est creusé en lui, toutes ces forces noires et tristes que j'appelle l'Adversaire ont conduit Jean-Claude Romand à mentir sa vie durant, aux autres et d'abord à lui-même. Il a supprimé les autres, du moins ceux qui comptaient : femme, enfants, parents, et le chien. Son mensonge a été révélé au grand jour. Il a voulu se suicider, sans trop de conviction. Il survit, seul et nu, dans un désert hostile. Mais il a trouvé un refuge, c'est l'amour du Christ, qui n'a jamais caché être venu pour les gens comme lui : percepteurs collabos, psychopathes, pédophiles, chauffards qui prennent la fuite, types qui parlent tout seuls dans la rue, alcooliques, clochards, *skinheads* capables de foutre le feu à un clochard, bourreaux d'enfants, enfants martyrs qui devenus adultes martyrisent leurs enfants à leur tour... Je sais, il est scandaleux de mélanger bourreaux et victimes, mais il est essentiel d'entendre que les brebis du Christ ce sont les deux, bourreaux autant que victimes – et personne, si cela vous déplaît, ne vous oblige à écouter le Christ. Ses clients, ce ne sont pas seulement les humbles – si dignes d'estime, si agréables à donner en exemple –, mais aussi, mais surtout ceux qu'on hait et méprise, ceux qui se haïssent et se méprisent eux-mêmes et qui ont de bonnes raisons pour cela. Avec le Christ, on peut avoir tué toute sa famille, on peut avoir été la dernière des crapules, rien n'est perdu. Si bas que vous soyez descendu, il viendra vous chercher, ou alors ce n'est pas le Christ.

La sagesse du monde dit : c'est bien commode. Un type qui, comme Romand, prétend être médecin alors qu'il ne l'est pas, il finit fatalement par être démasqué. Un type qui, toujours comme Romand, prétend s'entretenir familièrement avec le Seigneur Jésus, allez lui prouver qu'il raconte ou se raconte des histoires. Ce mensonge-là, si c'en est un – et les psychiatres, les journalistes, les honnêtes gens ont toutes raisons de le penser –, est une forteresse imprenable. Personne ne pourra l'en débusquer. Il est en prison à perpétuité, d'accord, mais hors d'atteinte.

J'ai beaucoup entendu ça, lors du procès de Romand et après. C'était dit avec indignation, avec ironie, avec dégoût, et je n'avais ma foi rien à y opposer. Sinon ceci : ce que disent au sujet de Romand la sagesse du monde et les honnêtes gens, il se le dit aussi. Il a une peur horrible, constante, pas de nous mentir à nous, je pense que ce n'est plus son problème, mais de se mentir à lui-même. D'être cette fois encore le jouet de ce qui ment au fond de lui, qui a toujours menti, que j'appelle l'Adversaire et qui maintenant prend le visage du Christ.

Alors ce que j'appelle être chrétien, ce qui m'a fait lui répondre que oui, j'étais chrétien, cela consiste simplement, devant le doute abyssal qui est le sien, à dire : qui sait ? Cela consiste, au sens strict, à être agnostique. À reconnaître qu'on ne sait pas, qu'on ne peut pas savoir, et parce qu'on ne peut pas savoir, parce que c'est indécidable, à ne pas écarter totalement la possibilité que Jean-Claude Romand ait dans le secret de son âme affaire à autre chose qu'au menteur qui l'habite. Cette possibilité, c'est ce qu'on appelle le Christ et ce n'est pas par diplomatie que je lui ai dit que j'y croyais, ou essayais d'y croire. Si c'est cela, le Christ, je peux même dire que j'y crois toujours.

IV

Luc
(Rome, 60-90)

1

Passent deux ans, ces deux ans dont on ne sait rien et que j'ai essayé d'imaginer. Luc reprend son récit au mois d'août 60, quand le gouverneur Félix est remplacé par un autre gouverneur, Porcius Festus. Dans la masse des dossiers qu'il découvre en prenant ses fonctions, il y a celui de Paul, ce rabbin assigné à résidence dans une aile lointaine du palais en raison « d'on ne sait quelles querelles touchant la religion des Juifs et un certain Jésus qui est mort mais que le prisonnier prétend toujours en vie ». Festus hausse les épaules : ça n'a pas l'air pendable, mais on lui explique qu'on est chez les Juifs et que chez les Juifs tout est compliqué, la moindre discussion peut tourner à l'émeute. D'un côté les grands prêtres réclament la tête de Paul, et pour avoir la paix mieux vaut ménager les grands prêtres, de l'autre Paul en appelle à rien de moins que le jugement de l'empereur, à quoi en tant que citoyen romain il a légalement droit. Bref, affaire embrouillée, que Félix a sciemment laissée pourrir à l'intention de son successeur.

Quelques jours après son arrivée, le roitelet de Judée Hérode Agrippa et sa sœur Bérénice rendent visite au nouveau gouverneur. Que le souverain local vienne se présenter à l'envoyé de Rome et pas le contraire dit clairement où est le pouvoir. Arrière-petit-fils du fastueux et cruel Hérode le Grand, Agrippa est un play-boy juif totalement hellénisé, romanisé, comme les maharadjahs élevés à Cambridge au temps du *raj*. Il a dans sa jeunesse fait la noce à Capri avec l'empereur Caligula. De retour au pays, il s'ennuie un peu. Bérénice est jolie, intelligente. Elle vit avec son frère, on dit qu'ils couchent ensemble. Au fil de la conversation, Festus leur confie l'embarras que lui cause Paul. Agrippa est intrigué. « Je serais curieux, dit-il, d'entendre cet homme. » Qu'à cela ne tienne : on envoie chercher Paul qui paraît entre deux soldats, enchaîné, et ne se fait pas prier pour, une fois de plus, raconter son histoire. C'est la troisième version qu'en donnent les Actes, Luc visiblement ne s'en lasse pas. Comme d'habitude, les auditeurs sont captivés par la fureur persécutrice de Paul, par le chemin de Damas, par le grand retournement, mais ils calent sur la résurrection. Quand il en arrive là, Festus l'interrompt : « Tu es fou, Paul. Tu sais beaucoup de choses, mais tu es complètement fou. – Pas du tout, répond Paul, je parle le langage de la vérité et du bon sens. » (De la vérité, peut-être ; du bon sens, il faut le dire vite.) Il se tourne vers Agrippa : « Tu crois aux prophètes, roi Agrippa ? » Sous-entendu : si tu y crois, qu'est-ce qui t'empêche de croire aussi ce que je dis, moi ? Amusé, Agrippa répond : « Je te vois venir, tu vas bientôt me dire que je suis déjà chrétien sans le savoir. Il t'en faut peu pour en arriver là. » Paul, du tac au tac : « Peu, c'est déjà beaucoup, et c'est tout ce que je vous souhaite à vous qui m'écoutez : devenir comme moi... mais sans ces chaînes ! » Ah ah !

Conversation de gens de bonne compagnie, tolérants, spirituels, dont Agrippa conclut la même chose que Festus : il n'y a rien de sérieux à reprocher à Paul. S'il ne s'était pas mis en tête d'en appeler à l'empereur, le plus simple aurait été de le relâcher discrètement. Mais il en a appelé à César. Grand bien lui fasse, dit Agrippa avec une moue sceptique car les Césars, il en a pratiqué trois, courtisé trois, à l'avènement du dernier il a même poussé le fayotage jusqu'à renommer « Néroniade » une ville de son petit royaume. Paul veut être jugé à Rome, qu'il soit jugé à Rome.

Pour les amateurs de récits maritimes, du genre *Deux ans sur le gaillard d'avant*, le chapitre qui suit est certainement un régal : cabotage puis haute mer, tempête, naufrage, hivernage à Malte, révolte de l'équipage, faim et soif... Moi, cela m'ennuie, je me contenterai donc de noter que le voyage a été long et périlleux, que Paul y a fait preuve d'un courage égal à sa prétention de donner des leçons de navigation à des marins aguerris et Luc d'une connaissance impressionnante du vocabulaire nautique. Ce ne sont qu'agrès, ancres qui filent, avirons de queue qu'on largue, il est même question de civadière – dont une note de la TOB m'apprend que c'était une petite voile gréée à l'avant du navire, l'ancêtre du foc sauf que le foc est triangulaire et que la civadière était carrée.

Au chapitre des vies parallèles, notons aussi qu'au même moment l'aristocrate sadducéen Joseph ben Mathias, âgé de vingt-six ans et qui ne s'appelait pas encore Flavius Josèphe, a fait le même voyage dont il livre un récit presque aussi mouvementé. Josèphe, cependant, a dû voyager dans des conditions plus confortables que Paul car il n'était pas prisonnier mais diplomate ou plutôt lobbyiste, à la tête d'une délégation de prêtres du Temple qui se rendaient à Rome pour défendre leurs intérêts corporatifs auprès de l'empereur Néron.

2

On a toujours du mal à se le rappeler à cause de la suite, mais Néron a fait plutôt bonne impression quand il a revêtu la pourpre impériale après Tibère qui était paranoïaque, Caligula qui était carrément fou, et Claude qui était bègue, ivrogne, cocu, dominé par des femmes dont les noms restent dans l'histoire associés à la débauche – pour Messaline – et à l'intrigue – pour Agrippine. Une fois débarrassée de Claude grâce à un plat de cèpes empoisonnés, Agrippine a manœuvré pour écarter de la succession l'héritier légitime, Britannicus, au profit de son fils à elle : c'était Néron, il n'avait que dix-sept ans, elle comptait bien régner par son intermédiaire. Pour l'y aider, elle a fait rappeler de Corse où, disgracié par Claude, il se morfondait depuis huit ans, quelqu'un que nous avons déjà croisé : le célèbre Sénèque, voix officielle du stoïcisme, banquier richissime, politicien ambitieux et déçu qui a effectué son grand retour aux affaires dans le rôle de précepteur et éminence grise du jeune prince. Celui-ci y a gagné, à ses débuts, une réputation de philosophe et de philanthrope. On rapportait son mot, quand il lui avait fallu signer son premier arrêt de mort : « Comme j'aimerais ne pas savoir écrire... » Plus que la philosophie, en fait, Néron aimait les arts : la poésie, le chant, et aussi les jeux du cirque. Il s'est mis à monter sur scène pour déclamer des vers de son cru en s'accompagnant à la lyre et à descendre dans l'arène pour conduire des chars. Cela choquait le Sénat mais plaisait à la plèbe. De toute la dynastie julio-claudienne, Néron a été l'empereur le plus populaire et quand il en a pris conscience ce garçon joufflu et sournois que sa mère pensait contrôler toute sa vie a commencé à s'émanciper. Elle s'en est inquiétée. Pour le rappeler à l'ordre, elle a fait ressortir de la coulisse le beau-fils qu'elle avait évincé, Britannicus. Menacé par sa mère, Néron a fait exactement ce que sa mère aurait fait à sa place : Britannicus, comme Claude, est mort empoisonné. Dans la pièce toute de perfidie qu'il tirera de l'épisode, Racine, qui comme tous les classiques français a grandi dans le culte de Sénèque, passera sous silence le rôle du philosophe-précepteur et, de fait, nul ne sait s'il a été ou non au courant du complot. Il est certain, en revanche, qu'après l'assassinat de Britannicus Sénèque a sans broncher continué à louer les vertus de son élève, sa clémence et sa mansuétude – sans compter, écrit-il dans un panégyrique particulièrement gratiné, que pour la grâce du visage et la suavité du chant il ne le cède en rien à Apollon lui-même.

Sénèque sera bientôt disgracié à son tour, et Agrippine assassinée dans des circonstances que comme tout ce que rapporte ce chapitre nous connaissons grâce aux deux grands historiens de l'époque, Tacite et Suétone. Mais on n'en est pas là, pas tout à fait, quand Josèphe et sa délégation de prêtres juifs se présentent à la cour impériale. Néron est encore le « monstre naissant » qu'a voulu peindre Racine. Il ne s'est pas encore débarrassé de sa mère et de son mentor mais il secoue leur joug. Il délaisse Octavie, la fille de Claude qu'Agrippine lui a fait épouser dans le dessein de resserrer encore ce nœud de crotales familial, pour une courtisane nommée Poppée. Quinze siècles plus tard, Monteverdi fera d'elle l'héroïne de l'opéra le plus amoral et explicitement érotique de toute la musique occidentale. Poppée devait être un coup d'enfer, mais ce qui nous intéresse surtout ici c'est qu'elle était juive – ou à moitié juive, ou au moins prosélyte. Le mime favori de Néron était juif aussi, et les vieux sénateurs romains s'alarmaient de cette double influence sur l'empereur. Comme le satiriste Juvénal, version romaine de ce personnage universel qu'est le réactionnaire de charme, caustique et talentueux, ils déploraient que la boue de l'Oronte se déverse dans le Tibre – entendez que la ville éternelle grouille d'immigrés orientaux dont les religions vivaces et conquérantes avaient plus de succès auprès des jeunes générations que la célébration exsangue des dieux de la cité. L'idée que se faisait Néron du judaïsme devait être confuse : si on lui avait dit que l'usage pendant le sabbat était de sacrifier de jeunes vierges, je pense qu'il l'aurait cru et aurait approuvé cet usage. N'empêche : au cours de son ambassade, Josèphe, qui avait prévu à Rome de se montrer plus romain que les Romains, a eu la surprise presque embarrassée de trouver un empereur ami des Juifs – et même, pour parler comme les antisémites d'une autre époque, carrément *enjuivé*.

De ces mœurs et lubies impériales, Paul ne sait évidemment rien. Vivant dans le petit monde clos de ses églises, il doit à peine savoir que César s'appelle Néron. Comme Josèphe, il débarque à Pouzzoles, près de Naples, mais Josèphe d'une cabine de première, lui de la cale, et tandis que le lobby des grands prêtres fait route vers Rome en grand apparat, il va non seulement à pied, comme d'habitude, mais de plus enchaîné. Dans un film, on ne résisterait pas à la tentation de montrer les roues du convoi officiel soulevant une gerbe de boue qui éclabousse une file de bagnards – parmi lesquels on reconnaîtrait Paul. Barbu, le visage raviné, portant depuis six mois le même manteau noir de crasse, il lève la tête, suit des yeux le cortège qui s'éloigne. On reconnaît aussi, cheminant avec lui, Luc, Timothée et, le poignet droit lié par une chaîne d'environ un mètre au poignet gauche de l'apôtre, le centurion chargé de le convoyer depuis Césarée. Ce centurion est un peu plus qu'un figurant. Les Actes nous apprennent qu'il s'appelait Julius et que, s'étant au cours du voyage pris d'estime pour son prisonnier, il a tout fait pour lui faciliter la vie – ce qui était son intérêt aussi puisqu'ils ne pouvaient même pas s'écarter l'un de l'autre pour pisser.

C'est dans cet équipage qu'on atteint Rome.

3

Dans sa *Vie quotidienne à Rome à l'apogée de l'Empire*, Jérôme Carcopino s'interroge sur la population de la cité au Ier siècle et, après avoir consacré trois grandes pages à exposer, opposer, enfin démolir les évaluations de ses collègues, finit en s'excusant de son imprécision par avancer un chiffre « flottant entre 1 165 050 et 1 677 672 habitants ». Que la vérité se situe vers le haut ou le bas de cette étonnante fourchette, Rome était la plus grande ville du monde : une métropole moderne, une vraie tour de Babel, et quand on parle de tour il faut l'entendre littéralement car sous la pression incessante de ces immigrés dont le nombre et les mœurs désolaient Juvénal elle avait, seule dans l'Antiquité, poussé à la verticale. Tite-Live parle d'un taureau qui, échappé du marché aux bestiaux, a gravi les escaliers d'un immeuble jusqu'au troisième étage avant de se jeter dans le vide, au grand effroi des habitants : ce troisième étage, il le mentionne en passant, comme allant de soi, alors que partout ailleurs qu'à Rome il relèverait de la science-fiction. Depuis un siècle, les immeubles avaient tellement monté, ils étaient devenus tellement peu sûrs que l'empereur Auguste a dû interdire qu'ils dépassent *huit* étages – décret que les promoteurs s'ingéniaient à tourner par tous les moyens.

Si je rapporte cela, c'est pour qu'en lisant dans les Actes que Paul, à son arrivée à Rome, a été autorisé à y louer un petit logement, on se représente ce petit logement non pas comme une des échoppes qu'il avait toujours habitées dans des médinas méditerranéennes, mais bien comme un studio ou un deux-pièces dans une de ces barres qu'aujourd'hui nous connaissons par cœur, où pauvres et sans-papiers s'entassent à la périphérie des villes : dégradées aussitôt que construites, insalubres, exploitées en rognant sur tout par des marchands de sommeil, avec des murs fins comme du papier pour ne pas perdre de place et des escaliers où l'on pisse et chie sans que personne nettoie. Il n'y avait de vraies chiottes que dans les belles demeures horizontales des riches, c'étaient des sortes de salons, fastueusement décorés, équipés d'un cercle de sièges qui permettaient de se soulager en devisant. Les gueux qui habitaient les immeubles de rapport devaient se contenter des latrines publiques, et les latrines publiques étaient loin, les rues à la tombée de la nuit devenaient dangereuses :

avant de sortir souper, dit encore Juvénal, mieux valait avoir fait son testament.

    Paul n'avait pas de goût pour le confort, il était tout sauf hédoniste. Ce nouveau décor, qui devait être le dernier de sa vie, a dû le dépayser sans l'abattre. Je pense aussi qu'il voyait dans ces conditions d'existence, effarantes pour un nouveau venu, le signe de son point de vue réconfortant que la fin du monde était proche. Comme il était toujours prisonnier, en attente d'être jugé, il devait partager son logis avec un soldat chargé de le garder. Ce soldat était-il d'aussi bonne composition que le centurion Julius, Luc ne nous le dit pas. Il ne nous dit pas non plus où Timothée et lui-même se sont installés. J'imagine près de leur maître, au même étage élevé car plus on s'élevait moins on payait cher : il y avait les escaliers à monter, c'était plus dangereux dans le cas – fréquent – d'incendie, et personne ne considérait encore la vue comme un atout. Pour en finir avec cet aperçu de l'immobilier romain, ajoutons que le bon marché, dans les hauteurs, était tout relatif, et la flambée des loyers, à l'égal des embarras de la circulation, un thème récurrent de la littérature sous l'Empire. Le poète Martial, représentant typique de la classe moyenne pauvre qui habitait près du Quirinal au troisième étage d'un immeuble plutôt décent, soupire régulièrement que pour le prix de son clapier il pourrait vivre à la campagne dans un petit domaine bien dodu. Rien ne l'en empêche, en fait, mais c'est à Rome que les choses se passent et, en dépit de ses soupirs, il ne s'en exilerait pour rien au monde.

Pour sortir, Paul devait être enchaîné mais il pouvait dans son gourbi faire ce qu'il voulait, recevoir qui il voulait, et trois jours après son arrivée il a invité ou plutôt convoqué chez lui les notables juifs de Rome. On peut juger surprenant qu'il se soit tourné d'abord vers eux et non vers l'église chrétienne qui existait déjà dans la capitale. L'explication, à mon avis, c'est qu'il craignait d'être encore plus rejeté par cette église chrétienne d'obédience juive, mise en garde contre lui par des émissaires de Jacques, que par les Juifs tout court. Ce que rapporte Luc est un dialogue de sourds. Devant quelques rabbins interloqués, qui ont monté sa volée d'escaliers sans trop savoir à quoi s'attendre, Paul se défend avec véhémence d'accusations dont ses interlocuteurs n'ont jamais entendu parler. Ils sont de bonne volonté, hochent la tête, voudraient comprendre. À ce détail près que Paul prêche chez lui et non à la synagogue, cette rencontre avec les Juifs de Rome donne l'impression, alors qu'on est à la fin des Actes, d'être revenu au début. Paul développe son argumentaire habituel à l'usage des débutants, partant de la Loi et des Prophètes, aboutissant à la résurrection et à la divinité de Jésus. Quelques-uns de ses auditeurs sont ébranlés, la plupart restent incrédules. Le soir venu, on se sépare, et voici ce qu'écrit Luc :

« Paul resta deux années entières dans le logis qu'il avait loué. Il recevait tous ceux qui venaient l'y trouver, annonçant le Royaume de Dieu et enseignant ce qui concerne le Seigneur Jésus-Christ avec assurance et sans obstacle. »

Sur ces mots prennent fin les Actes des apôtres.

4

Cette chute abrupte laisse une drôle d'impression. Elle a fait couler beaucoup d'encre. Quand ils se demandent pourquoi Luc fausse compagnie à son lecteur, les exégètes avancent deux hypothèses : celle de l'accident, celle de l'intention.

L'hypothèse de l'accident, c'est que la fin du livre existait mais qu'elle a disparu. C'est très possible, surtout si l'on pense que le dernier quart des lettres de Sénèque à Lucilius, qui à la même époque était un véritable best-seller, s'est perdu quelque part entre le Ier et le Ve siècle. Seulement c'est un peu décevant.

L'hypothèse de l'intention, c'est que le texte n'est pas tronqué : son auteur a *voulu* cette fin. Rome, disent les tenants de cette hypothèse, était le centre du monde. Atteindre Rome représentait pour Paul le couronnement de sa carrière apostolique, une fois ce but atteint on peut considérer l'histoire comme terminée : Paul enseigne avec assurance et sans obstacle, tout est bien qui finit bien.

Étant donné que la suite immédiate de l'histoire, c'est l'incendie de Rome, la persécution de Néron, le martyre probable de Paul et de Pierre, à quoi il faut six ans plus tard ajouter la destruction du Temple et le sac de Jérusalem, étant donné que les Actes ont été écrits dans les années quatre-vingt ou quatre-vingt-dix et que leur auteur a été témoin de tous ces événements, j'avoue que j'ai un peu de mal à accepter l'explication selon laquelle il n'avait plus rien de bien intéressant à raconter et préférait finir sur un temps fort.

Une variante plus séduisante serait que ces événements, il n'avait *pas envie* de les raconter parce qu'ils ne font pas honneur à Rome. Mais d'une part il ne pouvait pas espérer les cacher, d'autre part les Romains des années quatre-vingt étaient certainement d'accord pour considérer le règne de Néron comme une page sombre de leur histoire, on ne les aurait pas choqués en la décrivant comme telle. Alors?

Alors je ne sais pas. Tout compte fait, je penche plutôt vers la thèse de l'accident, du manuscrit partiellement perdu. Maintenant, si c'est vrai, pourquoi l'Église du IIe ou du IIIe siècle n'a-t-elle pas donné une fin à ce texte manifestement inachevé, comme on verra qu'elle l'a fait pour l'Évangile de Marc? Pourquoi n'a-t-elle pas attribué à Luc un récit bien orthodoxe, bien conforme à la tradition, des derniers jours de Pierre et Paul? Peut-être pour les mêmes raisons, animée par la même, et étrange, honnêteté textuelle qui lui a fait conserver quatre récits de la vie de Jésus, remplis de contradictions gênantes, au lieu, comme il aurait été facile, de les unifier en un seul, cohérent, homogène, collant avec les dogmes et les conciles. J'essaie dans ce livre de raconter comment a pu s'écrire un Évangile. Comment s'est constitué le canon, c'est une autre histoire : elle est tout aussi mystérieuse.

5

Les Actes nous font défaut à partir de l'arrivée de Paul à Rome, mais une poignée de lettres attribuées à l'apôtre témoigne de cette période. Je dis « attribuées » parce que les exégètes discutent à la fois de leur authenticité et de leur datation – discussion dans laquelle j'aime mieux ne pas entrer. Ces « lettres de la captivité », comme on les appelle, frappent par leur tonalité mystique et crépusculaire. Paul s'y décrit chargé de chaînes, décrépit, épuisé, revenu de la morne illusion qu'est la vie terrestre, n'aspirant plus qu'à aborder sur l'autre rive. Dans sa lettre à l'église de Philippes, il assure que vivre ou mourir lui est égal, ou plutôt que mourir, c'est-à-dire rejoindre le Christ, vaudrait bien mieux pour lui, mais ce serait une telle perte pour ses disciples qu'il consent à se faire une raison : va pour vivre. Un argument voisin, un peu plus loin, lui fait accepter l'argent que lui envoient les fidèles Philippiens en leur expliquant qu'il le fait pour leur bien à eux : il s'en passerait très bien, quant à lui, mais s'en voudrait de leur ôter cette joie et cette occasion de charité.

C'est dans la lettre aux Philippiens que se trouve cette hymne que Jacqueline m'a lue il y a bien longtemps, j'entends encore sa voix résonner dans le salon de la rue Vaneau et je la recopie en pensant à elle. Je me la répète à voix basse, sans être capable de la convertir en prière mais en me disant que ce serait bien d'y entendre un peu, un tout petit peu, de ce qu'elle y entendait :

« Lui, qui était de condition divine,
n'a pas jalousement retenu
le rang qui l'égalait à Dieu
mais s'est anéanti lui-même
prenant la condition d'esclave,
devenant semblable aux hommes,
se comportant comme un homme
s'humiliant toujours davantage,
obéissant jusqu'à la mort
et quelle mort ! Sur la croix !
Ainsi Dieu l'a-t-il exalté
et lui a-t-il donné le Nom
qui est au-dessus de tout nom
pour que Tout, au nom de Jésus,
s'agenouille au plus haut des cieux
sur la terre et dans les enfers. »

J'étais dans ma jeunesse un ennemi déclaré des points d'exclamation, des points de suspension, des majuscules à tout va. Cela désolait Jacqueline, qui voyait dans ce puritanisme esthétique une marque de tiédeur spirituelle : « Avec quoi loueras-tu ton Seigneur, mon pauvre petit ? » Aucun de ces signes d'emphase n'existait dans la langue dont usait Paul mais il est difficile, c'est sans doute ce qui me gênait et me gêne toujours, de ne pas y recourir quand on traduit ses lettres de la fin – si solennelles, si hérissées d'abstractions, si loin des fulgurances qui électrisent chaque ligne des lettres aux Galates ou aux Corinthiens.

Dans la lettre aux Colossiens, dans celle aux Éphésiens, il n'est question que de choses comme le mystère de Sa Volonté, la louange de Sa Grâce, le Dessein bienveillant qu'Il a formé par avance, pour le réaliser quand les Temps seront accomplis. « Il », on s'en doute, c'est Dieu, et Paul prie nuit et jour pour qu'Il veuille bien faire voir à ses correspondants quelle espérance leur ouvre Son appel, quels trésors de gloire renferme Son héritage, quelle grandeur revêt Sa puissance... Cette puissance, Il l'a déployée dans le Christ Jésus, Le ressuscitant d'entre les morts et Le faisant siéger à Sa droite, dans les cieux, bien au-dessus de toute Principauté et de toute Seigneurie, car Il a Tout mis aux pieds du Christ Jésus, qui est la Tête de l'Église, et l'Église est son Corps et nous, les croyants, sommes ses membres. Il est monté, s'interroge Paul : qu'est-ce que cela veut dire ? Sinon qu'Il est descendu ? Et pourquoi est-Il descendu ? Pour habiter en nous et nous permettre de comprendre ce que sont la Largeur, la Longueur, la Hauteur et la Profondeur, afin que nous connaissions l'Amour qui surpasse toute connaissance et que, nous tenant debout avec la Vérité pour ceinture, la Justice pour cuirasse et pour chaussures le Zèle à propager l'Évangile, nous entrions par Sa Plénitude dans la Plénitude de Dieu.

Plus Paul avançait en âge, plus sa prédication prenait ce genre d'accents. Il n'avait jamais parlé de Jésus comme du maître de vie dont Luc s'était mis à lire les paroles en cachette. En parler comme du Messie, ça ne concernait que les Juifs, et avec les Juifs, même s'ils étaient a priori intéressés, on se retrouvait immanquablement à discuter de la circoncision. Alors qu'un dieu qui avait pris figure humaine pour visiter la terre, ça ne dépaysait pas les païens. L'incarnation, le dieu fait homme, blasphèmes pour les Juifs, constituaient un mythe tout à fait acceptable par les provinciaux d'Asie ou de Macédoine à qui Paul, jusqu'à la fin, s'est adressé en priorité. Visant ce public-là, son Christ devenait de plus en plus grec, de plus en plus divin, son nom et celui de Dieu de quasi-synonymes. Pour les simples, c'était une figure mythologique, pour les subtils une hypostase divine, quelque chose comme le *Logos* des néoplatoniciens d'Alexandrie. Cette théosophie était d'autant plus nécessaire aux yeux de Paul que la fin du monde annoncée ne venait pas. Alors il s'est, petit à petit, mis à dire qu'en fait elle était venue, et la Résurrection aussi, et que prendre conscience de cet immense et aveuglant secret, contre le témoignage de ses sens, était signe qu'on mourait au monde et qu'on vivait en Christ, c'est-à-dire que comme lui, Paul, on vivait *vraiment*.

Ces vaticinations du dernier Paul, je me demande ce que Luc pouvait en penser. Quand il l'entendait, dans son petit appartement, dicter de sa voix rauque à Timothée ces lettres où le monde entier, passé, présent et à venir, ne suffisait pas à contenir la grandeur du Christ Jésus, comment raccordait-il ce Christ Jésus à l'homme sur qui il avait enquêté en Judée et en Galilée, cet homme qui avait mangé, bu, chié, marché sur des chemins caillouteux en compagnie de types illettrés et naïfs à qui il racontait des histoires de voisins querelleurs et de percepteurs repentants ? Là-bas, Luc n'avait rien osé en dire à Paul : il se sentait coupable de cette curiosité qui, aux yeux de l'apôtre, revenait à prendre contre lui le parti des Juifs. Mais à Rome ? Plus tard ? Est-ce qu'il n'a pas été tenté de parler de ce Jésus-là ? De lire pour l'édification de leur petit groupe quelques-unes des paroles qu'il avait recopiées dans le rouleau de Philippe ?

Je l'imagine tâtant le terrain, s'y prenant comme les tantes du narrateur qui, dans *À la recherche du temps perdu*, aimeraient bien remercier Swann qui leur a envoyé un cadeau, mais de façon pas trop directe parce qu'elles craignent de paraître obséquieuses, alors elles se perdent en allusions si contournées que personne, et surtout pas l'intéressé, n'y comprend rien. Je l'imagine lâchant devant le citadin endurci qu'était Paul des phrases mal assurées à propos de semailles, de moissons, de troupeaux, essayant d'embrayer sur l'histoire, qui lui plaît tant, du berger qui a cent brebis, qui en perd une, qui abandonne pour la chercher les quatre-vingt-dix-neuf autres, et quand il l'a retrouvée il est plus heureux à cause d'elle qu'à cause des quatre-vingt-dix-neuf qui ne se sont pas perdues. Ce qu'entendant, j'imagine Paul se rembrunir, froncer les sourcils noirs qui se rejoignent au-dessus de son nez. Il n'aime pas qu'on lui cite des histoires qu'il ne connaît pas, encore moins qu'on lui dise – à supposer que Luc s'y soit risqué – que ces histoires viennent tout droit de la bouche du Christ Jésus. Il n'a pas de temps à perdre avec ces anecdotes rustiques. Lui, ce qui l'occupe, c'est la Hauteur, la Longueur, la Largeur et la Profondeur. Luc remballe son rouleau : autant vouloir charmer Emmanuel Kant en lui lisant *La Chèvre de monsieur Seguin*.

6

Paul a dû vivre à Rome comme il avait vécu à Césarée : très isolé. Quand Luc dit qu'il recevait tous ceux qui venaient le trouver, ce devait être quelques Juifs, très peu, et encore moins de chrétiens car les chrétiens de Rome, pour la plupart juifs eux aussi, suivaient les directives venues de Jérusalem. Quelques années plus tôt, Paul leur avait envoyé de Corinthe une grande lettre expliquant que la Loi c'était fini, mais cette lettre dont il espérait qu'elle serait reçue comme une révélation l'avait été comme un écrit sectaire, émanant d'un personnage douteux, et après qu'elle eut fait quelques vagues on l'avait très vite oubliée.

Cette position marginale, inconfortable, lui faisait chaque jour regretter l'autorité dont il jouissait dans ses églises d'Asie ou de Macédoine.

Les choses n'ont pas dû s'arranger quand en l'an 62 Pierre est arrivé à Rome, accompagné de plusieurs personnalités de l'église de Jérusalem parmi lesquelles se trouvait Marc qui lui tenait lieu d'interprète, et peut-être Jean – mais Jean, de toute la bande, est le plus mystérieux. Aucun d'entre eux n'a dû s'abaisser à rendre visite à Paul. Orgueilleux comme il l'était, ce n'était pas le genre de Paul de faire le premier pas. Par contre, c'était celui de Luc. Il ne connaissait peut-être pas Pierre, certainement pas Jean, mais il connaissait Marc et il a dû renouer avec lui une de ces amitiés comme il en existe entre sherpas d'hommes politiques rivaux. Grâce à Marc, Luc a été convié aux agapes présidées par Pierre. Il n'en disait rien à Paul mais il s'y retrouvait en pays de connaissance et somme toute très à l'aise, lui le Grec, dans ce milieu de bons Juifs qui tout en croyant à la résurrection de Jésus continuaient d'observer le sabbat et les prescriptions rituelles.

C'est Marc, certainement, qui lui a appris la mort de Jacques. Les choses, depuis deux ans, n'avaient fait qu'empirer en Judée. Zélotes, sicaires, guérilleros et faux prophètes grouillaient sur une terre chauffée à blanc. Le gouverneur Festus, qu'on a entrevu dans les Actes sous les traits d'un homme du monde, s'était dans l'exercice de ses fonctions révélé violent et injuste, mettant le pays en coupe réglée et encourageant tous les brigandages pourvu qu'il touche sa commission. Avec sa bénédiction, son ami le petit roi Agrippa s'était fait aménager tout en haut de son palais un immense et luxueux appartement dont la terrasse donnait sur l'intérieur du Temple. La rumeur courait que sa sœur Bérénice et lui commettaient des actes lascifs tout en regardant d'en haut ce qui se passait dans le sanctuaire. Les fidèles étaient révoltés. C'est dans ce contexte explosif que Jacques, défenseur des humbles et contempteur des puissants, s'est attiré la colère du grand prêtre, Ananias le Jeune, qui l'a fait traduire devant le Sanhédrin et, au terme d'un procès expéditif, lapider.

Jacques, lapidé ! Cette nouvelle trouble Luc et peut-être le bouleverse. Jacques était l'ennemi juré de son maître, toute son activité missionnaire se résumait à courir après Paul pour défaire ce qu'il avait fait. Pourtant, je pense qu'en apprenant sa mort Luc prend conscience qu'au fond il l'a aimé, ce vieillard à la nuque raide et aux genoux de chameau. Bien sûr, il faut dans le monde des hommes comme Paul, des héros de l'esprit qui n'acceptent aucun joug, abattent toutes les cloisons, mais il faut aussi des hommes soumis à quelque chose de plus grand qu'eux, qui observent parce que leurs pères les ont observés avant eux, et leurs grands-pères avant leurs pères, des rites dont ils estimeraient sacrilège de questionner le sens. Toutes ces prescriptions compliquées du Lévitique, ne pas manger de bêtes aux sabots fendus, ne pas mélanger viande et lait, ne pas ceci, ne pas cela, ont fort peu d'importance pour Luc et si elles en ont eu aux premiers temps de sa curiosité pour le judaïsme, Paul lui a appris à ne pas s'en soucier car la seule chose qui compte c'est d'aimer. Pourtant il soupçonne confusément qu'elles servent à quelque chose, qui est de séparer des autres le peuple qui les respecte, de lui assigner un destin qui ne ressemble à aucun autre. Tout en béant d'une stupeur admirative quand il écoute Paul proclamer que désormais, dans le Seigneur Jésus-Christ, il n'y a plus ni Juif ni Grec, ni esclave ni homme libre, ni homme ni femme, il n'est pas certain d'être tout à fait d'accord pour qu'il n'y ait plus de Juifs – ni plus de femmes, d'ailleurs –, pour que ne s'allument plus les lumières du sabbat et qu'on ne récite plus trois fois par jour le *Shema Israel*.

Oui, je pense que Luc a pleuré Jacques et tout ce qu'incarnait Jacques, que son maître déclarait caduc. Et peut-être qu'en le pleurant il lui est venu une idée. Il m'en vient une à moi, en tout cas.

7

Aucun historien ne pense que Pierre, Jacques ou même Jean ont écrit les lettres que le Nouveau Testament a conservées sous leur nom. Paul, si, sans aucun doute, et les siennes ont eu assez de rayonnement pour que les autres colonnes de l'Église primitive se soient senties obligées de l'imiter. À partir des années soixante, soixante-dix, il a fallu que chacun ait *sa* lettre circulaire, exprimant sa doctrine et témoignant de son autorité. Jacques et Pierre n'écrivaient pas le grec, et ne savaient probablement pas écrire du tout. À supposer que les lettres circulant sous leur nom aient été composées de leur vivant et sous leur contrôle, ils se sont de toute façon fait aider par des scribes, qui pouvaient leur faire dire plus ou moins ce qu'ils voulaient. Qui étaient ces scribes ? Pierre, à la fin de sa lettre, précise qu'il l'a dictée à un certain Silvain, mais mentionne aussi Marc, qu'il appelle « mon fils », et il serait étonnant que le futur évangéliste n'ait pas mis la main à la pâte. Dans celle de Jacques, pas de nom. Il y a forcément eu un nègre, mais ce nègre n'a rien fait pour sortir de l'anonymat. On dit, je ne peux pas le vérifier, que la lettre est écrite dans un grec très raffiné, et que les Écritures y sont citées dans le texte des Septante. D'où mon hypothèse : le nègre, c'est Luc. En apprenant la mort de Jacques, il s'est dit : pourquoi pas une lettre à sa mémoire ? Il a fait parler Marc et d'autres, venus de Jérusalem, qui avaient connu le vieil homme, et sans que personne le lui ait demandé, de sa propre initiative, lui qui jusqu'alors n'avait rien écrit que pour lui-même, il s'y est mis.

Cette hypothèse est hardie, elle n'engage que moi. Jugeons sur pièces. Lisons quelques lignes.

« Si vous manquez de sagesse, demandez-la à Dieu, qui donne à tous avec simplicité et sans faire de reproche.

Mais demandez-la avec confiance, sans douter, car celui qui doute ressemble à la houle de mer soulevée par le vent. Le Seigneur ne donne pas aux hommes partagés.

Agissez selon la parole, ne vous contentez pas de l'écouter. Celui qui écoute la parole et ne la met pas en pratique est comme un homme qui se regarde dans un miroir, et s'éloigne, et oublie dans l'instant à quoi il ressemble. Mais celui qui étudie la Loi, celle qui rend libre, celui qui non seulement l'étudie mais l'applique dans ses actions, celui-là ses actions le rendront heureux

Celui qui se croit religieux sans tenir sa langue et en se trompant lui-même, sa religion est vaine. Celui qui médit de son frère ou juge son frère, il médit de la Loi et juge la Loi. Ne médisez pas, ne jugez pas, tenez votre langue. Que votre oui soit un oui, que votre non soit un non.

S'il entre dans la synagogue un homme avec de beaux habits et de belles bagues, et en même temps un pauvre en haillons, et si vous accueillez le premier en lui disant : prends la bonne place, et le second en lui disant : reste debout, vous vous conduisez mal. Vous devriez savoir que Dieu a choisi les pauvres aux yeux du monde pour les rendre riches en foi et héritiers du Royaume. Et quant à vous, les riches, pleurez sur les malheurs qui vous attendent. Votre or et votre argent rouilleront, et la rouille servira contre vous de témoignage. Elle dévorera votre chair comme le feu.

Et vous qui dites : demain nous irons dans telle ville, nous ferons du commerce, nous gagnerons de l'argent, vous ne savez même pas ce que sera demain car la vie est une vapeur qui se forme un instant puis disparaît. Vous feriez mieux de dire : si le Seigneur le veut, nous ferons ci et ça, mais vous ne le dites pas, et vos projets font rire le Seigneur.

À quoi bon vous vanter de votre foi si vous n'agissez pas selon elle ? Vous croyez que la foi seule vous sauvera ? C'est comme si vous disiez à un frère ou une sœur qui n'ont rien à manger, rien à se mettre : allez, soyez en paix, soyez au chaud, bon appétit !, et que vous ne leur donniez rien pour subsister. La foi qui n'agit pas s'étiole et meurt, comme un corps qui ne respire pas. »

Martin Luther, qui considérait les lettres de Paul et en particulier la lettre aux Romains comme « le cœur et la moelle de la foi », tenait celle de Jacques pour une « épître de paille », indigne de figurer dans le Nouveau Testament. Elle n'y a été admise que de justesse. Aujourd'hui encore, tout le monde traite de haut Jacques, frère du Seigneur, les chrétiens parce qu'il était juif, les Juifs parce qu'il était chrétien, et la TOB résume le sentiment général quand elle parle de « son enseignement souvent banal, sans exposé doctrinal comparable à ceux qui font l'attrait des épîtres de Paul ou de Jean ». Or, pardon, je veux bien qu'on n'y trouve pas d'« exposé doctrinal comparable à ceux qui font l'attrait des épîtres de Paul ou de Jean », mais cet « enseignement souvent banal », c'est celui de Jésus. Le style, le ton, la voix, tout fait penser à *Q*, la plus ancienne compilation de ses paroles. Si Jacques avait écrit ces phrases, il faudrait réviser nos préjugés sur lui, admettre qu'il était le plus fidèle des disciples de son frère. Mais il n'a pas pu les écrire. Celui qui a pu les écrire, c'était un Grec instruit, maniant élégamment sa langue, familier de Q, capable sur les thèmes donnés par Jésus d'imaginer de convaincantes variations, un pasticheur habile et particulièrement inspiré dès qu'il s'agit d'élever les humbles, d'envoyer promener les gens de bien et de se réjouir pour les brebis égarées. Parmi les auteurs du Nouveau Testament, je n'en vois pas en dehors de Luc qui aient ce profil.

8

L'essentiel, répétait Paul sans se lasser, c'est de croire à la résurrection du Christ : le reste est donné par surcroît. Non, répond Jacques – ou Luc, quand il fait parler Jacques : l'essentiel, c'est d'être compatissant, de secourir les pauvres, de ne pas se hausser du col, et quelqu'un qui fait tout cela sans croire à la résurrection du Christ sera toujours mille fois plus près de lui que quelqu'un qui y croit et reste les bras croisés en se gargarisant de la Largeur, de la Hauteur, de la Longueur et de la Profondeur. Le Royaume est aux bons Samaritains, aux putes aimantes, aux fils prodigues, pas aux maîtres à penser ni aux hommes qui se croient au-dessus de tout le monde – ou au-dessous mais c'est pareil, comme l'illustre cette histoire juive que je ne résiste pas au plaisir de raconter. Ce sont deux rabbins qui vont à New York pour un congrès de rabbins. À l'aéroport ils décident de prendre le même taxi et dans le taxi ils font assaut d'humilité. Le premier dit : « C'est vrai, j'ai un peu étudié le Talmud mais comparée à la vôtre ma science est bien chétive. – Bien chétive, dit le second, vous plaisantez, c'est moi qui comparé à vous ne fais pas le poids. – Mais non, reprend le premier, comparé à vous je ne suis qu'un moins que rien. – Un moins que rien ? C'est moi le moins que rien... » Et ainsi de suite, jusqu'à ce que le chauffeur se retourne et dise : « Ça fait dix minutes que je vous écoute, deux grands rabbins qui prétendent être des moins que rien, mais si vous êtes des moins que rien je suis quoi, moi ? Un moins que moins que rien ! » Alors les deux rabbins le regardent, se regardent entre eux et disent : « Non, mais il se prend pour qui, celui-là ? »

Je vois Luc comme ce chauffeur de taxi, et Paul comme ces rabbins.

9

Soyons sérieux. Est-il possible que Luc, « le cher médecin », le fidèle compagnon de Paul, ait dans le dos de Paul écrit en la prêtant à son pire ennemi cette lettre dont chaque phrase non seulement semble sortir de la bouche de Jésus mais fait l'effet d'une pierre dans le jardin de Paul ?

Je pense que oui, c'est possible.

Le Luc que j'imagine – car bien sûr c'est un personnage de fiction, tout ce que je soutiens c'est que cette fiction est plausible –, ce Luc ne pouvait s'empêcher quand il entendait Paul dire pis que pendre de Jacques de penser à part soi que Jacques avait un peu raison. Et le contraire, quand Jacques disait pis que pendre de Paul. Cela fait-il de lui un hypocrite ? Un de ces hommes partagés à qui, selon ses propres mots, le Seigneur ne se donne pas ? Un homme dont le oui tend vers le non et le non vers le oui ? Je ne sais pas. Mais un homme qui pense que la vérité a toujours un pied dans le camp adverse, certainement. Un homme pour qui le drame mais aussi l'intérêt de la vie, c'est que, comme dit un personnage de *La Règle du jeu*, tout le monde a ses raisons et aucune n'est mauvaise. Le contraire d'un sectaire. En cela, le contraire de Paul – ce qui ne l'a pas empêché d'aimer et d'admirer Paul, de lui rester fidèle et d'en faire le héros de son livre.

Il est peut-être temps d'avouer que Luc, parmi les gens qui s'intéressent à ces questions, a plutôt mauvaise presse. L'habileté qu'on lui reconnaît, la langue élégante, les trouvailles de scénariste, les historiens modernes lui reprochent de les mettre au service d'un récit officiel, propagandiste, mensonger à force d'arrondir les angles. Je n'espère pas alléger son dossier en le présentant, en plus, comme un faussaire. Mais il n'y a pas que les historiens modernes : il y a aussi les âmes exigeantes.

Âme exigeante s'il en fut, âme de feu, en comparaison

de qui on ne peut que se sentir un bien petit bonhomme, bien prudent, bien frileux, bien tiédasse, Pier Paolo Pasolini avait un projet de film sur saint Paul transposé au XXe siècle. J'ai lu le scénario, qu'on a publié après sa mort. Les Romains tiennent le rôle des nazis, les chrétiens celui des résistants, et Paul est présenté comme une sorte de Jean Moulin : très bien. Là où j'ai été douloureusement surpris, c'est en découvrant que Luc tient auprès de lui le rôle de l'homme double, du cauteleux, du fourbe qui vit dans l'ombre du héros et, pour finir, le trahit. La surprise passée, et même l'effarement, je crois avoir compris la raison de cette haine de Pasolini pour Luc. C'est celle d'Alceste pour Philinte. Aux yeux de Pasolini, aux yeux d'Alceste, aux yeux de tous ceux qui, comme le Dieu de l'Apocalypse, vomissent les tièdes, la phrase de *La Règle du jeu* sur le fait que chacun a ses raisons et que le drame de la vie c'est que toutes ces raisons sont bonnes, cette phrase est l'évangile des relativistes et, disons le mot, des collabos de tous les temps. Parce qu'il est l'ami de tout le monde, Luc est l'ennemi du Fils de l'Homme. Pasolini, d'ailleurs, ne s'arrête pas en si bon chemin : il nous montre Luc à son bureau, écrivant – je cite : « dans un style faux, euphémique, officiel, inspiré par Satan ». Il va même jusqu'à dire que sous ses airs modestes et bon garçon, Luc c'est Satan.

Satan ? Rien que ça ?

Dans un des cahiers où, il y a vingt ans, je commentais saint Jean, j'ai copié un passage de Lanza del Vasto où est dénoncé « celui qui fait de la vérité un sujet de curiosité, des choses saintes un objet de jouissance, de l'exercice ascétique une expérience intéressante ; celui qui sait se diviser lui-même, rebondir, vivre d'une vie multipliée ; celui qui aime autant le pour et le contre, trouve une saveur égale à la vérité et au mensonge, celui qui à force de mentir oublie qu'il ment et se trompe lui-même ; l'homme d'aujourd'hui enfin, celui qui touche à tout, retourne tout, revient de tout ; l'homme le plus proche, le mieux connu de nous. Serait-ce moi, Seigneur ? ».

Ces mots, « serait-ce moi, Seigneur ? », les disciples les murmurent après que Jésus a dit qu'un d'entre eux le trahirait. En traçant ce portrait, Lanza del Vasto vise Judas, pas Luc. Mais quand je l'ai recopié, je me sentais visé, moi.

10

Puisque nous en sommes aux lettres apocryphes, parlons de celles qu'auraient échangées Paul et Sénèque. Elles ont été fabriquées, au IVe siècle, par un faussaire chrétien décidé à prouver que les deux hommes se sont connus et que les prêches de Paul ont fait grande impression sur Sénèque. Il admire, dans les lettres aux Corinthiens, « l'élégance du langage et la majesté des pensées ». Paul de son côté se déclare « heureux de mériter, ô Sénèque, l'estime d'un homme comme toi », et invite son correspondant à mettre son talent au service du Seigneur Jésus-Christ. Sénèque ne semble pas contre. En plus d'être fausse, cette correspondance de gens de lettres est assez plate, mais saint Augustin en faisait grand cas et je pense qu'elle pourrait aujourd'hui se vendre très bien, sous un titre accrocheur comme *L'Apôtre et le Philosophe*. Il est, dans la réalité, exclu que Sénèque ait jamais lu une ligne de Paul, et douteux que Paul se soit, même de très loin, soucié de Sénèque. Il est possible, par contre, que Luc l'ait lu et que dans son esprit au moins un dialogue se soit engagé entre les deux grands hommes.

Sénèque, déjà l'auteur le plus célèbre de son temps, était sur le tard devenu quelque chose de mieux : un de ces hommes qui en imposent parce qu'ils disent ce qu'ils font et font ce qu'ils disent. En tant que conseiller de Néron, il avait sans broncher avalé pas mal de couleuvres : l'assassinat de Britannicus d'abord, puis celui d'Agrippine – assassinat particulièrement cafouilleux puisqu'on a commencé par piéger le bateau la conduisant de Naples à Capri et qu'il a fallu, après qu'elle eut par miracle réchappé de l'attentat, bâcler en toute hâte un suicide auquel personne n'a cru. Mais à force de voir son élève se ridiculiser sur scène et dans l'arène, Sénèque a jugé compromise sa dignité de philosophe. Prenant prétexte de l'âge, il a demandé à Néron l'autorisation de se retirer. Néron l'a mal pris : il aimait disgracier les gens, pas qu'ils s'en aillent de leur propre chef. Sénèque a eu le courage de s'en aller quand même. Il savait ce qu'attirerait fatalement sur sa tête cette objection de conscience. En attendant, il s'est cloîtré dans sa villa, a laissé tomber ses innombrables affaires, fermé sa porte à ses innombrables clients, et il s'est mis à écrire les *Lettres à Lucilius*.

Chaque fois qu'il a été question de Sénèque dans les chapitres précédents, je me suis un peu foutu de lui. Fidèle à un préjugé lycéen (du temps où les lycéens avaient des préjugés sur Sénèque), je le voyais comme l'archétype du sermonneur. Mais j'ai passé tout un hiver à lire les *Lettres à Lucilius*, une ou deux chaque matin, au café de la place Franz-Liszt, après avoir conduit Jeanne à l'école et avant de rentrer à la maison pour me mettre au travail. Je ne vois pas d'autre mot : c'est un livre sublime. C'était, avec Plutarque, le préféré de Montaigne et on comprend pourquoi. Dans cette longue, ressassante, somptueuse méditation sur le métier de vivre, la sagesse n'est plus un prétexte à développements oratoires. La mort approche, Sénèque mise tout sur son dernier visage. Il veut que ses vices meurent avant lui. Il veut que s'accordent enfin ses pensées et ses actes. À l'objection classique, et qu'il n'a que trop souvent entendue : « Tu nous fais la leçon mais toi-même, la suis-tu ? », il répond : « Je suis malade, et ne vais pas jouer au médecin. Nous sommes voisins de grabat dans la même chambre d'hôpital, alors je parle avec toi du mal dont nous souffrons et je te passe mes recettes, pour ce qu'elles valent. »

Cet échange de diagnostics et de remèdes – pour ce qu'ils valent – me rappelle mon amitié avec Hervé. Et plus je pratique le dernier Sénèque, au fil de mes lectures matinales, plus je trouve à son stoïcisme de ressemblance avec le bouddhisme. Sénèque emploie indifféremment les mots nature, fortune, destin, dieu – ou dieux – pour désigner ce que les Chinois nomment *Tao* et les Hindous *Dharma* : le fond des choses. Il croit au *karma*. Il croit que notre destin est le fruit de nos actions, que chacune d'entre elles produit du bon ou du mauvais *karma*, et il croit même, ce qui est plus original, que l'effet en est immédiat : « Tu penses que je veux dire : un ingrat sera malheureux. Mais je ne parle pas au futur : il l'est déjà. » Il ne croit pas à l'au-delà, mais il croit à la réincarnation : « Tout finit, rien ne périt. Rien ne s'anéantit au sein de la nature. De nouveau arrivera un jour qui nous replongera dans le monde, ce contre quoi beaucoup se révolteraient si la mémoire chez eux n'était heureusement abolie. » Le bonheur l'intéresse moins que la paix, et il croit que la voie royale pour l'atteindre, c'est l'attention. L'exercer constamment, être toujours présent à ce qu'on fait, à ce qu'on est, à ce qui nous traverse, le stoïcisme appelle cela *meditatio*. Hervé la décrit dans son livre comme « un patient et scrupuleux espionnage de soi par soi », et Paul Veyne d'une autre façon, très drôle : « Un stoïcien qui mange fait trois choses : manger, s'observer mangeant, en faire une petite épopée. » À force de *meditatio*, le stoïcien accompli, comme le bouddhiste accompli, ne délibère plus. Il échappe à la nécessité car il veut ce à quoi elle le contraint. Sénèque, avec son habituelle modestie : « Je n'obéis pas au dieu : je partage son avis. »

Paul Veyne a écrit pour l'édition « Bouquins », dans laquelle je lis ces lettres, une préface très longue, très érudite, très savoureuse. Tout en admirant Sénèque, il se moque gentiment de l'idéal stoïcien. C'est un idéal pour volontaristes angoissés, dit-il, un idéal d'obsessionnel, extrêmement rassurant pour les gens qui souffrent de leurs pulsions et de leurs divisions intérieures. Il n'a qu'un petit défaut : c'est de passer à côté de tout ce qui rend la vie intéressante. Le stoïcien tend à faire de lui-même quelque chose comme un régulateur thermique dont la fonction, quand la température varie, est de maintenir le chauffage à un niveau constant. Égalité d'humeur, quiétude, âme bien en ordre. Je me rappelle, quand Hervé et Pascale, sa femme, ont emménagé à Nice où ils ne connaissaient presque personne, Pascale a dit que ce serait bien, un jour, d'inviter des gens à dîner. Réponse d'Hervé : « Pourquoi ? » C'était dit placidement, sans hargne aucune. Pascale l'a accueilli avec son indulgence habituelle : « Tu vois, ça, c'est Hervé. » Moi, ça m'a rendu fou. Qu'est-ce que c'est que cette sagesse consistant à purger la vie de tout ce qui est nouveauté, émotion, curiosité, désir ? C'est la grande objection qu'on peut faire aussi au bouddhisme : que le désir y est désigné comme l'ennemi. Désir et souffrance vont de pair, supprimez le désir vous supprimerez aussi la souffrance. Même si c'est vrai, est-ce que cela vaut la peine ? Est-ce que ce n'est pas tourner le dos à la vie ? Mais qui a dit que c'était si bien, la vie ? Sénèque pense, comme Hervé, qu'être mort c'est être tiré d'affaire.

Les *Lettres à Lucilius*, publiées entre 62 et 65, ont connu un très grand succès de librairie. Luc, à ce moment-là, vivait à Rome. S'il les a lues, elles ont dû lui plaire. Enclin à envisager tout homme de bonne volonté comme un chrétien qui s'ignore, il a dû faire son miel de phrases comme : « Le dieu est en toi, Lucilius. De l'intérieur de toi, il observe le bien et le mal que tu fais. Et comme tu l'as traité, il te traite ». Il a dû se dire : celui-là, il est des nôtres. Paul, qui était beaucoup plus intelligent que Luc, ne se serait jamais dit une chose pareille. Paul ne croyait pas à la sagesse. Il la méprisait, et il l'a dit aux Corinthiens en termes inoubliables. Pour ma part, je suis d'accord avec Nietzsche quand il compare christianisme et bouddhisme et félicite le second d'être « plus froid, plus objectif, plus véridique », mais il me semble qu'il manque au bouddhisme comme au stoïcisme quelque chose d'essentiel et de tragique qui est au cœur du christianisme et que comprenait mieux que personne ce fou furieux de Paul. Stoïciens et bouddhistes croient aux pouvoirs de la raison et ignorent ou relativisent les abîmes du conflit intérieur. Ils pensent que le malheur des hommes est l'ignorance et que si on connaît la recette de la vie heureuse, eh bien il ne reste plus qu'à l'appliquer. Quand Paul, à l'opposé de toutes les sagesses, dicte cette phrase fulgurante : « Je ne fais pas le bien que j'aime, mais le mal que je hais », quand il dresse ce constat que Freud et Dostoïevski n'ont pas fini d'explorer et qui n'a pas fini de faire grincer des dents tous les nietzschéens d'opérette, il sort complètement du cadre de la pensée antique.

Sénèque était chez lui avec quelques amis quand un centurion est venu lui apporter, de la part de Néron, l'ordre de mourir. Il a invité ses amis à faire preuve de courage devant l'adversité qui le frappait et à garder le seul bien qu'il pouvait leur léguer : l'image exemplaire de sa vie. Il a prié Pauline, sa jeune femme, de trouver à sa perte des consolations honorables. Pauline a dit qu'elle préférait mourir avec lui. Si c'était là son vœu, il l'en a approuvée. Tous deux se sont ouvert les veines des poignets, et Sénèque par-dessus le marché celles des jarrets, car son sang de vieil homme coulait trop lentement. Pendant une heure ou deux, il a continué à discourir sur la sagesse puis, comme la mort tardait à venir, il a pris du poison, qu'il gardait en réserve pour la circonstance. Son corps était déjà trop exsangue et trop froid pour que le poison s'y répande efficacement. Il s'est fait porter au hammam. Tandis qu'il y rendait enfin le dernier souffle, l'ordre est venu d'en haut qu'on sauve Pauline : Néron n'avait personnellement rien contre elle, et ne souhaitait pas accroître sa réputation de cruauté. On lui a bandé les bras, elle a survécu. Il n'a pas manqué de gens, conclut perfidement Tacite, pour penser qu'une fois certaine de la gloire attachée à son noble sacrifice, elle pouvait se laisser fléchir par les attraits de la vie.

11

Les Romains, je l'ai déjà dit, opposaient la *religio* à la *superstitio*, les rites qui relient les hommes aux croyances qui les séparent. Ces rites étaient formalistes, contractuels, pauvres de sens et d'affect, mais là résidait justement leur vertu. Pensons à nous, Occidentaux du XXIe siècle. La démocratie laïque est notre *religio*. Nous ne lui demandons pas d'être exaltante ni de combler nos aspirations les plus intimes, seulement de fournir un cadre où puisse se déployer la liberté de chacun. Instruits par l'expérience, nous redoutons par-dessus tout ceux qui prétendent connaître la formule du bonheur, ou de la justice, ou de l'accomplissement de l'homme, et la lui imposer. La *superstitio* qui veut notre mort, ç'a été le communisme, aujourd'hui c'est l'islamisme.

Dans leur majorité, les Romains trouvaient les Juifs bizarres, leur dieu antipathique dans son refus de frayer avec les dieux des autres, mais tant qu'ils se le gardaient pour eux on n'avait pas de raison de leur chercher noise. On leur accordait des régimes de dérogation – comme on veille aujourd'hui à ce que les écoliers juifs ou musulmans ne soient pas obligés de manger du porc à la cantine. Les chrétiens, pour ce qu'on en savait, c'était autre chose. Je dis « pour ce qu'on en savait » car, au début des années soixante, les mieux renseignés les voyaient comme des espèces de Juifs, les adeptes d'un courant minoritaire caractérisé par un trait beaucoup plus menaçant que Tacite appelle carrément « la haine du genre humain ».

Un trait qui devait chez eux sembler particulièrement louche, c'est le dégoût pour la vie sexuelle. Celle des Romains était très libre, à beaucoup d'égards plus que la nôtre, mais avec des principes dont certains nous paraissent étranges : un homme libre pouvait enculer mais pas se faire enculer, c'était réservé aux esclaves : fellation, cunnilingus, la femme chevauchant l'homme, c'étaient des pratiques obscènes. (Paul Veyne, à qui j'emprunte ces observations, en conclut que « le métier de l'historien est de donner à la société où il vit le sentiment de la relativité de ses valeurs ». Je suis d'accord.) On couchait avec qui on voulait, hommes, femmes, enfants, animaux. On commençait très jeune, on divorçait beaucoup, on se montrait nu en toutes occasions. Si certains textes évoquent la lassitude du débauché, aucun ne fait état de culpabilité. Les plaisirs de la chair ne posaient pas d'autres problèmes que ceux de la table : il fallait les gérer, n'être pas plus esclave de son désir que de son appétit, c'est tout.

Les Juifs étaient plus puritains, ennemis de la légèreté, de la pédérastie, de la nudité, enserrant tous leurs actes dans un lacis de prescriptions rituelles. Cela ne les empêchait pas de considérer l'acte de chair comme une chose agréable à Dieu et à eux-mêmes, la procréation comme un bien et la famille nombreuse comme un idéal. Être heureux signifiait croître et prospérer, devenir assez riche pour être généreux, accueillir ses amis sous son figuier, vieillir auprès de sa femme et mourir chargé d'ans sans avoir perdu d'enfant. Cet idéal – que je partage – était sérieux, sans frivolité, mais absolument pas ennemi du monde réel, des désirs qui animent le cœur et le corps de l'homme. Il tenait compte de sa faiblesse. La Loi qui était là pour le guider n'exigeait rien de lui qui ne soit à sa mesure et ne tienne compte de ce qu'il était humain. Elle pouvait interdire de manger tel animal, commander de donner telle part de ses revenus aux pauvres, elle pouvait même enjoindre de ne pas faire à autrui ce qu'on n'aurait pas voulu qu'autrui vous fasse, jamais en revanche elle n'aurait dit : « Aimez vos ennemis. » Les traiter avec mansuétude, d'accord. Leur faire grâce quand on serait en mesure de leur nuire, à la rigueur. Mais les aimer, non, c'est une contradiction, et un bon père ne donne pas à son fils d'ordres contradictoires.

Jésus a rompu avec cela. Tout en ne racontant que des histoires tirées de la vie concrète, tout en manifestant qu'il la connaissait bien et prenait plaisir à l'observer, il en tirait des conclusions qui contredisaient tout ce qu'on en savait et allaient au rebours de ce qu'on avait toujours considéré comme naturel et humain. Aimez vos ennemis, réjouissez-vous d'être malheureux, préférez être petit que grand, pauvre que riche, malade que bien portant. Et aussi, alors que la Torah dit cette chose élémentaire, si évidemment vraie, si vérifiable par chacun, qu'il n'est pas bon pour l'homme d'être seul, lui disait : ne prenez pas de femme, ne désirez pas de femme, si vous en avez une gardez-la pour ne pas lui nuire mais ne pas en avoir serait mieux. N'ayez pas d'enfants non plus. Laissez-les venir à vous, inspirez-vous de leur innocence, mais n'en ayez pas. Aimez les enfants en général, pas en particulier, pas comme les hommes depuis qu'ils ont des enfants aiment leurs enfants : plus que ceux des autres, parce que ce sont les leurs. Et même vous, surtout vous, ne vous aimez pas. Il est humain de vouloir son propre bien : ne le veuillez pas. Tout ce qu'il est normal et naturel de désirer, méfiez-vous-en : famille, richesse, respect des autres, estime de soi. Préférez le deuil, la détresse, la solitude, l'humiliation. Tout ce qui passe pour bon, tenez-le pour mauvais, et vice-versa.

Pour un certain type d'esprit, il y a quelque chose d'extraordinairement attirant dans une doctrine aussi radicale. Plus elle est contraire au sens commun, plus cela prouve sa vérité. Plus on doit se faire violence pour y adhérer, plus on y a de mérite. Paul incarnait ce type d'esprit – qu'on peut appeler fanatisme. Luc, tel que je l'imagine, non. Il venait d'une province aux mœurs douces et patriarcales. La liberté romaine, quand elle se délitait dans les jeux sanglants du cirque et les ripailles du *Satiricon*, n'a pu que l'effaroucher, mais ce qu'il avait perçu du judaïsme lui convenait : cette vie grave et fervente, cette façon de prendre au sérieux la condition d'homme. En même temps, il était embarqué avec Paul, il n'allait pas revenir en arrière. Et les paroles de Jésus qu'il avait lues à l'insu de Paul le bouleversaient : le pardon des pécheurs, la brebis perdue, tout cela lui parlait. Mais quand il exposait la doctrine de sa secte à des interlocuteurs romains, est-ce que l'antipathie pour le monde qui en est le fond ne l'embarrassait pas ? Est-ce qu'il était à l'aise pour dresser le procès de la vie terrestre et des aspirations humaines ? Est-ce qu'il n'essayait pas de les atténuer – à la fois parce qu'on ne prend pas les mouches avec du vinaigre et parce qu'à lui, même s'il n'en avait pas, il paraissait normal d'aimer sa femme et ses enfants ?

On aimerait dire : cette condamnation de la chair et de la vie charnelle, c'est une déviation. C'est ce puritain de Paul qui a dénaturé le message de Jésus. Comme on dit : le Goulag, c'est Staline, pas Lénine. Mais non : c'est bien Lénine qui a inventé les mots « camp de concentration », et on peut toujours imaginer qu'un tas de choses ont été altérées dans l'image que les Évangiles nous donnent de Jésus, mais cette condamnation est sans appel, sans faille. On aimerait croire les romans selon lesquels il couchait avec Marie de Magdala ou avec son disciple bien-aimé, malheureusement on n'y croit pas. Il ne couchait avec personne. On peut même dire qu'il n'aimait personne, au sens où aimer quelqu'un c'est le préférer et donc être injuste avec les autres. Ce n'est pas un petit défaut mais un énorme manque, justifiant en retour l'indifférence, ou l'hostilité, des gens comme Hélène pour qui la vie c'est l'amour – et pas la charité.

12

De l'événement majeur qu'est l'incendie de Rome en 64, et de la persécution qui l'a suivi, il n'est étrangement pas question dans les sources chrétiennes contemporaines. Quant aux sources romaines, il y en a deux, que citent tous les historiens. Suétone dit que, parmi d'autres mesures punitives, « on livra au supplice les chrétiens, sorte de gens adonnés à une superstition nouvelle et dangereuse » – et il met plutôt cela au crédit de Néron. Tacite développe davantage : « Ni les largesses du prince ni les cérémonies pour apaiser les dieux ne faisaient reculer la rumeur selon laquelle l'incendie aurait été ordonné. Pour y mettre fin, Néron chercha des coupables et livra aux plus cruels supplices des gens infâmes, qu'on appelait vulgairement chrétiens. Ce nom leur venait d'un certain Christ, que le procurateur Ponce Pilate avait fait exécuter sous le règne de Tibère. Réprimée à l'époque, leur superstition détestable avait refait surface non seulement en Judée, où elle était née, mais encore à Rome, où tout ce qu'il y a de malsain et de criminel dans le monde afflue et se répand. On commença par se saisir de ceux qui avouaient puis, sur dénonciation, d'une foule de gens qu'on déclara coupables, moins du crime d'incendie que de haine du genre humain. »

Odium humani generis : nous y voilà.

Néron a-t-il fait brûler Rome par obsession de l'incendie de Troie ? Pour pouvoir la reconstruire plus à son goût ? Ou seulement pour montrer, comme dit Suétone, « qu'on ne savait pas jusqu'à lui l'étendue de ce qui est permis à un prince » ? Surtout, a-t-il vraiment fait brûler Rome ? Est-il vraiment rentré de sa villa d'Antium pour, comme on le voit dans *Quo Vadis?*, jouer de la lyre sur une hauteur, devant la ville livrée aux flammes? Les historiens en doutent, et en doutent d'autant plus qu'il a lui-même perdu dans l'incendie des collections auxquelles il tenait énormément. Ils pensent que l'incendie était accidentel : beaucoup de maisons romaines étaient en bois, on s'éclairait avec des torches, des lampes à huile, des braseros, le feu prenait partout, sans arrêt. Il n'empêche : la rumeur courait – comme celle de l'implication du FSB et de Poutine dans les terribles attentats qui ont ensanglanté Moscou en 1999.

Si Néron, pour neutraliser cette rumeur, a cherché des boucs émissaires, la question qui demeure est : pourquoi les chrétiens ? Pourquoi pas les Juifs *et* les chrétiens, que les Romains distinguaient mal et méprisaient également ? Peut-être parce que, justement, ils commençaient à les distinguer et, pour les raisons que j'ai évoquées au précédent chapitre, à juger que les chrétiens étaient pires, plus ennemis du genre humain. C'est une première explication, personnellement elle me suffit, mais je suis obligé de dire un mot d'une autre, plus déplaisante, selon laquelle la nouvelle femme de Néron, Poppée, son mime Aliturus, les Juifs assez nombreux qui au témoignage de Josèphe l'entouraient ont soufflé l'idée à l'empereur. Elle leur aurait, à eux-mêmes, été soufflée par la grande synagogue de Rome, exaspérée par des concurrents qui lui prenaient de la clientèle et ternissaient son image. À l'appui de cette thèse, on fait valoir que l'actuel Trastevere, qui était une sorte de ghetto, a été un des rares quartiers épargnés par l'incendie, et je n'y peux rien si cela ressemble à la rumeur des Juifs qui ne sont pas allés travailler dans les *Twin towers* le 11 septembre 2001. Thèse déplaisante pour thèse déplaisante, cela dit, il y en a une qu'on ne soulève jamais : c'est que les chrétiens auraient pu être bel et bien coupables. Pas Pierre, pas Paul, bien sûr, ni leurs gardes rapprochées, mais, comme on dit, des éléments incontrôlés, des exaltés qui auraient compris de travers – ou pas tellement de travers – des phrases du Seigneur comme celle que consignera plus tard le doux Luc, et lui seul : « Je suis venu jeter le feu sur cette terre. Je voudrais qu'il soit déjà allumé. »

Tous, après tout, ils attendaient la fin du monde. Ils l'appelaient de leurs prières. Alors ils n'ont peut-être pas, sans doute pas, allumé l'incendie de cette Babylone qu'ils haïssaient, mais ils ont dû le désirer et s'en réjouir plus ou moins ouvertement. Ajoutez à cela les légendes urbaines qui commençaient à courir sur leur compte, les mêmes qui plus tard courront sur celui des Juifs : enfants enlevés, meurtres rituels, fontaines empoisonnées. Tout cela en faisait des coupables idéaux.

Ce qui suit est un grand moment de péplum *gore*. Les chrétiens étant pour la plupart gens de peu, ils n'avaient pas droit aux morts nobles : décapitation ou suicide stoïcien. Les exécutions capitales étaient à Rome une réjouissance populaire. Ceux qui n'avaient pas été le matin jetés dans l'arène, cousus dans des peaux de bêtes pour être dévorés par des molosses, ont été gardés pour le soir, revêtus de tuniques enduites de poix et transformés en torches vivantes qui éclairaient la fête dans les jardins de Néron. On attachait des femmes par les cheveux aux cornes de taureaux furieux. À d'autres, on badigeonnait le ventre de sécrétions d'ânesses afin de faire mieux bander les ânes qui les violeraient. Suétone décrit Néron lui-même se déguisant en bête fauve pour aller lutiner les condamnés et surtout les condamnées, attachées nues à des poteaux. Ainsi est-il devenu pour tous les chrétiens l'Antéchrist, la Bête.

13

Deux magnifiques tableaux du Caravage, à l'église Sainte-Marie-du-Peuple de Rome, montrent les exécutions de Paul et Pierre, dans la grande persécution d'août 64. Le premier, en sa qualité de citoyen romain, aurait eu la tête tranchée, le second aurait supplié qu'on le crucifie la tête en bas parce qu'il ne s'estimait pas digne de subir le même supplice que Jésus. Cela nous est rapporté par la tradition, c'est-à-dire l'inévitable Eusèbe. La tradition avait de très bonnes raisons pour, quitte à inventer, unir dans le martyre les deux chefs de parti dont la rivalité a été la maladie infantile du christianisme. Personne a priori n'aurait été plus indiqué que Luc pour en être le premier porte-parole, lui qui dans sa chronique n'arrête pas de récrire l'histoire pour imposer l'idée de la bonne entente entre les apôtres, au pire de petites frictions vite résorbées dans la concorde et la compréhension mutuelles. Or il ne l'a pas fait. Il savait forcément ce qui s'est passé mais il ne l'a pas raconté. Le mystère de la fin abrupte des Actes en recouvre un autre : celui de la fin de Paul.

Feuilletant une vie de saint Paul écrite par un dominicain dont le nom revient dans la plupart des bibliographies récentes, je suis allé tout droit à la fin pour voir comment il s'arrangeait de l'obscurité entourant les dernières années de l'apôtre. J'ai été tout surpris de les trouver racontées par le menu. Paul n'est pas mort à Rome en 64. Il a comparu devant Néron et Néron l'a fait remettre en liberté. Il a réalisé son rêve, qui était de pousser jusqu'en Espagne, mais l'Espagne l'a déçu et il a traversé en sens inverse toute la Méditerranée pour se remettre de cette déception auprès de ses chères églises de Grèce et d'Asie. Puis il a eu la mauvaise idée de retourner à Rome où il a de nouveau été arrêté, emprisonné et cette fois exécuté, en 67. L'auteur donne la date exacte. Rien de tout cela n'est impossible et je suis tout à fait acheteur de telles conjectures, la seule chose sidérante est qu'à aucun moment ce professeur d'exégèse, publié par une maison sérieuse, cité avec estime par ses pairs, n'est effleuré par l'idée de signaler à son lecteur qu'il n'en sait *rigoureusement rien*. Que faute de documents comme les lettres et les Actes il est réduit pour reconstituer les dernières années de Paul à sa seule imagination et à la « conviction », évoquée dans une note et nullement argumentée, que la seconde lettre à Timothée est authentique – ce que presque personne ne pense depuis deux siècles. Ce que j'en dis, ce n'est pas pour débiner l'auteur de cette biographie, mais pour me rappeler que si je suis libre d'inventer c'est à la condition de dire que j'invente, en marquant aussi scrupuleusement que Renan les degrés du certain, du probable, du possible et, juste avant le carrément exclu, du pas impossible, territoire où se déploie une grande partie de ce livre.

La seconde lettre à Timothée, donc. De l'avis général, elle n'est pas de Paul, mais c'est une sorte de portrait de lui, écrit pas bien longtemps après sa mort, destiné à des gens qui savaient à quoi s'en tenir et à l'intention de qui on a multiplié les détails qui font vrai. Ces détails sont surtout des plaintes et des récriminations :

« Tu le sais, tous ceux d'Asie, dont Phrygèle et Hermogène, se sont détournés de moi. Démas m'a abandonné par amour du monde présent. Il est parti pour Thessalonique, Crescens pour la Galatie, Titus pour la Dalmatie. Seul Luc est avec moi. Alexandre le fondeur m'a fait beaucoup de tort. Toi aussi, méfie-toi de lui. Tous m'ont abandonné, ils ont honte de mes chaînes… Hyménée et Philète progressent dans l'impiété, leur parole s'étend comme une gangrène… J'ai envoyé Tichyque à Éphèse. Toi, hâte-toi de me rejoindre, fais vite. En venant, tâche d'apporter le manteau que j'ai laissé à Troas chez Carpos, et puis aussi les livres, surtout les parchemins… »

Cette lettre aussi pourrait être de Luc. On y reconnaît son goût pour le concret, et cet intérêt pour les hommes plus que pour les idées qui a fait de lui le premier auteur antique à présenter un mouvement religieux en exposant non sa doctrine mais son histoire. Le lutteur fatigué qui dictait à Timothée des lettres où il n'est question que du Principe de toutes choses et des Trônes divins, cela ressemble à Luc, je trouve, de l'avoir peint dans un clair-obscur à la Rembrandt, amer, quinteux, ruminant sans fin parce que Phrygèle, Hermogène et Démas l'ont lâché, parce qu'Hyménée et Philète racontent n'importe quoi, parce qu'Alexandre le fondeur lui a fait une crasse, et pour finir demandant qu'on lui rapporte un manteau certainement bouffé par les mites qu'il a laissé lors de son précédent passage à Troas, chez un certain Carpos. Cela ressemble à Luc d'être content de citer ce nom, Carpos, et de choisir Timothée comme destinataire de la lettre – parce qu'il était, c'est vrai, le disciple préféré de Paul –, mais aussi de rappeler furtivement que lui, Luc, est resté seul jusqu'à la fin auprès du vieux râleur. Vies minuscules contre théologie majuscule. Paul était un génie, planant très loin au-dessus du commun des mortels, Luc un simple chroniqueur qui n'a jamais cherché à s'exempter du lot. Qui je préfère, la question n'est pas là, mais cela ne nuit à personne si je lui attribue cette lettre.

C'est la dernière trace qu'on ait de Paul. Une palpitation de fantôme, un clignotement épuisé avant que la nuit engloutisse tout. À ce point de l'histoire, tous les personnages principaux disparaissent.

14

Tous, sauf Jean.

Je n'ai presque pas parlé de lui jusqu'à présent. J'y viens mais cela m'effraie, car Jean est le personnage le plus mystérieux de la première génération chrétienne. Le plus insaisissable, le plus multiple. On lui attribuera bientôt le quatrième Évangile et l'Apocalypse, mais penser que le même homme a écrit le quatrième Évangile et l'Apocalypse reviendrait, si toutes les références concernant la littérature française du XXe siècle étaient perdues, à penser que le même homme a écrit *À la recherche du temps perdu* et *Voyage au bout de la nuit*.

Il y a plusieurs Jean dans le Nouveau Testament, presque impossibles à décoller les uns des autres : Jean fils de Zébédée, Jean le disciple bien-aimé, Jean de Patmos, Jean l'évangéliste. Le plus ancien de tous, celui dont tous les autres aimeraient s'arroger l'ancienneté, c'est sans conteste Jean, fils de Zébédée, qui était un des quatre premiers disciples. Ces quatre premiers disciples, c'étaient Simon, qui deviendra Pierre, son frère André, Jean donc, et son frère Jacques qu'on appelait, puisqu'il était l'aîné, Jacques le Majeur : tous les quatre des pêcheurs du lac de Tibériade qui avaient tout quitté pour suivre Jésus.

Jésus surnommait Jacques et Jean *Boanergès*, les fils du tonnerre, en raison de leur caractère emporté. Luc en donnera plus tard deux exemples. Un jour, Jean s'en prend à un homme qui chasse des démons en invoquant le nom de Jésus alors qu'il ne fait pas partie de leur bande. Il veut qu'on le dénonce, qu'on lui fasse son affaire. Jésus hausse les épaules et lui dit de laisser le type tranquille : « Qui n'est pas contre nous est avec nous. » Un autre jour, la bande a été mal reçue dans un village samaritain. Jacques et Jean voudraient que Jésus punisse ses habitants en faisant, carrément, descendre sur eux le feu du ciel. Jésus hausse de nouveau les épaules. Un autre jour encore (cela, c'est Marc qui le raconte), Jacques et Jean viennent trouver Jésus parce qu'ils ont quelque chose à lui demander. « Allez-y », dit Jésus. Comme des enfants, ils veulent d'abord lui faire promettre de le leur accorder, quoi que ce soit. « Dites toujours », répond Jésus. On imagine les frères, ces deux grands dadais, se tortillant, s'encourageant mutuellement : « Dis-le, toi. – Non, toi, dis-le. » L'un ou l'autre finit par lâcher : « Ce qu'on voudrait, quand tu siégeras dans ta gloire, c'est occuper les places juste à côté de toi : l'un à ta droite, l'autre à ta gauche. – Vous ne savez pas de quoi vous parlez, répond Jésus. Est-ce que vous pouvez boire la coupe que je vais boire, moi ? Être engloutis dans le même baptême ? – Oui, oui, disent les dadais. – Très bien, dit Jésus, accordé. Mais pour ce qui est de siéger dans ma gloire, à gauche ou à droite, c'est Dieu que cela regarde, pas moi. »

Marc et Luc, comme on voit, ne montrent ni Jean ni son frère sous un jour très glorieux. C'est seulement dans le quatrième Évangile que Jean deviendra « le disciple que Jésus aimait », son confident le plus intime, celui qui repose sur son sein lors du dernier repas et à qui, sur la croix, il confie sa mère. Il est difficile d'imaginer qu'un jeune pêcheur galiléen, colérique, étourdi et selon toute vraisemblance illettré, ait pu devenir quarante ou soixante ans plus tard le prophète de Patmos, l'auteur de ce livre obscur et aveuglant qu'on appelle l'Apocalypse, mais qui sait ? On a connu de telles métamorphoses. Proust en raconte une, que j'adore : c'est ce jeune fêtard idiot, Octave, surnommé « dans les choux », qui fréquente à Balbec la petite bande des jeunes filles en fleurs. Tout le monde pense qu'il passera sa vie à s'occuper de ses cravates et de ses bagnoles, on le perd de vue et puis, vers la fin de la *Recherche*, on apprend incidemment que c'est devenu le plus grand, le plus profond, le plus novateur des artistes de son temps. On peut imaginer à Jean une évolution de ce genre : l'âge, les responsabilités, le respect dont on l'entoure lui ont mis du plomb dans la cervelle. Trente ans après la mort de Jésus, il en a cinquante ou soixante et il est devenu, au même titre que Pierre et Jacques, une de ces colonnes de l'église de Jérusalem que Paul tour à tour courtise et défie. Il est souvent absent, parle peu, ne sourit pas. Il passe pour malcommode. Le jeune agité s'est transformé en grand ancien.

Le père de l'Église Tertullien assure que Jean aussi se trouvait à Rome au moment de la persécution de Néron. Que lui aussi a été supplicié, plongé dans une baignoire remplie d'huile bouillante et qu'on ne sait comment il y a survécu. Il avait déjà fui Jérusalem, devenue trop dangereuse pour les chrétiens depuis la mort de Jacques. Il fallait à présent fuir Rome. D'après la tradition, Jean ne se séparait pas dans ses voyages de Marie, la vieille mère de Jésus. C'est avec elle, et quelques dizaines de survivants de l'église romaine décimée, qu'il se serait embarqué pour l'Asie et retrouvé à Éphèse, comme dans les années trente des Juifs allemands chanceux ont pu s'embarquer pour l'Amérique et se retrouver à New York. Il m'arrange d'imaginer que Luc a fait le voyage aussi.

15

Tout ce qu'il savait d'Éphèse, et plus généralement des sept églises d'Asie, Luc le savait par Paul qui les avait fondées et, sachant combien elles étaient influençables, tremblait toujours pour leur pureté. Avant de partir pour Jérusalem, l'apôtre avait mis en garde les Éphésiens contre les loups qui, en son absence, viendraient les menacer. Il ne se trompait pas : après dix ans d'absence du maître, Luc a trouvé ce qu'il pensait être son fief le plus solide passé corps et âmes à l'ennemi.

Enfin, à l'ennemi... Lui, Luc, ne voyait pas vraiment comme des ennemis ces judéo-chrétiens dans la tradition de Jacques. Il les comprenait, il était comme toujours d'avis qu'avec de la bonne volonté on aurait pu s'entendre. Mais depuis la mort de Jacques et celle de Pierre, depuis les horreurs de l'été 64 à Rome et surtout depuis que Jean avait pris leur tête, ils s'étaient encore raidis. Quand, à peine débarqué, Luc s'est joint à l'agape des chrétiens d'Éphèse, il espérait y retrouver Timothée, ou Philippe et ses quatre vierges de filles dont on lui avait dit qu'eux aussi étaient dans la région, enfin quelques visages de connaissance, quelques Grecs comme lui, mais il n'y avait que des Juifs, ou des Grecs déguisés en Juifs, tous barbus et sévères, et célébrant la mémoire du Seigneur comme s'ils étaient, même pas dans une synagogue, mais carrément dans le Temple de Jérusalem. Jean, qu'il a vu de loin, très barbu lui aussi, très entouré, et à qui il s'est bien gardé d'aller se présenter, Jean arborait le pétalon, une plaque d'or que portent traditionnellement sur le front les grands prêtres d'Israël. À la faveur de la grande catastrophe romaine, l'Église de la circoncision avait gagné, celle du prépuce était en déroute.

Dans les jours qui ont suivi, Luc s'est aperçu que Jean était littéralement vénéré par les chrétiens d'Éphèse. Paul l'avait été aussi, mais pas de la même façon : on pouvait sans s'annoncer lui rendre visite à son atelier, on le trouvait derrière son métier à tisser, d'humeur bonne ou mauvaise, plus souvent mauvaise, mais animé, passionné, toujours partant pour vous parler du Christ. Jean, non. Jean, quand on le voyait, on se prosternait devant lui comme devant un pontife : intimidant, inaccessible, flottant sur un nuage d'encens. On le voyait peu, d'ailleurs. On se montrait, à la dérobée, la maison où le disciple préféré du Seigneur habitait avec la mère du Seigneur, qu'on voyait encore moins, qui ne sortait jamais – fini pour elle aussi, le temps où on la trouvait sur le pas de sa porte. Était-ce même leur maison, cette maison qu'on se montrait ? On n'en était pas sûr, on disait qu'ils en changeaient souvent par crainte d'être arrêtés par les Romains. On ne parlait d'eux qu'en chuchotant. Tout ce qui les concernait était solennel, chargé de mystères.

Luc a dû, à Éphèse, se sentir très seul. Les disciples de Paul étaient introuvables. S'il en a quand même trouvé quelques-uns, ils évitaient son regard, se détournaient de lui. Certains étaient nommés dans les lettres de Paul, ils avaient dû à l'époque en tirer grande fierté, mais quand Luc prononçait devant eux le nom de l'apôtre, ils disaient ne l'avoir jamais connu. Ceux qui n'avaient pas fui s'étaient ralliés à la tendance dominante et se gardaient de toute pratique, de toute fréquentation qui aurait risqué de rappeler leurs antécédents déviationnistes. C'était à qui, dans les agapes, se montrerait désormais le plus scrupuleux dans l'observance des rituels juifs, le plus à cheval sur la pureté des viandes, le plus véhément contre l'ennemi. L'ennemi, c'était bien entendu Néron, coupable des massacres de 64, mais c'était aussi Paul, que l'on considérait comme un suppôt de Néron. Le bon ton commandait de se réjouir bruyamment de sa mort. On l'appelait le fossoyeur de la Loi, Balaam ou encore Nicolas, et les nicolaïtes son dernier carré de fidèles.

16

Les quatre évangélistes, pour une fois unanimes, racontent que Jésus, après son arrestation, a été conduit à la résidence du grand prêtre pour y être interrogé. La scène a lieu de nuit. Pierre, qui est parvenu à se glisser dans la cour, passe cette nuit à attendre près d'un brasero auquel se chauffent, à moitié endormis, des soldats et des serviteurs du grand prêtre. Il fait froid, comme il peut faire froid en avril à Jérusalem – et je m'avise en passant que ce détail ne colle pas avec le récit que j'aime tant sur le jeune garçon qui, cette même nuit, dormait nu et s'est enveloppé de son drap pour suivre la bande jusqu'au mont des Oliviers. Tant pis. À un moment, une servante dévisage Pierre et lui dit : « Tu étais avec celui qu'on a arrêté. » Pierre prend peur et répond : « Non, je ne le connais pas. » Un autre insiste : « Si, je t'ai vu, tu faisais partie de la bande. – Tu as dû te tromper », répond Pierre. Un troisième renchérit : « En plus, tu as comme eux l'accent galiléen. Allez, avoue. – Je n'ai rien à avouer, répond Pierre, vous dites n'importe quoi. » À cet instant, un coq chante et en un éclair Pierre se rappelle que la veille Jésus lui a dit : « Tu me trahiras. – Jamais, Seigneur », a répondu Pierre, et Jésus : « Pierre, je te le dis, demain matin le coq n'aura pas encore chanté que tu auras par trois fois juré ne pas me connaître. » Alors Pierre sort de la cour et, dans l'aube sale, se met à pleurer.

C'est Marc qui a rapporté cette histoire le premier, et on sait que Marc était le secrétaire de Pierre, que Pierre l'appelait « mon fils ». Il aurait pu la passer sous silence, à première vue elle ne fait pas honneur à Pierre. Mais il la tenait de Pierre, Pierre devait la raconter lui-même, insister dessus, et cette honnêteté nous le rend infiniment aimable. C'est même plus que de l'honnêteté. Si on est chrétien, la vie se passe à renier le Christ. On le fait matin et soir, cent fois par jour, on ne fait que ça. Alors, que le fidèle des fidèles dise : je l'ai fait aussi, je l'ai renié, je l'ai trahi, et au moment le plus terrible, c'est quelque chose d'extraordinairement réconfortant, quelque chose qui relève de cette bonté pure à cause de laquelle on veut bien jeter l'eau du bain mais pas ce bébé difforme et merveilleux, cet enfant trisomique qu'on nomme le christianisme.

Je me demande, c'est à cela que je voulais en venir, si Luc, pressé de toutes parts, à Éphèse, par des ennemis de Paul, sommé de décliner ses états de service, a lui aussi renié son maître. Peut-être : je ne l'imagine pas très courageux. Mais lui aussi, quand des années plus tard il l'a recopiée, l'histoire du reniement de Pierre a dû le faire pleurer, et en même temps qu'elle le faisait pleurer le consoler.

(À propos de Pierre encore, tant que j'y suis : quand il entend Jésus dire que le Fils de l'Homme va bientôt souffrir et mourir, il se récrie : « Allons donc ! Qu'est-ce que tu nous chantes là ? Cela n'arrivera pas ! » Jésus lui répond très violemment : « Arrière, Satan ! Tu me fais obstacle. » Or, « obstacle », le mot grec qu'on traduit par « obstacle » – *skandalon*, qui deviendra « scandale » –, cela veut littéralement dire : « la pierre sur laquelle on trébuche ». Pierre n'est donc pas seulement, comme chacun le sait, la pierre sur qui Jésus veut bâtir son église, mais aussi le caillou dans sa chaussure. Il est les deux : la pierre inébranlable, le caillou qui pourrit la vie. Tous, nous sommes les deux, pour nous-même et pour Dieu, si nous croyons en Dieu. Cela aussi me rend Pierre très aimable, et très proche.)

17

C'est alors qu'en Judée commence la guerre des Juifs. Elle couvait depuis dix ans, elle éclate pour de bon en 66, en partie par la faute du nouveau gouverneur, Florus, qui par comparaison fait apparaître ses prédécesseurs Félix et Festus comme des fonctionnaires intègres. Les gouverneurs faisaient tous leur pelote mais il y avait des limites : Cicéron se donnait en exemple parce qu'au cours de son année en Cilicie il n'avait pas mis de côté plus de deux millions de sesterces. Florus ne connaissait pas ces limites, et semble en être venu à considérer une bonne petite guerre comme un moyen de cacher les malversations dont les Juifs pourraient l'accuser devant César. Chaque fois que les troubles risquent de s'apaiser, on le voit jeter de l'huile sur le feu pour qu'ils reprennent : c'est du moins ce que soutient Flavius Josèphe, un peu comme mon cousin Paul Klebnikov expliquait la première guerre de Tchétchénie par l'intérêt de l'état-major russe à faire passer en pertes au combat les énormes quantités de matériel militaire qu'il avait détournées et vendues au marché noir, notamment dans les Balkans.

Le point de départ, raconte Josèphe, c'est une nouvelle taxe que Florus décrète au débotté, parce qu'il a toujours besoin d'argent, et qui déclenche à Jérusalem une sorte d'Intifada. Les gens sont pressurés, surendettés, ils n'en peuvent plus. La question posée à Jésus : « Faut-il payer l'impôt ? » était déjà explosive trente ans plus tôt, maintenant c'est encore pire. De jeunes Juifs, en signe de dérision, font pleuvoir de la petite monnaie sur le cortège de Florus, puis lancent carrément des pierres sur la cohorte. Représailles immédiates : les légionnaires entrent dans les maisons, égorgent quelques centaines d'habitants et commencent à dresser des croix pour en supplicier, sur ordre du gouverneur, quelques centaines d'autres. La situation est assez grave pour que le petit roi Agrippa et sa sœur Bérénice se sentent obligés d'intervenir. L'élégante princesse se rase la tête en signe de deuil et s'en va, pieds nus, en chemise grossière, supplier le gouverneur de faire grâce aux condamnés. Florus refuse. De son côté, Agrippa le playboy, le roi de la *dolce vita* romaine au temps de Caligula, fait ce qu'il peut pour convaincre ses compatriotes qu'il n'y a rien à espérer d'une rébellion. Josèphe ayant le même goût que Luc pour les longs discours qu'il aurait lui-même aimé tenir, il tartine sept grandes pages de celui d'Agrippa :

« Votre passion pour la liberté, plaide le roi, n'est plus de saison. C'est avant qu'il aurait fallu vous battre pour ne pas la perdre. Vous dites que la servitude est intolérable, mais est-ce qu'elle ne l'est pas encore plus pour les Grecs qui l'emportent en noblesse sur tout ce qui vit sous le soleil et pourtant obéissent aux Romains ? (Cet argument est maladroit : les Juifs ne pensent pas du tout que les Grecs l'emportent en noblesse sur eux.) Ne croyez pas que la guerre se fera avec modération. Pour que vous serviez d'exemple aux autres peuples, les Romains vous extermineront jusqu'au dernier et réduiront en cendres votre cité. Et le danger ne menace pas seulement les Juifs d'ici, car il n'existe aucun pays dans le monde où ne vivent des gens de notre race. Si vous faites la guerre, à cause de la fatale décision de quelques-uns, il n'y aura pas une ville qui ne sera abreuvée de sang juif. »

Cette mise en garde est d'autant plus lucide qu'elle a été récrite après coup, mais on l'écoute d'autant moins qu'Agrippa est un ami de Rome, l'archétype du collabo. Il échappe de peu au lynchage. Jérusalem se soulève. La garnison romaine se retrouve assiégée dans la forteresse Antonia, celle qui jouxte le Temple et où a été enfermé Paul.

Le chef de la cohorte tente de négocier avec le gouvernement provisoire qui vient de s'autoproclamer. Ce gouvernement provisoire est un mélange de modérés – dont fait partie Josèphe – et d'enragés, pour la plupart des zélotes. Les modérés promettent au chef de la cohorte que ses soldats auront la vie sauve s'ils se rendent. Ils se rendent, mais les enragés n'ont rien promis et les font aussitôt massacrer. La logique du pire se met en place. Le grand prêtre, chef de file des modérés, est assassiné, son palais incendié ainsi que le bâtiment où sont conservées les quittances de dettes – n'oublions pas que le surendettement est un facteur important de la rébellion. En attendant du renfort, une première légion, venue de Césarée où réside le gouverneur, encercle Jérusalem où se trouvent pris au piège non seulement les habitants mais aussi des milliers de pèlerins. Josèphe, à la dernière minute, parvient à s'échapper. Personne à ce moment ne se doute que le siège va durer plus de trois ans.

18

Un peuple qui se révolte contre l'Empire romain, cela ne s'était pas vu depuis les Gaulois, au temps déjà lointain de Jules César. L'empereur devrait prendre l'affaire en main mais l'empereur a d'autres chats à fouetter. Depuis la mort de Sénèque, Néron s'est affranchi de toute espèce de surmoi et donne libre cours à ses instincts d'artiste. Il ne pense plus qu'à sa carrière, à sa voix, à ses vers, à la sincérité des applaudissements. Comment en être certain, quand on peut envoyer à la mort un spectateur pas assez enthousiaste ? Cette question le tourmente. Tout en l'exigeant, il hait la flatterie. En 66, il a entamé une grande tournée en Grèce, pays de connaisseurs raffinés dont les suffrages comptent seuls pour lui. Toute sa cour l'accompagne, on a eu beau lui dire que laisser Rome vacante comme une maison ouverte est dangereux, il s'en moque. Il participe aux courses de chars des Jeux olympiques – on lui donnera le premier prix, bien qu'il soit tombé dès le premier tour de piste – quand lui parvient la nouvelle d'une reculade de la légion devant Jérusalem. Nouvelle très grave, mais Néron ne suspend pas pour autant sa tournée triomphale. Il se contente de nommer à la tête de la campagne punitive un général d'extraction plébéienne qui passe pour plein de bon sens et s'est illustré lors de la conquête de la Bretagne. Ce général s'appelle Vespasien, on le surnomme le Muletier parce qu'il s'est enrichi en vendant des mules à l'armée. Le Muletier prend le chemin de l'Orient avec une armée de 60 000 hommes. La reconquête commence, c'est-à-dire le massacre systématique des rebelles et de toute personne suspecte d'avoir partie liée avec eux. Villages incendiés, hommes crucifiés, femmes violées, et les enfants qui parviennent à se cacher deviendront terroristes quand ils seront grands : on connaît l'histoire. La révolte ayant pris dans toute la région, le rouleau compresseur se met en marche en Galilée. C'est là que nous retrouvons Flavius

Josèphe qui, promu par le gouvernement provisoire au rang de général, y exerce depuis deux mois le commandement militaire, côté juif.

Dans *La Guerre des Juifs*, où il se met en scène à la troisième personne, Josèphe dit que Josèphe a courageusement défendu ses positions face à l'inexorable avancée de la légion et qu'après des combats acharnés il s'est retrouvé encerclé avec une quarantaine de combattants dans une grotte à flanc de montagne de la région de Jotapata. On imagine cet homme d'ambassades, de tables rondes, de négociations policées entre gens du même monde, au milieu d'une horde de djihadistes juifs, tous barbus, en sueur, les yeux brillants, résolus à mourir en héros. Lui, évidemment, est partisan de se rendre : on a été courageux, il est temps d'être raisonnables. Ses compagnons lui disent que ce n'est pas une option. Le seul choix qu'ils lui laissent est soit de se suicider dans la peau d'un général, soit d'être tué par eux dans celle d'un traître. Josèphe a un moment d'abattement mais ne s'avoue pas vaincu. Il obtient qu'au lieu de se suicider on s'égorge mutuellement, et dans un ordre tiré au sort. Par chance, il reste l'un des deux derniers, s'arrange avec l'autre et sort de la grotte les bras levés, en criant qu'il se rend.

Le risque, maintenant, c'est d'être exécuté par l'autre camp. Général juif, il fait valoir qu'il est en droit de parler au général romain, et il a tant d'autorité qu'au lieu d'être crucifié sur l'heure il est reçu par Vespasien lui-même. Une idée lumineuse lui vient. Il dit avec solennité au général qu'il a eu une vision : Israël sera vaincu et lui, Vespasien, son vainqueur, deviendra l'empereur de Rome. A priori, c'est tout à fait invraisemblable : la succession des Césars obéit encore à un principe plus ou moins dynastique, et Vespasien n'est qu'un simple militaire de carrière. L'annonce, malgré tout, le laisse songeur. Elle rend son prisonnier intéressant. Josèphe est sauvé. Il reste captif des Romains et ne s'en plaint pas car s'ils le libéraient il serait aussitôt tué par les Juifs. Il jouit d'un régime de faveur. Bientôt il fait la connaissance du fils de Vespasien, Titus, garçon cordial qui estime perdue une journée au cours de laquelle il n'a pas fait de cadeau à un ami. Josèphe devient l'ami de Titus, il reçoit de lui des cadeaux. Sa carrière de renégat commence.

La Galilée pacifiée, c'est-à-dire totalement vitrifiée, il est temps de s'occuper de Jérusalem, foyer de l'insurrection. Vespasien découvre que ce nid de guêpes grisâtre, accroché à une colline escarpée, est en fait très bien défendu. Qu'à cela ne tienne, on prendra son temps. On laissera les rebelles s'entre-tuer, et tant pis pour leurs otages, habitants et pèlerins. Le calcul est bon : ils s'entre-tuent. Tout ce qu'on sait des trois ans qu'a duré le siège, on le sait par Josèphe qui l'a suivi depuis le camp de Vespasien mais a recueilli des témoignages de prisonniers et de déserteurs. Ces témoignages sont terrifiants, d'une façon qui hélas nous est familière. Chefs de guerre rivaux, à la tête de milices terrorisant les malheureux qui essayent simplement de survivre. Famine, mères perdant la raison après avoir mangé leurs enfants. Fuyards qui avant de partir avalent tout leur argent en espérant le chier une fois arrivés en lieu sûr, et les soldats romains, avertis du fait, prennent l'habitude d'éventrer ceux qu'ils font prisonniers aux barrages pour fouiller leurs entrailles. Forêts de croix sur les collines. Corps nus des suppliciés qui se décomposent sous le soleil de plomb. Bites tranchées dans la bonne humeur, car la circoncision a toujours égayé le légionnaire. Meutes de chiens et de chacals se repaissant de cadavres, et ce n'est rien, dit Josèphe, à côté de ce qui se passe derrière les murailles de la ville, qu'il décrit comme « une bête rendue folle par la faim et qui se nourrit de sa propre chair ».

Sans hâte excessive, Vespasien se prépare à donner l'assaut final quand on apprend, en juin 68, la mort de l'empereur. Au retour de sa triomphale tournée hellénique, ayant à tous les jeux, sur toutes les scènes, remporté tous les prix, Néron s'est retrouvé à Rome face à des armées en colère, à un sénat qui le déclare ennemi de la cité, à une conspiration de palais, et les choses tournent pour lui si mal, si vite, qu'il ne lui reste plus qu'à se suicider, à l'âge de trente et un ans. « Quel artiste meurt avec moi ! », aurait-il soupiré avant qu'un esclave, sur son ordre, lui enfonce sa dague dans la gorge.

L'histoire, au sujet de Néron, alignera son jugement sur celui des aristocrates et des sénateurs, qu'il a bafoués, mais le peuple lui restera longtemps fidèle : Suétone dit que sa tombe était toujours fleurie, par des mains anonymes et aimantes. Sa mort ouvre une année de crise jamais vue, de révoltes aux frontières et de *pronuciamientos* en cascade. Pas moins de quatre empereurs se succéderont, imposés par l'armée et parfois issus d'elle. L'un d'entre eux se suicidera, deux autres seront lynchés, nous parlerons bientôt du quatrième. Cette année 68 est une année de convulsions et d'effroi, de signes et de prodiges. Ce ne sont que naissances monstrueuses, fœtus à plusieurs têtes, porcs à serres d'épervier, épidémie de peste à Rome, famine à Alexandrie, apparitions à tous les coins de l'Empire d'aventuriers qui prétendent être Néron, éclipses, météores, étoiles filantes, tremblements de terre. Dommage pour mon récit : la grande éruption du Vésuve, celle qui a recouvert de lave Pompéi et Herculanum, n'aura lieu que dix ans plus tard, mais de plus petites la précèdent. Toute la région de Naples semble en feu, les bouches de l'enfer s'ouvrent. Ajoutons à cela des pogromes en Égypte et en Syrie, les paisibles Juifs de la diaspora payant, comme l'a prédit Agrippa, pour les enragés de Judée. Est-ce qu'on n'assiste pas à ce qu'ont annoncé les prophètes, « le commencement des douleurs », et peut-être plus que le commencement : le paroxysme du mal avant la fin des fins ?

19

Pour Renan, cela crève les yeux : l'Apocalypse a été écrite pendant cette année de chaos planétaire. Ses images flamboyantes sont autant d'allusions plus ou moins codées à Néron et à la catastrophe qui s'annonce à Jérusalem. D'autres historiens penchent pour une datation de trente ans plus tardive, et pour le règne de Domitien. Bien que la seconde école soit majoritaire, je me rallie à la première parce que l'Apocalypse, sinon, sortirait du cadre temporel de mon livre, or je voudrais parler de l'Apocalypse. Ce n'est pas que je l'aime tellement, mais elle a été écrite à Patmos, et Patmos, après un an de recherches et plusieurs déconvenues, nous avons bel et bien fini, Hélène et moi, par y trouver la maison où j'écris ce chapitre, en novembre 2012.

C'est le premier séjour que j'y fais seul, je l'étrenne en tant que maison de travail. Pendant une semaine il a fait beau, j'allais tous les jours nager à Psilli Amos, notre plage préférée où, seul en compagnie de quelques chèvres, je pouvais me prendre pour Ulysse. Je pense souvent à Ulysse quand je suis dans cette île, que je me représente comme mon Ithaque : le lieu du retour, de la quiétude après les tempêtes, de l'amitié pour le réel. Je pense d'autant plus à lui que notre premier soin après avoir acheté la maison a été de faire transformer les tristes lits jumeaux de notre chambre en un *matrimoniale*, comme disent les Italiens, digne de ce nom. Il ne suffisait pas pour cela d'acheter un grand sommier chez IKEA, car ce qu'il y a dans notre chambre est un lit patmien traditionnel, et le lit patmien traditionnel, qu'on peut comparer au lit breton, se présente comme une estrade avec un placard en dessous, des marches pour y monter, une balustrade sculptée autour, ç'a donc été tout un travail de menuiserie, assez complexe, assez coûteux, de le rendre conforme à nos goûts. Tel qu'il est à présent, nous aimons ce lit. Même seul comme en ce moment, j'y sens la présence d'Hélène. Or voici ce qu'on peut lire au livre XXIII de L'*Odyssée* :

Ulysse aborde enfin à Ithaque. Depuis vingt ans qu'il est parti – dix ans de guerre, dix ans d'errance –, Pénélope l'attend. Elle a vieilli, mais rien perdu de sa sagesse. Elle fait habilement languir les prétendants qui voudraient, pour partager sa couche, qu'on déclare Ulysse mort. Ulysse rôde autour de son propre palais, incognito. Il garde délibérément l'aspect d'un trimardeur. Il observe ce monde qui est le sien, sans lui. Il se fait reconnaître par la nourrice Euryclée, par le porcher Eumée, par le chien Argos, puis il massacre les prétendants, et après cet exploit le moment semble venu de se faire reconnaître par Pénélope. Le voici devant elle, qui le dévisage. Elle devrait se jeter dans ses bras, mais non, elle ne bouge pas. Elle se tait. Télémaque, leur fils, qui a lui aussi reconnu Ulysse, accuse sa mère d'avoir un cœur de pierre. Pénélope n'a pas un cœur de pierre : elle est prudente, et elle connaît sa mythologie. Elle sait que les dieux, pour abuser les hommes et plus encore les femmes, sont capables d'emprunter l'apparence de n'importe qui.

« Si c'est Ulysse, dit-elle, qui rentre à la maison, nous nous reconnaîtrons sans peine tous les deux, car il y a entre nous certains signes secrets, qu'ignorent les étrangers. » Ces signes secrets, si décisifs dans les contes ou dans les histoires de science-fiction où le héros, transformé en crapaud ou prisonnier d'une boucle temporelle, doit se faire reconnaître par quelqu'un qui ne *peut pas* le reconnaître – à sa place, le héros ne se reconnaîtrait pas lui-même –, ces signes secrets sont d'un autre ordre que la cicatrice à la cuisse aperçue près du feu par la nourrice Euryclée. Ce pourrait être quelque chose qu'on dit en faisant l'amour, quelque chose qu'on murmure au moment de jouir. D'ailleurs, quand Pénélope parle des signes secrets, Ulysse sourit. Dans toute l'*Odyssée*, c'est la seule fois, peut-être pas qu'il sourit mais qu'Homère nous le signale, et ce n'est certainement pas pour rien. Il va se faire laver, huiler, apprêter, et découvre en sortant des bains que Pénélope lui a fait préparer un lit.

Leur lit.

Alors Ulysse raconte l'histoire de ce lit, solide et accueillant, qu'il a construit lui-même à partir d'un tronc d'olivier. Il dit comment il en a équarri le bois, comment il l'a raboté, débité, poli, assemblé, chevillé, incrusté d'or, d'argent et d'ivoire, tendu de sangles en cuir fauve, et plus il parle de ce lit, qui est le lieu de leur désir, le lieu de leur fécondité, le lieu de leur repos, plus Pénélope sent fondre ses genoux et son cœur. Quand il a fini, elle se jette dans ses bras, et Ulysse serre sa femme dans ses bras, et peut-être se rappelle-t-il, en tout cas le lecteur se rappelle, ses paroles à la jeune et ravissante princesse Nausicaa qui est tombée amoureuse de lui au premier regard, sans oser le lui dire, et lui a fait semblant de ne pas s'en apercevoir, et avant de repartir voici ce que, sincèrement, il lui a souhaité :

« Puissent les dieux t'accorder ce que ton cœur désire : un époux, une demeure, et l'entente pour compagne. Car rien n'est dans ce monde plus solide et précieux que l'entente d'un homme et d'une femme qui tiennent ensemble leur maison. »

20

D'un coup, le temps a changé. La température a baissé de dix degrés, le vent s'est levé, le ciel couvert, les nuages crèvent en déluges soudains, et je découvre avec plaisir que même dans ces conditions la maison est mieux qu'habitable. Protégé par les murs épais, on s'y sent bien. Le soir, allongé sur le canapé, je lis de l'histoire romaine en regardant la pluie ruisseler sur les vitres dans lesquelles se reflète la lumière rouge, si rassurante, de l'abat-jour. Je me couche tôt, dors d'une traite et me lève à l'aube pour prendre place, avec une tasse de thé, derrière ce bureau qui m'a plu dès que nous sommes entrés dans le salon, la première fois. Je profite des éclaircies pour faire du yoga sur la terrasse, face à la montagne que coiffe un petit monastère dédié au prophète Élie. De Chora, le village d'en haut où notre maison s'encastre au pied du monastère beaucoup plus imposant dédié à Jean-le-théologien, je descends sur mon scooter au port d'en bas, Skala. Je déjeune dans une des deux tavernes ouvertes en cette saison, je vais à la cuisine choisir mon dîner – on me le tasse dans un tupperware, que je rapporte le lendemain –, et je remonte la route en lacets en passant, à peu près à mi-chemin, devant la grotte de saint Jean. La station de bus s'appelle *Apokalipsi*. L'été, il y a toujours deux ou trois cars de touristes et un magasin de souvenirs, hors saison non. J'ai fait la visite, bien sûr. La grotte abrite une chapelle orthodoxe, une iconostase, des chandeliers hérissés de cierges. Surtout, on vous y montre, dans la paroi rocheuse, les trous cerclés d'argent où le visionnaire reposait sa tête et ses mains. La maison où j'écris cela, notre maison, se trouve donc à moins d'un kilomètre, sur la même colline, de cette grotte où le mystérieux Jean, Juif de Galilée, fils du tonnerre, compagnon et témoin du Seigneur, dernière colonne vivante de la communauté des pauvres et des saints de Jérusalem, imam caché des églises du Seigneur en Asie, aurait il y a presque deux mille ans entendu derrière lui la voix, puissante comme une trompette, de quelqu'un qui voulait lui confier un message à l'intention des sept églises d'Asie : Éphèse, Smyrne, Pergame, Thyatire, Sardes, Philadelphie et Laodicée.

Il s'est retourné.

Devant lui, entouré de sept chandeliers d'or, se tenait le Fils de l'Homme.

21

Il portait une longue robe, une ceinture d'or ceignait sa taille. Ses cheveux étaient blancs comme la neige, ses yeux comme une flamme ardente, ses pieds comme du bronze en fusion, sa voix comme le grondement des océans. Sa main droite tenait sept étoiles, sa parole faisait l'effet d'une épée à double tranchant. Jean, saisi d'épouvante, est tombé à ses pieds. Le Fils de l'Homme, posant sa main sur son épaule, lui a dit : « N'aie pas peur. Je suis le premier et le dernier. J'ai été mort et je suis vivant, pour l'éternité des éternités. Maintenant, tu vas écrire ce que tu vois, et ce qui est, et ce qui doit arriver. »

Ensuite, ce n'est plus Jean qui parle mais, par le truchement de Jean, le Fils de l'Homme lui-même. C'est pourquoi le titre du livre n'est pas Révélation *sur* Jésus-Christ (Apocalypse veut dire « révélation »), mais bien Révélation *de* Jésus-Christ.

Cette révélation commence par des messages, distincts et personnalisés, aux anges chargés de veiller sur chacune des sept églises d'Asie.

Celui d'Éphèse, d'abord, que le Fils de l'Homme félicite car, dit-il, « tu as mis à l'épreuve ceux qui se prétendent apôtres et qui ne le sont pas. Tu as percé à jour leurs mensonges. Comme moi, tu détestes les nicolaïtes ». Ça, c'est bien. En revanche, « j'ai contre toi que ton zèle s'est relâché. Corrige-toi, sinon je le ferai, moi ».

Celui de Smyrne, ensuite. Lui aussi, il affronte « les outrages de ceux qui se prétendent juifs et qui ne le sont pas, et qui sont la synagogue de Satan », et il est prévenu que « le diable va jeter certains des siens en prison et qu'ils connaîtront dix jours d'épreuve » : comme ça, le tri sera fait.

Au tour de Pergame : « J'ai ce reproche à te faire : certains chez toi s'attachent à la doctrine des nicolaïtes, et à celle de ce Balaam qui veut perdre les fils d'Israël en les poussant à manger des viandes sacrifiées aux idoles et à se prostituer. »

Thyatire, maintenant, à qui est reproché de « tolérer Jézabel, cette femme qui se dit prophétesse et piège mes serviteurs en les poussant – elle aussi – à se prostituer et à manger des viandes sacrifiées aux idoles. Je lui ai laissé du temps pour se repentir mais elle s'obstine, alors je la jetterai sur un lit de détresse et je frapperai de mort ses enfants et toutes les églises sauront que je suis celui qui sonde les reins et les cœurs. »

Sardes : « Je te connais : tu passes pour vivante mais tu es morte. Si tu ne veilles pas, je viendrai comme un voleur, tu ne sauras pas quand. »

Philadelphie, malgré ses faibles forces, n'a pas renié le nom du Seigneur, en sorte que « les gens de la synagogue de Satan, ceux qui se disent juifs et ne le sont pas, je les ferai se prosterner à tes pieds et ils sauront que je t'ai aimé ».

C'est à Laodicée enfin qu'est adressé le redoutable reproche de tiédeur, que depuis deux mille ans les chrétiens du genre furieux font aux gens dans notre genre, à Luc et moi : « Je te connais : tu n'es ni froid ni chaud, et c'est parce que tu n'es ni froid ni chaud, mais tiède, que je vais te vomir par ma bouche. Moi, ceux que j'aime, je les reprends et les corrige. Je me tiens à la porte et je frappe, et celui qui m'ouvre j'entre chez lui, et je dîne avec lui, et lui avec moi. » (Ce verset est le seul que j'aime vraiment dans tout le dernier livre de la Bible. Aussitôt après, ça se gâte de nouveau, et d'une façon qui nous rappelle quelque chose :) « Le vainqueur, je lui accorderai de s'asseoir à côté de moi sur mon trône, tout comme moi, qui suis vainqueur aussi, je suis assis à côté de mon Père sur son trône. Celui qui a des oreilles, qu'il entende. »

Question : qui visent, au seuil de l'Apocalypse, ces imprécations lancinantes contre la synagogue de Satan, les nicolaïtes, les Juifs qui n'en sont pas et qui se repaissent de viandes sacrifiées aux idoles ? La TOB dit sans broncher : « les Juifs qui n'acceptent pas le Christ ». Si vous avez lu ce qui précède avec un minimum d'attention, les bras doivent vous en tomber, comme à moi. De qui se moque la TOB ? Où a-t-on vu que des chrétiens du Ier siècle reprochent à des Juifs leur irrespect des prescriptions rituelles ? Non, là-dessus, le doute n'est pas permis. Ceux qui sont accusés de manger de la viande sacrifiée aux idoles, ou d'en laisser manger, ou de dire que ce n'est pas grave d'en manger parce que rien n'est impur en soi, les mots qui sortent de notre bouche peuvent l'être, ça oui, mais pas les aliments qui y entrent, ce sont évidemment Paul et ses disciples. La synagogue de Satan, les nicolaïtes, la fausse prophétesse Jézabel, c'est eux, et celui qui les traite de ces noms d'oiseaux ne peut être qu'un judéo-chrétien issu de la frange la plus intégriste de l'église de Jérusalem, en comparaison de qui feu Jacques frère du Seigneur était un modèle de tolérance et d'ouverture à la nouveauté.

Est-ce être mécréant de dire que ce portrait-robot ne ressemble pas au Fils de l'Homme ? Qu'il ne pensait pas ainsi, ne s'exprimait pas ainsi, et que dans l'Apocalypse c'est Jean le fils du tonnerre qui parle, pas le Seigneur Jésus par sa bouche ? Je ne sais pas. Ce qui est sûr, c'est que celui qui parle s'adresse aux sept églises sur le ton de quelqu'un qui les connaît bien. Il fait à leurs conflits internes des allusions qui sont incompréhensibles pour le lecteur et même pour l'exégète d'aujourd'hui, mais qui devaient être très claires pour ses correspondants. Il distribue les bons et les mauvais points comme un maître à qui on reconnaît le droit de le faire. Bien que leurs styles soient en tous points opposés – Paul appelle un chat un chat, Jean préfère l'appeler une bête à dix cornes et sept têtes –, ce ton d'autorité ombrageuse et jalouse rappelle celui de Paul dans ses lettres les plus polémiques.

L'auteur de l'Apocalypse, pour les chrétiens d'Asie, devait être à la fois un personnage quasi mythique et une personne relativement familière, ayant séjourné parmi eux. Il avait toujours beaucoup voyagé, un jour ici, un autre ailleurs. Depuis quelque temps, on ne le voyait plus à Éphèse. On ne savait pas où il était passé. On ne savait pas non plus où était passée la mère du Seigneur, qu'il emmenait partout avec lui. C'était, comme Oussama ben Laden, un chef mystérieux et insaisissable, dressé de toute sa foi et de toute sa ruse contre l'Empire qui écrase les siens, surgissant où on ne l'attend pas, échappant miraculeusement aux souricières que lui préparent les polices du monde entier. On recevait des nouvelles de lui sans savoir d'où elles provenaient. Des rumeurs le disaient mort, ou à l'autre bout du monde, ou exilé sur une île inhumainement hostile – ainsi voyait-on Patmos à l'époque, et à certains moments de l'hiver on comprend pourquoi. Quand circulait une vidéo avec un message de lui pour la communauté des croyants, personne ne pouvait être sûr qu'elle n'avait pas été enregistrée deux ans plus tôt, ou par un sosie.

C'est ainsi qu'a eu lieu, un jour, un grand remue-ménage dans l'église d'Éphèse. On avait reçu une lettre de Jean ! Une très longue lettre, consignant non seulement ses paroles, mais celles du Seigneur lui-même ! Luc, s'il était encore dans les parages, a dû assister à sa lecture publique. Je l'imagine ponctuée d'évanouissements, d'accès de larmes et surtout de malédictions visant ces imposteurs et ces nicolaïtes dont le Seigneur, après les avoir vomis par sa bouche, puis attachés sur un lit de détresse, se propose de frapper de mort les enfants. Comme Luc ne bénéficiait pas des lumières de la TOB, j'imagine aussi qu'entendant ces malédictions il s'est en tant que disciple de Paul senti directement visé, et menacé de lynchage si on l'identifiait. J'imagine enfin que, pas sur le moment mais plus tard, il a pris un certain plaisir à peindre Jean, dans sa jeunesse, sous les traits d'un freluquet qui se faisait constamment rabrouer par Jésus parce qu'il voulait – déjà ! – faire tomber le feu du ciel sur les gens qui ne lui revenaient pas, mettre hors d'état de nuire ceux qui guérissaient sans avoir la carte du Parti et réserver sa place, dans les nuées, à la droite du patron.

Après les adresses aux églises, commence la procession interminable (pour moi : je ne veux dégoûter personne) des sept sceaux, des sept anges, des sept trompettes, des quatre cavaliers, des bêtes qui montent de l'abîme – la plus connue, celle qui a le plus frappé l'imagination, étant cette bête qui a deux cornes comme un agneau mais la voix d'un dragon, et dont le chiffre est 666. « Celui qui a de l'intelligence, précise le texte, qu'il calcule : c'est le chiffre d'un homme. » On ne s'est pas privé de calculer, et l'homme qu'on a trouvé, c'est Néron. Explication : si on transcrit la forme grecque de *Nero Caesar* en consonnes hébraïques, qu'on passe de ces consonnes aux chiffres qui leur correspondent et qu'on les additionne, on arrive à 666. C'est lumineux, mais je tiens à ajouter au dossier qu'en triturant les mêmes chiffres dans sa période de délire religieux, Philip K. Dick arrivait à *Richard Milhous Nixon*, son ennemi juré, et ne trouvait pas ça moins lumineux.

Ensuite, je vais vite, c'est la grande Babylone, mère des prostituées, la ruine sur la terre, la fête dans le ciel, le règne de mille ans, le dernier jugement, le ciel nouveau, la terre nouvelle, la Jérusalem nouvelle, la fiancée de l'agneau, tout ce fatras dont l'Église, bien embarrassée de l'avoir admis dans le canon, n'a longtemps su que faire. C'est seulement à partir du XIIe siècle et d'un prodigieux érudit calabrais appelé Joachim de Flore que cet écrit obscur a été supposé contenir tous les secrets du passé, du présent et de l'avenir et, à égalité avec les prophéties de Nostradamus, est devenu le terrain de jeu favori de tous les ésotéristes agités du bocal, Phil Dick au mieux, Dan Brown au pire. J'ai conscience, disant cela, de ne faire aux yeux de beaucoup qu'avouer mon étanchéité navrante au mystère et à la poésie. Tant pis, ce n'est pas ma came, et je suis convaincu que ce n'était pas davantage celle de Luc. L'atmosphère d'Éphèse, au bout de quelques mois, a dû lui paraître aussi irrespirable que celle de Moscou pendant les procès de 1936 à un partisan de Trotsky ou de Boukharine, et je ne sais pas ce qu'il a fait mais, à sa place, je serais retourné chez moi, à Philippes, pour souffler.

22

Comme Ulysse, à qui il ressemble si peu, Luc a fait un long voyage, beaucoup plus long qu'il ne l'imaginait quand il a pris la mer à Troas avec Paul et les délégués de ses églises. Il a connu Jérusalem et Rome. Il a vu son maître emprisonné à Jérusalem et à Rome. Il a vu la colère des Juifs et la brutalité des Romains. Il a vu brûler Rome et ses propres compagnons, transformés en torches humaines. Il a au moins trois fois traversé la Méditerranée, essuyé tempêtes et naufrages. Et voilà qu'au bout de sept ans il rentre chez lui.

Il n'a pas la chance d'Ulysse : personne ne l'y attend. S'il ne tenait qu'à moi, je lui donnerais bien une femme. Hélas, la tradition dit qu'il était comme Paul célibataire et même, comme Paul aussi, qu'il est resté vierge toute sa vie. Bien que cela ne m'enchante pas, j'aurais l'impression de tricher en allant sur ce point contre la tradition : il émane de Luc quelque chose de délicat, d'ordonné, d'un peu triste, une certaine façon de se tenir sur la touche de la vie qui me rendent ce célibat plus plausible qu'une famille nombreuse.

Pas de Pénélope donc, pas de signes secrets ni de lit en bois d'olivier, mais il a tout de même un port d'attache, c'est la maison de Lydie, et la maison de Lydie est toujours là, et Lydie elle-même, toujours affairée, généreuse, tyrannique, et le cercle d'habitués qui se réunit chez elle : Syntaché, Évodie, Épaphrodite et les autres. Ils n'ont pas changé, c'est Luc qui a changé. Lui à qui j'imagine avant son départ un visage un peu mou, mal dégagé de l'enfance, il a maigri, bruni, ses traits se sont accusés. Peut-être qu'on ne le reconnaît pas du premier coup, peut-être que la servante le fait patienter à la porte, mais une fois qu'on l'a reconnu, c'est sûr, on lui fait fête. On tue le veau gras en son honneur, on le presse de questions en le regardant avec des yeux brillants, et il se coule sans peine, mais avec une espèce d'étonnement, dans ce rôle qu'il n'aurait jamais pensé, jamais rêvé tenir un jour : le grand voyageur, l'aventurier qui arrive de très loin, son sac de marin sur l'épaule, et qui en sait plus sur le vaste monde qu'ils n'en sauront jamais, eux tous réunis. Peut-être y a-t-il là un de ses anciens camarades d'école qui lui en imposait quand ils étaient enfants, qu'il prenait pour un dur à cuire, et c'est le dur à cuire qui est resté dans son échoppe à vendre des sandales, et lui, Luc, le petit garçon sage, toujours plongé dans ses livres, lui, Luc, l'adolescent mélancolique, effrayé par les filles, que tout le monde maintenant regarde comme un héros, que tout le monde écoute comme un aède.

Ces années qui ont pour lui été pleines de bruit et de fureur se sont écoulées à Philippes plutôt tranquillement. On n'a souffert aucune persécution, ni des Romains à qui on n'a jamais donné motif de se plaindre, ni des Juifs du coin, peu nombreux et qui ont fini par considérer les membres de la secte d'en face comme de bons voisins, à qui on va demander du sel quand on en manque. On n'a pas fait beaucoup de nouvelles recrues : d'une vingtaine quand Luc est parti, on est tout au plus passé à trente. On est restés au chaud, entre soi, à attendre Jésus et surtout à attendre Paul. On lisait et relisait sans fin ses lettres, et je sais que celle aux Philippiens est contestée, mais en imaginant la joie de la petite église lorsqu'elle en a reçu une qui lui était nommément adressée, j'ai envie de la décréter authentique. De temps à autre, à l'initiative de Lydie, on se cotisait pour envoyer de l'argent à Paul, et Luc n'a pas dû se forcer pour confirmer que ces subsides-là, c'étaient les seuls que l'apôtre acceptait, et de grand cœur, et en les bénissant. On était loin de Jérusalem : aucun émissaire de Jacques n'avait poussé jusqu'en Macédoine pour dénoncer Paul comme un imposteur et, l'aurait-il fait, aurait-il frappé à la porte de Lydie, on peut être certain qu'il aurait trouvé à qui parler. On était loin de Rome aussi : on avait su pour l'incendie, bien sûr, on avait su pour la persécution, on savait que depuis quelques mois un César chassait l'autre, dans le sang, mais c'était comme les catastrophes ou les guerres qu'on voit à la télévision. Les agapes ressemblaient à des concours de pâtisserie. On ne s'y soûlait pas. Personne n'y maudissait personne. On chantait ensemble : « Viens, Seigneur Jésus », puis on rentrait se coucher. On se raccompagnait l'un l'autre. Les voix se détachaient, tranquilles, dans le silence des rues. On ne parlait pas trop fort pour ne pas déranger les riverains, on se souhaitait bonne nuit sur le pas des portes. Cette bonhomie rustique, cette ferveur sans hystérie – Paul n'était plus là pour la chauffer à blanc –, Luc a dû se rendre compte qu'elles lui avaient manqué. Après sept ans vécus dans une tension perpétuelle, où chaque rencontre était grosse d'une menace, chaque instant d'un choix décisif, engageant vie ou mort, il trouvait délicieuse cette baisse d'intensité. La Macédoine, c'était la Suisse, Le Levron, sa *querencia* : il s'y est reposé.

23

Tous les soirs, on se rassemblait pour l'écouter. On faisait cercle, en attendant qu'il descende de sa chambre – je suppose qu'au moins les premiers temps il habitait chez Lydie. Le récit de ce qu'il avait personnellement vécu aux côtés de Paul a dû occuper pas mal de veillées, et faire rêver pas mal d'enfants si on ne les couchait pas – je pense qu'on ne les couchait pas, et que Luc était meilleur que moi pour les histoires de tempêtes et de naufrages. Tout ce qu'il racontait là, il me semble très possible qu'il ait commencé à l'écrire. Les parties à la première personne des Actes dateraient de cette époque. Plus tard, beaucoup plus tard, l'idée lui serait venue de les intégrer à un récit plus ample, brassant toutes les informations qu'il avait réunies sur la jeune histoire de l'Église. Je crois, parce que c'est simple et plausible, que la rédaction des Actes a commencé ainsi, bien avant celle de l'Évangile, et je crois aussi – cela n'engage que moi – que Luc était intarissable sur Paul, sur Pierre, sur Jacques, sur Philippe, sur la première communauté de Jérusalem, mais qu'il ne disait rien, ou presque rien, de Jésus.

Parce que son auditoire s'intéressait davantage à Paul, mais pas seulement. L'espèce d'enquête qu'il avait menée en Judée, il avait pris le pli de ne pas en parler à Paul, et je pense que ce pli lui est resté chez Lydie. Il n'aurait pas su comment la raconter. Il ne savait pas ce qu'elle racontait. Le visage qu'il avait essayé d'approcher se dérobait. Les paroles qu'il avait recopiées sur le rouleau de Philippe, il les gardait au fond du coffre où tenaient toutes ses affaires et ne les en sortait pas. Il n'osait pas les lire aux autres, il n'osait pas les relire tout seul parce qu'il craignait qu'on ne les comprenne pas, et peut-être de ne pas les comprendre lui-même.

Quel âge avait Luc en 70 ? Entre quarante et cinquante ans, s'il avait connu Paul entre vingt et trente. Presque la moitié de sa vie s'était écoulée dans une campagne dont, compagnon de route au début, il était devenu une sorte d'ancien combattant et dont le sens, maintenant, lui échappait. Il n'arrivait plus à savoir si c'était une victoire ou une défaite. La catastrophe de Rome, l'amertume de Paul à la fin de sa vie, sa mort tragique, l'hostilité avec laquelle les églises d'Asie traitaient désormais sa mémoire, leur transformation sous l'autorité de Jean en secte fanatique, tout cela allait au compte de la défaite. Dans l'autre colonne, il y avait la fidélité de Lydie et du petit groupe de Philippes. Et puis, malgré tout, ce rouleau qu'il gardait au fond de son coffre comme un trésor mais qu'il ne déroulait jamais – par peur de découvrir qu'en fait ce n'était pas un trésor, qu'on lui avait refilé un faux diamant, par intuition aussi que le moment n'était pas encore venu.

Par deux fois, dans les Évangiles de l'enfance qu'il écrira plus tard, Luc dit que « toutes ces choses, Marie les gardait dans son cœur ». C'est ce qu'il a dû faire lui aussi. « Toutes ces choses » qui concernaient Jésus, il ne savait pas trop quoi en penser, et peut-être qu'il n'y pensait pas souvent, qu'elles n'occupaient pas beaucoup de place dans sa tête. Mais il les gardait dans son cœur.

24

J'imagine qu'il est resté à Philippes un an, deux ans, trois ans. Qu'il y a repris son métier de médecin, ses habitudes. Agapes chez Lydie, cercle d'amis, clientèle, marches dans les montagnes, peut-être un petit verre le soir à la taverne. Souper tôt, coucher tôt, lever tôt : la Suisse. Le matin, quelques heures à écrire ses souvenirs, comme font les retraités qui ont vu du pays. Cela peut durer comme ça, gentiment, jusqu'à la mort.

De Philippes, cependant, il a dû suivre avec plus d'attention que le retraité moyen les événements de Judée. Tout chrétien qu'il était, il a dû se rapprocher des synagogues de Bérée ou de Thessalonique, celles qui quinze ans plus tôt avaient pratiquement enduit Paul de goudron et de plumes. Avec ces Juifs grandis loin d'Israël et qui pour la plupart n'y avaient jamais mis les pieds, il pouvait parler de Jérusalem, du Temple, d'Agrippa. Il en savait plus qu'eux, le Temple il en avait foulé les esplanades, mais eux recevaient des nouvelles et il les écoutait avec cet air sagace que prennent, quand on parle d'un point chaud de la planète, les gens qui ont vécu sur place et connaissent le terrain.

Ces nouvelles étaient de plus en plus angoissantes. Les Juifs de Macédoine respectaient, comme Luc, les Romains, il ne leur serait pas venu à l'idée de se soulever contre eux et ils avaient parfaitement conscience du risque signalé par Agrippa : si les choses empiraient là-bas, ils en pâtiraient, eux, ici. La Macédoine était tranquille, d'accord, aussi éloignée qu'on peut l'être du théâtre des opérations, mais on s'était déjà retourné, hors de Judée, contre des Juifs qui n'étaient pour rien dans la révolte. À Antioche, pour éprouver leur loyauté à l'Empire, on s'était mis en tête de les obliger à adorer les dieux païens, à manger du porc, à travailler le jour du sabbat. Les contrôles se multipliaient, ceux qu'on surprenait à chômer et allumer leurs lampes étaient fouettés, parfois lynchés. On faisait baisser culotte à des vieillards pour voir s'ils étaient circoncis. C'est pourquoi, en dehors de quelques excités comme ceux qui entouraient Jean à Éphèse, la plupart des Juifs dans l'Empire souhaitaient la défaite des rebelles et le retour à l'ordre. Aucun pourtant ne souhaitait ni jusqu'à la dernière minute n'a osé imaginer cette chose absolument monstrueuse dont la nouvelle s'est répandue à la fin de l'été 70 : le sac de Jérusalem, la destruction du Temple.

25

Il se peut que j'aie été injuste avec Flavius Josèphe en insinuant que sa vision de la défaite d'Israël et de l'avènement de Vespasien était un bobard improvisé pour gagner la faveur du général. Peut-être qu'il a eu une vision, après tout, comme Jean à Patmos. Mais alors que celle de Jean, on cherche toujours à quoi elle s'applique, celle de Josèphe s'est vérifiée à très court terme, sur les deux points, et il a dû, au moins sur le second, en éprouver une divine surprise : en juillet 69, après un an de chaos, trois Césars tour à tour couronnés et tués, les légions de Syrie et d'Égypte ont proclamé Vespasien empereur.

Deux ans plus tôt, je l'ai dit, c'était encore hautement improbable, mais entre-temps on s'était habitué à ce que l'armée fasse les Césars. L'intéressé lui-même s'était, grâce à Josèphe, préparé au rôle. Il l'a endossé comme un qui n'y tient pas particulièrement mais s'il faut le faire il faut le faire, autant lui qu'un autre. Il ne s'est pas plus pressé de rentrer à Rome qu'il ne s'était pressé de donner l'assaut à Jérusalem. Comme le général Koutouzov, dans *Guerre et paix*, Vespasien n'aimait pas se presser, donnait du temps au temps. Sachant que c'est ce qui plaisait chez lui, il en jouait. On comptait qu'il rétablisse l'ordre, il le rétablirait à son pas, avec sa bonhomie rusée de muletier. Il s'est fait attendre quelques mois, puis il a fini par partir en laissant à son fils Titus la mission d'en finir avec Jérusalem.

Flavius Josèphe avait misé sur le bon cheval. C'est à cette époque qu'en hommage au nouveau César, issu de la famille Flavia, il a troqué son nom juif, Joseph ben Mathias, contre le nom latin sous lequel nous le connaissons, et son statut de prisonnier de guerre contre celui d'une sorte de commissaire aux affaires juives auprès de Titus, devenu généralissime pour l'Orient. Dans son entourage, il a retrouvé deux vieilles connaissances : le petit roi Agrippa et sa sœur Bérénice – devenue, elle, la maîtresse de Titus. On peut dire que Bérénice et Agrippa, comme Josèphe, étaient des collaborateurs, mais ce n'étaient pas des crapules cyniques. Ce qui se déroulait sous leurs yeux les épouvantait. Ils ont fait tout ce qu'ils ont pu pour plaider auprès des Romains la cause de leur peuple et auprès de leur peuple la cause des Romains. À part ça, ils s'en tiraient bien, toujours dans les palais, toujours du côté du manche. En ralliant ce camp des renégats de bonne famille et de bonne volonté, Josèphe, qui était en outre très inquiet pour plusieurs de ses parents pris au piège de Jérusalem, n'a pas voulu être en reste. Ayant obtenu de Titus la promesse que tous ceux qui se rendraient avant l'assaut seraient épargnés, il est sorti du camp romain pour proposer cette dernière chance aux assiégés. Il se décrit, dans son livre, tournant autour des remparts, cherchant la bonne distance pour être à portée de voix mais hors de portée des flèches, suppliant les rebelles de penser à l'avenir du peuple juif, au Temple et à leurs vies. Il n'a eu le temps de prononcer que quelques phrases : une pierre l'a atteint en plein visage. Sanglant et navré, il a battu en retraite.

Très amoureux de Bérénice, Titus aurait aimé lui faire plaisir en se montrant conciliant, mais d'une part il est difficile de se montrer conciliant quand on a en face de soi de véritables enragés, ce qu'étaient devenus les Jérusalémites assiégés, de l'autre son père en retournant à Rome lui avait laissé une feuille de route sans ambiguïté : il fallait inaugurer le règne par une grande et significative victoire, montrant qu'on ne défiait pas Rome impunément. Les terroristes, comme l'a dit Vladimir Poutine dans le contexte assez voisin de la Tchétchénie, devaient être butés jusque dans les chiottes.

Ils l'ont été.

Josèphe, écrivant à la gloire de Titus, dit que celui-ci avait recommandé un carnage modéré et interdit de détruire le Temple. Mais il ne pouvait avoir l'œil à tout : le Temple a été incendié, les femmes et enfants qui s'y étaient réfugiés brûlés vifs. Il est question de centaines de milliers de morts, rebelles, habitants et pèlerins confondus, et d'autant de survivants parqués dans des camps afin d'être, selon leur condition physique, envoyés dans les mines d'Égypte, vendus comme esclaves à la clientèle privée et, pour les plus beaux, mis de côté en vue du triomphe qui se préparait à Rome.

Jérusalem est une ville de tunnels et de souterrains. Mon ami Olivier Rubinstein m'a montré, dans la zone archéologique appelée cité de David, les dalles gigantesques des rues cassées chacune en deux, bien nettement, en leur exact milieu. C'est un spectacle très étrange, on ne comprend pas ce qui a pu se passer, quel cataclysme naturel a pu creuser des failles aussi profondes et aussi régulières. Olivier m'a donné l'explication : ce n'est pas un cataclysme naturel, mais l'œuvre des légionnaires romains. À coups de masses, ils ont méthodiquement fendu les dalles pour débusquer les derniers insurgés qui se terraient, comme des rats, dans les sous-sols. Simon ben Gioras, un des principaux chefs de guerre qui faisaient régner la terreur dans la ville assiégée, a été capturé au débouché d'une canalisation, le visage mangé de barbe, devenu à moitié fou, comme Saddam Hussein. Quand il n'est plus resté personne à tuer, l'aimable Titus a fait démolir la ville, abattre ses murailles, raser le Temple. En termes d'ingénierie, ce n'a pas été une mince affaire. Ces blocs cyclopéens qu'on faisait tomber, il fallait bien les mettre quelque part et, une fois comblé à ras bord le ravin qui à l'époque séparait le Temple de la ville haute, on s'est résigné à laisser le reste en tas. Les divers conquérants, Romains, Arabes, croisés et Ottomans, qui ont au cours des siècles suivants pris et repris la ville, se sont servis dans ce tas pour la reconstruire à leur guise et prétendre chacun qu'elle était leur œuvre. Dans ce gigantesque Lego, seul n'a jamais croulé le mur de soutènement occidental du Temple, celui que les Juifs appellent le mur des Lamentations et auquel aujourd'hui encore ils confient leurs prières. Josèphe conclut de tout cela que « la rébellion a détruit la ville, et Rome détruit la rébellion ». Entendez que les Juifs ont commencé et que les Romains pour rétablir la paix n'ont pas eu le choix. On peut dire les choses autrement, comme le chef breton Galgacus dont Tacite nous a conservé ces fortes paroles : « Quand ils ont tout détruit, les Romains appellent ça la paix. »

26

Massada, un des sites les plus impressionnants qu'on puisse visiter en Israël, est une citadelle construite par le fastueux roi Hérode sur un éperon rocheux dominant la mer Morte. Dans ce nid d'aigle qui fait penser aux châteaux cathares ou au fort du *Désert des Tartares*, un dernier carré de zélotes a tenu encore quelques mois après la chute de Jérusalem, et cela s'est terminé par un holocauste collectif. Aujourd'hui, les enfants des écoles y sont conduits une fois par an, les jeunes gens appelés au service militaire viennent y prêter serment, et les politologues nomment « complexe de Massada » la tendance d'Israël à se voir comme une forteresse assiégée, qu'on défendra s'il le faut jusqu'à la mort. A-t-on raison de donner les zélotes de Massada en exemple aux jeunes générations, c'est l'objet d'un débat auquel les historiens sont convoqués, car la réponse n'est pas la même si on établit que les assiégés se sont suicidés – ce que la Loi interdit – ou qu'ils se sont mutuellement égorgés – auquel cas ça va. Flavius Josèphe, à qui cette tragédie ne pouvait que rappeler un épisode crucial de sa propre vie, lui fait un sort particulier dans *La*

Guerre des Juifs. C'est l'objet de son dernier chapitre, et on se rend compte en le lisant qu'il s'agit, dans son esprit, de plus encore que le dernier chapitre de *La Guerre des Juifs* : c'est le dernier chapitre de l'histoire du peuple juif.

Comme d'habitude, il ne peut pas s'en empêcher, Josèphe y va d'un long discours qu'il prête au chef des zélotes, Éléazar. Voilà ce qu'il fait dire à cet homme qui, dans quelques heures, va mourir en héros là où lui-même, Josèphe, a survécu en traître :

« Peut-être, dès le début, quand nous pensions défendre notre liberté, aurions-nous dû deviner la pensée de Dieu et comprendre qu'après avoir longtemps aimé le peuple juif il l'a finalement condamné. S'il était resté bienveillant, ou même modérément hostile, il n'aurait pas toléré la perte d'un si grand nombre d'êtres humains, ni abandonné sa cité la plus sainte aux Romains pour qu'ils l'incendient et la détruisent... La vérité, c'est que Dieu a pris contre toute la race juive un décret selon lequel nous devons quitter cette vie, dont nous n'avons pas su faire bon usage... Mieux vaut alors subir le châtiment de nos crimes, non de la main de nos ennemis, mais en nous tuant nous-mêmes. »

Toute l'histoire d'Israël est une suite de mises en garde de Dieu à son peuple. De menaces, de sommations, de condamnations qu'il finit toujours par lever, en père aimant qu'il est. Au dernier moment, il arrête le couteau d'Abraham et sauve Isaac. Plus tard, il laisse les Babyloniens prendre Jérusalem, détruire le Temple, mais il permet que les Juifs reviennent d'exil et qu'un second Temple soit construit. Cette fois, non : c'est la dernière condamnation, et elle est sans appel.

Il n'y aura pas de troisième Temple.

Les Romains, en principe, ne détruisaient pas les sanctuaires. Ils n'humiliaient pas les dieux de leurs ennemis vaincus. Un rituel spécifique, l'*evocatio*, permettait de leur faire une place au Panthéon. De cela, il n'a jamais été question pour le dieu d'Israël, et encore moins de reconstruire son Temple. L'obole de deux drachmes que les Juifs de la diaspora avaient à cœur d'envoyer chaque année à Jérusalem pour son entretien, il a été décidé qu'ils la paieraient toujours mais qu'elle serait désormais affectée à l'entretien du Capitole, c'est-à-dire au culte des dieux païens. Cette recette bienvenue, qui a reçu le nom de *Fiscus Judaicus*, était une idée de Vespasien lui-même, empereur apprécié pour son bon sens, sa gestion de père de famille et son imagination fiscale. La légende lui attribue à tort l'invention des pissotières, qui existaient déjà, mais il est vrai qu'il a, littéralement, taxé l'urine : les fabricants de laine s'en servaient comme dégraissant et, pour ne pas en manquer, plaçaient devant leurs ateliers des jarres où les riverains étaient encouragés à vider leurs pots de chambre. Très bien, a dit Vespasien, continuez, mais moyennant une petite redevance, et c'est à ce propos qu'il aurait inventé l'adage selon lequel l'argent n'a pas d'odeur.

Soixante ans plus tard, le bon empereur Hadrien, celui de Marguerite Yourcenar, qui comme tous les « bons » empereurs était antisémite et antichrétien, a fait construire sur le site de Jérusalem une ville romaine moderne appelée Aelia Capitolina, avec un temple de Jupiter à la place du Temple. Cette provocation a causé parmi les Juifs qui vivaient encore dans les parages un dernier sursaut de révolte, noyé dans le sang. La circoncision a été interdite, l'apostasie encouragée. La région a cessé de s'appeler la Judée pour prendre le nom de Palestine, en référence aux plus anciens ennemis des Juifs, les Philistins – habitants de la bande de Gaza que les Juifs, à vrai dire, avaient commencé par déloger. Jérusalem détruite, puis profanée, est devenue le nom du deuil et de la désolation. « Celui qui repeint sa maison, dit la *Mishnah*, qu'il laisse un petit morceau de mur nu, en souvenir de Jérusalem. Celui qui prépare le repas, qu'il omette un ingrédient savoureux, en souvenir de Jérusalem. Celle qui se couvre de parures, qu'elle en retire une, en souvenir de Jérusalem. »

Cependant…

27

Cependant, dit le Talmud, il y avait à Jérusalem un rabbin très pieux appelé Yohanan ben Zakkai. Élève du grand Hillel, c'était un pharisien qui avait voué sa vie à l'étude de la Loi. Pendant le siège, il a plaidé en vain pour la raison. Quand il est devenu clair que la situation était désespérée, il est parvenu à se faire exfiltrer de la ville, dans un cercueil où on l'avait allongé avec une charogne afin que l'odeur de décomposition trompe les soldats aux barrages. Ses disciples l'ont amené dans cet équipage jusqu'à la tente du général, et la tradition juive dit que, comme Flavius Josèphe, le rabbi ben Zakkai aurait annoncé à Vespasien la défaite d'Israël et son propre avènement. (En tant que narrateur, je me serais bien passé de cette redondance mais, bon, deux sources distinctes attestent ces deux prédictions convergentes : si c'est vrai, il y avait pour Vespasien de quoi être troublé.) Après quoi le rabbi aurait obtenu du futur empereur que dans l'écrasement imminent de tout ce qui était juif une petite enclave soit préservée, où une poignée d'hommes pieux pourraient continuer en paix à étudier la Loi.

Le Temple des Juifs n'existait plus. La ville des Juifs n'existait plus. Le pays des Juifs n'existait plus. Normalement, le peuple juif aurait dû cesser d'exister, comme tant de peuples qui avant et après lui ont disparu ou se sont fondus dans d'autres peuples. Ce n'est pas ce qui s'est passé. Il n'y a dans l'histoire des hommes aucun autre exemple d'un peuple qui a persévéré dans son existence de peuple, si longtemps, en étant privé de territoire et de pouvoir temporel. Cette modalité d'existence nouvelle, absolument inédite, a commencé à Yavné, près de Jaffa, où s'est établie après le sac de Jérusalem la petite réserve pharisienne voulue par le rabbi ben Zakkai. C'est là qu'a germé en secret, en silence, ce qui est devenu le judaïsme rabbinique. C'est là qu'est née la *Mishnah*. C'est là que les Juifs ont cessé d'habiter une patrie pour ne plus habiter que la Loi. Il n'y aura plus désormais de grands prêtres mais des sages, plus de Temple glorieux mais d'humbles synagogues, plus de sacrifices mais des prières, plus de lieu sacré mais un jour, le sabbat, qui puisqu'il a fallu faire une croix sur l'espace déploie dans le temps le plus imprenable des sanctuaires, voué à l'attention, à la sollicitude, aux gestes quotidiens sanctifiés par l'amour de Dieu.

Le Talmud décrit le rabbi parcourant avec un de ses disciples le champ de ruines qu'était devenu Jérusalem. Le disciple se lamente : oï oï oï. « Ne sois pas triste, lui dit le rabbi. Nous avons un autre moyen de rendre à Dieu le culte qui lui plaît. – Quoi donc ? – Les actes de bonté. »

28

Et les pauvres ? Les saints ? La famille de Jésus, les judéo-chrétiens de l'obédience de Jacques ? On raconte qu'eux aussi, ou du moins quelques-uns d'entre eux, ont pu fuir Jérusalem assiégée et qu'ils ont trouvé refuge au-delà du Jourdain, dans la région désertique de la Batanée.

Ils étaient les derniers à avoir connu Jésus. Ils parlaient de lui comme d'un prophète venu rappeler Israël à une plus pure observance de la Loi. Israël venait de s'effondrer dans les flammes, alors ils ne savaient plus quoi penser mais ils en avaient l'habitude : ils n'avaient déjà pas su quoi penser quand Jésus, qui devait chasser les Romains, avait fini crucifié par eux. Abasourdis, ils ne comprenaient rien. Ce n'étaient pas des as de l'interprétation.

Ils se rappelaient des mots qu'il avait dits, des anecdotes. Ils auraient pu décrire son visage, si quelqu'un était venu le leur demander. Ils bâtissaient des généalogies, pour prouver qu'il descendait bien de David – c'était très important pour eux, au point que l'essentiel de leur foi s'est réfugiée là-dedans, dans ces questions de généalogie. Ils avaient vu lapider son frère Jacques, on leur avait dit que Pierre était mort à Rome, et peut-être aussi Jean. Ils pensaient que « l'homme ennemi » les avait dénoncés. « L'homme ennemi », c'est ainsi qu'ils appelaient Paul. Ils ne savaient pas grand-chose de lui, assez toutefois pour le maudire. Ils colportaient à son sujet des histoires de magie noire. Ils disaient qu'il n'était même pas juif, qu'il avait voulu séduire la fille du grand prêtre – nous connaissons un peu tout cela par le professeur Maccoby, qui est allé chercher ses informations dans leurs traditions lacunaires, effrangées, et qui s'est persuadé que c'était la vérité cachée par les habiles *storytellers* du Nouveau Testament. À la même époque, les Juifs de leur côté racontaient des histoires du même genre sur la mère de Jésus : qu'elle avait fauté avec un soldat romain nommé Panthera. Ou, carrément, avec une panthère.

Repoussés par les Juifs comme par les chrétiens, les judéo-chrétiens sont devenus hérétiques dans la maison qu'ils avaient fondée. Hérétiques peu gênants : personne ne s'intéressait plus à eux, personne ne savait plus qu'ils existaient, seuls dans leur coin de désert avec leurs généalogies. Si, quatre cents ans plus tard, Mahomet ne s'était fait son idée sur Jésus auprès de ce qui restait de leurs sectes, on pourrait dire que leur trace s'est perdue dans le sable.

29

Jusqu'en 70, un chrétien était une sorte de Juif. Il avait intérêt à l'amalgame car les Juifs étaient identifiés et, en gros, acceptés par l'Empire. La première fois où on a fait la distinction, elle n'a pas tourné à l'avantage des chrétiens : c'est eux qu'on a brûlés pour venger l'incendie de Rome, pas les Juifs. Mais quand les Juifs, après l'écrasement de leur révolte, se sont retrouvés en position de proscrits, considérés comme des terroristes potentiels, privés de toutes les agréables dérogations dont ils avaient bénéficié, l'intérêt des chrétiens est devenu de se démarquer d'eux. Jusqu'en 70, les colonnes de leur église, c'étaient Jacques, Pierre, Jean, de bons Juifs bien judaïsants. Paul n'était qu'un trublion déviationniste dont personne depuis sa mort ne parlait plus. Après 70, tout change : l'église de Jacques se perd dans les sables, celle de Jean se transforme en une secte d'ésotéristes paranoïaques, les temps sont mûrs pour Paul et son église dé-judaïsée. Paul lui-même n'est plus là, mais il lui reste des partisans dispersés de par le monde. Luc est un de ces cadres du paulinisme. Revenu au pays natal, il pensait y avoir pris une retraite définitive. Il pensait que l'histoire était terminée, la partie perdue, mais voici que d'anciens camarades de cellule lui disent que non, tout repart, et qu'on a besoin de lui.

Tant qu'à ramener Luc à Rome, j'aimerais autant que ce soit en juin 71, pour le faire assister avec toute la population de la ville au triomphe de Titus, rentré de Jérusalem. Un triomphe, ce n'est jamais qu'un défilé militaire, mais les Romains ne faisaient pas les choses à moitié, s'ils construisaient un cirque ils prévoyaient 250 000 places, et leurs défilés militaires tenaient aussi du carnaval de Rio. Rentré dans les bagages du général vainqueur, Josèphe a suivi de la tribune officielle cette cérémonie célébrant la victoire de la civilisation romaine sur le fanatisme oriental. Il l'a décrite avec un luxe de détails digne de *Salammbô* et un émerveillement qu'on peut juger déplacé, dans la mesure où le vaincu était son propre peuple.

Ce qui l'épate le plus, ce sont les chapiteaux mobiles, hauts comme des immeubles de quatre étages, qui avancent avec le cortège, portant des grappes entières de prisonniers disposés de telle sorte qu'ils représentent pour l'édification de la plèbe – je cite : « la prise de citadelles inexpugnables, toute une ville livrée au carnage, les vaincus tendant des mains suppliantes avant d'être égorgés, les maisons s'écroulant sur leurs occupants, les fleuves coulant non à travers des champs cultivés mais dans un territoire en feu de tous côtés. Au sommet de chacun de ces décors mobiles était placé le général de la ville conquise, dans la posture où il avait été pris. De nombreux navires suivaient. » J'ai un peu de mal, je l'avoue, à me représenter concrètement le tableau, mais on peut être sûr qu'il était grandiose.

L'un des généraux placés « dans la posture où il a été pris » est ce Simon ben Giora, débusqué comme Saddam Hussein parmi les décombres de Jérusalem et qui, la corde au cou, fouetté par les soldats, est acheminé dans cet équipage jusqu'au lieu de son exécution. Josèphe doit penser que, s'il n'avait pas retourné sa veste à temps, il aurait pu connaître le même sort. Après les prisonniers vient le butin, en particulier tout ce qui a été pris dans le Temple : chandeliers à sept branches, costumes liturgiques portés par des mignons comme dans le défilé de mode ecclésiastique de *Fellini-Roma*, voiles de pourpre du Saint des Saints. Les rouleaux de la Loi ferment le défilé des dépouilles. Derrière encore viennent des porteurs de statues de la Victoire, toutes faites d'ivoire et d'or, et derrière enfin, sur son char, Vespasien lui-même. Très simple, très bonhomme, encadré de ses deux fils, Titus et Domitien – celui-ci, note Josèphe, « sur un cheval qui valait vraiment d'être vu ».

Vespasien sera empereur dix ans, Titus deux, Domitien quinze. Les deux premiers règnes seront paisibles, bourgeois, une sorte de Restauration aussi éloignée que possible des folies de Tibère, Caligula, Claude, Néron. Avec Domitien, cela se gâtera de nouveau mais on n'en est pas encore là. Pour le moment, tout le monde respire. Rome se refait une santé. L'écrasement des Juifs donne l'impression d'être revenu au bon vieux temps, quand il n'y avait pas trop d'étrangers, et on idéalise ce bon vieux temps : celui où les Romains n'étaient pas des citadins amollis par trop de banquets, d'influences exotiques et d'heures passées aux thermes, mais des guerriers rugueux, sentant la sueur et l'homme plutôt que tous les parfums de l'Orient. Vespasien gère l'Empire en père de famille. Titus, en attendant de lui succéder, le seconde efficacement.

Suétone a surnommé Titus « l'amour et les délices du genre humain » – réputation que la postérité a ratifiée. Cette bonté qu'on lui reconnaît, Renan assure qu'elle ne lui était pas naturelle, qu'il s'y forçait. Je ne sais pas d'où Renan tire tant de discernement psychologique mais ce trait me touche car elle ne m'est pas naturelle à moi non plus : moi aussi je m'y force, sachant que rien ne vaut en dehors d'elle, et j'estime n'y avoir que plus de mérite. Le seul défaut qu'on trouve à Titus, c'est d'avoir ramené de ses deux ans de campagne en Judée toute une bande de Juifs qui font tache à la cour : ses grands amis Agrippa et Josèphe, et surtout sa maîtresse Bérénice. Il ne se montre nulle part sans elle, des rumeurs de mariage circulent. Les vieux Romains n'apprécient pas. Vespasien prie son fils d'y mettre bon ordre. Titus s'incline. *Titus reginam Berenicem ab Urbe dimisit invitus invitam*, résume Suétone d'une phrase qui, platement traduite, veut dire : « Titus éloigna de Rome la reine Bérénice, contre son gré à lui, contre son gré à elle » – mais *invitus invitam*, c'est beaucoup plus beau que ça, c'est le comble du grand style latin. De ces deux mots, Racine tirera la plus belle des tragédies classiques et Robert Brasillach, en pleine Occupation de la France, une pièce à juste raison moins célèbre sur le mérite qu'il y a à plaquer une vieille maîtresse juive. Bérénice regagne donc l'Orient désert. Elle reviendra à Rome après la mort de Vespasien, elle reverra Titus, trop tard. Après un règne unanimement jugé trop court, il mourra d'un mal mystérieux qui fera se demander s'il a été empoisonné par son horrible frère Domitien ou, comme le veut le Talmud de Babylone, torturé par un moucheron qui lui serait rentré par l'oreille dans le cerveau pour le punir d'avoir détruit Jérusalem. Sur son lit de mort, rapporte encore Suétone, il s'est plaint que la vie lui soit enlevée malgré son innocence, « car aucun de ses actes ne lui laissait de remords, sauf un seul » – on n'a jamais su lequel.

30

Par Tacite et Suétone, on connaît parfaitement la grande histoire de Rome au Ier siècle : empereurs, Sénat, guerres aux frontières et intrigues de palais, mais on n'est pas moins bien loti en ce qui concerne la vie quotidienne grâce à Juvénal et Martial. Le premier, incarnation comme je crois l'avoir dit du réactionnaire de charme à la Philippe Muray, a écrit des *Satires* caustiques et coléreuses, le second des *Épigrammes* minimalistes, cochonnes une fois sur deux, bien vues à tous les coups. Si on pense comme moi que Luc est retourné à Rome au début des années soixante-dix et qu'on essaye d'imaginer la vie qu'il y a menée, il vaut mieux lire Martial que *Quo Vadis* ?

Entre Martial et Luc, bien sûr, il y a une énorme différence : l'un est chrétien, l'autre pas, mais tous deux – pour Martial c'est certain, pour Luc ce n'est que mon avis – appartiennent à la même classe sociale. Des petits-bourgeois, des citadins déracinés, venus d'Espagne pour l'un, de Macédoine pour l'autre, pas vraiment pauvres en ce sens qu'ils ne s'inquiètent pas de leur pain du lendemain, mais loin, très loin d'être riches dans une ville où, banque privée et spéculation aidant, s'accumulent des fortunes pharamineuses. L'agrément de Martial, et la raison pour laquelle je le convoque ici, c'est qu'il raconte tout, avec une prédilection pour les détails triviaux que dédaignent les auteurs nobles. Il est capable de faire, comme Georges Perec ou Sophie Calle, de la littérature avec ses listes de courses ou son carnet d'adresses. Il habite un appartement de deux pièces au troisième étage d'un immeuble de rapport. Il se plaint constamment du bruit, qui l'empêche de dormir car c'est la nuit seulement que les convois de marchandises ont le droit de circuler en ville, si bien qu'à peine fini le concert des chariots qui manœuvrent et des cochers qui s'engueulent, commence au point du jour celui des commerçants qui ouvrent en braillant leurs échoppes. Il est célibataire, sa maisonnée se réduit à deux ou trois esclaves, ce qui est un minimum : si on n'a pas au moins ça, c'est qu'on est esclave soi-même. Lui-même dort dans un lit, ses esclaves sur des nattes, dans la pièce d'à-côté. Ce ne sont pas des esclaves de luxe, achetés cher, mais il les aime beaucoup, les traite gentiment, couche gentiment avec eux. Son vrai luxe, c'est sa bibliothèque, composée de rouleaux de papyrus à l'ancienne et aussi de *codex*, ces liasses de feuilles reliées, écrites recto verso, qui à ce détail près que le texte n'est pas imprimé mais copié à la main sont des livres au sens moderne du mot. Ce nouveau support commençait à supplanter l'ancien, comme aujourd'hui le livre électronique : c'était en train de se faire, ce n'était pas encore fait. Ainsi sont édités les grands classiques, Homère, Virgile, mais aussi des best-sellers contemporains comme les *Lettres à Lucilius*, et quand Martial lui-même accédera à cet honneur, pour ses derniers recueils d'épigrammes, il en tirera la même fierté qu'un écrivain français d'être publié de son vivant dans la « Pléiade ». Martial est un homme de lettres, vaniteux comme tous les hommes de lettres, mais à part ça sympathiquement glandeur, plus soucieux de ses plaisirs que de sa carrière, une version romaine du neveu de Rameau. Sa journée idéale, qu'il fasse beau qu'il fasse laid, consiste à flâner le matin, traîner dans des librairies, choisir au marché le dîner – asperges, œufs de caille, roquette, tétines de truie – qu'il offrira, le soir, à deux ou trois amis avec qui il échangera des ragots en asséchant une jarre de vin de Falerne – vendanges tardives, son préféré. L'après-midi, il le passe aux bains. Les bains, il n'y a rien de mieux :

on s'y lave, on y sue, on y cause, on y joue, on y fait la sieste, on y lit, on y rêve. Certains aiment mieux le théâtre ou les jeux du cirque : pas Martial. Il pourrait passer sa vie entière aux bains, d'ailleurs c'est plus ou moins ce qu'il fait. Mais ce plaisir, ces plaisirs se paient d'une corvée, qui est le lot et le cauchemar de la majorité des Romains : la visite matinale au patron.

Il faut comprendre ceci : dans l'Empire comme dans toute société préindustrielle le travail productif c'était l'agriculture et l'agriculture, comme on sait, se pratique à la campagne. Que faisaient les citadins, alors? Justement, pas grand-chose. Ils étaient assistés. Les riches, qui possédaient les terres et en tiraient d'immenses revenus, fournissaient les pauvres en pain et en jeux – *panem et circenses*, selon la formule de Juvénal – pour que ni la faim ni le désœuvrement ne leur inspirent d'idées de révolte. Deux jours sur trois étaient fériés. Les bains étaient gratuits. Enfin, comme il faut bien quand même un peu d'argent pour vivre, la société urbaine se divisait, non pas en employeurs et salariés, les premiers rétribuant le travail des seconds, mais en patrons et clients, les premiers entretenant les seconds à ne rien faire, sinon leur exprimer de la reconnaissance. Un homme riche, outre des terres et des esclaves, avait une clientèle, c'est-à-dire qu'un certain nombre d'individus moins riches que lui se présentaient chaque matin à son domicile pour y recevoir une petite somme appelée la sportule. Au minimum, six sesterces, l'équivalent d'un SMIC sur le mois. Les Romains pauvres vivaient de cela – et les moins pauvres de la même chose, à un échelon plus élevé : ils avaient des patrons plus riches, eux-mêmes clients de patrons plus riches encore. Martial était un poète connu, plutôt content de sa vie, il n'empêche que pendant les quarante ans de son séjour à Rome il a dû chaque matin – et Dieu sait qu'il s'en plaint – se plier à ce cérémonial. Se lever tôt – il déteste ça. Se draper dans sa toge – il déteste ça aussi : c'est raide, lourd, malcommode, en plus ça coûte très cher en teinturier mais on doit mettre une toge pour saluer son patron comme on met une cravate pour aller au bureau. Se hâter, à pied parce qu'on n'a pas les moyens de se payer une litière, dans des rues étroites, mal pavées, boueuses, où on risque toujours de prendre un mauvais coup, au minimum de cochonner la toge. Faire antichambre chez le patron, avec toute une bande d'autres parasites qu'on regarde avec mépris et méfiance. Quand le patron daigne enfin apparaître, aussi ennuyé que ses clients, attendre son tour pour lui glisser quelques mots sur le ton approprié – ce ton s'appelait l'*obsequium*, ce qui se passe de commentaire. Une fois que c'est fait, passer à la caisse, que tient une sorte d'appariteur, et alors seulement, muni de sa maigre sportule, commencer une journée d'oisiveté plus ou moins féconde. On pourrait dire que ce n'est pas payer très cher le droit à la paresse, mais on pourrait le dire aussi des allocations-chômage, dont peu de bénéficiaires jouissent sans arrière-pensées moroses. Ce rituel matinal était une servitude, une humiliation, et c'est une des raisons pour lesquelles, à l'approche de la soixantaine, Martial a préféré retourner dans son Espagne natale, où il est mort d'ennui. Il adorait Rome mais il n'en pouvait plus de la sportule, des embouteillages, des vaines paroles : il estimait avoir passé l'âge.

31

Luc était le contraire d'un jouisseur comme Martial. Il n'allait aux bains que pour se laver. S'il avait des esclaves, il ne couchait pas avec eux. Un repas lui était une occasion de rendre grâce, pas de colporter des ragots. Mais dans son déroulement extérieur, sa vie de vieux garçon lettré a dû ressembler beaucoup à celle de Martial. C'était une vie de Romain moyen, et les chrétiens de Rome à ce moment-là avaient compris la leçon de Paul : ils se conduisaient en Romains moyens. Pas de vagues, pas de conduites bizarres, pas de grandes barbes de prophètes et encore moins de réunions clandestines dans les catacombes. On se retrouvait pour l'agape dans les maisons de familles respectables, qui de plus en plus souvent étaient des familles païennes, discrètement converties ou en voie de conversion. Même s'il gagnait sa vie en exerçant son métier de médecin, cela n'empêchait pas Luc d'avoir un patron, comme tout un chacun. L'Évangile et les Actes sont dédiés à un certain Théophile, dont on ne sait si c'est un personnage symbolique – son nom veut dire « ami de Dieu » – ou s'il a vraiment existé. À la façon dont Luc s'adresse à lui dans les prologues de ses deux livres, il est en tout cas clair que c'est un païen, curieux du christianisme et qu'il s'agit de convaincre avec des arguments à sa portée. Pour ma part, j'imagine très bien que ce Théophile ait été le patron de Luc, que Luc soit passé auprès de lui du statut de parasite matinal à celui de familier de la maisonnée, éventuellement de médecin traitant, et qu'il ait à son bénéfice rodé les éléments de langage qu'on retrouvera dans son Évangile.

Il fallait tenir compte, pour commencer, de l'extrême méfiance de Théophile et en général des Romains convenables à l'égard des Juifs. Même ceux qu'attirait autrefois leur ferveur religieuse en étaient revenus et ne les voyaient plus que comme de dangereux terroristes. C'est là que Luc faisait merveille, en démontrant par son propre exemple que les chrétiens n'étaient pas des Juifs, qu'en fait ils n'avaient rien à voir avec les Juifs. Certains d'entre eux l'étaient par leur naissance, on ne pouvait pas le nier, mais très peu, de moins en moins, et ceux-là avaient abjuré la Loi juive. Ils n'observaient aucun de ces rituels qu'on avait longtemps trouvés pittoresques et qu'on trouvait maintenant menaçants. Ils n'étaient affiliés à aucun parti de l'étranger. Ils respectaient Rome, ses fonctionnaires, ses institutions, son empereur. Ils payaient leurs impôts, ne prétendaient à aucune exemption.

Quand même... – opposaient quelquefois à Luc des gens mieux informés que la moyenne. Quand même, ce maître dont vous vous réclamez, dont vous nous dites qu'il est ressuscité, il était bien juif, non ? Il a bien été crucifié sur ordre du gouverneur romain, pour s'être rebellé contre l'empereur ? C'est plus compliqué que ça, répondait Luc. Il était juif, c'est vrai, mais par son loyalisme à l'égard de l'Empire il s'est rendu insupportable aux Juifs : c'est même pour cela qu'ils l'ont fait mettre à mort. Le gouverneur romain n'a fait qu'appliquer une sentence juive – bien forcé, l'honnête homme, et à contrecœur, croyez-le.

Cette propagande portait ses fruits. Une fois écarté l'obstacle de la juiverie, ce que racontait Luc plaisait à Théophile et aux siens. Ils étaient fiers d'adhérer à une doctrine aussi élevée et aussi respectueuse en même temps de leur propre statut social. Ils s'étaient mis à donner aux pauvres, ce qui ne se faisait pas à Rome – on donnait à ses clients, pas à des gens trop miséreux pour avoir un patron. Ils songeaient à recevoir le baptême. Luc, quant à lui, songeait de plus en plus à mettre par écrit ce qu'il disait à Théophile. C'est alors qu'a commencé à circuler dans les cercles chrétiens de Rome un petit récit sur Jésus qu'on disait être l'œuvre de Marc, l'ancien secrétaire de Pierre.

32

Frédéric Boyer est un écrivain de mon âge qui, en 1995, a convaincu l'éditeur catholique Bayard d'ouvrir un énorme chantier : une nouvelle traduction de la Bible. Chaque livre serait confié à un écrivain et à un exégète, qui collaboreraient étroitement. La plupart des exégètes étaient des gens d'Église, la plupart des écrivains étaient athées – les exceptions, à ma connaissance, étant Florence Delay et Frédéric lui-même. La direction de Bayard, quand j'ai été contacté, n'avait pas encore donné son feu vert, on en était au stade des essais. « Il y a un exégète, m'a dit Frédéric, qui a commencé à travailler sur Marc. Ça t'irait de t'y mettre avec lui ? »

J'ai bien sûr dit oui : on ne vous propose pas deux fois dans la vie de participer à une traduction de la Bible. J'étais assez content, en outre, qu'on m'épargne l'embarras du choix. Quelques années plus tôt, j'avais, seul dans mon coin, commenté l'Évangile de Jean et cru ou voulu croire à la résurrection du Christ, mais je n'en ai rien dit à Frédéric, ni à personne dans l'équipe qui s'est peu à peu constituée. Il y a des gens que la pornographie gêne, moi pas du tout. Ce qui me gêne, qui me paraît beaucoup plus délicat à aborder, beaucoup plus impudique que des confidences sexuelles, ce sont « ces choses-là » : les choses de l'âme, celles qui ont trait à Dieu. J'aimais bien dans mon for intérieur me croire plus familier d'elles que mes camarades du petit monde littéraire, les méditant et les gardant dans mon cœur. C'était mon secret, dont je parle ici pour la première fois.

L'exégète qui avait commencé à travailler sur l'Évangile de Marc, Hugues Cousin, était un petit homme doux et souriant, un puits de science et de modestie. Il avait été prêtre mais le célibat ne lui convenait pas : il voulait une femme, des enfants, une famille. Si l'Église l'avait permis, il se serait marié en restant prêtre. Il aurait aimé qu'elle le permette car il pensait ces deux vocations parfaitement compatibles. Elle ne le permet pas, alors il a choisi. Sans protester, sans envisager un instant le mensonge où s'engagent beaucoup de prêtres, au prix de déchirements intimes et de dégâts collatéraux également terribles, il a défroqué, s'est marié, élève trois enfants, mais il n'a pas rompu avec l'Église, ne s'en est même pas éloigné. Quand je l'ai connu, il était en plus de ses recherches et publications érudites le principal collaborateur de l'évêque d'Auxerre et habitait avec sa famille à l'ombre de la maison diocésaine. C'est là que j'allais le voir pour nos séances de travail. Quelquefois, c'était lui qui venait dans mon studio, rue du Temple. Pour chaque verset, il me proposait un mot à mot qu'il commentait abondamment afin de me faire sentir l'essaim d'associations qui entourait chaque mot grec. Je risquais une traduction, qu'il critiquait, nuançait, enrichissait. Il y a eu des dizaines d'allers et retours, en sorte qu'il nous a fallu pas loin d'un an pour aboutir à une première version de ces quelque trente feuillets.

    Ce qu'il percevait de révolutionnaire dans notre entreprise excitait beaucoup Hugues, qui m'encourageait à toujours plus de hardiesse. Je me rappelle, un jour, son air déçu devant la timidité d'un de mes essais : « On dirait la Bible de Jérusalem, ton truc. Ce serait Luc, je ne dis pas, mais

Marc... » Il insistait beaucoup sur le mauvais grec de Marc – comparable, disait-il, à l'anglais d'un chauffeur de taxi de Singapour. Il aurait voulu que j'y reste fidèle, c'est-à-dire que je traduise délibérément dans un français fautif. Nous en avons beaucoup discuté. Je disais que ces fautes ne faisaient pas partie de l'intention de l'auteur. Peut-être, répondait Hugues, mais elles font partie du résultat. Les deux positions peuvent se défendre, nous étions tous les deux d'accord là-dessus, nous aimions tous les deux tomber d'accord, et j'ai finalement fait le choix d'un français correct, mais terne et mal jointoyé : les phrases posées l'une à la suite de l'autre, sans liaison ni transition. Le contraire du « style coulant, cher au bourgeois » que vomissait Baudelaire et à quoi j'ai spontanément tendance : toujours lier, toujours veiller à ce que les phrases s'enchaînent bien, à ce qu'on passe sans heurt de l'une à l'autre. Cette traduction m'a aidé à trouver le ton de *L'Adversaire*. J'en ai parlé d'ailleurs avec Jean-Claude Romand, qui se disait très intéressé par l'entreprise et comparait pour mieux suivre notre travail les versions de la Bible disponibles à la bibliothèque de sa prison.

Deux grandes idées avaient cours dans le gang qu'animait Frédéric. La première, c'est que les livres bibliques constituent un ensemble hétéroclite, étalé sur mille ans, relevant de genres littéraires aussi divers que la prophétie, la chronique historique, la poésie, la jurisprudence, l'aphorisme philosophique, et dû à des centaines de rédacteurs différents. Les grandes traductions, qu'elles soient comme autrefois le fait d'un seul homme, Martin Luther ou Lemaître de Sacy, ou comme aujourd'hui d'un collectif d'érudits, TOB ou BJ, ont tendance à plaquer sur ce concert de voix discordantes une harmonie artificielle : tout se ressemble un peu, les Psaumes sont écrits comme les Chroniques, les Chroniques comme les Proverbes et les Proverbes comme le Lévitique. L'avantage de confier les traductions à des écrivains différents, chacun ayant ou prétendant avoir une langue bien à lui, c'est qu'elles ne se ressembleront pas. De fait, on n'a pas l'impression de lire le même livre quand on passe des Psaumes selon Olivier Cadiot au Qohelet selon Jacques Roubaud, ce qui est rafraîchissant. Les inconvénients, c'est d'abord que d'un livre à l'autre les mêmes mots grecs ou hébreux ne sont pas traduits pareil, en sorte que c'est un peu n'importe quoi, le règne du caprice individuel, ensuite que les écrivains ne sont pas si différents que ça, tous appartenant non seulement à la même époque et au même pays mais encore à la même chapelle littéraire, le petit milieu P.O.L-éditions de Minuit. J'aurais assez aimé pour ma part qu'on fasse appel à, je ne sais pas, Michel Houellebecq ou Amélie Nothomb, mais bon, la perfection n'est pas de ce monde, il valait la peine d'essayer et ce travail a embelli nos vies à tous pendant quelques années.

Derrière l'autre grande idée, il y a la chimère du retour à l'origine, au temps où les mots n'étaient pas encore usés par deux millénaires d'usage pieux. Ces mots qui retentissaient avec tant d'éclat, Évangile, apôtre, baptême, conversion, eucharistie, se sont vidés de leur sens ou remplis d'un autre sens, routinier et bénin. « C'est bon, le sel, dit Jésus, mais si le sel s'affadit, avec quoi le salera-t-on ? » Nous avons passé des dizaines d'heures, réunis en conclave, à chercher comment rendre, aujourd'hui, le mot « évangile ». « Évangile », déjà, ce n'est même pas une traduction : seulement la transcription du mot grec *evangelion*. De même « apôtre » n'est que la transcription, à la fois paresseuse et pédante, du grec *apostolos*, qui veut dire « émissaire » ; « église » celle du grec *ekklesia* qui veut dire « assemblée » ; « disciple » celle du latin *discipulus* qui veut dire « élève », et « messie » celle de l'hébreu *maschiah*, qui veut dire « oint ». Oui, oint : frotté d'huile. Le fait est que ni le mot ni la chose ne sont très ragoûtants, et je me rappelle qu'un rigolo parmi nous avait proposé qu'on traduise le Messie par « le Pommadé ».

« Évangile », la plupart des gens croient aujourd'hui que cela désigne un genre littéraire, le récit de la vie de Jésus, et que Marc, Matthieu, Luc et Jean ont écrit des évangiles comme Racine des tragédies ou Ronsard des sonnets. Mais ce sens-là ne s'est imposé que vers le milieu du IIe siècle. Le mot que Marc plaçait en ouverture de son écrit était un nom commun qui signifiait « bonne nouvelle ». Quand Paul, trente ans plus tôt, parle aux Galates ou aux Corinthiens de « mon Évangile », il veut dire : ce que je vous ai prêché, ma version personnelle de cette bonne nouvelle. Le problème, c'est qu'on a raison de reprocher à « Évangile » d'avoir perdu son sens originel et de n'en avoir, en fait, plus aucun, mais qu'écrire « bonne nouvelle » à la place est un remède pire que le mal : ça fait catho sympa, aumônerie, on imagine tout de suite le sourire et la voix de curé. Pour ma part, j'ai reculé, et après je ne sais combien d'essais aussi consternants que « l'heureux message » ou « l'annonce de joie », fini par garder « Évangile ».

C'est le tout premier mot de Marc, et on n'a pas encore eu le temps de s'en remettre que quelques lignes plus loin on tombe sur un champ de mines : « Jean parut dans le désert, proclamant ». Et proclamant quoi ? Ce que la TOB appelle « un baptême de conversion en vue du pardon des péchés », la BJ « un baptême de repentir pour la rémission des péchés », et le vieux Lemaître de Sacy « un baptême de pénitence pour la rémission des péchés ». Baptême, conversion, repentir, pénitence, rémission et, pire que tout, péché : à nous qui prétendions donner un sens plus pur aux mots de la tribu, chacun de ces vocables, avec sa charge d'onction ecclésiastique et de terrorisme culpabilisant, inspirait une horreur sacrée. Il fallait sortir de cette sacristie, trouver autre chose mais quoi ? J'ai fini par écrire : « Jean parut dans le désert, baptisant. Il proclamait que par cette immersion on était retourné, libéré de ses fautes. » Tout ce que je peux dire à ma décharge, c'est que pour ce résultat je me suis donné un mal de chien. Mais je vois bien que ce n'est pas bon. Que ce modernisme, quinze ans plus tard, est déjà vieillot. Le péché et le repentir nous enterreront tous, c'est à craindre.

33

Un jour, au début de notre travail ensemble, Hugues m'a demandé : « Au fait, tu sais comment il se termine, l'Évangile de Marc ? » Je l'ai regardé, interloqué. Bien sûr que je savais comment il se termine, je l'avais assez lu et relu depuis quelques mois : Jésus ressuscité apparaît à ses disciples, et il leur dit d'aller annoncer l'Évangile à toutes les nations. Eh bien non, a dit Hugues, content de son effet. Ce n'est pas ça, la vraie fin. Le dernier chapitre a été ajouté beaucoup plus tard. Il ne figure ni sur le *Codex Vaticanus* ni sur le *Codex Sinaiticus*, qui sont les deux plus anciens manuscrits conservés du Nouveau Testament et qui datent du IVe siècle. À cette date encore, avant que l'Église y mette bon ordre, l'Évangile de Marc se terminait sur les trois femmes, Marie de Magdala, Marie mère de Jacques et une troisième appelée Salomé, qui le lendemain de la mort de Jésus vont au tombeau pour la toilette mortuaire. Elles trouvent déplacée la grosse pierre qui bloquait l'entrée et, à l'intérieur, un jeune homme vêtu d'une robe blanche qui leur dit de ne pas avoir peur : Jésus n'est plus là, il s'est relevé. Le jeune homme leur ordonne d'annoncer la nouvelle aux disciples. Les femmes s'enfuient. « Elles ne dirent rien à personne, car elles avaient peur. »

« Elles avaient peur » : ce sont les derniers mots de Marc.

Je me rappelle ma stupéfaction et, il faut bien l'avouer, mon ravissement quand Hugues m'a appris cela. J'ai plaidé, en vain, pour que ma traduction s'arrête à ce verset, et j'ai dû faire l'intéressant dans quelques dîners en racontant, ce qu'assez peu de gens savent, que le plus ancien des quatre Évangiles ne montre pas Jésus ressuscité mais se clôt sur l'image de trois femmes terrifiées devant un tombeau vide.

Le recueil appelé *Q* nous apprend comment Jésus parlait. Marc nous apprend ce qu'il faisait, l'impression qu'il donnait, et cette impression est faite d'étrangeté, de rudesse, de menace plutôt que de douceur et d'élévation philosophique. J'ai dressé lors de mon séjour en Turquie avec Hervé la liste des exorcismes et guérisons dans l'Évangile de Luc. À deux exceptions près, il les a tous recopiés dans Marc, mais si on se reporte à la version d'origine on s'aperçoit qu'il les a édulcorés. Ils sont dans Marc plus rustiques, plus triviaux, légèrement dégoûtants : Jésus enfonce ses doigts dans les oreilles d'un sourd, mouille de sa salive la langue d'un bègue, en frotte les yeux d'un aveugle. Surtout, ils prennent beaucoup plus de place. Si on ne connaissait Jésus que par ce témoignage, l'image qu'on garderait de lui serait moins celle d'un sage ou d'un maître spirituel que d'un chaman aux pouvoirs inquiétants.

Pas de belles histoires chez Marc, pas de discours sur la montagne, et à peine une poignée de paraboles. Celle, célèbre, du semeur. Celle de la graine qui, une fois en terre, germe et grandit d'elle-même sans qu'on sache comment. Celle du grain de moutarde qui, minuscule quand on le sème, finit par devenir un grand arbre. Toutes trois usent de la même métaphore agricole, mais disent trois choses différentes sur la parole de Jésus et son effet sur ceux qui l'écoutent : que c'est au début infiniment petit, mais voué à devenir immense ; que cela grandit en nous à notre insu et sans que notre volonté y puisse rien ; enfin que c'est fécond pour les uns et pas pour les autres, parce que certains le reçoivent qui sont plantés dans de la bonne terre bien grasse, et alors tant mieux pour eux, mais d'autres le sont dans les épines et la caillasse, et alors tant pis, c'est ainsi : « Celui qui a déjà, il lui sera donné davantage, et celui qui n'a pas, même ce qu'il a lui sera retiré. »

Je pense que cette parole est profondément vraie, qu'on peut la vérifier tous les jours, mais elle est tout sauf agréable à entendre, et Jésus ne se montre pas plus sympathique quand ses disciples lui demandent d'être un petit peu plus clair et qu'il répond : « Vous, je vous explique ces mystères. Mais les autres, je leur parle par énigmes *afin que*, regardant, ils ne voient pas, qu'entendant ils ne comprennent pas, de peur qu'ils ne se convertissent et soient sauvés. » Je me rappelle ma gêne, en traduisant ce verset, et avoir tant bien que mal tiré vers la pédagogie bien comprise, avec des classes de différents niveaux, quelque chose qui en réalité ressemble beaucoup plus à un enseignement ésotérique, réservé à la garde rapprochée du gourou et repoussant le profane dans les ténèbres extérieures. Cette façon de faire, c'était le contraire de Paul, et Luc aussi a dû en être gêné – la preuve, c'est qu'en recopiant ce passage il a coupé sa terrible chute : « de peur qu'ils ne se convertissent et soient sauvés ». Jésus ne pouvait pas être aussi dur.

Autre chose a dû gêner Luc – mais quelquefois aussi lui faire plaisir –, c'est la façon dont Marc traite les disciples. Le bruit de ses guérisons se répandant, de plus en plus de gens suivent Jésus, et dans cette bande de marginaux, d'éclopés, de journaliers au chômage, il en choisit douze qui travailleront pour lui à plein temps. Il les envoie dans les villages des environs, deux par deux, équipés *a minima* – pas de provisions, pas de sac, pas d'habits de rechange –, avec mission de frotter les malades avec de l'huile et de chasser les démons. Tout cela pourrait se raconter comme la naissance d'un corps d'élite, une légion de glorieux soldats du Christ, mais Marc ne rate aucune occasion de montrer les disciples sous le jour le moins flatteur. Ils sont supposés chasser les démons mais dès qu'ils sont au pied du mur il faut courir chercher le maître. Ils sont obtus, querelleurs, envieux, comme le montre l'histoire des bonnes places que Jacques et Jean veulent réserver auprès de Jésus pour le jour du jugement. Jésus les rabroue mais, quelques pages plus loin, ils trouvent encore moyen de se disputer pour savoir qui d'entre eux est le plus grand, et Jésus leur répète, de moins en moins patiemment, que celui qui veut être le premier doit accepter d'être le dernier : c'est la loi, et elle vaut beaucoup plus que la Loi. Quand il leur dit qu'il sera bientôt rejeté, persécuté, tué, Pierre se récrie – il ne faut pas raconter des choses pareilles, ça porte malheur – et s'attire cette réponse que j'ai déjà citée : « Arrière, Satan ! » Satan, Jésus le connaît : il dit avoir passé quarante jours dans le désert en sa compagnie, avec des bêtes sauvages qui le servaient.

Après le dernier repas, dans le jardin de Gethsémani, il s'écarte pour prier avec Pierre, Jacques et Jean. Il leur demande de veiller mais au bout d'une minute ils ronflent comme des sonneurs. Quand on vient l'arrêter, un des disciples résiste, coupe une oreille à un serviteur du grand prêtre, mais après c'est la débandade. Aucun d'entre eux ne se tient au pied de la croix tandis qu'agonisant, Jésus râle : « Mon dieu, pourquoi m'as-tu abandonné ? » Quelques femmes, seulement, regardent de loin. C'est un vague sympathisant, Joseph d'Arimathie, qui décroche le cadavre et le dépose dans une tombe. Toujours pas de disciples dans les parages. Il n'y a plus, à la fin, que trois femmes hagardes, celles qui regardaient de loin, et elles ne disent rien à personne parce qu'elles ont peur.

Résumons : c'est l'histoire d'un guérisseur rural qui pratique des exorcismes et qu'on prend pour un sorcier. Il parle avec le diable, dans le désert. Sa famille voudrait le faire enfermer. Il s'entoure d'une bande de bras cassés qu'il terrifie par des prédictions aussi sinistres qu'énigmatiques et qui prennent tous la fuite quand il est arrêté. Son aventure, qui a duré moins de trois ans, se termine par un procès à la sauvette et une exécution sordide, dans le découragement, l'abandon et l'effroi. Rien n'est fait dans la relation qu'en donne Marc pour l'embellir ni rendre les personnages plus aimables. À lire ce fait divers brutal, on a l'impression d'être aussi près que possible de cet horizon à jamais hors d'atteinte : ce qui s'est réellement passé.

34

Je sais, je me projette. Tout de même, je pense qu'en découvrant le récit de Marc, Luc a ressenti un peu de dépit. Ah, quelqu'un d'autre l'a fait... Parce qu'il avait lui-même eu le désir de le faire, parce qu'il avait peut-être commencé à le faire. Et puis, une fois lu Marc, il a dû se dire : je peux faire mieux. J'ai des informations que Marc n'a pas. Je suis plus instruit, je sais manier la plume. Ce livre-là, c'est un brouillon, écrit par un Juif, pour des Juifs. Si Théophile le lisait, il lui tomberait des mains. La version définitive de l'histoire, celle que liront les païens cultivés, c'est à moi qu'il incombe de l'écrire.

Les historiens modernes ont répudié l'imagerie d'Épinal. Aux traités et batailles, à Roland à Roncevaux, ils préfèrent l'évolution du cadastre et de l'assolement triennal. En matière biblique, leur grand souci est de diluer l'apport individuel dans une tradition collective désincarnée. Ils disent :

un Évangile, ce sont des strates, la production de telle et telle communauté, n'allons pas naïvement croire que c'est *quelqu'un* qui l'a écrit. Je ne suis pas d'accord. Bien sûr c'est une communauté, bien sûr c'est aussi l'œuvre de copistes, et de copistes de copistes, n'empêche que le texte, à un moment, il y a bien quelqu'un qui l'a écrit – et ce quelqu'un, dans l'histoire que je raconte, c'est Luc. Ils disent aussi : gardons-nous de l'anachronisme consistant à imaginer un évangéliste travaillant à partir de plusieurs documents qu'il garde à portée de main, étalés sur sa table – comme j'ai, moi, quelques bibles, Renan jamais très loin et, à ma droite, des rayonnages qui ne cessent de se remplir. Je suis puérilement fier de cette bibliothèque biblique, je me sens dans mon bureau comme saint Jérôme en train d'écrire dans le merveilleux tableau de Carpaccio, celui avec le petit chien, qu'on peut voir à la *scuola* Saint-Georges des Esclavons de Venise, et à la vérité je ne vois pas ce que cette image a d'invraisemblable, au moins en ce qui concerne Luc.

Luc était un lettré, et même si son logis romain était encore plus modeste que celui de Martial cela n'empêche pas qu'il ait comme lui possédé une petite bibliothèque. L'anachronisme, si on en cherche un, c'est la table – meuble dont les Romains avaient peu l'usage. Ils faisaient tout couchés : dormir, manger, écrire. Admettons que, comme Proust, Luc a écrit son livre au lit. Étalés sur son édredon, nous découvrons d'abord la Bible des Septante, ensuite le récit de Marc recopié par ses soins, enfin le recueil, lui aussi recopié par ses soins, des paroles de Jésus que Philippe lui a fait connaître à Césarée. Ce petit rouleau-là, qu'il a toujours gardé au fond de son coffre de voyageur, c'est son trésor. C'est aussi, maintenant, son avantage comparatif par rapport à Marc qui, faute d'y avoir eu accès, est pauvre sur l'enseignement de Jésus. La Septante, Marc et *Q* : ce sont ses trois documents de référence, auxquels je pense qu'il faut adjoindre Flavius Josèphe.

En tant qu'ami de Titus, Josèphe n'a pas souffert de la vague antijuive qui a suivi la chute de Jérusalem. Les prisonniers de guerre juifs étaient pour la plupart devenus esclaves à Rome. Lui s'y est confortablement installé dans une belle maison sur le Palatin, avec une pension à vie, un anneau de chevalier, ses entrées à la cour et, comme le font souvent les diplomates contraints à une retraite anticipée, il s'est reconverti comme historien. En araméen d'abord, puis dans un grec raffiné jusqu'à l'archaïsme, il a écrit ce récit dont je me suis abondamment servi, où il cherche en même temps à flatter Titus, à se donner le beau rôle et à défendre son peuple qu'une bande d'irresponsables a conduit à sa perte. *La Guerre des Juifs* est parue en 79. Un Romain cultivé et curieux du judaïsme ne pouvait pas ne pas en entendre parler. C'est un gros livre – 500 pages serrées aux éditions de Minuit, sans compter la préface de Pierre Vidal-Naquet. Il devait coûter cher. Luc l'a peut-être consulté dans une bibliothèque publique – il y en avait d'excellentes, comme celle du temple d'Apollon – mais je l'imagine plutôt se serrant la ceinture pour l'acheter, dans une des librairies de l'Argiletum où se fournissait Martial. Connaissant bien moi-même cette joie-là, je l'imagine rapportant chez lui son butin, cette source jaillissante de mots, de noms, de coutumes, de petits faits historiques dont il va faire son miel. Dans l'Évangile et surtout dans les Actes, il parlera du maître pharisien Gamaliel, du rebelle Theudas, de l'Égyptien, de toutes sortes de gens totalement inconnus du monde romain, avec la délectation du journaliste qui vient de débusquer le document grâce auquel son reportage va prendre poids et consistance, coïncider dans l'esprit de ses lecteurs avec des événements vérifiables. C'est ainsi que nous aussi lisons Josèphe, en contrepoint du Nouveau Testament. C'est pour cela qu'Arnaud d'Andilly, le janséniste qui l'a traduit en français au XVIIe siècle, l'appelait « le cinquième évangéliste ».

35

Voilà : nous sommes à Rome, vers la fin des années soixante-dix du Ier siècle. Luc commence à écrire son Évangile.

Quant à moi, je vous invite à retourner page 327 pour en relire les premières lignes : l'adresse à Théophile. Allez-y, je vous attends.

Vous l'avez relue ? Nous sommes d'accord ? Le programme que se fixe Luc est bien un programme d'historien.

Il promet à Théophile une enquête de terrain, un rapport auquel on peut se fier : du sérieux. Or, à peine formulée cette exigence, dès la ligne suivante, que fait-il ?
Un roman. Un pur roman.

36

« En ce temps-là, Hérode était roi de Judée. Et il y avait un prêtre, appelé Zacharie, qui appartenait à la famille sacerdotale d'Abias. Sa femme, Élisabeth, descendait d'Aaron. »
Zacharie et Élisabeth, le lecteur ne sait pas qui c'est. Personne n'en a jamais entendu parler, mais du roi Hérode si, et c'est comme dans *Les Trois Mousquetaires*, où des personnages comme Louis XIII ou Richelieu couvrent de leur crédibilité Athos, Porthos, Aramis et Madame Bonacieux. Zacharie et Élisabeth, poursuit Luc, sont des justes, aimant Dieu et se plaisant à observer sa Loi. Hélas, ils n'ont pas eu le bonheur d'avoir d'enfant. Un jour que Zacharie prie dans le Temple, un ange lui apparaît. Élisabeth, lui annonce l'ange, va lui donner un fils, qu'il faudra appeler Jean. Zacharie s'étonne : c'est qu'ils sont déjà vieux, Élisabeth et lui... Pour lui apprendre à douter, l'ange lui ôte la parole. Zacharie sort du Temple muet, et le demeure. Bientôt, Élisabeth est enceinte.

La grande différence entre l'Ancien et le Nouveau Testaments, disait le philosophe allemand Jakob Taubes, c'est que l'Ancien est rempli d'histoires de femmes stériles à qui Dieu donne la grâce d'enfanter, et qu'on n'en trouve pas une seule dans le Nouveau. Il n'y est plus question de croître, multiplier et prospérer, plutôt de se faire eunuques pour le Royaume des cieux. L'histoire d'Élisabeth semble infirmer cette pénétrante remarque, mais en fait non : dans l'esprit de Luc, on est encore dans l'Ancien Testament. Zacharie et Élisabeth se tiennent sur le seuil de l'Évangile comme des représentants du vieil Israël, et l'un des traits qui me touchent le plus chez mon héros, c'est la tendresse qu'il a mise à les peindre.

Cette peinture sent le pastiche, c'est vrai. Quand l'ange, dans le Temple, annonce à Zacharie que l'enfant à naître « sera grand devant le Seigneur et ne boira ni vin ni boisson fermentée, et sera rempli d'Esprit-Saint dès le sein de sa mère, et marchera sous le regard du Seigneur avec l'esprit et la puissance d'Élie… », il faut se rappeler que ce ruissellement de vocables emphatiquement juifs, cette débauche de couleur locale sont l'invention d'un gentil qui, quelques années plus tôt, a vu le Temple pour la première fois, sans rien comprendre aux simagrées à quoi on contraignait son maître Paul. Mais il y est retourné. Il a rôdé autour. Tout en étant partie prenante d'un mouvement qui, irrésistiblement, s'affranchit du judaïsme, il a voulu connaître le judaïsme. Il a fait mieux que le connaître : il l'a aimé.

La ligne du Parti, au moment où il écrit, commande d'accabler Israël. C'est ce que font avec zèle les autres évangélistes, qui sont juifs. Pas Luc. Luc, le seul *goy* de la bande des quatre, ouvre son Évangile sur ce petit roman historique, plein de sémitismes piqués dans la Septante, dans l'espoir de faire sentir à Théophile la beauté de ce monde disparu, de cette piété qui s'exprime moins dans les vastes colonnades du Temple que dans l'âme recueillie et scrupuleuse de justes comme Zacharie et Élisabeth. Comme si, avant de larguer les amarres, il voulait nous rappeler que ceux-là connaissaient comme ne le connaîtra jamais aucun autre peuple le sens de la parole de Job : « Du dedans de ma chair, je contemple Dieu. »

37

Élisabeth cache sa grossesse pendant cinq mois. Le sixième, le même ange, Gabriel, s'en va voir la cousine d'Élisabeth, Marie, qui vit à Nazareth, en Galilée. À elle aussi, il annonce qu'elle concevra et enfantera un fils. Elle l'appellera Jésus mais il sera appelé Fils de Dieu. Cette annonce trouble Marie : elle est fiancée à un certain Joseph, mais seulement fiancée, c'est-à-dire encore vierge. Comment concevrait-elle si elle ne connaît pas d'homme ? « Ne t'inquiète pas, répond l'ange, rien n'est impossible à Dieu. Ta cousine Élisabeth n'a-t-elle pas conçu dans sa vieillesse, elle qu'on appelait la stérile ? » Marie pourrait faire observer qu'une grossesse tardive et une grossesse virginale, ce n'est pas tout à fait pareil, mais elle se contente de répondre : « Je suis la servante du Seigneur. Qu'il m'advienne selon sa parole. »

Cette histoire de conception virginale, les deux témoins les plus anciens du christianisme, Paul et Marc, ne la connaissent pas. Dix ou vingt ans plus tard elle apparaît dans deux Évangiles dont les auteurs s'ignorent mutuellement. Luc écrit à Rome, Matthieu en Syrie, ils racontent tous les deux la naissance de Jésus et, sauf sur ce point, leurs récits n'ont rien en commun. Matthieu dit que des magiciens sont venus d'Orient, guidés par une étoile, pour adorer le futur roi des Juifs. Il dit que le vrai roi des Juifs, Hérode, apprenant cela et craignant d'être un jour détrôné, a fait massacrer tous les enfants de moins de deux ans dans la région. Il dit que Joseph, prévenu par l'ange, a sauvé sa famille en l'emmenant en Égypte. Luc ne sait rien de tout cela, qui n'est pourtant pas banal, mais il dit comme Matthieu que Jésus est né d'une vierge. D'où cette histoire sort-elle? Qui l'a mise en circulation? Personne n'en sait rien. Sa naissance est mystérieuse, même si on n'accepte pas que celle de Jésus le soit. Je n'ai pas de théorie à ce sujet.

J'en ai une, en revanche, sur la façon dont Luc a construit son récit, et sur ce sujet-là je me sens nettement plus compétent. C'est qu'il y a dans cette scène de l'Annonciation une trouvaille de romancier, ou de scénariste, aussi extraordinaire que l'entrée en scène de Paul dans les Actes. Rappelez-vous : Luc raconte la lapidation d'Étienne et signale, incidemment, que pour lapider plus à leur aise les meurtriers ont confié leurs manteaux à la garde d'un jeune homme nommé Saul. C'est tout aussi incidemment qu'on apprend, par la bouche de l'ange Gabriel, que cette Élisabeth introduite sans raison apparente au début de l'Évangile est la cousine de Marie – donc que les deux enfants à naître, Jean et Jésus, vont être cousins aussi.

Mon lecteur l'a peut-être remarqué : je n'hésite pas, quelquefois, à suivre la tradition contre les historiens soupçonneux. Par exemple, je ne trouve pas si absurde l'hypothèse, pourtant associée au fondamentalisme le plus crasse, selon laquelle Luc tient certaines informations de Marie en personne. Mais ce cousinage de Jésus et de Jean, dont il n'est question nulle part ailleurs, je suis prêt à parier ma place dans le Royaume des cieux que c'est une invention. Et pas une invention héritée, comme la visite de l'ange Gabriel, d'une de ces nébuleuses « communautés primitives » qui selon les biblistes ont écrit les Évangiles. Non, une pure et simple invention de Luc.

Il se trouvait devant un cahier des charges exigeant qu'il traite, premièrement la naissance virginale de Jésus, deuxièmement le personnage de Jean dont il ne savait pas trop quoi faire. Il était dans son lit, ou aux thermes, ou il se promenait sur le champ de Mars quand l'idée lui est tombée dessus : et si Jésus et Jean étaient cousins ? Voilà qui arrangerait bien ses affaires de narrateur ! Pour en avoir connu parfois l'équivalent, j'imagine l'excitation de Luc et j'imagine que dans le sillage de cette idée s'est déployée comme une évidence toute la composition de ses deux premiers chapitres, majestueuse et pure comme une fresque de Piero della Francesca.

38

Après l'Annonciation vient la Visitation, c'est-à-dire que Marie quitte son village galiléen pour saluer sa cousine en Judée. À son entrée, l'enfant que porte Élisabeth tressaille dans son ventre. Les deux femmes, enceintes l'une de Jésus l'autre de Jean, se tiennent l'une en face de l'autre. Inspirée par l'Esprit-Saint, Élisabeth dit à Marie qu'elle est bénie entre toutes les femmes car elle est la mère du Seigneur, et Marie entonne ce qu'on est tenté d'appeler son grand air, tant il a été mis, et somptueusement, en musique. Cette action de grâces, dans la Bible latine, commence par les mots *Magnificat anima mea Dominum*, « mon âme exalte le Seigneur » : c'est pourquoi on l'appelle le *Magnificat*.

Il y a plus de dix ans, j'ai fait sur mon grand-père maternel, Georges Zourabichvili, des recherches tâtonnantes qui ont abouti à *Un roman russe*. Cet homme brillant mais sombre, voué au malheur, et qui devait disparaître tragiquement à la fin de la Seconde Guerre mondiale, a cherché dans la foi chrétienne une réponse aux questions qui le tourmentaient. Comme je devais le faire cinquante ans après lui, il allait tous les jours à la messe, se confessait, communiait, et j'ai reconnu en le lisant ce dont j'avais moi-même fait l'expérience : le besoin d'accrocher son angoisse à une certitude ; l'argument paradoxal selon lequel la soumission à un dogme est un acte de suprême liberté ; la façon de donner sens à une vie invivable, qui devient une succession d'épreuves imposées par Dieu. Dans ses papiers, j'ai trouvé un long commentaire du *Magnificat*. Qu'est-ce que l'Évangile ? se demande-t-il. Et il répond : c'est la Parole de Dieu, révélée aux hommes et infiniment plus grande qu'eux. Et qu'est-ce que le *Magnificat* ? C'est la réponse la plus juste qu'on puisse faire à la Parole de Dieu. Fière docilité, soumission joyeuse. C'est à quoi devrait tendre toute âme : être la servante du Seigneur.

Comme mon grand-père, j'ai récité ces versets en cherchant à m'imprégner de leur ferveur. Jacqueline disait que la dévotion à la Vierge était le chemin le plus sûr vers les mystères de la foi : j'ai voulu m'y adonner, pendant quelques mois j'ai gardé dans ma poche un chapelet qu'elle m'avait offert, et vingt, trente fois par jour, je récitais le *Je vous salue Marie*. Aujourd'hui, je trace le portrait d'un évangéliste homme de lettres, scénariste, pasticheur, et j'observe que ce poème sublime, le *Magnificat*, est d'un bout à l'autre un patchwork de citations bibliques. La marge de la TOB en signale deux par ligne, la plupart viennent des Psaumes et, curieusement, l'émotion que j'aurais aimé ressentir et ne ressentais pas en récitant mes chapelets, je la ressens maintenant quand je m'imagine Luc écumant sa Septante, choisissant ces fragments de vieilles prières juives, les sertissant avec un soin méticuleux, comme un orfèvre monte un collier de pierres précieuses, pour donner l'idée à Théophile de ce qu'était l'amour de Dieu chez ces Juifs que Dieu a délaissés.

Marie reste trois mois auprès de sa cousine, puis retourne chez elle. Élisabeth accouche. On veut appeler l'enfant Zacharie comme son père, mais celui-ci, resté muet depuis sa vision dans le Temple, écrit sur une tablette que non, il doit s'appeler Jean. Ce qu'ayant écrit, sa langue se délie et à son tour il entonne un cantique sur les desseins de Dieu et le rôle qu'y jouera son fils : « Et toi, petit enfant, tu seras appelé prophète du Très-Haut car tu marcheras devant sous le regard du Seigneur pour préparer ses chemins et guider ceux qui sont dans les ténèbres et l'ombre de la mort. » La TOB dit très vaguement que ce cantique, appelé le *Benedictus*, doit « provenir de la communauté palestinienne » – ce qui ne mange pas de pain et dispense de reconnaître que c'est, comme le *Magnificat*, un somptueux collage fabriqué par Luc. C'est aux accents de ce *Benedictus* que mon fils Jean Baptiste a été baptisé.

Et voici que paraît le décret de César Auguste visant à recenser rien moins que le monde entier. Quirinius, alors gouverneur de Syrie, est chargé de son application en Palestine. C'est ce que dit Luc, qui se veut historien, fournisseur de données fiables et vérifiables, et les historiens deux mille ans plus tard sont un peu embêtés parce que ce recensement, bel et bien supervisé en Palestine par le gouverneur Quirinius, a eu lieu dix ans après la mort d'Hérode, sous le règne duquel Matthieu et Luc font naître Jésus. Cette affaire de recensement, dans le récit de Luc, ne sert qu'à une seule chose : le faire naître à Bethléem et ainsi accomplir une prophétie totalement marginale et contournée, que rien ne l'obligeait à monter en épingle. C'est une erreur classique de scénariste : s'acharner à résoudre une incohérence sur laquelle tous les efforts qu'on déploie ne font qu'attirer l'attention, en sorte qu'elle se voit comme le nez au milieu de la figure alors qu'il aurait suffi de ne pas s'en préoccuper pour qu'elle passe sans problème. Là, comme il fait partie de son cahier des charges que Jésus naisse à Bethléem, Luc se sent tenu d'expliquer pourquoi ses parents, qui sont de Nazareth, vont pour l'accouchement à Bethléem. Réponse : parce qu'à peu près à cette époque il y a eu un recensement, qu'on doit se faire recenser dans sa ville natale et que Joseph, bien que pas né lui-même à Bethléem, était membre de la famille de David qui y avait ses racines.

Bon.

Maintenant, ce qui fait la réussite d'un film, ce n'est pas la vraisemblance du scénario mais la force des scènes et, sur ce terrain-là, Luc est sans rival : l'auberge bondée, la crèche, le nouveau-né qu'on emmaillote et couche dans une mangeoire, les bergers des collines avoisinantes qui, prévenus par un ange, viennent en procession s'attendrir sur l'enfant... Les rois mages viennent de Matthieu, le bœuf et l'âne sont des ajouts beaucoup plus tardifs, mais tout le reste, Luc l'a inventé et, au nom de la corporation des romanciers, je dis : respect.

Au point où nous en sommes arrivés, on ne s'étonnera pas qu'il soit le seul des quatre évangélistes à rappeler que

Jésus a été circoncis. Dans un temps où on déculottait des vieillards en pleine rue pour vérifier s'ils appartenaient à la race maudite, il était tentant de glisser sur l'épisode, mais Luc ne glisse pas. Il y tient, comme il tient à raconter la présentation de l'enfant au Temple. Il y a là un très vieil homme appelé Siméon. Il est juste et pieux, il attend la consolation d'Israël, et l'Esprit-Saint lui a promis qu'il ne mourrait pas sans avoir vu le Messie. Ce Siméon ressemble beaucoup à Zacharie. Tous les deux, surtout, ressemblent beaucoup à Jacques, frère du Seigneur. De même qu'à mon avis Luc a écrit la lettre attribuée à Jacques dans le Nouveau Testament, de même je suis convaincu qu'il a pensé à lui en composant le troisième des grands airs qui ponctuent son prologue. Le vieillard tient l'enfant dans ses bras : « Et maintenant, dit-il, maintenant Seigneur tu peux laisser ton serviteur partir en paix, car mes yeux ont vu le salut d'Israël. » On devine qu'il le berce en murmurant cela, et la sublime cantate que Bach en a tiré, *Ich habe genug*, nous berce l'âme aussi.

Les deux garçons, Jean et Jésus, grandissent en taille, en sagesse et en grâce devant Dieu. Marie garde fidèlement toutes ces choses dans son cœur. Ainsi prend fin ce prologue d'or, d'encens et de myrrhe, après lequel entrent en scène les deux héros, cette fois adultes et, comme dans *Il était une fois en Amérique*, joués non plus par des mouflets qui leur ressemblent mais par Robert De Niro et James Woods en personne.

39

Les vies parallèles d'hommes illustres étaient un genre à la mode. En suivant ce schéma, Luc a magnifiquement construit son prologue mais il se retrouve ensuite fort dépourvu car il a beaucoup à raconter sur l'un de ses deux héros et peu sur l'autre. Autant, dans ces enfances juives enchantées, il a donné libre cours à son talent de romancier, autant pour ce qui concerne Jean il se montre copiste scrupuleux, s'en tenant à ses sources, s'abstenant de donner son avis, et je pense que c'est parce qu'il n'en a pas, d'avis. Parce que cette partie de l'histoire ne lui dit rien. Les ascètes lui font peur, on le sent soulagé quand Hérode jette le Baptiste en prison où il se morfondra jusqu'à sa décapitation. On a la même impression, de léger bâclage, quand entre le baptême de Jésus et son séjour avec le diable au désert Luc case comme il peut, assez mal, comme s'il cherchait à s'en débarrasser, une généalogie du Sauveur qui diffère totalement de celle de Matthieu, sauf sur un point : tous deux s'échinent à démontrer que Jésus descend de David par Joseph, alors qu'ils ont bien dit que celui-ci n'était pas son père. Clairement, il lui tarde d'entrer dans le vif du sujet, à moi aussi, et pour montrer comment il y entre je propose une petite explication de texte.

Lisons Marc : « Il retourna dans son village natal. Ses disciples le suivaient. Le sabbat venu, il se mit à enseigner dans la synagogue. Beaucoup de ceux qui l'entendaient, troublés, disaient : D'où sort-il cette sagesse ? Et cette puissance, qui agit par ses mains ? Ce n'est jamais, pourtant, qu'un charpentier ! Le fils de Marie, le frère de Jacques, de Joseph, de Jude, de Simon ! Ses sœurs vivent ici, parmi nous ! Ils butaient là-dessus. Jésus leur dit : Un prophète n'est méprisé que dans son village, dans sa famille, dans sa maison. Et il ne pouvait faire là aucun miracle. »

Voyons maintenant ce que Luc fait de ce synopsis.
Jésus « se rend à Nazareth, où il a grandi. Selon son habitude, il va le jour du sabbat à la synagogue et se lève pour faire la lecture ».

(Rappelons-nous : c'est ce que faisait aussi Paul.)

« On lui remet le livre du prophète Isaïe. Le déroulant, il trouve le passage où il est écrit :

L'Esprit du Seigneur est sur moi
parce qu'il m'a consacré par l'onction
pour porter la bonne nouvelle aux pauvres,
annoncer aux captifs la délivrance,
aux aveugles qu'ils verront à nouveau,
aux opprimés qu'ils auront le dessus
et proclamer une année de grâce du Seigneur. »

(Ce texte, on se doute que Luc l'a soigneusement choisi dans sa Septante. Il a dû hésiter entre plusieurs, je serais curieux de savoir lesquels.)

« Il roule le livre, le rend au chef de synagogue. Il s'assied.

Tous ont les yeux fixés sur lui. »

(Notre vieil ami Eusèbe, l'historien de l'Église, dit que Marc a écrit son Évangile d'après les « didascalies » de Pierre : cela voulait dire ses instructions. Mais dans le sens moderne du mot qui désigne, au théâtre, les indications scéniques, on peut dire que le roi de la didascalie, c'est Luc.)

« Alors il leur dit : Aujourd'hui s'accomplit à vos oreilles ce passage de l'Écriture. »

(Autrement dit : c'est de moi qu'il s'agit. Là encore, c'est un procédé de Paul, j'ai d'ailleurs décalqué cette scène pour décrire son intervention à la synagogue de Troas.)

« Tous sont stupéfaits. Ils disent : N'est-ce pas le fils de Joseph, celui-là ? »

(Luc fait une place à Joseph, que Marc ne connaît pas. En revanche, il passe à la trappe les frères et sœurs.)

« Jésus dit : À coup sûr, vous allez me sortir le dicton : médecin, commence par te guérir toi-même. Nous savons ce qui s'est passé à Capharnaüm : fais-en autant ici, chez toi. Mais moi je vous dis : aucun prophète n'est bien reçu dans sa patrie. Et tenez, je vous dis aussi : au temps d'Élie, il y avait beaucoup de veuves en Israël, quand le ciel a été bouché pendant trois ans et demi et qu'il y a eu dans tout le pays une grande famine. Mais ce n'est pas à elles qu'Élie a été envoyé. C'est à une veuve de Sarepta, au pays de Sidon. Il y avait aussi beaucoup de lépreux en Israël au temps du prophète Élisée, mais ce ne sont pas ceux-là qui ont été guéris, c'est Naaman le Syrien. »

(Sarepta était un village phénicien, autant dire grec. Que le salut concerne des veuves de Sarepta et des lépreux syriens autant et même plus que des veuves et des lépreux juifs, c'était un des refrains de Paul. Avec aussi peu de vergogne que de vraisemblance historique, Luc le met dans la bouche de Jésus, dont Marc nous dit pourtant que le jour où une Grecque d'origine phénicienne lui a demandé de guérir sa fille, son premier mouvement a été de répondre : « Laisse d'abord les enfants se rassasier car ce n'est pas bien de prendre le pain des enfants pour le donner aux petits chiens. » Parole violente, qui peut se traduire par : je guéris les Juifs d'abord, car ce sont les enfants de Dieu, quant aux païens ce sont des chiens – des petits chiens, gentils peut-être, mais des chiens. Les gens de Nazareth pensaient exactement la même chose. C'est pourquoi, quand le Jésus de Luc leur sort ce petit sermon paulinien, ils le prennent très mal.)

« La fureur les étouffe. Ils se lèvent, le chassent de la ville, l'entraînent jusqu'à un escarpement de la montagne pour le précipiter de là-haut. »

(En une phrase paisible, c'est le récit d'un lynchage, comme Paul en a subi plusieurs.)

« Mais lui, passant au milieu d'eux, poursuit son chemin. »

40

Luc parfois se contente de recopier Marc, mais la plupart du temps il fait ce que je viens de montrer. Il dramatise, il scénarise, il romance. Il ajoute des « il leva les yeux », « il s'assit », pour rendre les scènes plus vivantes. Et quand quelque chose ne lui plaît pas, il n'hésite pas à le corriger.

J'ai parlé, pour certains détails de l'Évangile, de leur « accent de vérité ». C'est un critère auquel je crois, tout en reconnaissant qu'il est très subjectif. Un autre critère est celui que les exégètes appellent « le critère d'embarras » : quand une chose devait être embarrassante à écrire pour son rédacteur, il y a de fortes chances qu'elle soit vraie. Exemple : l'extrême brutalité des relations de Jésus avec sa famille et ses disciples. Ce qu'en dit Marc, il y a tout lieu de le croire. Ce qu'en fait Luc, moins. Le premier raconte que les siens sont venus chercher Jésus pour le faire enfermer, le second qu'ils n'ont pas pu l'approcher à cause de la foule. Le premier, qui était pourtant le secrétaire de Pierre, montre Jésus repoussant celui-ci en le traitant de Satan, le second coupe la scène, comme il coupe ou arrange toutes celles où les disciples apparaissent comme une bande d'abrutis – sauf quand elles visent Jean, contre qui il avait une dent.

Marc raconte que Jésus, ayant faim, avise sur son chemin un figuier feuillu mais sans figues. Rien d'étonnant à cela : ce n'est pas la saison des figues. Malgré quoi il maudit le figuier : « Que jamais plus personne ne mange de tes fruits. » Le lendemain, il repasse avec ses disciples devant le figuier et Pierre, se rappelant la malédiction de la veille, fait remarquer qu'il est desséché jusqu'aux racines. Jésus, assez curieusement, répond que si on a la foi on peut soulever des montagnes. Personne n'ose lui demander pourquoi, à ce compte-là, il n'a pas fait porter de fruits au figuier plutôt que de le tuer.

L'histoire est menaçante : on devine vaguement que le figuier maudit, c'est Israël. Elle est surtout obscure. Jésus était souvent menaçant et obscur. Il parlait de faux prophètes qui viennent déguisés en brebis mais qui sont au-dedans des loups féroces et qu'il faut reconnaître à leurs fruits. Ces embrouillaminis ne sont pas du goût de Luc. Comme moi, il aime les métaphores lisibles, qu'on peut transposer terme à terme, alors il se contente de dire, sagement, qu'on ne cueille pas de figues sur des épines ni de raisins sur des ronces. L'histoire du figuier, telle que la rapporte Marc, il a dû être tenté de la supprimer. Finalement, il trouve le moyen de l'arranger, en mettant dans la bouche de Jésus une parabole à la fois claire et optimiste.

Le figuier n'a pas porté de fruits depuis trois ans, son propriétaire veut le faire couper mais le jardinier plaide la cause du figuier : laissons-lui une chance, peut-être qu'il en donnera plus tard, des fruits, si on le soigne bien... C'est une autre conception de l'éducation : patience contre sévérité et, s'il pensait à Israël, cela devait correspondre aux vœux sincères de Luc. C'est aussi, reconnaissons-le, banal et même un peu bébête.

Les vomisseurs de tièdes n'aiment pas Luc parce qu'ils le trouvent trop bien élevé, trop policé, trop homme de lettres. Quand il tombe sur cette phrase terrible, et terriblement vraie : « Celui qui a, on lui donnera, et celui qui n'a pas, on lui prendra », il ne peut s'empêcher d'en corriger l'illogisme et, du coup, de l'affadir : « Celui qui n'a pas, *même ce qu'il croit avoir* lui sera enlevé. » (C'est le genre de corrections que je serais capable de faire, je le crains.) Mais c'est, comme d'habitude, plus compliqué que ça. Car là où les autres rapportent : « Qui aime son père, sa mère, son fils, sa fille plus que moi n'est pas digne de moi », c'est le gentil Luc qui renchérit de violence : « Qui vient à moi sans *haïr* son père, sa mère, *sa femme* (on l'avait oubliée, celle-là), ses enfants, ses frères, ses sœurs *et jusqu'à sa propre vie* ne peut être mon disciple. » C'est le gentil Luc aussi qui fait dire à Jésus : « Je suis venu jeter le feu sur la terre. Comme je voudrais qu'il soit déjà allumé ! »

41

Dans le récit de la Passion, Luc dans l'ensemble colle à Marc, mais l'enrichit de maniérismes qui ne m'emballent pas toujours. Au jardin des Oliviers, il est à la fois sulpicien – un ange descend du ciel réconforter Jésus – et morbide – la sueur d'angoisse, sur son front, se transforme en grosses gouttes de sang. Un des disciples, quand on vient arrêter Jésus, sort son couteau et tranche l'oreille d'un serviteur du grand prêtre. Jean nous apprend que ce serviteur se nommait Malchus, et c'est le genre de détail auquel je crois – pourquoi le dire, autrement ? Luc, lui, ajoute qu'en touchant l'oreille du blessé Jésus l'a guéri – et ça, je n'y crois pas du tout.

J'en viens au Golgotha. Les soldats, dans Marc, crachent au visage de Jésus, comme Jésus lui-même crachait dans les yeux des aveugles. Luc supprime tous ces crachats, qui choqueraient Théophile, par contre il ajoute du dialogue. Là où Marc, dans son laconisme et son effrayante âpreté, ne rapporte qu'une parole de Jésus sur la croix, Luc, toujours plus bavard, lui en prête trois.

La première, c'est Jésus qui dit de ses bourreaux : « Père, pardonne-leur, ils ne savent pas ce qu'ils font. »

Devant le mal, c'est ce qu'on devrait toujours dire, non ?

La dernière, c'est celle que j'aime le moins. Au moment d'expirer, Jésus dit : « Père, je remets mon esprit entre tes mains », et c'est émouvant, certes, mais tellement moins beau, tellement moins terrible que, dans Marc : *Eli Eli lamma sabactani*, « Père, père, pourquoi m'as-tu abandonné ? ».

Mais la plus belle trouvaille de Luc est entre les deux autres, comme la croix de Jésus entre celles des deux autres condamnés. Ces condamnés sont des bandits, ils sont en train de crever dans des souffrances atroces, malgré quoi l'un des deux se moque de Jésus : « Si tu es le Sauveur, vas-y, sauve-toi toi-même. » L'autre proteste : « Nous, c'est justice, nous payons pour nos crimes, mais lui, il n'a rien fait de mal. » Et il dit à Jésus : « Souviens-toi de moi, je t'en prie, quand tu seras dans ton royaume. »

Réponse de Jésus : « Ce soir, tu y seras avec moi. »

Un bandit espagnol, raconte Miguel de Unamuno, dit au bourreau avant d'être pendu : « Je mourrai en disant le *Credo*. S'il te plaît, n'ouvre pas la trappe avant que j'aie dit : Je crois à la résurrection de la chair. »

Ce bandit-là est le frère du précédent, et cette phrase montre qu'il en sait plus long sur Jésus que tous les gens intelligents comme moi. Mais il va mourir : ça aide.

42

Luc aimait les bandits, les prostituées, les percepteurs collabos. « Les individus tarés et déchus », comme dit un exégète en s'étonnant de cette prédilection. Elle existait chez Jésus, aucun doute n'est possible là-dessus, mais chaque évangéliste a sa spécialité et celle de Luc, qui était médecin lui-même, est de nous rappeler sans cesse que les médecins sont là pour les malades, pas pour les bien portants. De nous rappeler aussi, lui si convenable, que la grande violence dont était capable Jésus n'est jamais, absolument jamais dirigée contre les pécheurs mais seulement contre les gens de bien. C'est le fil rouge qui court tout au long de son *Sondergut* – son « bien propre », ce qui n'existe *que* chez lui. Ce *Sondergut*, dont je veux maintenant donner quelques exemples, les exégètes postulent qu'il le tire d'une source inconnue. Moi, je pense que cette source inconnue, c'est la plupart du temps son imagination – mais est-ce si différent de l'inspiration divine ?

Un pharisien a invité Jésus chez lui. Jésus y va, se met à table. Arrive une pécheresse, autant dire une pute, avec un vase de parfum. Elle pleure, lui arrose les pieds de ses larmes, les essuie avec ses cheveux, les asperge de parfum. Le pharisien est choqué, il ne dit rien, mais Jésus l'entend penser très fort. Luc, ici, travaille son dialogue : « Simon, j'ai quelque chose à te dire. – Parle, maître. » Alors Jésus raconte l'histoire du créancier qui a deux débiteurs, l'un qui doit 500 deniers, l'autre 50. Ni l'un ni l'autre n'ayant de quoi payer, il efface la dette des deux. Lequel lui sera le plus reconnaissant ? Le pharisien : « Celui qui avait la plus grosse dette. – Bien jugé », dit Jésus.

C'est juste après cette scène que Luc, habilement, glisse un paragraphe sur ces femmes qui, avec les Douze, entourent Jésus : Marie de Magdala, mais aussi notre chère Jeanne, femme de Chouza, Suzanne et plusieurs autres, « qui les assistent de leurs biens ». Pour les assister de leurs biens, il faut qu'elles en aient eu, au moins un peu, et ces dames d'œuvres que Luc est le seul à mentionner devaient lui rappeler la bonne Lydie de Philippes. Tout en étant le plus ferme de la bande des quatre sur le bonheur promis aux pauvres et la malédiction liée à la richesse, Luc est aussi le plus porté à rappeler qu'il y a de bons riches, comme il y a de bons centurions. Il est le plus sensible aux catégories sociales, à leurs nuances, au fait qu'elles ne déterminent pas entièrement les actions. Historien de la Seconde Guerre mondiale, il aurait insisté sur le fait que des gens d'Action française et des Croix-de-Feu ont compté parmi les premiers héros de la résistance.

Je l'ai déjà raconté : ayant été mal reçus par des Samaritains, Jacques et Jean demandent à Jésus de faire tomber sur eux le feu du ciel et se font vertement rabrouer. L'épisode est dans Marc, Luc le recopie avec d'autant plus d'entrain qu'il n'est pas à la gloire de Jean, mais deux pages plus loin il y ajoute un post-scriptum de son cru. Quelqu'un demande à Jésus ce qu'il faut faire pour avoir la vie éternelle. « Que dit la Loi ? – D'aimer Dieu de tout son cœur et son prochain comme soi-même. – Bien, dit Jésus, fais cela et tu vivras. – Mais, insiste l'autre, c'est qui, mon prochain ? » Jésus, alors, prend l'exemple d'un voyageur laissé pour mort par des brigands sur la route de Jérusalem à Jéricho. Un prêtre, puis un lévite passent sans le secourir. Finalement, c'est un Samaritain qui s'arrête, le soigne, l'amène à l'hôtellerie et s'en va en laissant un peu d'argent à l'hôtelier pour qu'il s'occupe de lui.

Les Samaritains, du point de vue des Juifs pieux, sont pires que les païens : des parias, la lie de l'humanité. Le sens est donc clair : souvent, les réprouvés se conduisent mieux que les vertueux. Morale typique de Luc, mais qu'on peut déplier davantage. Je me rappelle qu'un soir, à la maison, une amie nous a raconté ses déboires avec un SDF qu'elle avait pris en sympathie, essayé d'aider, invité à prendre un café, et le résultat c'est qu'elle n'a pas pu s'en dépêtrer. Il ne la lâchait plus, l'attendait dans l'entrée de son immeuble. La mauvaise conscience la tourmentait au point qu'elle l'a laissé passer une nuit chez elle, et même dormir avec elle dans son lit. Il lui a demandé de l'embrasser. Comme elle ne voulait pas, il s'est mis à pleurer : « Je te dégoûte, hein, c'est ça ? » C'était ça et, plutôt que de l'avouer, elle a cédé. C'est un des souvenirs les plus pénibles de sa vie, et un exemple des effets pervers à quoi expose l'application des principes évangéliques : donne quand on te demande, tends l'autre joue. Ce qu'il y a de bien avec le bon Samaritain, c'est qu'il n'en fait pas trop. Il ne se dépouille pas de tout son argent, ni même de la moitié. Il n'installe pas le malheureux chez lui. Ce qu'il fait, nous ne le ferions pas forcément – parce que la région est peu sûre, parce que le guide du Routard conseille de se méfier des faux blessés qui, dès qu'une voiture s'arrête, sortent une arme et partent au volant en laissant le conducteur à poil au bord de la route – mais nous sommes tous conscients que c'est ce qu'il faudrait faire : assistance minimale à personne en danger. Pas plus, pas moins. Luc a peut-être pensé, en inventant cette anecdote, au robuste pragmatisme qu'il admirait chez Philippe, apôtre des Samaritains. Les exigences maximalistes de Jésus devaient quelquefois lui faire peur. Il les nuance en plaidant pour une charité raisonnable.

    C'est à présent un importun qui réveille un ami au milieu de la nuit pour lui demander un service. D'abord l'autre râle, dit qu'il est tard, qu'il dort et sa famille aussi, mais l'importun est tellement importun qu'il n'a pas le choix : il maugrée, puis se lève. Moralité : ne jamais hésiter à faire chier. Luc était si content de cette histoire qu'il en a fait, quelques chapitres plus loin, une sorte de *remake*, avec une veuve chicanière qui accable de ses demandes un juge, et le juge finit par lui donner satisfaction, non parce qu'il craint Dieu ou aime la justice, on nous dit au contraire que c'est un mauvais juge, mais pour que la veuve lui foute la paix.

    Le premier de ces petits sketches, où les casse-pieds sont donnés en exemple, arrive juste après que Jésus a enseigné à ses disciples la prière des prières, le *Notre Père*, et les gens qui disent que la prière de demande n'est pas noble, qu'il ne faut pas embêter le Seigneur avec nos petits ennuis et nos petits désirs, seraient bien inspirés de le relire. Jésus enfonce le clou, en des termes que Jacqueline ne se lassait pas de me rappeler : « Demandez et on vous donnera. Cherchez et vous trouverez. Frappez et on vous ouvrira. Si votre fils vous demande un poisson, qui d'entre vous lui donnera un serpent ? S'il vous demande un œuf, qui lui donnera un scorpion ? Si vous, qui êtes mauvais, êtes capables de donner de bonnes choses à vos enfants, imaginez ce que le Père donne à ceux qui l'en prient ! »

J'aurais apprécié que Luc pousse le sens des nuances dont je le crédite jusqu'à nous raconter une histoire de bon pharisien. Hélas il n'y en a pas, et dans la seconde moitié de l'Évangile ces gens honorables n'arrêtent plus, parce qu'ils sont honorables, d'en prendre pour leur grade. En voici encore un qui a invité Jésus à déjeuner. Jésus se met à table sans faire les ablutions requises. Son hôte s'en étonnant, il éclate en imprécations véhémentes : « C'est bien vous, les pharisiens ! Vous vous flattez de tout faire bien, et en réalité vous êtes les pires des pécheurs ! Malheur à vous ! » Il y a dix lignes d'insultes comme ça. Un convive se déclare outragé, on le comprend, et s'attire à son tour une algarade : « Vous chargez les gens de fardeaux que vous-mêmes ne portez pas ! Vos pères ont tué les prophètes et vous auriez fait comme eux ! »

On lit ça, on se demande ce qui a pris à Jésus, si la scène a eu lieu, ou à Luc s'il l'invente. Sur le fond, rien de nouveau : ces lancinants reproches aux élites, qui feraient aujourd'hui qualifier Jésus de populiste, se retrouvent ailleurs dans les Évangiles, mais ils sont mieux en situation et du coup plus acceptables. Là, on a l'impression qu'il en restait à Luc un stock inemployé et qu'il a imaginé pour les caser cette scène de repas où Jésus apparaît comme un type odieux qui vient chez vous, met les pieds sur la table, crache dans la soupe et vous maudit, vous et votre famille, jusqu'à la neuvième génération. C'est d'autant plus étrange de la part de Luc que son maître Paul ne cessait d'insister sur le respect qu'on doit, quoi qu'on en pense soi-même, aux coutumes des autres quand on est avec eux, a fortiori chez eux. Le seul avantage de cette scène déplaisante, c'est qu'on comprend d'une part qu'à l'approche de Jérusalem Jésus devient de plus en plus nerveux et agressif, oublie les manières de « galant homme » dont le félicitait Renan, d'autre part que les pharisiens « se mettent à lui en vouloir terriblement et à le faire parler en lui tendant des pièges ».

43

C'est encore un repas chez un pharisien. Des invités arrivent, choisissent les meilleures places à table. Jésus leur fait la leçon : si tu prends de toi-même la meilleure place, tu risques d'en être délogé, alors que si tu choisis la plus mauvaise, tout ce qui peut t'arriver c'est d'être surclassé. « Celui qui s'élève sera abaissé, celui qui s'abaisse sera élevé. »

Là-dessus, il se tourne vers son hôte : « Quand tu donnes un dîner, au lieu d'inviter tes amis, tes parents ou de riches voisins qui te rendront ton invitation, tu ferais mieux d'inviter des pauvres, des bancroches, des aveugles qui mendient au coin de la rue : eux, ils ne te le rendront pas et cela te sera compté le jour de la résurrection. »

« Heureux qui prendra son repas dans le Royaume de Dieu », commente sentencieusement un convive, ce qui déclenche une nouvelle parabole. Vous voulez vraiment savoir ce qui s'y passe, dans le Royaume de Dieu ? Écoutez. C'est un grand dîner, dont les invités se décommandent à la dernière minute, sous des prétextes divers. L'un vient d'acheter un champ, l'autre marie sa fille, tous ont mieux à faire. Furieux, le maître de maison envoie ses serviteurs inviter tous les mendiants de la ville. On exécute son ordre, mais il reste encore de la place. Alors, qu'on sorte de la ville, qu'on fasse une battue, tous les gens qu'on trouvera qu'on les amène, de force s'il le faut : il faut que la maison soit pleine. Quant à ceux qui ont fait faux bond, ils peuvent toujours courir pour être réinvités.

Comme description du Royaume, cette histoire de dîner n'est pas très engageante. Il est clairement question d'Israël qui dédaigne l'invitation à la table du Christ et de ces pouilleux de gentils qui, du coup, en profiteront. Qu'il faille, s'ils regimbent, les amener *manu militari*, c'est un programme de missionnaire musclé, que l'Église par la suite appliquera en baptisant les sauvages à tour de bras, et sans leur demander leur avis. Je préfère de beaucoup ce que Luc fait dire à Jésus, juste avant : que c'est un meilleur placement de donner aux pauvres que de prêter aux riches, et qu'on a plus de chance de se retrouver premier si on se met soi-même à la dernière place.

Les derniers, les premiers : on est en pays de connaissance. C'est même, je crois, la loi fondamentale du Royaume. Mais cela pose tout de même une question intrigante. Ni Luc ni même Jésus ne remettent en cause l'opinion partagée par tous qu'il vaut mieux être en haut qu'en bas. Ils disent seulement que se placer en bas, c'est la meilleure façon de se retrouver en haut, c'est-à-dire que l'humilité est une bonne stratégie de vie. Existe-t-il des cas où ce n'est pas une stratégie ? Où pauvreté, obscurité, petitesse, souffrances, sont désirées pour elles-mêmes et non pour acquérir un bien plus grand ?

44

Us et coutumes du Royaume, suite. Cette fois, le maître de maison n'a pas maille à partir avec ses invités mais avec son intendant, qu'on lui a dénoncé comme coupable de malversations. De nouveau furieux, il lui retire la gérance. L'intendant est bien embêté. Que vais-je faire, maintenant ? Piocher ? Je n'en ai pas la force. Mendier ? J'aurais honte. Alors l'idée lui vient, avant que sa disgrâce soit annoncée, de se faire des amis qui pourront l'aider quand il sera au chômage. Il fait venir les débiteurs du maître et falsifie à leur avantage leurs reconnaissances de dettes. « Tu devais cent ? Disons que tu dois cinquante. Non, non, ne me remercie pas, tu me le revaudras à l'occasion. » On s'attend à ce que l'intendant soit doublement puni, mais non : la chute de l'histoire, c'est que le maître, quand il l'apprend, au lieu d'être encore plus furieux le félicite d'avoir su si astucieusement se tirer de ce mauvais pas. Bien joué !

Cette parabole-là, on ne la lit pas souvent à la messe, mais la BJ est bien obligée de la commenter et elle se tire d'embarras, aussi astucieusement que l'intendant, en disant que les cinquante de différence, ce n'est pas un pot-de-vin qu'il verse pour assurer ses arrières mais la commission qu'il comptait empocher et à laquelle, sagement, il renonce – un peu comme un patron renonce à ses stock-options pour apaiser la grogne des salariés et des médias. On respire : l'intendant n'est pas si filou que ça, et Jésus n'a pas fait l'apologie de la filouterie. Malheureusement, la BJ triche. Si Luc avait voulu dire cela, il l'aurait dit. La vérité, c'est que l'intendant est *vraiment* filou, qu'il arnaque *vraiment* son futur ancien maître au profit de ses employeurs éventuels, et que son maître apprécie, en connaisseur, cette filouterie.

Ce que dit l'histoire est clair, mais qu'est-ce qu'elle *veut* dire ? Quelle morale en tirer ? Qu'il faut être malin ? Que l'audace paie toujours plus que la prudence ?

C'est ce que semble dire aussi la parabole des talents, dans laquelle le maître part en voyage et confie ses biens à ses employés, à charge pour eux de les faire fructifier. À l'un il donne cinq talents, à l'autre deux, au troisième un seul. Le talent est une monnaie, comme le sesterce ou la drachme, mais l'autre sens du mot va aussi bien : il désigne nos dons et l'usage que nous en faisons. Rentré de son voyage, le maître demande des comptes. Celui qui a reçu cinq talents en a gagné cinq de plus. « Bravo, dit le maître, voici d'autres talents, continue. » Celui qui en a reçu deux a lui aussi doublé la mise et il est lui aussi félicité, récompensé. Reste celui qui n'a reçu qu'un seul talent. Le maître ne lui ayant pas montré beaucoup de confiance, il s'en est fait l'idée d'un homme sévère et âpre au gain, alors plutôt que de le risquer il a jugé plus sûr de cacher le talent dans un bas de laine. Il le rend au maître : « Voici ton bien, je l'ai fidèlement gardé. – Imbécile ! dit le maître. Si tu l'avais placé, j'aurais reçu des intérêts. » Il lui reprend son talent, le donne à celui qui en a déjà dix et le fait, lui, jeter dehors, dans les ténèbres, là où sont les pleurs et les grincements de dents.

Un autre jour, le maître embauche des ouvriers pour sa vigne. On convient du tarif : un denier de la journée. L'équipe s'y met à l'aube. Vers dix heures du matin, le maître sort sur la place du village et, voyant traîner des types désœuvrés, les embauche aussi. Il en embauche d'autres à midi, à quatre heures. Le soir venu, il y a encore des types qui traînent sur la place. « Pourquoi ne travaillez-vous pas ? », demande le maître. Les types haussent les épaules : « Personne ne nous a embauchés. – Je vous embauche, moi.

Allez à la vigne. » Ils y vont, travaillent une petite heure, et puis la journée est finie, c'est le moment de la paie. Le maître dit de payer d'abord les derniers arrivés. « Combien ? demande l'intendant. – Un denier chacun. » Les derniers arrivés s'en vont ravis de l'aubaine, et les autres sont ravis aussi parce qu'ils supposent qu'ils vont toucher plus. Mais non, c'est un denier pour tout le monde, qu'on ait travaillé une heure, cinq heures ou onze heures. Ceux qui ont travaillé onze heures l'ont mauvaise, on les comprend. Ils protestent. Le maître répond : « J'avais dit un denier, c'est un denier. En donnant plus aux autres, est-ce que je vous donne moins à vous ? Non. Et comment il me plaît de disposer de mon argent, ça ne vous regarde pas. »

45

Ne l'oublions pas : cette mini-série autour d'un patron au geste large mais capricieux, ces histoires de salaires, de retours sur investissement, de comptabilités truquées et d'invitations à dîner sont explicitement des réponses à la question : « C'est quoi, le Royaume ? » Certaines remontent à Jésus lui-même : la parabole des talents se trouve déjà dans *Q*. Mais la plupart sont de Luc, qui avait une espèce de génie pour faire parler Jésus sur ce thème et alors qu'il était, j'en suis persuadé, un homme honnête jusqu'au scrupule, n'ayant jamais de sa vie fait tort d'un sou à personne, trouvait sa joie à lui faire dire le contraire de ce que la plupart des gens mettent sous le mot « morale ». Les lois du Royaume ne sont pas, ne sont jamais, des lois morales. Ce sont des lois de la vie, des lois karmiques. Jésus dit : c'est comme ça que ça se passe. Il dit que les enfants en savent plus long que les sages et que les filous s'en tirent mieux que les vertueux. Il dit que les richesses encombrent et qu'il faut compter comme richesses, c'est-à-dire comme handicaps, la vertu, la sagesse, le mérite, la fierté du travail accompli. Il dit qu'il y a plus de joie dans le ciel pour un seul pécheur qui se repent que pour quatre-vingt-dix-neuf justes qui n'ont pas besoin de se repentir.

Cette phrase-là, c'est la conclusion de l'histoire de la brebis perdue et retrouvée, qui elle aussi se trouve dans *Q*. De tout l'enseignement de Jésus, je pense que c'est la préférée de Luc. Il l'adore. Il ne s'en lasse pas. Il est comme un enfant qui aimerait qu'on la lui raconte tous les soirs, avec des petites variantes, alors il les invente, ces petites variantes, et certaines ne sont pas petites du tout : elles sont grandes, grandes comme l'arbre à quoi Jésus compare aussi le Royaume, qui était à l'origine une graine minuscule et maintenant les oiseaux du ciel y font leurs nids.

Tout comme il a doublé l'ami importun d'une veuve tracassière, Luc fait d'abord suivre la brebis retrouvée d'un *remake* un peu scolaire, un peu pataud : une femme qui a perdu une pièce de monnaie et qui la cherche partout et qui quand elle la retrouve s'en réjouit plus que de celles qui sont restées dans son porte-monnaie. C'est dire exactement la même chose, en moins bien. C'est aussi une façon de prendre son élan et d'arriver à l'histoire du fils prodigue, la plus belle mais aussi la plus troublante de l'Évangile.

46

Il ne s'agit pas cette fois des employés du maître, ni de son intendant, ni de ses invités, mais de ses deux fils. Le cadet, un beau jour, lui demande sa part d'héritage pour aller vivre sa vie dans le vaste monde. « C'est ce que tu veux ? D'accord. » Le maître partage son bien, le cadet part dans le vaste monde et vit sa vie, en dissipant sa part dans l'inconduite. Le bien dissipé, la famine survient : les choses tournent mal pour le garçon. Il se retrouve à garder les cochons et à regarder leur pâtée avec envie. Alors il repense au domaine paternel, où le moindre journalier est mieux nourri que lui. Il se résout à rentrer, la queue basse, en se préparant à encaisser les « je te l'avais bien dit » de tout le monde. Mais ce n'est pas ce qui se passe. Averti de son arrivée, son père au lieu de l'attendre, la mine sévère, dans son fauteuil de maître de maison, va en courant à sa rencontre, le serre dans ses bras et, sans même écouter les excuses que le garçon a préparées (« Je ne mérite plus d'être appelé ton fils », etc.), ordonne qu'on prépare pour fêter son retour un grand banquet.

On tue le veau gras, on se met à festoyer. Plus tard dans la soirée, le fils aîné revient des champs. On n'a même pas pensé à l'inviter. Il entend des rires, de la musique et, quand il comprend ce qui se passe, les larmes lui montent aux yeux. Le père sort pour lui dire : « Allons, ne sois pas bête, viens donc t'amuser avec nous », mais l'aîné refuse d'entrer. Il dit, et on entend sa voix qui tremble de rancœur et de rage, qui dérape dans l'aigu : « Attends, moi, je suis là depuis toutes ces années, je te sers fidèlement, j'exécute tes ordres, et tu ne m'as jamais donné ne serait-ce qu'un chevreau pour faire la fête avec mes amis. Et le voilà, lui, qui revient après avoir claqué aux putes tout ton argent, et pour lui on tue le veau gras ! Ce n'est pas juste ! »

C'est vrai, ce n'est pas juste. Cela me fait penser à François Truffaut qui, à ce que racontent ses filles, punissait l'une quand l'autre avait fait une bêtise pour leur apprendre que la vie est injuste. Cela me fait penser aussi à Péguy, qui à sa façon têtue, répétitive, géniale, a longuement médité ces trois paraboles de la miséricorde dans *Le Porche du mystère de la deuxième vertu* (la deuxième vertu, c'est l'espérance), et qui écrit de celle de la brebis :

« Quand une fois on est entré dans l'injustice
On ne sait plus où on va.
Disons le mot voilà un infidèle, il faut le dire, il ne faut pas avoir peur du mot
Qui vaut plus que cent, que quatre-vingt-dix-neuf fidèles.
Quel est ce mystère ? »

Et de celle du fils prodigue :

« Elle est belle dans Luc. Elle est belle partout.
Elle n'est que dans Luc. Elle est partout.
Rien que d'y penser un sanglot vous en monte à la gorge.
C'est la parole de Jésus qui a eu le plus grand retentissement
Dans le monde.
Qui a trouvé la résonance la plus profonde
Dans le monde et dans l'homme.
Au cœur de l'homme.

Au cœur fidèle, au cœur infidèle.

Quel point sensible a-t-elle trouvé
Que nulle n'avait trouvé avant elle
Que nulle n'a trouvé (autant) depuis.
Quel point unique,
Insoupçonné encore,
Inobtenu depuis.
Point de douleur, point de détresse, point d'espérance.
Point douloureux, point d'inquiétude.
Point de meurtrissure au cœur de l'homme.
Point où il ne faut pas appuyer, point de cicatrice, point de couture et de cicatrisation
Où il ne faut pas que l'on appuie. »

J'appuie.

Ces temps-ci, approchant de la fin de ce livre, chaque fois que des amis viennent à la maison je leur demande ce qu'ils pensent de cette histoire.

Je la leur lis à voix haute, et tous ils sont décontenancés. Le pardon du père les émeut, mais l'amertume de l'aîné les trouble. Ils l'avaient oubliée. Ils la trouvent légitime. Certains ont l'impression que l'Évangile la tourne en dérision. Je poursuis en leur lisant l'histoire de l'intendant filou, puis celle des ouvriers de la onzième heure, et celles-là non plus, ils ne comprennent pas ce qu'elles veulent dire. Dans une fable de La Fontaine, oui, ils comprendraient, souriraient d'une morale amorale et matoise. Mais ce n'est pas une fable de La Fontaine, c'est l'Évangile. C'est la parole ultime sur ce qu'est le Royaume : la dimension de la vie où transparaît la volonté de Dieu.

S'il s'agissait de dire : « La vie en ce bas monde est comme ça, injuste, cruelle, arbitraire, nous le savons tous, mais le Royaume, vous verrez, c'est autre chose… » Pas du tout. Ce n'est pas du tout ce que dit Luc. Luc dit : « C'est ça, le Royaume. » Et, comme un maître zen ayant énoncé un *koan*, il vous laisse vous débrouiller avec.

46

Longtemps, j'ai pensé que je terminerais ce livre sur la parabole du fils prodigue. Parce que je me suis souvent identifié à lui, quelquefois – plus rarement – au fils vertueux et mal-aimé, et parce que j'atteins l'âge où un homme s'identifie au père. Mon idée était de montrer Luc, après une longue vie de voyages et d'aventures, rentrant enfin chez lui, dans une lumière dorée de soleil couchant, de paix automnale, de réconciliation. On ne sait rien du lieu ni de la date de sa mort, mais je l'imaginais mourant très vieux et, à mesure qu'il approche de la fin, retrouvant son enfance. Souvenirs lointains, perdus et soudain plus présents que le présent. Souvenirs minuscules et immenses, comme le Royaume. Le chemin qu'il prenait, tout petit, pour aller chercher le lait à la ferme, il lui semblait très long, en fait il était court, mais il devient long de nouveau, comme s'il avait mis toute sa vie à le parcourir. Au début du voyage la montagne a l'air d'une montagne, pendant le voyage elle n'a plus du tout l'air d'une montagne, à la fin du voyage elle a de nouveau l'air d'une montagne. *C'est* une montagne, du haut de laquelle on voit enfin tout le paysage : les villages, les vallées, la plaine qui s'étend jusqu'à la mer. On a parcouru tout cela, peiné sur le chemin, maintenant on y est. Un dernier trille d'alouette s'élève dans le rougeoiement du couchant. La brebis rentre dans l'enclos. Le berger ouvre pour elle le portillon. Le père accueille le fils dans ses bras. Il le couvre d'un vaste manteau pourpre, bien chaud, bien doux, comme dans le tableau de Rembrandt. Il le berce. Le fils s'abandonne. Il ne risque plus rien. Il est arrivé à bon port.

Il ferme les yeux.

Cela me plaisait, ce dernier chapitre. Sauf que.

Sauf qu'il ne faudrait pas seulement fermer les yeux mais aussi se boucher les oreilles pour ne pas entendre, derrière la cantate de Bach qui s'impose pour le générique de fin, les aigres récriminations du fils aîné : « Et moi, alors ? Moi qui me suis donné de la peine et qui n'ai rien ? » Elles sont laides, ces récriminations, elles sont mesquines, mais le malheur est rarement beau et noble. Elles gâchent l'harmonie du concert, et c'est l'honnêteté de Luc de ne pas les gommer. Le père n'a rien de bien convaincant à y répondre. L'histoire de la brebis égarée, qui est la matrice de celle-ci, Matthieu dit que Jésus la raconte en tenant un enfant dans ses bras et qu'il la conclut par ces mots : « Ainsi votre Père qui est aux cieux ne veut pas qu'un seul de ces petits se perde. » Luc n'ajoute rien de tel. Luc l'indulgent, le tiède, le conciliant, dit que c'est une des lois du Royaume : certains se perdent. L'enfer existe, où sont les pleurs et les grincements de dents. Le *happy end* aussi, mais pas pour tout le monde.

Un sage indien parle du *samsara* et du *nirvana*. Le *samsara*, c'est le monde fait de changements, de désirs et de tourments dans lequel nous vivons. Le *nirvana*, celui auquel accède l'éveillé : délivrance, béatitude. Mais, dit le sage indien, « celui qui fait une différence entre le *samsara* et le *nirvana*, c'est qu'il est dans le *samsara*. Celui qui n'en fait plus, il est dans le *nirvana* ».

Le Royaume, je crois que c'est pareil.

Épilogue

(Rome, 90 – Paris, 2014)

1

Domitien, le frère du bon Titus, était un empereur méchant. Moins flamboyant que Néron, plus vicieux. Au réveil, il restait une heure seul dans sa chambre, immobile, à l'affût, attendant qu'une mouche se pose à sa portée et alors son bras jaillissait comme l'éclair, il la transperçait avec un stylet. À force d'entraînement, il était devenu très habile à ce sport. Il aimait manger seul, errer la nuit dans son palais, écouter aux portes. Il ne s'intéressait à une femme que s'il pouvait la prendre à un autre homme, un ami de préférence mais il n'avait pas d'amis. Il était dangereux, dit Juvénal, de parler avec lui de la pluie et du beau temps. Avec ce caractère, on n'est pas étonné qu'il ait persécuté des gens mais l'objet de sa persécution, c'étaient surtout les philosophes. Il détestait les philosophes. Épictète, une des grandes figures tardives du stoïcisme, a fait partie de la rafle. Les chrétiens aussi, mais les chrétiens c'était un peu par routine : *usual suspects*. Domitien dans le crime n'aimait pas la routine, ni qu'on lui dicte sa conduite. Il voulait ses victimes à lui, pas celles de Néron, et tant qu'à les persécuter savoir qui il persécutait. Il a tenu à se renseigner sur la nature exacte du danger que représentaient les chrétiens. On disait : des rebelles, qui dit rébellion dit meneur et comme le meneur était mort depuis soixante ans Domitien s'est dit que le danger, s'il y en avait un, venait forcément de sa famille. Avec toute sa perversité, il avait des choses une vision aussi archaïque et mafieuse qu'Hérode, capable de massacrer des centaines d'enfants innocents pour se débarrasser d'un descendant de David. Il a donc fait rechercher les descendants de Jésus.

Dépêchée en Judée, la police impériale y a retrouvé deux de ses petits-neveux, les petits-fils de son frère Jude. C'étaient de pauvres paysans, membres d'une de ces communautés lointainement issues de l'église de Jérusalem qui survivaient en lisière du désert, dans la marge de la marge d'un pays condamné par son dieu et par Rome. Sans rien savoir de ce qui se passait dans le monde au nom de leur grand-oncle, ils avaient gardé de vagues rites, de vagues traditions, la vague mémoire de paroles de Jésus. Ils ont dû avoir la peur de leur vie quand des soldats romains ont débarqué dans leur village perdu, les ont arrêtés, transférés à Césarée et embarqués dans un bateau pour Rome. Ils y ont été reçus par l'empereur, dont ils ne devaient même pas connaître le nom.

C'était l'empereur, c'était César, tout ce qu'ils devinaient c'est qu'il était dangereux, pour des gens comme eux, de paraître devant lui.

Domitien cajolait avant de torturer : il les a questionnés courtoisement. Descendaient-ils de David ? Oui. De Jésus ? Oui. Croyaient-ils qu'il régnerait un jour ? Oui, mais sur un royaume qui n'est pas de ce monde. Et de quoi vivaient-ils, en attendant ? D'un champ qu'ils possédaient tous les deux, grand d'un hectare et valant 9 000 deniers. Ils le cultivaient seuls, sans ouvriers, il rapportait tout juste de quoi survivre et payer l'impôt.

Ils étaient si pitoyables que c'en était émouvant, ces deux péquenots juifs terrorisés, aux mains calleuses, qu'on avait essayé de présenter à l'empereur comme de dangereux terroristes. Peut-être que ce jour-là, par exception, Domitien était bien luné. Peut-être qu'il n'avait pas envie de faire ce qu'on attendait de lui. Il les a renvoyés chez eux, libres, et je ne serais pas étonné que pour le plaisir de surprendre il ait fait égorger ceux qui autour de lui le pressaient de sévir contre les chrétiens.

Les chrétiens… Pauvres gens. Aucun danger, aucun avenir. C'est fini cette histoire, a pensé l'empereur. On peut classer le dossier.

Dix-neuf siècles plus tard, je ne me résous pas à le classer.

2

À peu près en même temps que celui de Luc, un autre Évangile s'écrivait en Syrie, à l'usage des chrétiens d'Orient. On a dit que son auteur était Matthieu, le percepteur qui était devenu l'un des Douze. On a dit aussi que derrière Matthieu se cachait notre vieille connaissance Philippe, l'apôtre des Samaritains. Les historiens, bien sûr, ne croient ni à Matthieu ni à Philippe. Ils voient dans ce récit l'œuvre d'une communauté plus que d'un individu et, dans ce cas précis, je suis d'accord avec eux car cet Évangile qui est le préféré de l'Église, celui qu'elle a placé en premier dans le canon du Nouveau Testament, est aussi le plus anonyme. Nous nous faisons des trois autres auteurs une idée peut-être fausse, mais une idée. Marc, c'est le secrétaire de Pierre. Luc, le compagnon de Paul. Jean, le disciple préféré de Jésus. Le premier est le plus brutal, le second le plus aimable, le troisième le plus profond. Matthieu, lui, n'a pas de légende, pas de visage, pas de singularité, et pour ce qui me concerne, alors que j'ai passé deux ans de ma vie à commenter Jean, deux à traduire Marc, sept à écrire ce livre sur Luc, j'ai l'impression de ne pas le connaître. On peut voir dans cet effacement le comble de l'humilité chrétienne mais une autre raison de la faveur dont jouit Matthieu, c'est que tout au long de son Évangile il s'emploie à montrer que la bande de va-nu-pieds recrutés par Jésus était organisée, disciplinée, hiérarchisée, bref que c'était déjà une Église. Peut-être est-il le plus chrétien des quatre : c'est aussi le plus ecclésiastique.

Cela tombait bien. À partir de la toile tissée par Paul, quelque chose prenait forme que l'Antiquité n'a pas connu : un clergé. Le Christ est l'envoyé de Dieu, les apôtres ceux du Christ, les prêtres ceux des apôtres. On appelle ces prêtres les *presbytres*, ce qui veut simplement dire les anciens. Bientôt ils seront coiffés par les épiscopes, qui deviendront les évêques. Bientôt on dira que l'évêque, en attendant le pape, représente Dieu sur terre. Centralisation, hiérarchie, obéissance : on s'installe pour durer. La fin du monde n'est plus à l'ordre du jour. C'est pour cela qu'on se met à écrire des Évangiles, pour cela qu'on s'organise en Église.

Pendant trois siècles encore, cette Église restera une société secrète, clandestine, pourchassée. L'horrible Domitien l'a persécutée par caprice, sans suite dans les idées, mais ses successeurs l'ont fait en connaissance de cause. Ces successeurs, Trajan, Marc Aurèle, Hadrien, étaient tous de bons empereurs. Des empereurs philosophes, stoïciens, tolérants : ce que l'Antiquité tardive a donné de meilleur. En interdisant le christianisme, en martyrisant ses adeptes, ces bons empereurs ne se trompaient pas de cible. Ils aimaient Rome, qu'ils voulaient éternelle, et ils devinaient que cette secte obscure était pour Rome une ennemie aussi redoutable que les Barbares pressés aux frontières. « Les chrétiens, écrit un apologiste, n'ont rien de différent des autres hommes. Ils ne vivent pas à part, ils se conforment à tous les usages, seulement à l'intérieur ils suivent les lois de leur république spirituelle. Ils sont dans le monde comme l'âme dans le corps. » Comme l'âme dans le corps, c'est joliment dit, mais aussi comme les extraterrestres dans la paisible communauté de *L'Invasion des profanateurs de sépultures*, le vieux film de science-fiction paranoïaque : camouflés en amis, en voisins, indétectables. Ces mutants voulaient dévorer l'Empire de l'intérieur, par un processus invisible remplacer ses sujets. Et ils l'ont fait.

3

Dans les années vingt du IIe siècle, sous le règne du vertueux Trajan, il y avait à Éphèse un très vieil homme qu'on appelait le presbytre Jean, c'est-à-dire Jean l'ancien. Personne ne savait plus son âge. La mort semblait l'avoir oublié. On le respectait infiniment. Certains assuraient que c'était le disciple préféré de Jésus, le dernier homme vivant à l'avoir connu, et si on l'interrogeait il ne disait pas le contraire. Il appelait ceux qui l'entouraient « mes petits enfants ». Il ne cessait de leur répéter : « Mes petits enfants, aimez-vous les uns les autres. » Toute sa sagesse tenait dans ce mantra. Un jour, il a fini par mourir. On l'a enterré près de Marie, la mère de Jésus, qui passait pour être morte elle aussi à Éphèse. Si on approchait l'oreille de sa tombe, on entendait l'ancien respirer, paraît-il, très doucement et régulièrement, comme un enfant qui dort.

Quelques années après sa mort, l'Évangile selon Jean a paru à Éphèse, où personne désormais ne doutait que c'était le témoignage du disciple que Jésus aimait. Mais d'autres églises en ont douté. La querelle a fait rage jusqu'au IVe siècle, les uns soutenant que Jean était l'Évangile définitif, annulant les rustiques tentatives précédentes, les autres que c'était non seulement un faux mais un faux teinté d'hérésie. Le canon a tranché, finalement. Jean a échappé de justesse au sort des apocryphes, qu'il aurait pu rejoindre dans les ténèbres extérieures tant il est étrange et différent des trois Évangiles unanimement acceptés. Il est, à jamais, le quatrième.

Qui a écrit ce quatrième Évangile, c'est un mystère.

On peut à la rigueur admettre que Jean fils de Zébédée, pêcheur galiléen à la tête près du bonnet mais que Jésus aimait bien, soit devenu après la mort de celui-ci une des colonnes de l'église de Jérusalem, puis le djihadiste juif qui a écrit l'Apocalypse. Il est plus difficile d'admettre que l'auteur de l'Apocalypse, dont chaque ligne respire la haine des gentils et de tout Juif pactisant avec eux, ait pu même quarante ans plus tard écrire un Évangile saturé de philosophie grecque et violemment hostile aux Juifs. La Loi, Jésus dans l'Évangile de Jean l'appelle dédaigneusement « votre Loi ». La Pâque, c'est « la Pâque des Juifs ». Toute l'histoire telle qu'il la raconte se résume à l'affrontement de la lumière et des ténèbres, et les Juifs tiennent le rôle des ténèbres. Alors ?

Alors voici le scénario le plus plausible. Jean fils de Zébédée, Jean l'apôtre, Jean l'auteur de l'Apocalypse, a bien fini sa longue vie à Éphèse, entouré du respect des églises d'Asie. L'Asie était alors la région la plus pieuse de l'Empire. Le moindre rebouteux de village s'y faisait reconnaître comme un dieu et toutes les obédiences s'y mélangeaient. Renan, qui n'aime ni le quatrième Évangile ni ce que les historiens appellent « le milieu johannique », décrit un nid d'intrigues, de fraudes pieuses et de coups fourrés autour du dernier témoin vivant, un vieillard vaniteux qui perd la tête et pique de terribles colères parce que les Évangiles désormais en circulation ne lui donnent pas le rôle qu'il prétend avoir joué. Car il était, dit-il, le disciple préféré, celui à qui Jésus confiait ses joies et ses douleurs. Il sait tout : ce que Jésus pensait et ce qui s'est vraiment passé, dans le détail. Marc, Matthieu et Luc, ces compilateurs mal informés, racontent que Jésus n'est allé à Jérusalem qu'à la fin, pour mourir. Mais il y allait tout le temps ! s'emporte Jean : il y a fait la plupart de ses miracles ! Ils racontent que la veille de sa mort il a institué ce rite du pain et du vin par quoi ses adeptes font mémoire de lui. Mais il l'a fait longtemps avant ! Il le faisait tout le temps ! Ce qu'il a fait le dernier soir, c'est leur laver les pieds à tous, et cela, oui, était nouveau, et Jean est bien placé pour le savoir car il a passé ce dernier soir à la droite de Jésus, la tête sur son épaule, presque couché sur lui. Ils racontent, pire encore, que Jésus est mort seul, tous les siens s'étant dispersés. Mais il y était, lui, Jean, au pied de la croix ! Jésus agonisant lui a même confié sa mère ! Ces souvenirs, à cause du grand âge, sont confus, mais ceux qui les écoutent n'ont pas de mal à se persuader qu'ils entendent la vérité, la vraie, qu'ignorent ou travestissent les récits de Marc, Matthieu et Luc. Il faut faire connaître cette vérité. C'est à qui fera le mieux parler le vénérable et prendra auprès de lui la place de secrétaire. C'est à qui sera pour Jean ce qu'a été Marc pour Pierre.

La différence, c'est que Marc était un secrétaire scrupuleux. Jean n'a pas eu la chance d'avoir un secrétaire scrupuleux. Il en a eu une autre. Il a eu un secrétaire génial. Ce secrétaire a pu s'appeler Jean aussi et peut-être qu'on a fini, l'âge venant, par le confondre avec l'apôtre lui-même. Jean l'apôtre, Jean l'ancien : dans la pénombre et l'encens d'Éphèse, on ne sait plus qui est qui. L'un parle, l'autre écoute, et il fait tellement sien ce qu'il a entendu, il y mêle si intimement sa puissante personnalité et sa vaste culture philosophique que le premier, s'il avait pu le lire, n'aurait jamais reconnu ce que le second a placé sous son nom. Car on ne sait rien de Jean l'ancien, mais on devine que c'était un philosophe et, s'il était juif, un Juif totalement hellénisé. Peut-être, à cinquante ans de distance, quelqu'un comme cet Apollos qui était le rival de Paul, à Corinthe : un disciple de Philon d'Alexandrie, un néoplatonicien : tout ce que Jean l'apôtre haïssait.

La fusion des deux Jean, l'apôtre et l'ancien, fait du quatrième Évangile un mixte étrange. D'un côté, il donne sur les séjours de Jésus en Judée des informations si concrètes que les historiens en sont venus, bon gré mal gré, à le trouver plus fiable que les trois autres. De l'autre, il met dans sa bouche des discours qui obligent à choisir : soit Jésus parlait comme dans Marc, Matthieu et Luc, soit il parlait comme dans Jean, mais on voit mal comment il aurait pu parler à la fois comme il parle dans Marc, Matthieu et Luc et comme il parle dans Jean. Le choix est vite fait : il parlait comme dans Marc, Matthieu et Luc. C'est même ce qui plaide le plus pour la valeur historique des Évangiles, ce style verbal commun aux trois et tellement singulier – on pourrait dire inimitable si Luc ne s'était fait une spécialité de l'imiter. Phrases courtes, netteté de la frappe, exemples tirés de la vie quotidienne. En face de cela, chez Jean, de longs, très longs discours sur les rapports de Jésus et de son père, le combat de l'ombre et de la lumière, le *Logos* descendu sur terre. Pas un seul exorcisme, pas une seule parabole. Plus rien de juif. Le vrai Jean, Jean l'apôtre, en aurait été horrifié : ce qu'on lui fait dire ressemble beaucoup aux lettres tardives de son grand ennemi Paul. Et, comme dans les lettres tardives de Paul, il y a d'extraordinaires fulgurances car le faux Jean, Jean l'ancien, était un extraordinaire écrivain. Son récit baigne dans une lumière d'adieu surnaturelle, ses mots résonnent comme un écho venu de l'autre rive. Les noces de Cana, la Samaritaine au puits, la résurrection de Lazare, Nathanaël sous son figuier, c'est lui. C'est lui aussi, la phrase de Jean Baptiste : « Il faut qu'il croisse et que je diminue », et celle de Jésus aux dévots qui s'apprêtent à lapider la femme adultère : « Celui qui n'a jamais péché, qu'il lui jette la première pierre. » C'est lui, enfin, la parole mystérieuse qui a décidé de ma conversion, au Levron, il y a vingt-cinq ans :

« En vérité, je te le dis
Quand tu étais jeune, tu ceignais toi-même ta ceinture
et tu allais où tu voulais.
Quand tu auras vieilli, tu étendras les mains
et un autre te ceindra,
et il te conduira là où tu ne voulais pas aller. »

4

Étudiant en histoire, autrefois, j'ai eu à rédiger un mémoire sur un sujet de mon choix. Comme j'étais à la fois très ignorant en histoire et très calé en science-fiction, j'en ai choisi un sur lequel j'étais certain d'en savoir plus que tout mon jury réuni : l'uchronie.

L'uchronie, ce sont les fictions sur le thème : et si les choses s'étaient passées autrement ? Si le nez de Cléopâtre avait été plus court ? Si Napoléon avait gagné à Waterloo ? Au fil de mes recherches, je me suis aperçu qu'un grand nombre d'uchronies tournent autour des débuts du christianisme. Cela n'a rien d'étonnant : si on cherche dans la trame de l'histoire l'endroit où faire l'accroc qui produira le changement maximal, on ne trouvera jamais mieux. C'est ainsi que Roger Caillois s'est mis dans la tête de Ponce Pilate quand on l'a saisi de l'affaire Jésus. Il imagine sa journée : les menus incidents, les rencontres, les mouvements d'humeur, un mauvais rêve, tout ce qui fait l'alchimie d'une décision. Finalement, au lieu de céder aux prêtres qui veulent faire mettre à mort cet obscur agité galiléen, Pilate a un sursaut. Il dit non. Je ne vois rien à lui reprocher, je le libère. Jésus rentre chez lui. Il continue à prêcher. Il meurt très vieux, entouré d'une grande réputation de sagesse. À la génération suivante, tout le monde l'a oublié. Le christianisme n'existe pas. Caillois pense que ce n'est pas une mauvaise chose.

C'est une façon de régler le problème : à la source. L'autre grand nœud temporel, sinon, c'est la conversion de Constantin.

Constantin était empereur au début du IVe siècle. Enfin, un des quatre co-empereurs qui se partageaient l'Orient et l'Occident, l'Empire étant devenu à force de grandir une chose compliquée, ingérable, infiltrée par les Barbares qui formaient désormais l'essentiel des légions. Un cinquième larron prétendait devenir empereur aussi. Il avait conquis une partie de l'Italie, Constantin défendait son trône. Une grande bataille s'annonçait près de Rome, entre ses armées et celles de l'usurpateur. La nuit précédant cette bataille, le dieu des chrétiens lui est apparu en rêve et lui a promis la victoire s'il se convertissait. Le lendemain, qui était le 28 octobre 312, Constantin remportait la bataille et l'Empire à sa suite devenait chrétien.

Ça a pris un peu de temps, bien sûr, il a fallu prévenir les gens. Mais le paganisme, en 312, était la religion officielle, le christianisme une secte mal tolérée, et dix ans plus tard c'était le contraire. La tolérance avait changé de sens, bientôt c'est le paganisme qui n'a plus été toléré. L'Église et l'Empire, main dans la main, ont persécuté les derniers païens. L'empereur se flattait d'être le premier des sujets de Jésus. Jésus, qui avait échoué trois siècles plus tôt à être le roi des Juifs, est devenu le roi de tout le monde, sauf des Juifs.

Le mot « secte », en terre catholique, a un sens péjoratif : on y associe contrainte et bourrage de crâne. Au sens protestant, qui perdure dans le monde anglo-saxon, une secte est un mouvement religieux qu'on rallie de sa propre initiative, à la différence d'une église qui est un milieu dans lequel on naît, un ensemble de choses à quoi on croit parce que d'autres y ont cru avant soi : parents, grands-parents, tout le monde. Dans une église, on croit ce que croit tout le monde, on fait ce que fait tout le monde, on ne se pose pas de questions. Nous qui sommes démocrates et amis du libre examen, nous devrions penser qu'une secte, c'est plus respectable qu'une église, mais non : question de mots. Ce qui est arrivé au christianisme avec la conversion de Constantin, c'est que la phrase de l'apologiste Tertullien :

« On ne naît pas chrétien, on le devient » a cessé d'être vraie. La secte est devenue une église. L'Église.

Cette Église est vieille à présent. Son passé est chargé. Les arguments ne manquent pas pour lui reprocher d'avoir trahi le message du rabbi Jésus de Nazareth, le plus subversif qui ait jamais existé sur terre. Mais lui reprocher cela, n'est-ce pas lui reprocher d'avoir vécu ? Le christianisme était un organisme vivant. Sa croissance en a fait quelque chose d'absolument imprévisible, et c'est normal : qui voudrait qu'un enfant, si merveilleux soit-il, ne change pas ? Un enfant qui reste un enfant, c'est un enfant mort, ou au mieux retardé. Jésus était la petite enfance de cet organisme, Paul et l'Église des premiers siècles son adolescence rebelle et passionnée. Avec la conversion de Constantin commence la longue histoire de la chrétienté en Occident, soit une vie adulte et une carrière professionnelle faite de lourdes responsabilités, de grandes réussites, de pouvoirs immenses, de compromissions et de fautes qui font honte. Les Lumières et la modernité sonnent l'heure de la retraite. L'Église n'est plus aux affaires, elle a de toute évidence fait son temps et il est difficile de dire si son grand âge, dont nous sommes les témoins assez indifférents, tend plutôt au gâtisme hargneux ou à la sagesse lumineuse qu'on se souhaite, moi en tout cas, quand on pense à sa propre vieillesse. Nous connaissons tout cela, à l'échelle de nos vies. Est-ce que l'adulte qui fait une grande carrière dans le monde trahit l'adolescent intransigeant qu'il a été ? Est-ce qu'il y a un sens à se faire un idéal de l'enfance et à passer sa vie à se lamenter parce qu'on en a perdu l'innocence ? Bien sûr, si Jésus avait pu voir l'église du Saint Sépulcre à Jérusalem, et le saint Empire romain germanique, et le catholicisme, et les bûchers de l'Inquisition, et les Juifs massacrés parce qu'ils ont tué le Seigneur, et le Vatican, et la condamnation des prêtres ouvriers, et l'infaillibilité pontificale, et aussi maître Eckhart, Simone Weil, Edith Stein, Etty Hillesum, il n'en serait pas revenu. Mais quel enfant, si on déroulait devant lui son avenir, s'il lui était donné de comprendre vraiment ce qu'il sait assez tôt de façon purement abstraite, qu'il sera un jour vieux, vieux comme ces vieilles dames qui piquent quand on les embrasse, quel enfant ne resterait pas bouche bée ?

Ce qui m'étonne le plus, ce n'est pas que l'Église se soit à ce point éloignée de ce qu'elle était à l'origine. C'est au contraire que, même si elle n'y parvient pas, elle se fasse à ce point un idéal d'y être fidèle. Jamais ce qui était à l'origine n'a été oublié. Jamais on n'a cessé d'en reconnaître la supériorité, de chercher à y revenir comme si la vérité était là, comme si ce qui demeurait du petit enfant était la meilleure part de l'adulte. Au contraire des Juifs qui projettent l'accomplissement dans l'avenir, au contraire de Paul qui, très juif en cela, se souciait peu de Jésus et ne songeait qu'à la croissance organique, continue, de sa minuscule église qui devait englober le monde entier, la chrétienté situe son âge d'or dans le passé. Elle pense, comme les plus violents de ses critiques, que son moment de vérité absolue, après quoi les choses ne pouvaient que se gâter, ce sont ces deux ou trois ans où Jésus a prêché en Galilée puis est mort à Jérusalem, et l'Église, de son propre aveu, n'est vivante que lorsqu'elle se rapproche de cela.

5

Les choses se font, finalement, pourvu qu'on les laisse faire. Je n'ai pas embarqué sur la croisière saint Paul, et tant mieux, mais depuis quelques années mes livres m'ont valu d'assez nombreuses lettres de chrétiens – de chrétiennes, surtout. Je suis entré en relation avec certaines, qui me voient comme une espèce de compagnon de route : cela me va.

L'une d'entre elles, c'est à *Limonov* qu'elle réagissait. Au chapitre de *Limonov* où j'essaie, à tâtons, de dire quelque chose sur ce fait évident que la vie est injuste et les hommes inégaux. Les uns beaux les autres laids, les un bien nés les autres gueux, les uns brillants les autres obscurs, les uns intelligents les autres idiots... Est-ce que tout simplement la vie est comme ça ? Est-ce que ceux que cela scandalise sont tout simplement, comme le pensent Nietzsche et Limonov, des gens qui *n'aiment pas la vie* ? Ou est-ce qu'on peut voir les choses autrement ? Je parlais de deux façons de voir les choses autrement. La première c'est le christianisme : l'idée que dans le Royaume, qui n'est certainement pas l'au-delà mais la réalité de la réalité, le plus petit est le plus grand. La seconde est contenue dans un *sutra* bouddhiste qu'Hervé m'a fait connaître, que j'ai cité plutôt deux fois qu'une, et dont un nombre surprenant de lecteurs de *Limonov* ont compris qu'il était le cœur du livre, la phrase méritant d'être retenue et de travailler en secret, dans leurs cœurs à eux, quand les 500 pages où elle est enchâssée se seraient depuis longtemps effacées de leurs mémoires : « L'homme qui se juge supérieur, inférieur ou même égal à un autre homme ne comprend pas la réalité. »

Ma correspondante me disait : « Ce problème-là, je le connais bien. Il me tourmente depuis que je suis petite. Je me rappelle en avoir pris conscience quand une dame catéchiste nous a exhortés à "être gentils" avec les autres, parce que pour certains un simple sourire peut être très important. J'ai été complètement désespérée à l'idée que je faisais, moi, partie de cette catégorie de sous-humains : ceux à qui on sourit pour être gentil. Une autre fois, la lecture à la messe, c'était un passage d'une lettre de saint Paul qui commençait par : "Nous, qui sommes forts…" J'ai pensé : ce n'est pas pour moi, moi je ne suis pas forte, moi je ne fais pas partie de la bonne moitié de l'espèce. Cela pour dire que ce problème de hiérarchie dont vous parlez, je connais – peut-être pas du même point de vue que vous. Mais j'ai une solution à vous proposer. Elle est à portée de main. Elle se trouve, très concrètement, au fond de la bassine où vous vous serez fait laver les pieds et aurez lavé ceux de quelqu'un d'autre, si possible handicapé. »

Il fallait l'entendre littéralement : cette jeune femme m'invitait, pour mon progrès moral et spirituel, à laver des pieds de handicapés et faire laver les miens – c'est-à-dire, quand même, le truc le plus emphatiquement et presque obscènement catho qui se puisse imaginer. En même temps, le ton de son mail était sympathique, intelligent. Elle avait conscience de l'étrangeté de la chose et se représentait mon inévitable mouvement de recul avec un amusement amical. J'ai répondu que j'allais y réfléchir.

Deux ans plus tard est arrivé un nouveau mail. Bérengère, ma correspondante, voulait savoir si j'avais réfléchi et si après réflexion l'expérience me tentait. Dans le cas où je n'aurais pas sous la main de pieds suffisamment malformés, elle me donnerait des adresses.

J'étais en train d'achever ce livre et j'en étais, ma foi, plutôt content. Je me disais : j'ai appris beaucoup de choses en l'écrivant, celui qui le lira en apprendra beaucoup aussi, et ces choses lui donneront à réfléchir : j'ai bien fait mon travail. En même temps, une arrière-pensée me tourmentait : celle d'être passé à côté de l'essentiel. Avec toute mon érudition, tout mon sérieux, tous mes scrupules, d'être complètement à côté de la plaque. Évidemment, le problème, quand on touche à ces questions-là, c'est que la seule façon de ne pas être à côté de la plaque serait de basculer du côté de la foi – or je ne le voulais pas, je ne le veux toujours pas. Mais qui sait ? Il était encore temps, peut-être, de dire sur cette foi quelque chose que je n'avais pas dit, ou mal, et peut-être que, sans le savoir, Bérengère revenait me tirer par la manche pour que je n'envoie pas mon livre à Paul, mon éditeur, sans avoir entrevu ce quelque chose.

6

C'est ainsi qu'on se retrouve dans une salle de ferme restaurée, sous un crucifix et – tiens donc – une grande reproduction du *Fils prodigue* de Rembrandt, avec une quarantaine de chrétiens répartis par groupes de sept. Ils sont assis en cercles, au milieu desquels ont été disposés des bassines, des brocs, des serviettes, et tout ce monde s'apprête à se laver mutuellement les pieds.

La retraite a commencé la veille, j'ai pu faire connaissance de mon groupe. Il se compose, à part moi, d'un directeur d'école vosgien, d'une permanente du Secours catholique, d'un DRH confronté à la violence des licenciements qu'il a pour mission d'accompagner, d'une artiste lyrique et d'un couple de retraités membres de ce qu'on appelle les équipes Notre-Dame – je connais ces groupes de prière, auxquels appartenaient mes ex-beaux-parents et l'un des visiteurs de prison qui soutenaient Jean-Claude Romand. Tous, moi compris, sont vêtus dans ce style plus ou moins randonneur qu'affectionnent les catholiques.

Je peux me tromper, mais je n'ai pas l'impression que ce soit le genre de catholiques qui défilent contre le mariage des homosexuels et le trop grand nombre d'immigrés. Je les vois mieux secourant des clandestins illettrés et remplissant pour eux des papiers administratifs : cathos de gauche, défenseurs des faibles, gens de bonne volonté. Deux d'entre eux sont des habitués de l'endroit, et fraient en familiers avec ceux qui y vivent : assistants bénévoles et surtout personnes handicapées. Je l'ai appris en arrivant : ici, on dit « personnes handicapées », pas « handicapés », et on peut trouver ça politiquement correct mais je n'y vois pour ma part rien à redire tant il est clair que le lien se fait vraiment de personne à personne, et de plain-pied. Certaines de ces personnes sont totalement dépendantes : recroquevillées dans un fauteuil roulant, nourries à la cuiller, ne s'exprimant que par grognements gutturaux. D'autres, moins atteintes, vont et viennent, participent au service de table, communiquent à leur façon, tel ce type d'une cinquantaine d'années qui, du matin au soir, répète sans se lasser ces trois mots : « le petit Patrick » – et, me rappelant ce détail, je regrette de ne pas lui avoir demandé qui c'était, le petit Patrick : lui-même ou quelqu'un d'autre, et alors qui ?

Tout cela a commencé il y a exactement cinquante ans. Un Canadien du nom de Jean Vanier cherchait sa voie. Il avait fait la guerre très jeune, dans la marine anglaise, servi sur des navires, étudié la philosophie. Il voulait être heureux et vivre selon l'Évangile – ceci, il en était convaincu, étant la condition de cela. Chacun dans l'Évangile a une phrase qui lui est spécialement destinée, la sienne était dans Luc : c'est celle sur le banquet auquel Jésus conseille de ne pas inviter ses riches amis, ni les membres de son clan, mais les mendiants, les estropiés, les tarés qui titubent dans la rue, et qu'on évite, et que personne évidemment n'invite jamais. Si tu fais cela, promet Jésus, tu seras béni, tu seras heureux : cela s'appelle une béatitude.

Près du village de l'Oise où habitait Jean Vanier, il y avait un hôpital psychiatrique – ce qu'on appelait encore un asile de fous. Un vrai asile de fous, pas fait pour accueillir les gens qui passagèrement pètent les plombs mais pour parquer les malades incurables. Ceux que les nazis, lecteurs conséquents de Nietzsche, trouvaient miséricordieux de mettre à mort et que nos sociétés plus douces se contentent de mettre à l'écart, dans des institutions fermées où on s'occupe d'eux *a minima*. Ceux qui bavent, ceux qui hurlent à la mort, ceux qui sont à jamais emmurés en eux-mêmes. Ceux-là, c'est sûr, on ne les invite nulle part, mais Jean Vanier les a invités. Il a obtenu qu'on lui confie deux de ces malades, pour qu'ils vivent avec lui comme on vit non dans une institution mais dans une famille. Avec Philippe et Raphaël, c'étaient leurs noms, dans sa petite maison de Trosly, en lisière de la forêt de Compiègne, il a fondé une famille : la première communauté de l'Arche. Cinquante ans plus tard, il y a de par le monde cent cinquante communautés de l'Arche, chacune regroupant cinq ou six personnes handicapées mentales et autant d'assistants qui prennent soin d'elles. Une personne par personne. On prépare les repas, on travaille de ses mains, c'est une vie très simple et c'est une vie ensemble. Ceux qui ne pourront jamais guérir ne guérissent pas mais on leur parle, on touche leur corps, on leur dit qu'ils comptent et cela même les plus blessés l'entendent, et quelque chose en eux se met à vivre. Ce quelque chose, Jean Vanier l'appelle Jésus, mais il n'oblige personne à faire comme lui. Quand il ne voyage pas de l'une à l'autre, lui-même vit toujours à Trosly, au sein de la communauté d'origine. Quelquefois, il y anime des retraites, comme celle à laquelle Bérengère m'a conseillé de m'inscrire. Cela consiste en messes quotidiennes, qui m'ennuient, en chants religieux, qui m'agacent, en silence, qui me convient, et à l'écouter, lui, Jean Vanier. C'est un très vieil homme à présent, très grand, très attentif, très doux, visiblement très bon. Il n'est pas difficile de se figurer sous ses traits son saint patron, l'évangéliste Jean. Cet évangéliste Jean, était-ce Jean l'apôtre ou Jean l'ancien, était-il juif ou grec, je m'en suis beaucoup soucié en écrivant mon livre, maintenant que j'ai fini mon livre je m'en fous, quelle importance ? Je me rappelle seulement la phrase que dans son grand âge, à Éphèse, il répétait du matin au soir, comme le petit Patrick : « Mes petits enfants, aimez-vous les uns les autres. »

7

L'évangéliste Jean raconte ceci, que Jean Vanier ce soir nous raconte à son tour, tandis que nous patientons autour de nos bassines : Jésus vient de ressusciter Lazare, de plus en plus de gens le prennent pour le Messie. Ils l'ont acclamé, quand il est arrivé à Jérusalem, en agitant sur son passage des branches de palmiers. Bien qu'il ait tenu à faire son entrée dans la ville sainte sur le dos d'un petit âne et non d'un cheval majestueux, on sent que de grandes choses se préparent. Trois jours plus tard, les trois jours qui séparent le dimanche des Rameaux du jeudi saint, il dîne avec les Douze dans la fameuse chambre haute. À un moment du repas, il se lève, retire sa tunique, ne garde qu'un linge en guise de ceinture. Sans un mot, il verse de l'eau dans une bassine pour laver les pieds de ses disciples, puis les essuyer avec les pans du linge noué à sa taille. C'est la tâche d'un esclave : les disciples en sont effarés. Il s'agenouille devant Pierre, qui proteste : « Toi, Seigneur ? Me laver les pieds ? – Ce que je fais là, répond Jésus, tu ne peux pas le comprendre maintenant. Plus tard, tu le comprendras. – Jamais, s'écrie Pierre. Jamais de la vie ! »

Ce n'est pas la première fois que Pierre ne comprend rien, ce n'est pas la dernière. Cette histoire de pieds, c'est trop pour lui. Malgré les mises en garde de Jésus, les événements des derniers jours l'ont persuadé que c'était arrivé, qu'ils avaient misé, lui et les autres, sur le bon cheval, que Jésus allait prendre le pouvoir et devenir le chef. Un chef, cela se vénère, cela s'admire, cela se met sur un piédestal. Mais l'admiration n'est pas l'amour. L'amour veut la proximité, la réciprocité, l'acceptation de la vulnérabilité. L'amour seul ne dit pas ce que nous passons notre vie à dire tous, tout le temps, à tout le monde : « Je vaux mieux que toi. » L'amour a d'autres façons de se rassurer. Une autre autorité, qui ne vient pas d'en haut mais d'en bas. Nos sociétés, toutes les sociétés humaines, sont des pyramides. Au sommet, il y a les importants : riches, puissants, beaux, intelligents, ceux que tout le monde regarde. Au milieu, la piétaille, qui est la majorité et que personne ne regarde. Et puis, tout en bas, ceux que même la piétaille est bien contente de regarder de haut : les esclaves, les tarés, les moins que rien. Pierre est comme tout le monde : il aime être l'ami des importants, pas des moins que rien, et voilà que Jésus prend très concrètement la place du moins que rien. Ça ne va plus. Pierre recroqueville ses pieds pour que Jésus ne puisse pas les laver, il dit : « Jamais de la vie. » Jésus, fermement, lui répond : « Si je ne te lave pas les pieds, tu ne peux pas avoir part avec moi, tu ne peux pas être mon disciple », et Pierre cède, en en faisant comme toujours beaucoup trop : « Bon, dit-il, mais alors pas seulement les pieds. Les mains aussi, et puis la tête ! »

Quand il leur a lavé les pieds à tous, Jésus se relève, remet sa tunique, reprend sa place. Il dit : « Vous m'appelez Seigneur et Maître, et vous avez raison : c'est ce que je suis. Et puisque moi qui suis Seigneur et Maître je vous ai lavé les pieds, vous devez vous les laver aussi, les uns les autres. Si vous faites cela, vous serez heureux. »

« Vous serez heureux » : cela aussi, dit Jean Vanier, c'est une béatitude. Dans les communautés de l'Arche, on se rappelle cette béatitude, que l'évangéliste Jean est seul à rapporter. Comme je suis un historien incorrigible, je me dis, à part moi : c'est tout de même bizarre que lui seul la rapporte, si les Douze au complet ont été témoins et parties d'une scène aussi marquante. Ce que rapportent Marc, Matthieu et Luc, c'est le pain, le vin, « vous ferez cela en mémoire de moi », et je me dis aussi que les choses auraient pu tourner autrement : que le sacrement central du christianisme pourrait être le lavement de pieds plutôt que l'eucharistie. Ce qu'on fait lors des retraites de l'Arche, on le ferait chaque jour à la messe et ce ne serait pas tellement plus saugrenu – plutôt moins, à vrai dire.

« Je me rappelle, poursuit Jean Vanier, quand j'ai quitté la direction de l'Arche, j'ai pris une année sabbatique comme assistant dans une des communautés, juste à côté d'ici, et celui dont je m'occupais s'appelait Éric. Éric avait seize ans. Il était aveugle, sourd, il ne pouvait pas parler, il ne pouvait pas marcher, il n'avait pas appris et n'apprendrait jamais à être propre. Sa mère l'avait abandonné à la naissance, il avait passé toute sa vie à l'hôpital, sans jamais entrer dans une vraie relation avec quelqu'un.

Je n'ai jamais rencontré quelqu'un d'aussi angoissé. Il avait été tellement rejeté, tellement humilié, tous les signaux qu'il avait reçus lui avaient tellement dit qu'il était mauvais et qu'il ne comptait pour personne qu'il s'était complètement muré dans son angoisse. Tout ce qu'il pouvait faire, quelquefois, c'est crier, pousser des cris aigus, pendant des heures, qui me rendaient fou. C'est terrible : j'en venais à comprendre ces parents qui maltraitent leurs enfants, ou même les tuent. Son angoisse réveillait la mienne, et ma haine. Qu'est-ce qu'on peut faire avec quelqu'un qui crie ainsi ? Comment est-ce qu'on atteint quelqu'un qui est à ce point hors d'atteinte ? On ne peut pas lui parler, il n'entend pas. On ne peut pas le raisonner, il ne comprend pas. Mais on peut le toucher. On peut laver son corps. C'est cela que Jésus nous a appris à faire le jeudi saint. Quand il institue l'eucharistie, il parle aux Douze, collectivement. Mais quand il s'agenouille pour laver les pieds de ses disciples, c'est devant chacun personnellement, en l'appelant par son nom, en touchant sa chair, en l'atteignant là où personne n'a su l'atteindre. Ça ne guérira pas Éric qu'on le touche et qu'on le lave, mais il n'y a rien de plus important, pour lui et pour celui qui le fait. *Pour celui qui le fait* : c'est le grand secret de l'Évangile. C'est le secret de l'Arche, aussi : au début on veut être bon, on veut faire du bien aux pauvres, et petit à petit, cela peut prendre des années, on découvre que c'est eux qui nous font du bien, parce qu'en se tenant près de leur pauvreté, de leur faiblesse, de leur angoisse, on met à nu notre pauvreté, notre faiblesse, notre angoisse à nous, qui sont les mêmes, elles sont les mêmes pour tous, vous savez, et alors on commence à devenir plus humain.

Allez-y, maintenant. »

Il se lève, va rejoindre le groupe où on lui a réservé une place. Dans ce groupe, il y a une jeune fille trisomique, Élodie, qui pendant qu'il parlait n'a pas cessé de se promener dans la salle, de faire des petits pas de danse assez gracieux, de réclamer des câlins à l'un ou l'autre, mais en le voyant gagner sa place elle aussi a rejoint la sienne, à côté de lui. Elle attendait ce moment, elle sait comment cela se passe, et elle a l'air aussi contente, aussi parfaitement à son affaire que Pascal, le garçon trisomique qui servait la messe du père Xavier dans son petit chalet du Levron.

Nous retirons nos chaussures, nos chaussettes, roulons les bas de nos pantalons. C'est le DRH qui commence, il s'agenouille devant le directeur d'école, verse de l'eau tiède du broc sur ses pieds, les frotte un peu – une dizaine de secondes, une vingtaine, c'est relativement long, j'ai l'impression qu'il lutte contre la tentation d'aller trop vite et de réduire le rituel à quelque chose de purement symbolique. Un pied, l'autre pied, qu'il sèche ensuite avec la serviette. Puis c'est le tour du directeur d'école de s'agenouiller devant moi, de laver mes pieds avant que je ne lave ceux de la permanente du Secours catholique. Je regarde ces pieds, je ne sais pas ce que je pense. C'est vraiment très étrange, de laver des pieds d'inconnus. Il me revient une belle phrase d'Emmanuel Levinas, que m'a citée Bérengère dans un mail, sur le visage humain qui, dès l'instant qu'on le *voit*, interdit de tuer. Elle disait : oui, c'est vrai, mais ça l'est encore plus pour les pieds : c'est encore plus pauvre, les pieds, encore plus vulnérable, c'est vraiment ce qu'il y a de plus vulnérable : l'enfant en chacun de nous. Et tout en trouvant ça un peu embarrassant, je trouve beau que des gens se rassemblent pour cela, pour se tenir le plus près possible de ce qu'il y a de plus pauvre et de plus vulnérable dans le monde et en eux-mêmes. Je me dis que c'est cela, le christianisme.

Quand même, je n'aimerais pas être touché par la grâce et, parce que j'ai lavé des pieds, rentrer à la maison converti comme vingt-quatre ans plus tôt. Par bonheur, il ne se passe rien de tel.

8

Le lendemain dimanche, après déjeuner, la retraite prend fin. Avant de se séparer, de rentrer chacun chez soi, tout le monde chante un cantique du genre « Jésus est mon ami ». La gentille dame qui s'occupe d'Élodie, la jeune fille trisomique, assure l'accompagnement à la guitare, et comme c'est un cantique joyeux chacun se met à claquer des mains, à taper du pied, à se trémousser comme dans une boîte de nuit. Avec la meilleure volonté du monde, je ne peux sincèrement pas m'associer à un moment d'aussi intense kitsch religieux. Je fredonne vaguement, à bouche fermée, je me dandine d'un pied sur l'autre, j'attends que ce soit fini. Soudain, à mon côté, surgit Élodie qui s'est lancée dans une espèce de farandole. Elle se plante devant moi, elle sourit, elle lance les bras au ciel, elle rit carrément, et surtout elle me regarde, elle m'encourage du regard, et il y a une telle joie dans ce regard, une joie si candide, si confiante, si abandonnée, que je me mets à danser comme les autres, à chanter que Jésus est mon ami, et les larmes me viennent aux yeux en chantant, en dansant, en regardant Élodie qui maintenant s'est choisi un autre partenaire, et je suis bien forcé d'admettre que ce jour-là, un instant, j'ai entrevu ce que c'est que le Royaume.

9

De retour à la maison, avant de remettre dans leur carton les cahiers contenant mes commentaires sur Jean, je les feuillette une dernière fois. Je vais à la fin. Le 28 novembre 1992, j'ai recopié les dernières phrases de l'Évangile :

« C'est ce disciple (que Jésus aimait) qui témoigne de ces faits et qui les a écrits. Nous savons que son témoignage est véridique. Jésus a fait encore beaucoup d'autres choses. Si on les écrivait toutes, il faudrait tellement de livres que le monde ne pourrait pas les contenir. »

Après quoi j'ai noté : « Jésus a fait encore beaucoup d'autres choses : celles qu'il fait tous les jours, dans nos vies, le plus souvent à notre insu. Témoigner de quelques-unes de ces choses, écrire à mon tour un témoignage véridique, voilà, je crois, ma vocation. Permets, Seigneur, que je lui sois fidèle, en dépit des embûches, des passages à vide, des éloignements inévitables. Voilà ce que je te demande à la fin de ces dix-huit cahiers : la fidélité. »

Ce livre que j'achève là, je l'ai écrit de bonne foi, mais ce qu'il tente d'approcher est tellement plus grand que moi que cette bonne foi, je le sais, est dérisoire. Je l'ai écrit encombré de ce que je suis : un intelligent, un riche, un homme d'en haut : autant de handicaps pour entrer dans le Royaume. Quand même, j'ai essayé. Et ce que je me demande, au moment de le quitter, c'est s'il trahit le jeune homme que j'ai été, et le Seigneur auquel il a cru, ou s'il leur est resté, à sa façon, fidèle.

Je ne sais pas.

TABLE

Prologue	7
I Une crise	29
II Paul	143
III L'enquête	297
IV Luc	437
Épilogue	599

Achevé d'imprimer en octobre 2014
dans les ateliers de Normandie Roto Impression s.a.s.
à Lonrai (Orne)
N° d'imprimeur : 1403914
Dépôt légal : octobre 2014

Édition exclusivement réservée
aux adhérents du Club
Le Grand Livre du Mois
et réalisée avec l'aimable autorisation
des Éditions P.O.L
Imprimé en France